21世纪高职高专规划教材
会计系列

“十二五”职业教育国家规划教材
经全国职业教育教材审定委员会审定

Tax Planning Practice

纳税筹划实务

（第3版）

主编 ◎ 姒建英

中国人民大学出版社
·北京·

图书在版编目（CIP）数据

纳税筹划实务/姒建英主编．-- 3 版．-- 北京：
中国人民大学出版社，2021.8
21 世纪高职高专规划教材．会计系列
ISBN 978-7-300-29433-9

Ⅰ.①纳… Ⅱ.①姒… Ⅲ.①税收筹划－高等职业教
育－教材 Ⅳ.①F810.423

中国版本图书馆 CIP 数据核字（2021）第 105707 号

"十二五"职业教育国家规划教材
21 世纪高职高专规划教材·会计系列
纳税筹划实务（第 3 版）
主 编 姒建英
Nashui Chouhua Shiwu

出版发行	中国人民大学出版社		
社 址	北京中关村大街 31 号	邮政编码	100080
电 话	010－62511242（总编室）		010－62511770（质管部）
	010－82501766（邮购部）		010－62514148（门市部）
	010－62515195（发行公司）		010－62515275（盗版举报）
网 址	http：//www.crup.com.cn		
经 销	新华书店		
印 刷	北京密兴印刷有限公司	版 次	2012 年 5 月第 1 版
规 格	185 mm×260 mm 16 开本		2021 年 8 月第 3 版
印 张	20 插页 1	印 次	2022 年 11月第 2 次印刷
字 数	486 000	定 价	48.00 元

第 3 版前言

为加快完成在 2020 年落实税收法定原则的改革任务，近年来，我国出台了一系列新的税收法律法规。为了紧跟时代步伐，本教材再次进行了修订。第 3 版教材在保持前 2 版教材亮点的基础上，修订的主要内容如下：

第一，遵循税收法定原则。将截至 2021 年 4 月已经颁布实施或虽已颁布但将要实施的相关法律法规编入本教材，并以此作为筹划方案的法律依据。

第二，按照目前正在实施的税率进行编写。近两年，相关主要税种的税率多次变化，直接涉及本教材的大量案例，为此本次修订按照最新的税率编写。

第三，全面检查本教材所涉及的所有法律法规和政策的有效性，删除已经失效的税收政策及相关案例，并按有效法律法规重新编写。

第四，案例中的时间表述更加符合筹划逻辑。

第五，更加注重筹划风控。在保持原教材通过“任务小结和风险提示”的方式对每一项任务进行总的风险提示的基础上，又在部分筹划案例后增加了“风控重点”这一内容，以提醒读者注意操作风控，防范筹划风险。

第六，根据现行相关要求，在每一项目后增加了“课程思政”（包括案例、思政启示和税法依据）。

本教材所依据的均为截至交稿日的现行有效的法律法规和政策，此后如有变化，将继续及时修订和补充。本教材由浙江商业职业技术学院姒建英负责修订，其中有许多内容为独创。在修订过程中，编者得到了有关税务部门工作人员、任课教师和其他同仁的指导和帮助，也得到了中国人民大学出版社的大力支持，在此表示感谢。书中不足之处恳请专家学者和广大读者批评指正。

编者

2021 年 4 月

第 2 版前言

本教材第 1 版自 2012 年 5 月由中国人民大学出版社出版以来已 4 年有余，得到了广大师生的认可，发行量不断增加，其间多次加印，并于 2014 年 8 月入选教育部第一批“‘十二五’职业教育国家规划教材”。

这 4 年来，我国的税收体制和税制结构发生了非常大的变化，尤其是 2016 年 5 月 1 日起在全国范围内全面推开“营改增”试点，不仅影响了我国经济的各行各业，也影响了人们的日常生活。在如火如荼的改革背景下，本教材也顺应改革步伐，及时进行了第 2 版的修订和出版。在保持第 1 版亮点的基础上，本次修订的主要内容如下：

第一，教材结构调整，删除了原“项目四　营业税的纳税筹划”。

第二，按照《财政部、国家税务总局关于全面推开营业税改征增值税试点的通知》（财税〔2016〕36 号）及之后出台的相关税收法规和政策修订全书所有涉及“营改增”的内容，包括课后练习。

第三，按照《财政部、国家税务总局关于全面推进资源税改革的通知》（财税〔2016〕53 号）以及此后出台的相关资源税政策法规修订资源税纳税筹划的内容。

第四，全面检查本教材所涉及的所有法律法规和政策的有效性，并按有效法律法规进行修改。

第五，本教材所依据的均为截至交稿日的现行有效的法律法规和政策。此后如有变化，将及时修订和补充。

经过此次修订，本教材内容紧跟我国税制改革的步伐，全书逻辑更为严谨，筹划案例和方法更加贴近实际。

本版教材由浙江商业职业技术学院姒建英负责编写和修订，其中有许多内容为独创。在修订过程中，我们得到了有关税务部门工作人员、任课教师和其他同仁的指导和帮助，以及中国人民大学出版社的大力支持，在此表示感谢。

由于编者理论水平和实践经验有限，书中欠妥和不足之处在所难免，恳请专家学者和广大读者批评指正。

编者

2017 年 1 月

第 1 版前言

本书以高职高专院校财经类专业人才培养目标为编写宗旨，以提升高职高专院校财经类专业学生职业岗位能力为目标，突出了高等职业教育特点。本书注重纳税筹划理论与实践的衔接，内容新颖，实用性及可操作性较强。

本书不同于以理论教学为主的传统教材的编写体例，而是基于工学结合、项目引领、任务驱动的高职教育理念而编写的，突出以能力为本位的培养目标，同时以校企合作为支撑，以我国最新颁布的税收法规为依据，采用项目教学法进行编写并大量运用案例，系统阐述了纳税筹划的实务和技能，充分体现了高等职业教育学生职业能力的培养宗旨。本书的主要特色如下：

1. 创新教材编写体例。本书改变了传统教材章、节、目的编写体例，引入项目教学法，采用项目引领、任务驱动的编写体例。每一项目中分为多个任务，每一任务的模块设计如下：任务导入、税收法律依据、相关知识、任务指导、任务操作、任务小结。目前国内尚无按此体例编写的相关教材。

2. 内容新颖。纳税筹划的依据是现行的税收法律法规和政策，纳税筹划的主要特点是合法性。目前我国的税收法律法规体系正处于不断地修改和完善中，税收理论和实践也需要不断的修正和完善。本书所依据的均为截至交稿日的现行有效的税收法律法规和政策，其后如有变化，将及时修订和补充。

3. 介绍纳税筹划方法时不忘进行风险提示。市面上大多数关于纳税筹划内容的教材往往热衷于纳税筹划的方法介绍，而忽略了纳税筹划的风险。本书则在介绍每一个筹划任务具体操作的同时，将该种操作的风险和注意事项通过“任务小结”的方式揭示出来，提醒读者注意，以防范筹划风险。

4. 注重职业迁移能力的培养。本书在注重高职学生职业技能培养的基础上，同时注重学生可持续发展能力的培养。学生具备良好的职业技能是顺利就业的前提，而职业迁移能力是学生应对社会环境变化、及时调整自己职业适应性的能力，这实际上也是学生职业素质的一个体现。鉴于这些思考，本书在强调纳税筹划技能的同时，也非常注重实现这些技能所应具备的税收理论知识的应用能力的培养，使学生在未来的职业生涯中能更好地应对职业环境的变化。

5. 结构精炼。本书根据高职高专学生知识结构和认知特点，突出了纳税筹划的技能操作，强调课程教学的针对性，不拖泥带水，文辞清晰，条理清楚，重点突出。

本书由浙江商业职业技术学院如建英主编，并设计全书框架结构、体例和总纂统稿。浙江天平会计师事务所副所长、高级会计师、中国注册会计师咸天行为本书副主编，本书也是校企合作的产物。全书共有八个项目，其中项目一、项目二、项目三、项目六由姒建英编写，项目五由陈晓红（浙江商业职业技术学院）编写，项目四、项目七由陈冬妮（浙江商业职业技术学院）编写，项目八由马文君（秦皇岛职业技术学院）编写。

在本书的编写过程中，编者参考和借鉴了众多专家学者的研究成果，也得到了相关企业的大力支持，在此一并表示衷心的感谢。

由于编者理论水平和实践经验有限，书中欠妥和不足之处在所难免，恳请专家学者和广大读者批评指正。

编者

2012年2月

目录

项目一

认识纳税筹划

在现代社会，税收已经成为现代经济生活的一个热点，无论法人、自然人，还是富人、穷人，都可能直接或间接地纳税，纳税也是每一个纳税人应尽的义务。但是，对于纳税人来说，不管是企业还是个人，纳税是一项实实在在的支出，因此，纳税人往往希望能够少缴税款、减少财务负担。而如何在不违反法律、政策规定的前提下，尽可能减轻税收负担，以获取“节税”的经济利益，已成为纳税人的一种需求，纳税筹划也就应运而生。但随着纳税筹划被越来越多的人接受和运用，由不当纳税筹划引发的税务风险也日渐增多，因此必须正确认识纳税筹划，加强纳税筹划风险防范和控制。

【教学目标】

通过本项目的学习，使学生能理解纳税筹划的概念、特点，区分与纳税筹划相关的几个概念，了解纳税筹划的原则和意义，熟练掌握纳税筹划的基本技术。

【工作任务】

1. 理解纳税筹划的概念、特点。
2. 明确纳税筹划与偷税、逃税、骗税、抗税等概念的区别。
3. 掌握纳税筹划的基本技术。

任务1

纳税筹划的基本认识

※ 任务导入 ※

【案例 1.1.1】某家电经销公司在 2021 年年初收到了供货厂家给予的返还资金 512 816.85 元，返还资金的数额是按照该公司上年度货物的销售数量计算确定的。后来税务机关在日常巡查中发现了这个问题，要求该公司依照《国家税务总局关于商业企业向货物供应方收取的部分费用征收流转税问题的通知》（国税发〔2004〕136 号）的规定，计算转出增值税进项税额 70 733.36 元，因此增加了该公司的增值税税负。请问：该公司如何合法避免税务机关的处罚且少缴税款？

※ 相关知识 ※

一、纳税筹划的概念和特点

（一）纳税筹划的概念

纳税筹划是指纳税义务人为维护自身权益，在法律许可范围内，通过对经营、投资、理财活动的事先规划和安排，充分利用税法提供的优惠政策及可选择条款，实现纳税最小化、企业价值最大化的一种经济行为。纳税筹划是纳税人整体财务筹划的重要组成部分。随着市场经济运行的规范化、法制化以及公民依法纳税意识的增强，纳税筹划被越来越多的企业经营管理者所重视。纳税筹划有广义和狭义之分，狭义的纳税筹划仅指节税筹划；广义的纳税筹划既包括节税筹划，又包括避税筹划和税负转嫁等。本书所述纳税筹划是广义的纳税筹划，它包括以下四层含义：

1. 纳税筹划的主体是纳税人

纳税人是指税法上规定的直接负有纳税义务的单位和个人，是缴纳税款的主体。纳税人可以是自然人，也可以是法人。为了减轻或解除税负（缓缴税、少缴税或不缴税），纳税人事先可以经过周密的安排和决策，对税法进行深入了解和分析，利用税法的可选择性条款，获取节税利益，并在纳税约束的市场环境下，最大限度地实现企业价值最大化。

2. 纳税筹划的前提是不违反税法

纳税筹划是在税法允许的范围内实施的，市场经济是法制经济，纳税人必须在现行的税收法律、法规的框架下进行筹划，如果纳税筹划超出了这个前提就很有可能演变成偷税、骗税等违法行为，就会受到相应的法律处罚。《中华人民共和国税收征收管理法实施细则》第 3

条规定："任何部门、单位和个人作出的与税收法律、行政法规相抵触的决定一律无效，税务机关不得执行，并应当向上级税务机关报告。"可见，纳税人的纳税筹划应以"保障国家税收收入、保护纳税人合法权益"为唯一标准，不应以"少纳税、不纳税"为前提，应在税法允许的范围内合理"筹划节税"。

3. 纳税筹划的时间是在纳税义务发生前

纳税筹划是对未来应税行为的一种事先安排，这有别于偷税、逃税等是发生在应税行为已经产生之后。

4. 纳税筹划的目的是节税

节税是在遵守现行税收法规的前提下，当存在多种纳税方案可供选择时，纳税人以减轻税负为目的，可以选择税负最小化的方案。简单地说，节税是纳税人在国家政策允许的前提下，充分利用税收优惠、鼓励政策，以降低税负为目的，对生产经营活动进行筹划安排，选择有利于节约税收支出的生产经营方案。

（二）纳税筹划的特点

1. 合法性

纳税筹划完全是在法律允许的范围内作出的决定，是以遵守国家法律法规为前提，通过对税收法规及其他经济制度可选择性条款的充分运用，以及对投资、生产经营方案的纳税负担进行全面比较后作出的决策。违反法律规定，逃避纳税责任的，属于偷税行为，显然要加以反对和制止。征纳关系是税收的基本关系，法律是处理征纳关系的准绳，纳税人要依法纳税，税务机关也要依法征税。在有多种纳税方案可供选择时，纳税人作出低税负的决策是无可非议的，税务机关也不应该反对。

2. 筹划性

纳税筹划是纳税人在从事投资、经营活动前把税收作为影响成果的一个重要因素来进行计划、决策，以期获得最大的税后利润。它是纳税人在纳税义务发生之前，即对自己的纳税方式、规模作出了安排，一旦作出决策，就要严格遵守税法、照章纳税。纳税筹划不同于纳税义务发生后才想办法规避纳税义务的偷税、逃税行为。在经济活动中，税法具有一定的稳定性，而纳税义务通常具有滞后性。例如：企业在交易行为发生之后才产生纳税义务，才缴纳各种流转税；在收益实现或分配之后，才缴纳所得税；在财产取得之后，才缴纳财产税等。这在客观上为纳税人进行事先筹划提供了可能。如果经营活动已经发生，应纳税额已经确定而去偷漏税或欠缴税款，则不能被认为是纳税筹划。因此，纳税筹划就是纳税人要把税收因素提前落实到各项经营决策活动中去考虑，实际上，也是把税收观念自觉地落实到纳税人的各项经营决策活动中。

3. 整体性

一方面，企业在进行纳税筹划时，应着眼于企业整体税负的降低，不能只局限于个别税种负担的高低上，孤立地对单个税种进行筹划，因为各个税种之间是相互关联的，一种税少缴了，另一种税可能就会多缴，税收支出的减少不等于企业总体收益的增加；另一方面，纳税筹划应不仅着眼于税法上的思考，更重要的是要着眼于总体的管理决策。企业要从全局角度、以整体观念来看待不同方案，而不是把注意力仅局限于税收负担的大小上，否则会影响企业决策。

4. 目的性

纳税筹划的目的是纳税人通过筹划活动，在取得节税收益的同时实现企业价值最大化。这主要表现在两个方面：一是选择低税负，低税负就意味着低税收成本，低税收成本又意味着高回报；二是延滞纳税，纳税期推后，也许可以减轻税收负担，也许可以降低资本成本，不管是哪一种，其结果都是税收支出的节约。

5. 专业性

专业性是指纳税人在进行纳税筹划时，需要筹划者具备一定的专业水平。一个纳税筹划方案能否成功，取决于筹划者对财税、法律、审计等知识的掌握程度。在社会化大生产、全球经济日趋一体化、国际经贸业务日益频繁、经济规模越来越大、各国税制越来越复杂的情况下，要进行成功的纳税筹划，筹划者既要熟悉国内、国际的税收法律，又要对本国和他国的产业政策、投资政策、税法未来的调整等方面有一定的理解和把握。因此，仅靠纳税人自身进行纳税筹划已经显得力不从心，需要聘请专门的人员和机构来为纳税人进行纳税筹划。因而作为现代服务业的税务代理、税务咨询便应运而生。现在世界上许多国家，尤其是发达国家的税务师事务所、会计师事务所、律师事务所纷纷开展了有关纳税筹划的咨询业务，充分说明了纳税筹划向专业化发展的特点。

6. 风险性

风险性是指纳税人在进行纳税筹划时因各种因素的存在，而带来的未来筹划结果的不确定性。纳税筹划是一种事前行为，与其他任何一种谋求经济利益的管理活动一样存在风险，尽管很多筹划方案理论上可以少缴税或降低税负，获得税收利益，但在实际操作中，却往往不能达到预期效果，这与纳税筹划成本和筹划风险有关。特别是当纳税筹划的基本条件发生变化、筹划方法选择不当、筹划者专业水平有限时，纳税筹划的风险更是不可避免。

纳税筹划成本是指由于采用筹划方案而增加的成本，包括显性成本和隐性成本。其中，显性成本一般已经在筹划方案中予以考虑。例如：纳税人拟采用能获得税收收益的筹划方案，由于制定该方案时聘请有关专业人员需要支付代理费用5万元，其筹划成本应增加5万元，纳税人在选择筹划方案时，就需要将增加的5万元成本考虑进去。纳税人由于采用拟定的纳税筹划方案而放弃的利益为隐性成本，其实质为机会成本。例如：纳税人由于采用获得税收利益的方案而致使资金占用量增加，则资金占用量的增加实质上是投资机会的丧失，这种由于资金占用量增加引起的投资机会的丧失就是机会成本。在纳税筹划实务中，一般容易忽视这种机会成本，类似的还有由于采用一种纳税筹划方案而放弃另一种纳税筹划方案所导致的税收利益的减少。

（三）几个相关的概念

与纳税筹划相关的概念有偷税、漏税、欠税、逃税、骗税、抗税、避税等。纳税筹划是以节税为宗旨，在符合或不违反税收法律法规的前提下进行的，而偷税、逃税、骗税、抗税均属于违法行为。避税处在违法与不违法之间，属于灰色地带。

1. 偷税

偷税是纳税人在其纳税义务已经发生并且能够确定的情况下，采取虚报、谎报、隐瞒、伪造等各种非法欺骗手段，达到不缴或少缴税款的目的的行为。偷税有两个基本特征：非法性和欺骗性。偷税行为轻则违法，重则犯罪。《中华人民共和国税收征收管理法》（以下简称《税收征管法》）第 63 条规定："纳税人伪造、变造、隐匿、擅自销毁账簿、记账凭证，或者在账簿上多列支出或者不列、少列收入，或者经税务机关通知申报而拒不申报或者进行虚假的纳税申报，不缴或者少缴应纳税款的，是偷税。对纳税人偷税的，由税务机关追缴其不缴或者少缴的税款、滞纳金，并处不缴或者少缴的税款百分之五十以上五倍以下的罚款；构成犯罪的，依法追究刑事责任。"

2. 漏税

漏税是纳税人无意识（非故意）发生的漏缴或少缴税款的行为。漏税虽然是无意识地少缴或不缴税款，但它也是一种损害国家利益的违反税法的行为。因为有意或者无意往往很难正确判断，偷税与漏税有时也难以区别。因此，漏税也称为非有意偷税。我国《税收征管法》并没有单列漏税条款的法律责任。

3. 欠税

欠税是纳税人超过税务机关核定的纳税期限而发生的拖欠税款的行为。造成欠税的原因较多，既有主观原因，也有客观原因。若是主观原因造成的欠税，属于故意欠税；若是客观原因造成的欠税，属于非故意欠税。前者是纳税人、扣缴义务人有意多头开户，用现金进行货款结算，资金进行体外循环，并非真正没有资金，而是不想按时、足额缴纳税款，甚至根本不想缴纳税款；后者是由于确实没有资金或没有足够的资金按期缴纳税款（原因很多）。但无论是故意欠税，还是非故意欠税，都属于违反税法的行为。

4. 逃税

逃税是纳税人对已经发生的应税经济行为的现实形式和过程进行某种人为的安排和解释，企图使其成为非应税行为的行为。逃税与偷税具有共性，因而都是违反税法的行为。但逃税在操作上更具有直接性，是企业将应税行为"变为"非应税行为，从而达到逃避纳税的目的。各国均将逃税列入偷税范围，制定了单独的处罚规定。《中华人民共和国刑法》（以下简称《刑法》）规定了"危害税收征管罪"的相关条款。2009 年 2 月 28 日通过的《中华人民共和国刑法修正案（七）》中，使用"逃避缴纳税款"的表述取代了原《刑法》201 条中"偷税"的表述，这表明逃税与偷税都是违法行为，都一样要受到法律的惩罚。

5. 骗税

骗税是纳税人采取弄虚作假和欺骗手段，将本来没有发生的应税（应退税）行为虚构成发生了应税行为，或将小额的应税（应退税）行为伪造成大额的应税行为，即事先根本未向国家缴过税或多缴税，而从国库中骗取退税款。这是一种非常恶劣的违法行为。我国《税收征管法》第 66 条规定："以假报出口或者其他欺骗手段，骗取国家出口退税款的，由税务机关追缴其骗取的退税款，并处骗取税款一倍以上五倍以下的罚款；构成犯罪的，依法追究刑事责任。"

6. 抗税

抗税是纳税人抗拒按税收法规的规定履行纳税义务的违法行为。例如：拒不按税法规定进行税务登记和纳税申报，拒不提供纳税资料，拒绝接受税务机关依法进行的检查，拒不执行税法规定缴纳税款，聚众闹事、威胁、围攻税务机关和殴打税务干部等，均属于抗税行为；唆使、包庇上述违法行为的，也属于抗税行为。

7. 避税

避税是纳税人利用某种法律上的漏洞或含糊之处来安排自己的事务，以减少其本应承担的纳税数额。国际上有学者将避税分为两大类，一类是可接受避税，另一类是不可接受避税，二者的划分以是否违背法律意图作为根据。可接受避税是指与法律意图相一致的避税。例如：当国家对咖啡课以重税，某君用喝茶替代了喝咖啡；当国家对烟酒课以重税，某君戒掉了烟酒。由于烟酒税的立法意图中包括抑制烟、酒消费的因素，因此戒掉烟酒是与立法精神相一致的，这种逃避税负的行为不在反避税之列。不可接受避税是指与法律意图相悖的避税。例如：某纳税人为了规避我国的企业所得税，将其企业注册到英属维京群岛，以达到避税目的。因为该岛政府于1984年通过了《国际商业公司法》，允许外国企业在该岛设立“离岸公司”，并提供非常优惠的政策。在该岛设立的公司除每年缴纳营业执照续牌费用外，免缴所有当地税项；公司无注册资本最低限制，任何货币都可以作为资本注册；注册公司只需1名股东和1名董事，公司也不必雇用该岛居民；无须申报管理者资料，账目与年报也可以不公开。显然这种避税行为违背我国税法的立法意图，从而成为反避税的目标。需要特别指出的是，可接受避税与不可接受避税之间可以相互转化，甚至避税与偷漏税之间也可以相互转化，因为它们所引出的经济后果是一致的，都会导致国家财政收入减少，歪曲经济活动公平。因此，避税概念是一个弹性较大的相对概念。

二、纳税筹划的基本原则

虽然纳税筹划是纳税人的权利，但因其过程和涉及对象的复杂性，为了避免纳税人非法减少应纳税行为的发生，恰当地行使其权利，增加纳税筹划方案的可实施性和有效性，在纳税筹划中必须遵循一定的原则。纳税筹划的基本原则是纳税人进行纳税筹划的基本准则，主要包括以下几个方面。

（一）合法性

合法性原则是指纳税人在进行纳税筹划时必须以税收法律为准绳。这是纳税筹划最重要的原则。税法是纳税主体和征税主体的税收行为准则。纳税人只有严格按照税法规定履行纳税义务，才能享有其应有的权利，才能保证其所设计的经济活动和纳税方案为税收管理部门所认可，否则会受到相应的处罚并承担相应的法律责任。这一原则具体表现在纳税筹划采取的方式应符合现行税收法律、法规，它与税法的立法导向一致。

（二）效益性

效益性原则是指在纳税筹划中应考虑筹划的成本及效益。既要考虑显性成本，又要考虑隐性成本。如果通过纳税筹划产生的效益大于为此而发生的成本就应进行筹划，否则就没有必要进行筹划。

（三）整体性

整体性原则是指纳税人进行纳税筹划必须考虑其整体利益。一方面，纳税筹划不能只注重个别税种税负的降低，或某一纳税期限内少缴或不缴税款，而要着眼于整体税负的减轻。另一方面，也不能仅仅着眼于税收政策的选择，而要着眼于企业总体的管理决策，并与企业的发展战略结合起来，只有这样才能真正实现企业整体利益最大化的目的。

（四）时效性

时效性原则是指随着税收法律、法规及政策的变动应相应调整纳税筹划的方式、方法。如果税收法律、法规及政策发生改变，企业仍然按照原来的规定进行筹划，可能导致偷税、漏税等违法行为，并受到处罚。我国税制建设还很不完善，税收政策也会相应调整。这就要求企业必须具备敏锐的洞察力，预测并随时掌握会计、税务等相关政策法规的变化，因时制宜，制定或修改相应的纳税策略。否则，政策变化后的溯及力很可能使预定的纳税策略失去原有的效用，“变质”为避税甚至偷税，给企业带来纳税风险。因此，企业在利用税收优惠政策时尤其要注意这一点。

三、纳税筹划的意义

（一）有利于强化国民整体的纳税意识，抑制税收违法行为的发生

由于纳税筹划是通过合法手段进行的，纳税人不仅要熟悉税收法律条款，而且要领会税收立法意图和国家宏观调控的目标，因此，纳税人必须具备较高的法制观念和自觉的纳税意识。纳税人都希望减轻税负，如果有合法的方法可以选择，自然就不会做违法之事。纳税筹划的存在和发展为纳税人节约税收开支提供了合法的渠道，这在客观上减少了企业自身的“偷、欠、骗、抗”税等税收违法行为发生的可能性。

（二）有利于充分发挥税收的宏观调控职能作用

由于纳税人的纳税筹划活动迎合了国家宏观调控的政策导向，因此，它可以使国家宏观的税收政策得以充分体现，税收的经济杠杆作用得以充分发挥。企业根据税收的各项优惠政策进行投资决策、企业转型升级、产品结构调整等，尽管在主观上是为了减轻税收负担，但在客观上却是在国家税收经济拉杆的作用下，逐步走上优化产业结构和合理配置生产力的道路。

（三）有利于完善税制，促使税收立法的进一步完善

纳税人通过其财务人员或社会中介机构进行纳税筹划的过程，实际上也是辅助国家税收法律、法规完善的过程，以及对政府宏观政策导向的正确性、有效性加以检验的过程。从纳税人纳税筹划中反馈出来的信息，可以为今后制定和完善税收政策及其他经济政策提供参考依据。

（四）有利于维护纳税人的合法权益

市场经济是法制经济，对于任何市场经济的主体而言，权利与义务总是相伴而生。纳税人在市场经济中应承担纳税的义务，同时也拥有相应的权利。目前，很多纳税人由于对税法研究不透，不熟悉税法，导致涉税经济活动尚不优化，税收优惠政策尚未用足、用好等问

题。某些纳税人一方面想尽办法偷税、漏税，另一方面却又缴了不需要缴的税，这样既损害了国家利益，又损害了自身的经济利益。纳税筹划通过对纳税人涉税活动的深入研究，合法操作，可以减少纳税人的税收成本，引导其改变不恰当的纳税行为，增加财务利益，维护合法权益。

（五）有助于提升企业自身的经营管理水平，增强纳税人的竞争力

影响纳税人税负的因素是多方面的，这就决定了纳税筹划是一种高智商的增值活动，纳税人要进行纳税筹划，必须任用高素质、高水平的管理人才，这也必然会为企业提高管理水平奠定良好的基础。同时，随着企业管理水平的提升，纳税人的收入和利润必然增加，纳税人也就有了持续发展的活力，从而增强了竞争力。

四、纳税筹划的风险和防范

纳税筹划虽然说是利用现行法律、法规和政策合理地减轻税收负担，但这并不等于说纳税筹划没有风险。由于影响纳税筹划的主、客观因素有很多，这就使得纳税筹划的成功与否存在诸多不确定性。

（一）纳税筹划的风险

在经济学上，风险是指不确定性以及由此带来的损失。纳税筹划风险是指纳税人在开展纳税筹划时，由于各种不确定性因素的存在，使纳税筹划结果偏离预期目标的可能性以及由此造成的损失。因此，纳税人在进行纳税筹划时应充分考虑风险性因素。

1. 政策风险

政策风险是指纳税筹划者利用国家政策进行纳税筹划活动以达到减轻税负目的的过程中存在的不确定性。总体来看，政策风险可分为政策选择风险和政策变化风险。

（1）政策选择风险。政策选择风险是指错误选择政策的风险。企业自认为筹划决策符合国家或地方的政策或法规，但实际上会由于政策的差异或认识的偏差受到相应的限制。由于纳税筹划的合法性、合理性具有明显的时空特点，因此纳税筹划者首先必须了解和把握好尺度。纳税人要准确把握税法，要严格按照税法条文的字面含义去理解，既不能扩大，也不能缩小，同时必须关注立法机关、行政机关作出的解释。纳税筹划的合法性和合理性是相对而言的，不同的国家有不同的法律，而且受到文化、传统、宗教等因素的影响，在一国适用的筹划方法在他国并不适用。此外，由于不同地区经济发展的不平衡会促使地方政府展开激烈的税收竞争，导致政策差异比较明显，如果纳税人把握不好尺度，也会加大政策选择的风险。

（2）政策变化风险。政策变化风险是指政策变动所导致的风险。国家政策不仅具有时空性，而且随着经济环境的变化，其时效性也日益显现出来。我国市场经济正蓬勃发展，为了适应不同发展时期的需要，政策必须不断地调整甚至废止，因此一些政府制定的政策具有不定期或相对较短的时效性。这会导致企业长期纳税筹划风险的产生。但并不是说政策变化就一定有风险，必然会使得纳税筹划失败，如果政策变化没有超出预期的范围和程度，纳税筹划还是可以达到预期目标的。

2. 经济环境风险

纳税筹划是建立在对当前经济形势进行分析与判断的基础上的，与纳税人所处的经济环境密切相关。纳税人周围的经济环境，如经济是否保持稳定增长、是否存在通货膨胀或者通货紧缩、市场供求是否均衡以及国际收支状况等都会在不同程度上对企业产生较大影响。由于经济环境的发展变化不能事先完全预知，这必然会对企业的纳税筹划产生影响，导致纳税筹划因经济环境中的不确定因素所引发的风险。

3. 经营变化风险

经营变化风险是指由于纳税人生产经营活动的变化改变了纳税筹划的适用条件而导致筹划失败的风险。由于纳税筹划是建立在相应的法律、法规和税收政策的基础上的，这在给纳税筹划提供条件的同时，也会约束企业日后的经营活动，如经营的范围、地点和期限等。一旦企业的经营活动突破了这一约束，有可能使纳税筹划由有效变为无效，由合法变为非法，由成功走向失败。

4. 成本效益风险

纳税筹划必须着眼于企业整体税负的降低，不能只盯在个别税种的负担减轻上。国家对流转额征收流转税，对所得额征收所得税，对财产征收财产税，各个税种之间是相互关联的。如果只顾及某个税种筹划的利益，而忽略其他税种的税负，就会造成一种税少缴了，另一种税可能多缴，致使企业整体税负增加。

纳税筹划应属于企业财务管理范畴，它的目标是实现企业所有者财富最大化。所以在考虑税收成本降低的同时，也应考虑该纳税筹划方案的实施是否会导致其他费用的增加或收入的减少。企业应该采取能带来绝对收益的纳税筹划方案。任何一项筹划方案都有其两面性，随着某一项筹划方案的实施，纳税人在取得部分税收利益的同时，必须为该筹划方案的实施付出额外的费用，以及因选择该筹划方案放弃其他方案所损失的相应机会收益。一次成功的纳税筹划必然是多种纳税筹划方案的优化选择。如果认为税收负担最少的纳税筹划方案就是最优的方案，追求税收负担的降低最终导致企业总体利益的下降，就会使纳税筹划面临失败的风险。

（二）纳税筹划的风险防范

由于纳税筹划目的的特殊性，其风险是客观存在的，但也是可以防范和控制的。面对风险，筹划者应主动出击，针对风险产生的原因，采取积极有效的措施，预防和减少风险的发生。只有这样，才能提高纳税筹划的收益，实现筹划的目的。

1. 时刻关注税法的变化

经济处于变革时期的国家，税法和税收政策的变动会比较频繁，这就给纳税筹划者准确把握和理解税收政策带来了困难。因此，纳税筹划者应研究税收政策的走向，时刻关注税制的变化，针对变化及时进行调整。众所周知，纳税人的筹划方案是在一定时期、一定法律环境下以一定的生产经营活动为背景制定出来的，随着时间的推移以及国家法律、法规的变更，纳税人应根据修订后的法律、法规及时对纳税筹划方案进行相应的修正和完善。因此，及时变革筹划方法是纳税筹划不应忽视的一个重要事项，必须加倍重视。同时，企业管理人员应建立税收政策信息资源库，对适用的政策进行归类、整理，以便在纳税筹划时随时取用。

2. 通晓税法、税收政策之外的必备知识

纳税筹划是一项复杂的、高智商的活动，在复杂的经济环境和变化的各项政策中寻求最佳契合方案是一项比较难的工作。因此，只有高素质的管理人员才能胜任，也只有综合素质较强的人才能在筹划中不断创新，一方面提高筹划效果，另一方面避免筹划风险。由于纳税筹划涉及财务学、会计学、税法、法学、统计学、运筹学、管理学和营销学等学科的专业知识，因此要求筹划者除对法律、税收政策进行研究外，还应研究财务会计和财务管理知识，并且通晓工商、金融、保险、营销等方面的知识。

3. 必须做到主观上不违法

纳税筹划本质上是一种合法或不违法行为，理论上本不存在违法可能性。但是理论与实践毕竟存在一定距离，实践中却存在纳税筹划违法的可能性。为了避免此种现象发生，纳税人进行纳税筹划时在主观上必须做到以法律为准绳，严格按照国家的各项法律、法规和政策办事。

4. 总揽全局，综合考虑筹划方案

纳税筹划应当着眼于整体收益的获取。某一税种税负的降低可能会导致其他税种税负的增加。在某些情况下，降低税负与提高税后利润之间是存在矛盾的，不能以牺牲税后利润为代价来片面地追求税负的降低。而无论是降低税收负担还是提高税后利润，都要立足于企业价值的长期稳定提升。只有从整体利益出发，才能减少纳税筹划失败的风险。

5. 贯彻成本效益原则，实现收益最大和成本最低的双赢目标

随着某一项筹划方案的实施，纳税人在取得部分税收利益的同时，必然会为该筹划方案的实施付出额外的费用，以及因选择该筹划方案而放弃其他方案所损失的相应机会收益。因此，纳税筹划还应遵循成本效益原则，既考虑纳税筹划的直接成本，同时还要将纳税筹划方案比较选择中所放弃方案的可能收益作为机会成本加以考虑。只有当纳税筹划方案的成本和损失小于所得的收益时，该项纳税筹划方案才是合理和可接受的。

6. 加强与税务部门的联系与沟通

这样做有三方面的好处：一是纳税人可以及时获取最新的税收信息，确保纳税筹划的顺利实施；二是可以得到税务部门的指导和认同，降低违法违规风险和征纳双方的认定差异风险；三是通过与税务部门的交流和沟通，会给税务部门留下尊重税务机关和人员的印象，树立良好的纳税信誉和形象，从而获取税务部门的信任和支持。此外，纳税人平时要多关注和了解当地税务机关税收征管的特点和方法，使企业的涉税处理和纳税筹划符合所在地税务部门具体的征管要求。

※ 任务指导 ※

对于企业从供货方取得的返还资金，根据国税发〔2004〕136号文件的规定：与商品销售量、销售额无必然联系，而且商业企业向供货方提供一定劳务的收入，不属于平销返利，不冲减当期增值税进项税金，应按营业税的适用税目税率征收营业税。而收取的与商品销售量、销售额挂钩的各种返还收入，均应按照平销返利行为的有关规定冲减当期增值税进项税

金，不征收营业税。其他增值税一般纳税人向供货方收取的各种收入的纳税处理，按照本通知的规定执行。从2016年5月1日起全面“营改增”实施之后，该项返还资金可按照“现代服务业—商务辅助服务”征收6%的增值税。

由此可见，同样是从供货方取得返还资金，其对税负的影响却有很大的差别，增值税货物销售的税率为13%，而原营业税税率为5%，“营改增”后适用现代服务业的增值税税率为6%，税率相差7个百分点。因此，供应商如果能够对返还资金方式进行适当的筹划，尽量使返还的资金符合缴纳“营改增”后现代服务业的条件，不仅可以为下游的经销商减轻纳税负担，而且自己也可以从下游经销商处取得现代服务的增值税专用发票，从而可增加增值税进项税额的抵扣额。

※ 任务操作 ※

【承接案例1.1.1】

对于下游的经销商从供货方取得的返还收入，具体是冲减增值税进项税金，还是要计算缴纳“营改增”后的现代服务业增值税，判断的依据是收取的各种返还收入是否与商品销售量、销售额挂钩。如果收取的各种返还收入与商品销售量、销售额挂钩，就要按照购进货物的适用税率冲减增值税进项税金；而如果收取的各种返还收入与商品销售量、销售额并不挂钩，就可以计算缴纳税率相对较低的现代服务业增值税。因此，企业在选择返还资金的形式时，要选取有利的形式。在签订合同时，尽量避免与商品销售量、销售额挂钩，即可节约4～7个点的税额，大大降低了纳税成本。并且双方在商定有关劳务的价款时，有着很大的运作余地，不会影响从供货商取得返还收入的总量。

但是这种改变原来返还收入的方法，需要与供货商提前沟通，征得供货商的支持和配合，使供货商愿意就有关业务进行合作，达到节税的目的。

技能强化

【案例1.1.2】某新型建筑材料生产企业，其产品技术含量较高，成本较低，主要销售给建筑单位。两年前，该企业还属于小规模纳税人，由于对现行的增值税政策了解不多，这家企业只是一味地模仿其他企业的做法，通过种种方法把自己的小规模纳税人身份转变成一般纳税人。由于一般纳税人增值税税率为13%，而该企业外购原料少，能抵扣的进项税额不多，导致企业的增值税税负高达10.3%。此时，该企业才意识到转变身份带来了沉重的税负。为了减轻税收负担，企业采取了销售收入不入账等手段，偷逃税款，最后受到税务机关的处罚。请问：该企业应如何决策才能减轻税负？

筹划分析

从这一案例可以看出，因为该企业在从事具体的生产经营活动之前没有纳税筹划意识，也就没有认真测算两种不同纳税人身份对自身税负的影响。如果该企业相关人员精通现行的增值税法规，并对税负预先加以测算的话，就不会选择一般纳税人身份了。

※ 任务小结和风险提示 ※

纳税筹划是一项理论性和实践性都很强的工作，某项纳税筹划方案必须得到税务部门的认可才是有效的和可行的，否则只能是纸上谈兵。因此，要使纳税筹划方案取得成功，必须对纳税筹划的概念、特点和原则具有较深的认识和理解，全面准确地把握现行税收政策，同时在筹划过程中要注意防范风险。

任务2

纳税筹划的方法

※ 任务导入 ※

【案例 1.2.1】 A公司2020年年底结账前核算的会计利润和应纳税所得额均为3 004 000元，从业人数和资产总额均符合小型微利企业条件。但由于该应纳税所得额超过了当年小型微利企业的条件，不能享受小型微利企业所得税的优惠政策。请为该公司设计纳税筹划方案。

※ 相关知识 ※

一、纳税筹划的基本原理

纳税筹划是一项实用性和技术性很强的筹划活动，按照纳税筹划的途径分析，纳税筹划的基本原理应包括四个方面的内容：一是采用合法手段进行的节税筹划；二是采用非违法手段进行的避税筹划；三是采用经济手段，特别是价格手段进行的税负转嫁筹划；四是归整纳税人账目，实现涉税零风险。

（一）节税筹划

节税筹划是指纳税人在不违背税法立法精神的前提下，充分利用税法中固有的起征点、税前扣除、减免税等一系列税收政策，通过纳税人对筹资活动、投资活动以及经营活动的巧妙安排，达到少缴税或者不缴税的目的。其特征包括：

1. 合法性

纳税人采用节税筹划的依据是现行的税收法律、法规和政策，这也是进行节税筹划的前提。

2. 政策导向性

纳税人通过节税筹划最大限度地利用税法中固有的优惠政策来享受税收利益，其结果正是税法中相关优惠政策所要引导的，因此节税本身正是优惠政策借以实现宏观调控目的的载体。节税筹划与避税筹划最大区别在于避税是违背立法精神的，而节税是顺应立法精神的。

3. 策划性

节税和避税一样，需要纳税人充分了解现行税法知识和财务知识，事先结合企业全方位的投资和经营活动，进行合理、合法的筹划。

由上可见，节税筹划原理包括两点：一是现行税法本身固有许多优惠政策；二是这些优惠政策只要被纳税人充分、合理地运用，就能达到节税的目的。

（二）避税筹划

避税筹划是指纳税人采用非违法手段（即表面上符合税法条文规定但实质上违背立法精神的手段），利用税法中的漏洞、空白获取税收利益的筹划。避税筹划处在合法与违法之间的灰色地带，其特征包括：

1. 非违法性

偷税、逃税是违法的，节税是合法的，而避税处于违法与合法之间，具有“非违法”性质。

2. 策划性

策划性是指避税者通过对现行税法的了解甚至研究，找出其中的漏洞，加以巧妙安排。

3. 权利性

避税筹划实质就是纳税人在履行应尽法律义务的前提下，运用税法赋予的权利，保护既得利益的手段。

4. 规范性

避税筹划要想取得成功，被税务机关所认同，关键是避税行为要规范，虽然往往是依据税法的漏洞展开的，但操作过程要按照税法和相关政策进行。

由上可见，避税筹划原理包括两点：一是现行税法不完善，存在漏洞；二是纳税人依据税法的漏洞精心策划、巧妙安排。但随着国家税制的完善及征管漏洞的减少，避税筹划的空间会日益狭小。

（三）税负转嫁筹划

税负转嫁是指纳税人不实际负担所缴纳税款，而是通过购入或售出商品价格的变动，以及其他手段，将全部或部分税收转移给他人负担的经济活动。税负转嫁是直接税收分配过程的延伸，其实质是国家税收负担在纳税人与其他社会主体之间的重新分配。不论税负转嫁采用何种方式，都表现为纳税人和负税人不一致。纳税人是税法规定的直接负有纳税义务的单位和个人。负税人是最终负担税款的人。纳税人和负税人可以归为一体，也可以不一致。如果不一致，即为税负转嫁。税负转嫁筹划是指纳税人为了达到减轻税负的目的，通过价格的调整和变动，将税负转嫁给他人负担的经济行为。

1. 税负转嫁的形式

按照商品流通的过程，税负转嫁可以归纳以下几种形式。

（1）前转。即顺转，是指纳税人通过抬高售价将税负转嫁给购买者或消费者。这种转嫁形式主要针对市场短缺商品，也就是说在卖方市场条件下更适合运用。

（2）后转。即逆转，是指纳税人通过降低供应商商品或生产要素价格的方法将税负转嫁给相关生产资源的供应者。这种转嫁形式主要针对市场较为丰富甚至过剩的商品，也就是说在买方市场条件下更适合运用。

（3）混转。即散转，是指纳税人同时采用几种转嫁方法以转嫁税负的行为。严格地说，混转并不是一种独立的税负转嫁方式，而是前转与后转等的结合。

（4）消转。是指纳税人通过改进生产工艺，提高劳动生产率，自我消化税款。税负消转包括合法消转和非法消转两种形式。合法消转是指采用改进技术、节约原材料等方法，从而降低成本求得补偿；非法消转是指采用降低工资、增加工时、增大劳动强度等方法，从而降低成本求得补偿。采用第二种形式一般会遭到雇员的反对，所以建议纳税人采用第一种形式。但消转要具备一定的条件，例如生产成本能递减、商品销量能增加、生产技术与方法有发展与改善的余地、物价有上涨趋势以及税负不重等。

（5）税收资本化。即资本还原，是指对某些具有长期收益的应税物品（如土地、房屋等）进行交易时，买主从所购物品的价格中扣除该物品未来的应纳税额。这样，以后税款名义上是由买主按期缴纳，实际上则是由卖主承担。此种情况主要发生在土地买卖和其他收益来源具有永久性的财产。

2. 转嫁筹划与避税筹划、节税筹划的区别

一般来说，转嫁筹划与避税筹划、节税筹划的区别主要包括：（1）转嫁筹划不影响国家的税收收入，它只是导致归宿不同，而避税筹划、节税筹划直接导致国家税收收入的减少；（2）转嫁筹划主要依靠价格变动来实现，而避税筹划、节税筹划的实现途径则是多种多样的；（3）转嫁筹划不存在法律上的问题，更无须承担法律责任，而避税筹划、节税筹划都不同程度地存在法律纠纷和法律责任的问题；（4）商品的供求弹性和物价的自由浮动将直接影响税负转嫁的程度和方向，而避税筹划、节税筹划则不受影响。具体如表1-1所示。

表1-1　节税筹划、避税筹划、转嫁筹划的比较

比较项目	基本原理		
	避税筹划	节税筹划	转嫁筹划
法律性质	非合法	合法	纯经济行为
政府态度	反避税	倡导	不加干预
风险性	不确定，视政府对避税的态度而定	低风险	多因素风险性
策划手段	钻政策漏洞	顺应税法	调整价格
作用	减轻税负	充分利用税收优惠政策减轻税负	促进企业加强管理

由上可见，转嫁筹划原理是纳税人提高或降低价格，将自己的税款向前或向后转移给他人负担。它要受到物价自由浮动和商品供求弹性的影响。供求弹性是影响税负转嫁最直接的因素。在自由竞争的市场中，课税商品价格能否提高，不是供给一方或需求一方愿意与否的问题，而是市场上供需弹性的压力问题。一般来说，对商品课征的税收往往向没有弹性的方向转嫁，税负转嫁与供需弹性存在方向相反的关系。需求弹性越大，税负越向供给者转嫁；供给弹性越大，税负越向需求者转嫁；供给弹性等于需求弹性时，税负由买卖双方平均负担。此即税负转嫁的一般法则。

（四）实现涉税零风险

涉税零风险是指纳税人账目清楚，纳税申报正确，缴纳税款及时、足额，不会出现任何关于税收方面的处罚，即在税收方面没有任何风险，或风险极小可以忽略不计。也就是说，纳税人及相关单位和个人通过一定的筹划安排，使自身处于一种涉税零风险状态。实现涉税零风险的意义体现在：

（1）纳税人通过涉税零风险，可以避免发生不必要的经济损失。虽然这种筹划不会使纳税人直接获得税收上的好处，但由于其经过必要的筹划后，使企业账目清楚、纳税正确，不会导致税务机关的经济处罚，这样实际上相当于获取了一定的经济收益。如果纳税人不进行必要的筹划安排，就可能出现账目不清、纳税不正确的情况，从而容易被税务机关认定有偷税行为。偷税行为的认定不仅会给纳税人带来一定的经济损失（加收滞纳金及罚款），情节严重者还会被认定为犯罪，主要负责人也会因此而遭受刑事处罚。

（2）纳税人通过涉税零风险，可以避免发生不必要的名誉损失。一旦企业或个人被税务机关认定为偷漏税，那么该企业或个人的声誉将会因此而遭受严重的损失。在商品经济高速发展的今天，人们的品牌意识越来越强，好的品牌便意味着好的经济收益和社会地位。企业的品牌认知度越高，则产品越容易被消费者接受。

（3）纳税人通过涉税零风险，可以使企业账目更加清楚，使得管理更加有条不紊，更利于企业的健康发展和企业生产经营活动的有序开展。账目不清不利于企业进行各项成本核算，当然也不利于企业进行各项成本费用的控制，从而造成不必要的浪费及管理上的混乱。

可见，实现涉税零风险的原理是纳税人会计核算健全、管理完善，未出现纳税差错，既不取得经济收益，也不发生经济损失，却可取得良好的口碑，实现企业的健康发展。

二、纳税筹划的基本技术

纳税筹划技术是指在合法的前提下，使纳税人尽量减轻税负的手段和技巧。纳税筹划的基本技术主要有以下几种。

（一）利用税收优惠政策技术

1. 减免税技术

减免税是国家对特定的地区、行业、企业、项目等给予纳税人减轻税负或完全免税的照顾或奖励的措施。减免税技术是指在合法、合理的情况下，使纳税人成为减免税人，或使征收对象成为减免税对象，从而少缴或者免缴税款的纳税筹划技术。

（1）减免税技术的特点。

1）绝对节税。减免税技术运用的是绝对节税原理，直接免除或减少纳税人的应纳税绝对额，属于绝对节税的范围。

2）技术简便。减免税技术不需要利用数理统计、财务管理等知识进行筹划，也无须进行复杂的计算，甚至不用计算、比较，就能知道是否可以节税，技术上简单、直观。

3）适用范围狭窄。减免税是针对特定的纳税人、征税对象等的减免，具有特定的范围和条件，而这些不是每一个纳税人都能做到的。减免税技术的适用范围较窄。

（2）减免税技术的要点。

1）尽量争取更多的减免税待遇。在合法和合理的前提下，企业应争取尽可能多的项目获得免税待遇。

2）尽量使减免税期最长化。许多免税政策都有期限规定，免税期越长，节减的税收越多。

减免税必须符合法律、法规的明确规定。在相关税法中规定的减免税优惠措施，对一个企业的同一涉税事项可能会有减免税政策交叉的情况，在具体执行时，可选择使用其中一项最优惠的政策，但不能几项优惠政策累加执行。

2. 税率差异技术

税率差异主要是由于财政、经济政策等，对性质相同或相似的税种适用不同的税率。例如：现行的《中华人民共和国企业所得税法》（以下简称《企业所得税法》）规定：企业所得税的税率为25%；符合条件的小型微利企业，减按20%的税率征收企业所得税；国家需要重点扶持的高新技术企业，减按15%的税率征收企业所得税。税率差异技术是指在合法和合理的情况下，利用税率的差异而直接节减税额的纳税筹划技术。与按高税率缴纳的税收相比，按低税率少缴纳的税收就是节减的税收收益。

税率差异是普遍存在的情况，一个企业完全可以根据国家的有关法律和政策决定组织形式、投资规模和投资方向等，利用税率差异少缴纳税收；同样，一个自然人也可以决定其投资规模、投资方向和居住国等，利用税率差异少缴纳税收。

（1）税率差异技术的特点。

1）绝对节税。税率差异技术运用的是绝对节税原理，可以直接减少纳税人的税收绝对额，属于绝对节税的纳税筹划技术。

2）技术较为复杂。采用税率差异技术节减税收不仅受不同税率差异的影响，有时还受不同的计税基数差异的影响，计税基数的计算很复杂，计算出结果后还要按一定的方法进行比较，才能大致知道可以节减多少税额，所以该技术较为复杂。

3）适用范围较大。税率差异是普遍存在的，几乎每个纳税人都有一定的挑选范围，因此，税率差异技术是一种能普遍运用、适用范围较广的纳税筹划技术。

4）具有相对稳定性。税率差异是客观存在的，而且在一定时期是相对稳定的，因此税率差异技术具有相对稳定性。

（2）税率差异技术的要点。

1）尽量寻求税率最低化。在合法和合理的情况下，应尽量寻求适用税率的最低化。在其他条件相同的情况下，按不同的税率缴纳的税额是不同的，它们之间的差异就是节减的税收收益。寻求适用税率的最低化，可以达到节税的最大化。

2）尽量寻求税率差异的稳定性和长期性。税率差异具有一定的稳定性，一般而言，税率差异中还有相对更具稳定的。例如：政局稳定的国家的税率差异就比政局动荡的国家的税率差异更具稳定性，政策、制度稳定的国家的税率差异就比政策、制度多变的国家的税率差异更具长期性。在合法和合理的情况下，应尽量寻求税率差异的稳定性和长期性。

3. 税前扣除技术

扣除原意是从原数额中减去一部分。税前扣除是指从计税金额中减去一部分以得出应税金额。例如：《企业所得税法》第5条规定："企业每一纳税年度的收入总额，减除不征税收入、免税收入、各项扣除以及允许弥补的以前年度亏损后的余额，为应纳税所得额。”

税前扣除技术是指在合法和合理的情况下，使扣除额增加而直接节税，或调整各个计税期的扣除额而相对节税的纳税筹划技术。在收入相同的情况下，各项税前扣除额、冲抵额等越大，计税基数就越小，应纳税额就越小，所节减的税款就越大。税前扣除与特定适用范围的减免税不同，税前扣除技术普遍适用于所有的纳税人。

(1) 税前扣除技术的特点。

1）既可用于绝对节税，也可用于相对节税。税前扣除技术可用于绝对节税，通过扣除使计税基数绝对额减少，从而使绝对纳税额减少；也可以用于相对节税，通过合法、合理地分配各个计税期间的费用扣除和亏损冲抵，增加纳税人的现金流量，起到延迟纳税的作用，从而实现相对节税。

2）技术较为复杂。在各国税法中，关于各种扣除、减免、冲抵的规定，都是最为复杂和烦琐的，同时也是变化最大、最为频繁的。因此，要采用税前扣除技术来节税，就要精通所有相关的最新税法，计算出结果并加以比较，相对来说要比其他的筹划技术复杂。

3）适用范围较大。税法中的扣除是适用于所有纳税人的规定，只要在相关税法调整范围内的纳税人，基本都可以采用此项技术进行纳税筹划，所以，这是一种能够普遍应用、适用范围较大的纳税筹划技术。

4）具有相对稳定性。由于税法中规定的各项准予扣除的项目、范围和标准，在该税法实施期间是相对稳定的，因此采用该项技术进行纳税筹划也具有相对稳定性。

(2) 税前扣除技术的要点。

1）扣除项目最多化。在合法和合理的情况下，尽量使更多的项目能够得到扣除。在其他条件相同的情况下，扣除的项目越多，计税基数就越小，应纳税额就越小，因而节减税收就越多。

2）扣除金额最大化。在合法和合理的情况下，尽量使各项扣除额能够最大化。在其他条件相同的情况下，扣除的金额越多，计税基数就越小，应纳税额就越小，因而节减税收就越多。

3）扣除最早化。在合法和合理的情况下，尽量使各允许扣除的项目在最早的计税期间得到扣除。在其他条件相同的情况下，扣除越早，早期缴纳的税收就越少，早期的现金净流量就越大，可用于扩大流动资本和进行投资的资金就越多，将来的收益也越多，因而相对节减的税收也越多。

4. 税收抵免技术

税收抵免是指从应纳税额中扣除税收抵免额，包括避免双重征税的税收抵免和作为税收优惠或奖励的税收抵免。其原意是纳税人在汇算清缴时，可以用已纳税额冲减应纳税额。现在世界各国都有税收抵免方面的规定，这些规定不仅用于避免双重征税，也可以用于纳税筹划或者享受国家的税收优惠政策。税收抵免技术是指在合法和合理的情况下使税收抵免额增加而绝对节税的纳税筹划技术。税收抵免额越大，冲抵应纳税额的数量就越大，从而节减的税额就越大。当然，税收抵免技术涉及的主要是利用国家为贯彻其政策而制定的税收优惠性或奖励性税收抵免。

(1) 税收抵免技术的特点。

1）绝对节税。抵免技术运用的是绝对节税原理，直接减少纳税人的税收绝对额，属于绝对节税范畴。

2）技术较为简单。尽管有些税收抵免与扣除有相似之处，但总的说来，各国规定的税收优惠性或基本扣除性抵免的一般种类有限，计算也不会很复杂，因此抵免技术较为简单。

3）适用范围较大。抵免技术普遍适用于所有纳税人，不是只适用于某些特定纳税人的优惠，因此，抵免技术适用范围较大。

4）具有相对稳定性。抵免在一定时期相对稳定、风险较少，因此采用抵免技术进行纳税筹划具有相对稳定性。

（2）税收抵免技术的要点。

1）抵免项目最多化。在合法和合理的情况下，应尽量争取更多的抵免项目。在其他条件相同的情况下，抵免的项目越多，冲抵的应纳税的项目就越多，应纳税额就越小，因而节减的税收就越多。使抵免项目最多化，可以达到节税的最大化。

2）抵免金额最大化。在合法和合理的情况下，尽量使各抵免项目的抵免金额最大化。在其他条件相同的情况下，抵免的金额越大，冲抵的应纳税额的金额就越大，应纳税额就越小，因而节减的税收就越多，从而使抵免金额最大化，可以达到节税的最大化。

5. 退税技术

退税是指税务机关按规定对纳税人已纳税款给予退还。税务机关向纳税人退税的情况有：税务机关误征或多征的税款，如税务机关不应征收或多征收的税款；纳税人多缴纳的税款，如纳税人预先扣缴的预提税或分期预缴超过纳税人应纳税额的税款；零税率商品已纳入国内流转税的税款；符合国家退税奖励条件的已纳税款等。退税技术是指在合法和合理的情况下，使税务机关退还纳税人已纳税款而直接节税的纳税筹划技术。在已缴纳税款的情况下，退税无疑是偿还了缴纳的税款，节减了税收，所退税额越大，节减的税收就越多。

（1）退税技术的特点。

1）绝对节税。退税技术运用的是绝对节税原理，直接减少纳税人的税收绝对额，属于绝对节税型纳税筹划技术。

2）技术较为简单。退税技术节减的税收一般通过简单的退税公式就能计算出来，还有一些国家同时还给出简化了的算式，更简化了节减税收的计算，因此退税技术较为简单。

3）适用范围较小。退税一般只适用于某些特定行为的纳税人，因此退税技术适用的范围较小。

4）具有一定的风险性。国家之所以用退税鼓励某种特定行为如投资，往往是因为这种行为有一定的风险性，这也使得采用退税技术的纳税筹划具有一定的风险性。

（2）退税技术的要点。

1）尽量争取退税项目最多化。在合法和合理的情况下，尽量争取更多的退税待遇。在其他条件相同的情况下，退税项目越多，退还的已纳税款就越多，因而节减的税收就越多，从而使退税额最大化，以达到节税的最大化。

2）尽量使退税额最大化。在合法和合理的情况下，尽量使退税额最大化。在其他条件相同的情况下，退税额越大，退还的已纳税额就越大，因而节减的税收就越多，从而使退税额最大化，以达到节税的最大化。

（二）分劈技术

分劈有“分开”之意，但不是强行分割的意思。它是把一个自然人（法人）的应税所得或应税财产分成多个自然人或法人的应税所得或应税财产。分劈技术是指在合法和合理的情况下，使所得、财产在两个或更多个纳税人之间进行分割而直接节税的纳税筹划技术。

出于调节收入等社会政策的考虑，各国的所得税和一般财产税基本上采用累进税率，计税基础越大，适用的最高边际税率就越高。所得、财产在两个或更多个纳税人之间进行分劈，可以使计税基数降到低税率税级，从而降低最高边际适用税率，节减税收。

1. 分劈技术的特点

（1）绝对节税。分劈技术运用的是绝对节税原理，直接减少纳税人的税收绝对额，属于绝对节税型筹划技术。

（2）适用范围狭窄。一些企业往往通过分立为多个小企业，强行分割所得来降低适用税率，因此被许多国家认为是一种避税行为。为了防止企业利用小企业税收待遇进行避税，一些国家针对企业的所得分割制定了反避税条款，所以分劈技术一般只适用于自然人的纳税筹划。不过即使是自然人，能够适用的人群和进行分劈的项目也很有限，条件也比较苛刻，因此分劈技术适用范围狭窄。但适用范围狭窄并不是说不能使用，一些税务机关会向纳税人免费寄发纳税宣传小册子，以指导纳税人正确地分劈所得和财产，以便节税。

（3）技术较为复杂。采用分劈技术节减税收，不仅要受到许多税收条件的限制，而且要受到许多非税条件如分劈参与人等复杂因素的影响，所以技术较为复杂。

2. 分劈技术的要点

（1）分劈合理化。使用分劈技术节税，除了要合法，特别要注意的是所得或财产分劈的合理，要使得分劈合法和合理。

（2）节税最大化。在合法和合理的情况下，尽量寻求通过分劈技术能使节减的税收最大化。

（三）延期纳税技术

延期纳税是指延缓一定时期后再缴纳税款。狭义的延期纳税专指纳税人按照国家有关规定进行延期纳税；广义的延期纳税还包括按照国家其他规定来达到延期纳税目的的财务安排和纳税计划，例如按照折旧政策、存货计价优惠政策等规定来达到延期纳税的财务安排。

延期纳税技术是指在合法和合理的情况下，使纳税人延期缴纳税收而相对节税的纳税筹划技术。纳税人延期缴纳本期税收并不能减少纳税人的纳税绝对总额，但相当于得到一笔无息贷款，可以增加纳税人本期的现金流量，使纳税人在本期有更多的资金扩大流动资本，用于资本投资；由于货币的时间价值，即今天多投入的资金可以产生收益，使将来可以获得更多的税后所得，相对节减税收。

1. 延期纳税技术的特点

（1）相对节税。延期纳税技术运用的是相对节税原理，一定时期的纳税绝对额并没有减少，是利用货币时间价值节减税收，属于相对节税型纳税筹划技术。

（2）技术复杂。大多数延期纳税涉及财务制度各个方面的许多规定和其他一些技术，并涉及财务管理的方方面面，需要相关人员具备一定的数学、统计和财务管理知识，各种延期纳税节税方案要通过较为复杂的财务计算才能比较，才能知道相对节减税收的金额，技术较复杂。

（3）适用范围大。延期纳税技术可以作为利用税法延期纳税规定、财会制度选择性方法以及其他规定等进行节税的纳税筹划技术，几乎适用于所有纳税人，适用范围较大。

（4）具有相对稳定性。延期纳税主要是利用财务原理，不是某些相对来说风险较大、容易变化的政策，因此延期纳税技术具有相对稳定性。

2. 延期纳税技术的要点

（1）延期纳税项目最多化。在合法和合理的情况下，尽量争取更多的项目延期纳税。在其他条件包括一定时期纳税总额相同的情况下，延期纳税的项目越多，本期缴纳的税收就越少，现金流量也越大，可用于扩大流动资本和进行投资的资金也越多，将来的收益也越多，因而相对节减的税收也越多。使延期纳税项目最多化，可以达到节税的最大化。

（2）延长期最长化。在合法和合理的情况下，尽量争取纳税延长期的最长化。在其他条件包括一定时期纳税总额相同的情况下，纳税延长期越长，由延期纳税增加的现金流量所产生的收益也将越多，因而相对节减的税收也越多。使纳税延长期最长化，可以达到节税的最大化。例如：我国规定企业国外投资所得只要留在国外不汇回本国，就可以暂不纳税。那么把国外投资所得留在国外的企业，会有更多的资金用来再投资，将来也因此可取得更多的收益，相当于增加了税后利润，节减了税收。

（四）会计政策选择技术

会计政策是指企业在会计核算时所遵循的具体原则以及企业所采用的具体会计处理方法。会计政策选择技术是指在不违法和合理的情况下，采用适当的会计政策延缓纳税的纳税筹划技术。由于企业经济业务的复杂性和多样化，某些经济业务在符合会计原则和计量基础的要求下，可以有多种会计处理方法，即存在不止一种可供选择的会计政策。纳税人可以选择有利于自己节税的会计政策进行会计处理，从而达到减轻税负的目的。例如：存货计价、折旧计提、费用列支、收入确认等会计政策均存在可选择性。这些政策选择的结果直接影响纳税人的税收利益。

1. 会计政策选择技术的特点

（1）技术复杂。会计政策贯穿于企业整个会计过程，是企业会计核算的直接依据，但由于经济业务复杂多样，会计政策选择技术也日趋复杂。

（2）适用范围较广。会计政策选择技术的适用范围较广，纳税人选择的会计政策只要既与本企业的生产经营特点和理财环境相适应，又能减轻纳税人税负，则均可使用。

（3）受其他因素影响较大。会计政策选择不仅要受到企业生产经营状况的影响，而且要受到国家宏观经济环境的影响，受各种因素的影响较大。

2. 会计政策选择技术的要点

（1）注意会计利润和应税利润的差异。由于会计准则和税法在目的和适用原则等方面存在差异，使得按会计准则和会计制度核算的企业会计利润与按税法规定核算的企业应税所得额存在差异。因此在采用会计政策选择技术时，必须注意这两者的差异及对筹划结果的影响。

（2）注意税法规定对会计政策选择的限制。虽然税法和会计准则都是由国家相关机构制定的，但两者的出发点和目的不同。税法是为了保证国家强制、无偿、固定地取得财政收入，依据公平税负、方便征管的要求，对会计准则的规定有所约束和控制。因此，纳税人在运用会计政策选择技术时，一定要注意税法对会计政策选择的相关限制，避免纳税筹划成为偷漏税而受到税务机关的处罚。

（五）税负转嫁技术

税负转嫁技术是指纳税人为了达到减轻税负的目的，通过价格的调整和变动，将税负转嫁给他人负担的纳税筹划技术。

1. 税负转嫁技术的特点

税负转嫁是纳税筹划的特殊形式。与其他纳税筹划技术相比，税负转嫁技术具有以下特点。

（1）不影响国家的税收收入总量。税负转嫁技术运用的是价格调整和变动，只是在不同的纳税环节、不同的纳税人和负税人之间进行调节，转嫁结果只会导致税负归宿的不同，不会导致国家财政收入的减少。

（2）纯经济行为。税负转嫁技术是一种纯经济行为，一般不存在法律上的问题，纳税人不承担法律责任。

（3）适用于从价计税。税负转嫁技术主要通过价格调整和变动进行筹划，一般适用于实行从价计征的税种。

（4）存在一定的风险。税负转嫁筹划的风险来自税负转嫁的效果，而税负转嫁的效果要受制于价格、商品供求弹性和市场供求状况等多种因素的影响，有一定的风险性。当税负转嫁效果不明显时，纳税人就不得不承担由于调整价格而导致的大部分甚至全部风险。

2. 税负转嫁技术的要点

（1）商品供求弹性决定税负转嫁程度。一般认为，当供给弹性大于需求弹性时，税负较容易实现前转，税负更多地落在购买者身上；当供给弹性小于需求弹性时，税负较容易实现后转，税负更多地落在生产者或生产要素提供者身上。

（2）税负转嫁目标要服从于企业价值最大化目标。税负转嫁目标一般与企业总体财务目标是一致的。但是，在某些特定环境下，两者会发生矛盾。例如：为了全部转嫁税负，必须把商品价格提高到某一程度，而销售价格的提高会影响销量，进而影响企业利润。此时，纳税人就必须在权衡税负转嫁所得与商品销量减少的损失后进行决策。

三、纳税筹划的基本程序

纳税人所进行的纳税筹划有简有繁，范围有大有小，不一定每项筹划都要有完整的程序和步骤，可根据实际情况确定其从简还是从繁。一般情况下，纳税筹划可按以下程序进行。

（一）收集纳税筹划必需的信息

（1）企业涉税情况与需求分析。不同企业的基本情况及纳税需求有所不同，在实施纳税筹划活动时，首先要了解企业的以下基本情况：企业组织形式、筹划主体的意图、经营状况、财务状况、投资意向、管理层对风险的态度、企业的需求和目标等。其中，筹划主体的意图是纳税筹划中最根本的部分，是纳税筹划活动的出发点。

（2）企业相关税收政策与环境分析。全面了解与企业相关的行业、部门的税收政策，理解和掌握国家税收政策及精神，争取税务机关的帮助与合作，这对于企业成功实施纳税筹划尤为重要。有条件的企业可以建立税收信息资源库。同时，企业必须了解政府的相关涉税行为，对政府对纳税筹划方案可能的行为反应作出合理的预期，以增强筹划成功的可能性。

（3）确定纳税筹划的具体目标。纳税筹划的最终目标是企业价值最大化。而对上面已经收集的信息进行分析后，便可以确定纳税筹划的各个具体目标，并以此为基准来设计纳税筹划方案。纳税筹划的具体目标主要有：实现税负最小化，实现税后利润最大化，获取资金时间价值最大化，实现纳税风险最小化。

（二）设计备选的纳税筹划方案

在掌握相关信息和确立目标之后，纳税筹划的决策者可以着手设计纳税筹划的具体方案。纳税筹划方案的设计一般按以下步骤进行：

（1）对涉税问题进行认定，即涉税项目的性质、涉及哪些税种等。

（2）对涉税问题进行分析，即涉税项目的发展态势、可能导致的后果、纳税筹划空间大小、需解决的关键问题等。

（3）设计多种备选方案，即针对涉税问题，设计若干可选方案，包括涉及的经营活动、财务运作和会计处理，并确定配套方案。

（三）分析、评价各个备选方案，并选择最佳方案

纳税筹划方案是多种筹划技术的组合运用，同时需要考虑风险因素。方案列示以后，必须进行一系列的分析和评价，主要包括：

（1）合法性分析。纳税筹划的首要原则是合法性原则，对设计的方案首先要进行合法性分析，以规避法律风险。

（2）可行性分析。纳税筹划的实施，需要多方面的条件，企业必须对方案的可行性进行评估，这种评估包括实施时间的选择、人员素质以及未来的趋势预测等。

（3）目标分析。每种设计方案都会产生不同的纳税结果，这种纳税结果是否符合企业既定的目标，是筹划方案选择的基本依据。对多种方案进行分析、比较和评估后，才能最终选择最佳方案。

（四）实施纳税筹划方案

纳税筹划方案选定之后，经管理部门批准，即进入实施阶段。企业应当按照选定的纳税筹划方案，对自己的纳税人身份、组织形式、注册地点、所从事的产业、经济活动以及会计处理等作出相应的处理或改变，同时记录筹划方案的收益。

（五）监控、评估和改进纳税筹划方案

在纳税筹划方案的实施过程中，应及时监控出现的问题。然后运用信息反馈机制，对筹划方案的效果进行评价，考核其经济效益与最终结果，评估其是否实现纳税筹划目标。在实施过程中，可能因为执行偏差、环境改变或者由于原有方案的设计存在缺陷，从而与预期结果产生差异，这些差异要及时反馈给纳税筹划的决策者，并对方案进行改进。

※ 任务指导 ※

1. 现行《企业所得税法》第 28 条规定："符合条件的小型微利企业，减按 20%的税率征收企业所得税。"

2.《财政部、税务总局关于实施小微企业普惠性税收减免政策的通知》（财税〔2019〕13 号）第 2 条规定："对小型微利企业年应纳税所得额不超过 100 万元的部分，减按 25%计入应纳税所得额，按 20%的税率缴纳企业所得税；对年应纳税所得额超过 100 万元但不超过 300 万元的部分，减按 50%计入应纳税所得额，按 20%的税率缴纳企业所得税。"

上述小型微利企业是指从事国家非限制和禁止行业，且同时符合年度应纳税所得额不超过 300 万元、从业人数不超过 300 人、资产总额不超过 5 000 万元三个条件的企业。

只要该公司符合上述条件，则可按照下列方案筹划。

※ 任务操作 ※

【承接案例 1.2.1】 筹划前：

应纳企业所得税额＝3 004 000×25%＝751 000（元）

企业税后利润＝3 004 000－751 00＝2 253 000（元）

筹划方案：采用税前扣除技术和减免税技术进行筹划。例如：通过政府认可的非营利性社会组织为国家教育事业捐款 5 000 元。

筹划后：

应纳税所得额＝3 004 000－5 000＝2 999 000（元）

应纳企业所得税额＝1 000 000×25%×20%＋1 999 000×50%×20%＝249 900（元）

企业税后利润＝2 999 000－249 900＝2 749 100（元）

实现节税额＝751 000－249 900＝501 100（元）

税后利润增加额＝2 749 100－2 253 000＝496 100（元）

[风控重点] 一是采用税前扣除技术和减免税技术时要合理；二是要注意公益性捐赠数额要符合税前限额扣除比例。

※ 任务小结和风险提示 ※

要成功地进行纳税筹划，必须认真学习并熟练掌握纳税筹划的基本理论、基本方法和基本技术，这是进行纳税筹划的技术准备。纳税筹划的方法较多，技术较为复杂，要根据经济业务的具体情况进行准确、灵活的运用。同时，纳税人必须站在实现企业整体财务管理目标的高度，从全局出发，把企业的经营活动联系起来进行整体筹划、综合衡量，以保证纳税筹划方案的实施效果。同时，风险是客观存在的，纳税人也必须加强纳税筹划风险的防范与控制。

【课程思政】

筹划不是罪，蹩脚的筹划要补税

2018 年，深圳市某税务机关检查 A 企业时，发现该企业存在巨额的劳务费用支出，虽然企业能提供合同、发票和转账记录等凭证，但企业财务部门和人力资源部门都不能很好地解释这些劳务费用项目的具体情况。稽查人员前往开具发票的人力资源公司进行外调取证，发现该人力资源公司除了为A企业提供真实的劳务外，还将A企业汇来的部分款项直接汇给了5个私人银行账户，经过比对税务系统中A企业的个人所得税申报表，发现这5人均是该公司的在职员工。

税务机关认为A企业形式上利用劳务公司开具劳务费发票，实质上是发放在职员工奖金、补助，属于以合法形式掩盖偷逃税款目的的违法手段，最终对A企业的涉税违法行为作出了税务处理决定和处罚决定，要求A企业补扣缴个人所得税1 600多万元，并对其罚款800多万元。

思政启示

A企业有一定的纳税筹划意识，知道纳税筹划能达到降低税收负担的目的，但该企业对纳税筹划存在认识误区。它在追求降低税负带来的经济利益的过程中，忽略了纳税筹划的前提条件是具备合法性，关键条件是具备合理性。A企业虽然在发放员工的奖金、补助时进行过一些“安排”，从形式上比企业直接发放“多转了几手”，但从事实上来看，A企业转出的“劳务费用”实质上仍然是向受雇于本企业的职工发放的所得，应当并入工资、薪金所得，并代扣代缴个人所得税。A企业进行的纳税筹划，虽然符合纳税筹划的形式要件，但并不符合实质要件，最终导致出现补缴1 600多万元税款和被罚款800多万元的严重后果。

税法依据

根据《中华人民共和国个人所得税法实施条例》第六条第一项的规定：“工资、薪金所得，是指个人因任职或者受雇取得的工资、薪金、奖金、年终加薪、劳动分红、津贴、补贴以及与任职或者受雇有关的其他所得。”

【项目小结】

本项目是对纳税筹划基本理论和基本技术方法的总体概述。纳税筹划是指纳税义务人为维护自身权益，在法律许可范围内，通过对经营、投资、理财活动的事先规划和安排，充分利用税法提供的优惠政策及可选择条款，实现纳税风险最小化、企业价值最大化的一种经济行为。正确认识纳税筹划与相关概念的区别和联系，有助于理解纳税筹划的概念、特点、原则、意义和风险防范。按照纳税筹划的途径分析，纳税筹划的基本原理包括节税筹划、避税筹划、税负转嫁筹划和实现涉税零风险。纳税筹划的基本技术包括利用税收优惠政策技术、分劈技术、延期纳税技术、会计政策选择技术和税负转嫁技术。这是进行纳税筹划不可或缺的技术基础。为了更好地开展纳税筹划，筹划者应遵循收集信息、设计备选筹划方案、选择最佳方案、实施方案并进行监控、评估和改进的基本程序。

【课后练习】

一、单项选择题

1. 纳税筹划的最终目标是（　　）。

A. 实现纳税人收益最大化　　B. 少缴税

C. 合理纳税，降低纳税风险　　D. 实现企业价值最大化

2. 纳税筹划的主体是（　　）。

A. 纳税人　　B. 征税对象
C. 计税依据　　D. 税务机关

3. 纳税筹划与逃税、抗税、骗税等行为的根本区别是具有（　　）。
A. 违法性　　B. 可行性
C. 非违法性　　D. 合法性

4. 避税最大的特点是（　　）。
A. 违法性　　B. 可行性
C. 非违法性　　D. 合法性

5. 按（　　）进行分类，纳税筹划可以分为节税筹划、避税筹划、税负转嫁筹划和实现涉税零风险。
A. 不同税种　　B. 纳税筹划的途径
C. 不同性质企业　　D. 不同纳税主体

6. 纳税筹划最重要的原则是（　　）。
A. 合法性原则　　B. 效益性原则
C. 整体性原则　　D. 时效性原则

7. 在税负能够转嫁的条件下，纳税人并不一定是（　　）。
A. 实际负税人　　B. 代扣代缴义务人
C. 代收代缴义务人　　D. 法人

8. 避税的特征不包括（　　）。
A. 非违法性　　B. 策划性
C. 顺应立法宗旨　　D. 规范性

9. 避税筹划要想取得成功，被税务机关认同，关键是避税行为要（　　）。
A. 巧妙　　B. 规范
C. 合理　　D. 精心

10. 假设当某国对咖啡课以重税时，某君用喝茶替代了喝咖啡，这一行为属于（　　）。
A. 节税筹划　　B. 避税筹划
C. 转嫁筹划　　D. 实现涉税零风险

11. 纳税人将增加的消费税税负通过提高销售价格来解决，这属于（　　）。
A. 节税筹划　　B. 避税筹划
C. 转嫁筹划　　D. 实现涉税零风险

12. 下列属于采用会计政策选择技术以减轻税负或延缓纳税的纳税筹划技术是（　　）。
A. 改变存货计价方法　　B. 利用税率差异节税
C. 享受减免税　　D. 压低供货价格

13.（　　）运用的是相对节税原理，一定时期的纳税绝对额并没有减少，是利用货币时间价值来获得节税收益。
A. 减免税技术　　B. 延期纳税技术
C. 退税技术　　D. 转嫁筹划技术

14. 税负转嫁筹划通常需要借助（　　）来实现。
A. 价格　　B. 税率

C. 纳税人　　　　D. 计税依据

15. 纳税人与负税人一致的税种，称为（　　）。

A. 间接税　　　　B. 直接税

C. 流转税　　　　D. 所得税

16. 下列各项中，既可用于绝对节税，也可用于相对节税的筹划技术是（　　）。

A. 税前扣除技术　　　　B. 抵免税技术

C. 减免税技术　　　　D. 税率差异技术

17. 纳税人进行纳税筹划的第一步就是收集纳税筹划必需的信息，其中（　　）是纳税筹划中最根本的部分，是纳税筹划活动的出发点。

A. 企业的组织形式　　　　B. 管理层对风险的态度

C. 筹划主体的意图　　　　D. 企业的需求和目标

18. 能进行税负转嫁的税种是（　　）。

A. 间接税　　　　B. 直接税

C. 财产税　　　　D. 所得税

二、多项选择题

1. 纳税筹划的合法性要求是与（　　）的根本区别。

A. 逃税　　　　B. 欠税

C. 骗税　　　　D. 避税

2. 下列属于利用税收优惠政策技术进行纳税筹划的有（　　）。

A. 减免税　　　　B. 退税

C. 延期纳税　　　　D. 税率差异

3. 按企业运行过程进行分类，纳税筹划可分为（　　）等。

A. 企业设立中的纳税筹划　　　　B. 企业投资决策中的纳税筹划

C. 企业生产经营过程中的纳税筹划　　　　D. 企业经营成果分配中的纳税筹划

4. 按照性质的不同，纳税人可分为（　　）。

A. 扣缴义务人　　　　B. 法人

C. 负税人　　　　D. 自然人

5. 税负转嫁筹划能否通过价格浮动实现，关键取决于（　　）的大小。

A. 商品供给弹性　　　　B. 税率

C. 商品需求弹性　　　　D. 计税依据形式

6. 纳税筹划的特点包括（　　）、专业性和风险性。

A. 合法性　　　　B. 筹划性

C. 整体性　　　　D. 目的性

7. 纳税筹划的基本原则包括（　　）。

A. 合法性原则　　　　B. 效益性原则

C. 整体性原则　　　　D. 时效性原则

8. 下列各项中，可用于绝对节税的筹划技术是（　　）。

A. 延期纳税技术　　　　B. 抵免税技术

C. 减免税技术　　　　D. 税率差异技术

9. 分劈技术的要点是（　　）。

A. 分劈合理化　　B. 节税最大化

C. 相对节税　　D. 期限最长化

10. 纳税人进行纳税筹划的第一步就是收集纳税筹划必需的信息，首先要了解企业以下基本情况：（　　）、企业的需求和目标等。

A. 企业组织形式　　B. 筹划主体的意图

C. 经营状况和财务状况　　D. 管理层对风险的态度

三、判断题

1. 纳税筹划本质上是一种合法或不违法行为，理论上本不存在违法可能性。因此，实践中也不存在纳税筹划违法的可能性。（　　）

2. 纳税人有依法纳税的义务，也有依法节税的权利。（　　）

3. 纳税筹划具有合法性的特点，因此纳税筹划没有风险。（　　）

4. 财务利益最大化是纳税筹划首先应遵循的最基本原则。（　　）

5. 一般来说，覆盖面越大的税种，其税负差异越大。（　　）

6. 纳税筹划的主体是税务机关。（　　）

7. 纳税筹划是纳税人的一系列综合谋划活动。（　　）

8. 纳税人可以是法人，也可以是自然人。（　　）

9. 纳税人和负税人是不一致的。（　　）

10. 欠税是指递延税款缴纳时间的行为。（　　）

11. 专业性是指纳税人的纳税筹划需要借助于财务、会计等专业人员才能开展。（　　）

12. 通货膨胀会使经过一段时间延迟之后的应缴纳税款的实际价值提高。（　　）

13. 法律没有明确禁止的即为合法和合理。（　　）

14. 纳税筹划是对纳税人未来的纳税事项所作的规划和安排，所以不需要对其纳税历史进行了解。（　　）

15. 一般而言，当供给弹性大于需求弹性，即需求价格弹性系数大于1时，企业应优先考虑税负前转的可能性。（　　）

四、案例分析题

万成股份有限公司为非小微企业，至2019年积累利润500万元，因要购买设备，请来注册税务师王某进行纳税筹划。王某根据该公司的实际情况，提出了以下两个方案。方案一：用这500万元购买设备进行投资，收益期6年，每年平均盈利100万元，该公司适用所得税税率25%，则该公司每年平均缴纳企业所得税100×25%=25万元；6年累计应纳企业所得税150万元。方案二：若该公司用银行贷款的办法，贷款500万元，每年支付利息额为40万元，则6年后企业累计缴纳企业所得税=（100－40）×25%×6=90万元，那么6年减少税负60万元。最终该企业采用方案二。要求：

1. 简要分析该项纳税筹划业务的筹划主体、筹划前提、筹划时间、筹划结果。

2. 分析该项纳税筹划业务采用的筹划原理和筹划技术手段。

项目二

增值税的纳税筹划

增值税是目前世界各国普遍征收的税种，也是我国最主要的税种之一。按照对外购固定资产处理方式的不同，增值税可分为生产型增值税、收入型增值税和消费型增值税三类，自2009年1月1日起，我国开始实行消费型增值税。2016年5月1日起，我国全面实行“营改增”。在增值税转型和全面“营改增”后，如何进行增值税的纳税筹划？这正是本项目所要解决的问题。

【教学目标】

通过本项目的学习，使学生能计算不同增值税应税业务的应纳税额，掌握增值税纳税筹划的基本原理，能从纳税人、计税依据、税收优惠政策等角度进行增值税的纳税筹划。

【工作任务】

1. 认识增值税。
2. 掌握增值税纳税人的纳税筹划。
3. 掌握增值税计税依据的纳税筹划。
4. 明确增值税优惠政策的纳税筹划。
5. 理解出口退（免）增值税的纳税筹划。

任务1

认识增值税

※ 任务导入 ※

【案例2.1.1】 海程公司是以1个月为纳税期的增值税一般纳税人。8月，采用直接收款方式销售了一批货物，该批货物已交给购货方。当月该公司已参照同类商品市价暂估销售收入，入账15.82万元，但因购货方未付款而尚未开具增值税专用发票。作为该公司的财务人员，你认为该笔销售收入9月15日前应申报缴纳增值税吗？

※ 相关知识 ※

增值税是对在我国境内销售货物、劳务、服务、无形资产、不动产以及进口货物的单位和个人就其增值额以及货物进口金额征收的一种税。增值额是企业或个人在生产经营过程中新创造的那部分价值额。

我国现行增值税的基本规范是2017年11月19日国务院令第691号公布的《中华人民共和国增值税暂行条例》（以下简称《增值税暂行条例》）及其实施细则和《财政部、国家税务总局关于全面推开营业税改征增值税试点的通知》（财税〔2016〕36号）以及《财政部、税务总局关于统一增值税小规模纳税人标准的通知》（财税〔2016〕33号）、“财政部、税务总局、海关总署公告2019年第39号”等法律法规和政策。

一、增值税纳税人

（一）增值税纳税人的基本规定

在中华人民共和国境内（以下简称境内）销售货物、劳务、服务、无形资产、不动产以及进口货物的单位和个人，为增值税纳税人。具体包括：

（1）单位。是指企业、行政单位、事业单位、军事单位、社会团体及其他单位。

（2）个人。是指个体工商户和其他个人。

（3）承租人或者承包人。采用承包、承租、挂靠经营方式下，区分以下两种情况界定纳税人：

第一，同时满足以下两个条件的，以发包人为纳税人：

1）以发包人名义对外经营。

2）由发包人承担相关法律责任。

第二，不同时满足上述两个条件的，以承包人为纳税人。

（4）进口货物的收货人或办理报关手续的单位和个人。对报关进口货物，凡是海关的完税凭证开具给委托方的，对代理方不征收增值税；凡是海关的完税凭证开具给代理方的，对代理方应按规定征收增值税。

（5）扣缴义务人。中华人民共和国境外的单位或者个人在境内提供应税劳务，在境内未设立经营机构的，以其境内代理人为扣缴义务人；在境内没有代理人的，以购买方为扣缴义务人。

（二）增值税纳税人的分类

1. 小规模纳税人

小规模纳税人是指年销售额在规定标准以下，并且会计核算不健全，不能按规定报送有关税务资料的增值税纳税人。会计核算不健全是指不能正确核算增值税的销项税额、进项税额和应纳税额。根据《财政部、税务总局关于统一增值税小规模纳税人标准的通知》（财税〔2016〕33 号）规定：自 2018 年 5 月 1 日起，增值税小规模纳税人标准为年应征增值税销售额 500 万元及以下。

年应税销售额超过小规模纳税人标准的其他个人按小规模纳税人纳税；非企业性单位、不经常发生应税行为的企业可选择按小规模纳税人纳税。小规模纳税人实行简易办法征收增值税，一般不使用增值税专用发票。

2. 一般纳税人

一般纳税人是指年应税销售额超过财政部、国家税务总局规定的小规模纳税人标准的企业和企业性单位（以下简称企业）。增值税一般纳税人须向税务机关办理认定手续，以取得法定资格。一般纳税人实行凭增值税专用发票抵扣税款的制度。

二、增值税的征税范围

（一）增值税征税范围的一般规定

增值税的征税范围为在我国境内销售货物、劳务、应税行为以及进口货物。货物是指有形动产，包括电力、热力、气体在内。销售货物是指有偿转让货物的所有权。销售劳务是指纳税人有偿提供加工、修理修配劳务。单位或者个体工商户聘用的员工为本单位或者雇主提供劳务，不包括在增值税征税范围内。应税行为的具体范围为销售服务、无形资产或者不动产。销售服务是指有偿提供交通运输服务、邮政服务、电信服务、建筑服务、金融服务、现代服务、生活服务。销售无形资产是指有偿转让无形资产所有权或者使用权的业务活动。无形资产是指不具实物形态，但能带来经济利益的资产，包括技术、商标、著作权、商誉、自然资源使用权和其他权益性无形资产。销售不动产是指有偿转让不动产所有权的业务活动。不动产是指不能移动或者移动后会引起性质、形状改变的财产，包括建筑物、构筑物等。

（二）视同销售的征税规定

单位或个体工商户的下列行为，视同发生应税销售行为：

（1）将货物交付其他单位或者个人代销；

（2）销售代销货物；

（3）设有两个以上机构并实行统一核算的纳税人，将货物从一个机构移送其他机构用于销售，但相关机构设在同一县（市）的除外；

（4）将自产、委托加工的货物用于非应税项目；

（5）将自产、委托加工的货物用于集体福利或者个人消费；

（6）将自产、委托加工或者购进的货物作为投资，提供给其他单位或者个体工商户；

（7）将自产、委托加工或者购进的货物分配给股东或者投资者；

（8）将自产、委托加工或者购进的货物无偿赠送其他单位或者个人；

（9）单位或者个体工商户向其他单位或者个人无偿销售应税服务、无偿转让无形资产或者不动产但用于公益事业或者以社会公众为对象的除外；

（10）财政部和国家税务总局规定的其他情形。

（三）混合销售行为

一项销售行为如果既涉及服务又涉及货物，为混合销售。从事货物的生产、批发或者零售的单位和个体工商户的混合销售行为，按照销售货物缴纳增值税；其他单位和个体工商户的混合销售行为，按照销售服务缴纳增值税。这里所称“从事货物的生产、批发或者零售的单位和个体工商户”，包括以从事货物的生产、批发或者零售为主，并兼营销售服务的单位和个体工商户在内。销售服务是指提供交通运输服务、邮政服务、电信服务、建筑服务、金融服务、现代服务、生活服务。

混合销售行为成立的行为标准有两点：一是其销售行为必须是一项；二是该项行为必须既涉及货物销售又涉及应税行为。在确定混合销售是否成立时，其行为标准中的上述两点必须同时存在。

（四）兼营行为

纳税人销售货物、加工修理修配劳务、服务、无形资产或者不动产适用不同税率或者征收率的，应当分别核算适用不同税率或者征收率的销售额，未分别核算销售额的，按照以下方法适用税率或者征收率：

（1）兼有不同税率的销售货物、加工修理修配劳务、服务、无形资产或者不动产，从高适用税率。

（2）兼有不同征收率的销售货物、加工修理修配劳务、服务、无形资产或者不动产，从高适用征收率。

（3）兼有不同税率和征收率的销售货物、加工修理修配劳务、服务、无形资产或者不动产，从高适用税率。

纳税人兼营免税、减税项目的，应当分别核算免税、减税项目的销售额；未分别核算的，不得免税、减税。

三、增值税的税率与征收率

（一）税率

根据“财政部、税务总局、海关总署公告2019年第39号”规定，自2019年4月1日起，增值税税率按以下执行。

1. 标准税率

增值税一般纳税人销售或者进口货物、提供加工修理修配劳务（应税劳务），除低税率适用范围和简易计征等另有规定外，税率一律为13%。

2. 低税率

增值税一般纳税人销售或者进口下列货物，按9%的税率计征增值税。

（1）粮食等农产品、食用植物油、食用盐。农产品是指种植业、养殖业、林业、牧业、水产业生产的各种植物、动物的初级产品。

（2）自来水、暖气、冷气、热水、煤气、石油液化气、天然气、二甲醚、沼气、居民用煤炭制品。

（3）图书、报纸、杂志、音像制品、电子出版物。

（4）饲料、化肥、农药、农机、农膜。

（5）国务院规定的其他货物。

1）干姜、姜黄的增值税适用税率为9%。

2）按照《食品安全国家标准—巴氏杀菌乳》（GB 19645—2010）生产的巴氏杀菌乳和按照《食品安全国家标准—灭菌乳》（GB 25190—2010）生产的灭菌乳，均属于初级农业产品，可按照《农业产品征收范围注释》中的鲜奶按9%的税率征收增值税；按照《食品安全国家标准—调制乳》（GB 25191—2010）生产的调制乳，不属于初级牧业产品，应按照13%税率征收增值税。

3）花椒油、橄榄油、核桃油、杏仁油、葡萄籽油和牡丹籽油按照食用植物油9%的税率征收增值税。环氧大豆油、氢化植物油不属于食用植物油征收范围，适用13%增值税税率。

4）淀粉不属于农产品的范围，应按照13%的税率征收增值税。

3. 应税行为适用税率

（1）纳税人发生应税行为，除以下第（2）项、第（3）项、第（4）项规定外，税率为6%。

（2）提供交通运输、邮政、基础电信、建筑、不动产租赁服务，销售不动产，转让土地使用权，税率为9%（2019年4月1日起）。

（3）提供有形动产租赁服务，税率为13%（2019年4月1日起）。

（4）境内单位和个人发生的跨境应税行为，税率为零。具体范围由财政部和国家税务总局另行规定。

4. 零税率

纳税人出口货物，税率为零；但是，国务院另有规定的除外。

（二）征收率

（1）小规模纳税人增值税征收率为3%。小规模纳税人销售和租赁不动产有关事项按5%征收率计税。

（2）简易计征。一般纳税人选择简易计征按照规定的征收率计税。详见表2-1、2-2、2-3。

四、增值税税收优惠政策

（一）免征增值税的项目

（1）农业生产者销售的自产农产品。所称农业，是指种植业、养殖业、林业、牧业、水产业。农业生产者，包括从事农业生产的单位和个人。农产品，是指初级农产品，具体范围由财政部、国家税务总局确定。

（2）避孕药品和用具。

（3）古旧图书。古旧图书，是指向社会收购的古书和旧书。

（4）直接用于科学研究、科学试验和教学的进口仪器、设备。

（5）外国政府、国际组织无偿援助的进口物资和设备。

（6）由残疾人的组织直接进口供残疾人专用的物品。

（7）销售自己使用过的物品。所称自己使用过的物品，是指其他个人自己使用过的物品。

（二）增值税起征点

个人发生应税行为的销售额未达到增值税起征点的，免征增值税；达到起征点的，全额计算缴纳增值税。增值税起征点不适用于登记为一般纳税人的个体工商户。增值税起征点规定如下：

（1）按期纳税的，为月销售额5 000～20 000元（含本数）；

（2）按次纳税的，为每次（日）销售额300～500元（含本数）。

（三）小规模纳税人免征增值税

"财政部、税务总局公告2021年第11号"和"国家税务总局公告2021年第5号"规定：

（1）自2021年4月1日至2022年12月31日，小规模纳税人发生增值税应税销售行为，合计月销售额未超过15万元（以1个季度为1个纳税期的，季度销售额未超过45万元，下同）的，免征增值税。

小规模纳税人发生增值税应税销售行为，合计月销售额超过15万元，但扣除本期发生的销售不动产的销售额后未超过15万元的，其销售货物、劳务、服务、无形资产取得的销售额免征增值税。

（2）适用增值税差额征税政策的小规模纳税人，以差额后的销售额确定是否可以享受本公告规定的免征增值税政策。

《增值税纳税申报表（小规模纳税人适用）》中的"免税销售额"相关栏次，填写差额后的销售额。

（3）按固定期限纳税的小规模纳税人可以选择以1个月或1个季度为纳税期限，一经选择，一个会计年度内不得变更。

（4）《中华人民共和国增值税暂行条例实施细则》第九条所称的其他个人，采取一次性收取租金形式出租不动产取得的租金收入，可在对应的租赁期内平均分摊，分摊后的月租金收入未超过15万元的，免征增值税。

（5）按照现行规定应当预缴增值税税款的小规模纳税人，凡在预缴地实现的月销售额未超过15万元的，当期无须预缴税款。

（6）小规模纳税人中的单位和个体工商户销售不动产，应按其纳税期、本公告第五条以及其他现行政策规定确定是否预缴增值税；其他个人销售不动产，继续按照现行规定征免增值税。

（四）简易计税

1. 非“营改增”纳税人的简易计税

纳税人销售使用过的物品和旧货的税务处理如表2-1所示。

表2-1　纳税人销售使用过的物品和旧货的税务处理

纳税人	项目		税务处理
一般纳税人	销售自己使用过的固定资产	销售取得时未抵扣进项税额的固定资产	按简易办法依3%征收率减按2%征收增值税 计税公式：增值税额＝含税售价÷（1+3%）×2%
		销售取得时已抵扣进项税额的固定资产	按正常销售货物计税
	销售自己使用过的固定资产以外的物品		按正常销售货物计税
小规模纳税人（除其他个人外）	销售自己使用过的固定资产		减按2%征收率征收增值税
	销售自己使用过的除固定资产以外的物品		按3%的征收率征收增值税
纳税人	销售旧货（指进入二次流通的具有部分使用价值的货物，但不包括自己使用过的物品）		按照简易办法依照3%征收率减按2%征收增值税 计税公式：增值税额＝含税售价÷（1+3%）×2%
	从事二手车经销的纳税人销售其收购的二手车（是指从办理完注册登记手续至达到国家强制报废标准之前进行交易并转移所有权的车辆，具体范围按照国务院商务主管部门出台的二手车流通管理办法执行）		自2020年5月1日至2023年12月31日，由原按照简易办法依3%征收率减按2%征收增值税，改为减按0.5%征收增值税

一般纳税人销售自产的下列货物，可选择按照简易办法依照3%征收率计算缴纳增值税，如表2-2所示。

表2-2　一般纳税人其他简易计税货物一览表

项目	税务处理
县级及县级以下小型水力发电单位生产的电力	依照3%征收率简易计税
建筑用和生产建筑材料所用的砂、土、石料	
以自己采掘的砂、土、石料或其他矿物连续生产的砖、瓦、石灰（不含黏土实心砖、瓦）	
用微生物、微生物代谢产物、动物毒素、人或动物的血液或组织制成的生物制品	
自来水	
商品混凝土（仅限于以水泥为原料生产的水泥混凝土）	
寄售商店代销寄售物品（包括居民个人寄售的物品在内）	依照3%征收率简易计税
典当业销售死当物品	

2. “营改增”纳税人的简易计税

除小规模纳税人适用简易计税方法外，一般纳税人发生下列应税行为可以选择适用简易计税方法计税。一经选择，36 个月内不得变更。表 2-3 为一般纳税人可选择简易计税项目。

表 2-3 “营改增”一般纳税人可选择简易计税项目一览表

序号	税目	基本税率	简易计税项目	
			一般纳税人可选择简易计税项目	征收率
1	交通运输服务	9%	公共交通运输服务（包括轮客渡、公交客运、地铁、城市轻轨、出租车、长途客车、班车，不含铁路旅客运输服务）	3%
2	建筑服务	9%	清包工、甲供工程、建筑工程老项目	3%
3	金融服务	6%	试点纳税人根据 2016 年 4 月 30 日前签订的有形动产融资性售后回租合同，在合同到期前提供的有形动产融资性售后回租服务，可继续按照有形动产融资租赁服务缴纳增值税	3%
4	现代服务	6%	经认定的动漫企业为开发动漫产品提供服务、电影放映服务、仓储服务、装卸搬运服务、收派服务	3%
	其中：不动产经营租赁	9%	试点前取得的不动产经营租赁	5%
			公路经营企业中的一般纳税人收取试点前开工的高速公路的车辆通行费	3%
			个人出租住房	征收率 5%(减按 1.5%)
	其中：有形动产租赁	13%	以纳入营改增试点之日前取得的有形动产为标的物提供的经营租赁服务	3%
			在纳入营改增试点之日前签订的尚未执行完毕的有形动产租赁合同	3%
5	生活服务	6%	文化体育服务	3%
6	销售无形资产	6%	转让 2016 年 4 月 30 日前取得的土地使用权	5%差额征税
			境内转让动漫版权（包括动漫品牌、形象或者内容的授权及再授权）	3%
7	销售不动产	9%	一般纳税人销售其 2016 年 4 月 30 日前取得（不含自建）的不动产	5%
		9%	一般纳税人销售其 2016 年 4 月 30 日前自建的不动产	5%

说明：以上表格为编者按照截至 2021 年 4 月的相关法规和政策整理编制。

五、增值税的计算

增值税的计税方法，包括一般计税方法和简易计税方法。一般纳税人发生应税行为适用一般计税方法计税。小规模纳税人发生应税行为适用简易计税方法计税。

一般纳税人发生财政部和国家税务总局规定的特定应税行为，可以选择适用简易计税方法计税，但一经选择，36 个月内不得变更。

（一）一般计税方法

一般纳税人应纳税额的计算。公式如下：

应纳税额＝当期销项税额－当期进项税额

　　　　＝销售额×适用税率－当期进项税额

（二）简易计税方法

（1）小规模纳税人应纳税额的计算。公式如下：

应纳税额＝销售额×征收率

（2）一般纳税人选择简易计税办法的计算。公式如下：

应纳税额＝销售额×征收率

上述各计税公式中的销售额均为不含增值税销售额。纳税人采用销售额和应纳税额合并定价方法的，按照下列公式计算销售额：

销售额＝含税销售额÷(1＋征收率)

（三）进口货物应纳税额的计算

应纳税额＝组成计税价格×税率

　　　　＝(关税的完税价格＋关税＋消费税)×税率

六、增值税的纳税义务发生时间

（1）采取直接收款方式销售货物，不论货物是否发出，均为收到销售款或者取得索取销售款凭据的当天。

（2）采取托收承付和委托银行收款方式销售货物，为发出货物并办妥托收手续的当天。

（3）采取赊销和分期收款方式销售货物，为书面合同约定的收款日期的当天，无书面合同的或者书面合同没有约定收款日期的，为货物发出的当天。

（4）采取预收货款方式销售货物，为货物发出的当天，但生产销售生产工期超过 12 个月的大型机械设备、船舶、飞机等货物，为收到预收款或者书面合同约定的收款日期的当天。

（5）委托其他纳税人代销货物，为收到代销单位的代销清单或者收到全部或者部分货款的当天。未收到代销清单及货款的，为发出代销货物满 180 天的当天。

（6）销售应税劳务，为提供劳务同时收讫销售款或者取得索取销售款的凭据的当天。

（7）纳税人发生《增值税暂行条例实施细则》第四条第（三）项至第（八）项所列视同销售货物行为，为货物移送的当天。

（8）进口货物，为报关进口的当天。

（9）增值税扣缴义务发生时间为纳税人增值税纳税义务发生的当天。

七、增值税的纳税期限

《增值税暂行条例》第 23 条规定如下：

增值税的纳税期限分别为1日、3日、5日、10日、15日、1个月或者1个季度。纳税人的具体纳税期限，由主管税务机关根据纳税人应纳税额的大小分别核定；不能按照固定期限纳税的，可以按次纳税。

纳税人以1个月或者1个季度为1个纳税期的，自期满之日起15日内申报纳税；以1日、3日、5日、10日或者15日为1个纳税期的，自期满之日起5日内预缴税款，于次月1日起15日内申报纳税并结清上月应纳税款。

扣缴义务人解缴税款的期限，依照前两款规定执行。

纳税人进口货物，应当自海关填发海关进口增值税专用缴款书之日起15日内缴纳税款。

※ 任务指导 ※

根据《国家税务总局关于增值税纳税义务发生时间有关问题的公告》（国家税务总局公告2011年第40号）的规定，纳税人生产经营活动中采取直接收款方式销售货物，已将货物移送对方并暂估销售收入入账，但既未取得销售款或索取销售款凭据也未开具销售发票的，其增值税纳税义务发生时间为取得销售款或索取销售款凭据的当天；先开具发票的，为开具发票的当天。纳税人此前对发生上述情况进行增值税纳税申报的，可向主管税务机关申请，按该公告规定做纳税调整。

※ 任务操作 ※

【承接案例2.1.1】鉴于上述规定，对于海程公司采取直接收款方式结算货款的该项销售业务，尽管货物已移送给购货方且暂估销售收入入账，但是该公司既未取得销售款或索取销售款凭据，也未开具销售发票，此时并未发生法定的增值税纳税义务，该笔销售收入在取得销售款或索取销售款凭据之前，无须缴纳增值税。

※ 任务小结和风险提示 ※

（1）全面认识增值税的各项税制要素是后续进行增值税纳税筹划的技能储备。

（2）在掌握增值税税制的同时，还要时刻关注增值税政策的变化，为适时进行纳税筹划方案调整、防范纳税筹划风险打下基础。

任务2

增值税纳税人的纳税筹划

※ 任务导入 ※

【案例2.2.1】立威公司是一家商品贸易企业，一般年应纳增值税销售额为550万元，为增值税一般纳税人。但该公司准予从销项税额中抵扣的进项税额较少，只占销项税额的30%，增值税税负一直居高不下。2021年初，公司聘请专业人士进行增值税筹划，希望能减轻增值税负担。公司管理层预计，在未来的一段时间，公司规模不会扩大，经营业务项目也不会有大的改变。请为该公司筹划有利于其减轻增值税税负的纳税方案。

※ 税收法律依据 ※

根据《增值税暂行条例》和《增值税暂行条例实施细则》的规定，我国增值税的纳税人分为两类，即一般纳税人和小规模纳税人。对一般纳税人实行一般计税方法，实行凭增值税专用发票抵扣税款的制度，适用增值税税率，对其会计核算水平要求较高，管理也较为严格；对小规模纳税人实行简易计税办法，对纳税人的管理水平要求不高，适用的征收率为3%。一般纳税人的进项税额可以抵扣，而小规模纳税人的进项税额不可以抵扣。

“财税〔2016〕36号”附件1第33条规定：有下列情形之一者，应当按照销售额和增值税税率计算应纳税额，不得抵扣进项税额，也不得使用增值税专用发票：

（1）一般纳税人会计核算不健全，或者不能够提供准确税务资料的。

（2）应当办理一般纳税人资格登记而未办理的。

※ 任务指导 ※

现行的增值税法规和政策对一般纳税人和小规模纳税人规定的不同税收政策，为增值税纳税人的纳税筹划提供了可能。纳税人可根据自己的具体情况，在设立、变更时，正确选择增值税纳税人身份。企业可根据以下判别方法选择适合的纳税人身份。

一、纳税人销项与进项适用相同税率时的纳税筹划

在全面推行“营改增”之前，增值税纳税人只限于销售货物、提供加工修理修配劳务以及进口货物的单位和个人，所以一般纳税人适用税率也只有基本税率和低税率两种，进项税适用税率也只有基本税率、低税率或3%（代开专用发票的小规模纳税人）。在全面推行“营改增”后，如果纳税人销项与进项适用相同税率，则仍可以按照下列方法进行筹划。

（一）销售额增值率判断法

根据两种增值税纳税人的计税原理，一般纳税人的增值税的计算是以增值额为计税基础，而小规模纳税人的增值税的计算是以销售额为计税基础。销售额增值率是指增值额与销售额的比值。在销售价格相同的情况下，税负高低主要取决于增值率的大小。一般来讲，增值率高的企业，进项税额较小，而销项税额较大，适宜做小规模纳税人；反之，应选择一般纳税人，这样税负会较轻。在增值率达到某一数值时，两种纳税人的税负相等，这一数值我们称之为无差别平衡点增值率。假设销售额与购进额均为不含税金额，在进项和销项适用相同税率的情况下，按照增值税是对增值额课税的基本原理，可推导如下：

销售额增值率＝增值额÷销售额×100%　　（式①）

∵ 进项税额＝可抵扣购进项目金额×增值税税率　　（式②）

增值率＝(销售额－可抵扣购进项目金额)÷销售额

∴　可抵扣购进项目金额＝销售额－销售额×增值率

＝销售额×(1－增值率)　　（式③）

式③代入式②得：

进项税额＝销售额×(1－增值率)×增值税税率　　（式④）

一般纳税人应纳增值税税额＝销售额×增值税税率×增值率

小规模纳税人应纳增值税税额＝销售额×征收率

当两者税负相等时，其增值率则为无差别平衡点增值率。即：

销售额×增值税税率×增值率＝销售额×征收率

增值率＝征收率÷增值税税率

由于增值税税率的不同，可以计算出两类纳税人的负税平衡点的增值率，如表2-4所示。

表2-4　一般纳税人与小规模纳税人无差别平衡点增值率

一般纳税人税率A	小规模纳税人征收率B	无差别平衡点增值率＝B÷A
13%	3%	23.08%
9%	3%	33.33%
6%	3%	50%

方案选择：当纳税人的实际增值率大于无差别平衡点的时候，选择小规模纳税人税负较小；反之，则选择一般纳税人税负较小。

同理，若为含税销售额，也可计算出相应的无差别平衡点增值率。

※ 任务操作 ※

【承接案例2.2.1】

（1）采用销售额增值率判断法判断税负高低。

该公司实际销售额增值率＝(550－550×30%)÷550＝70%

根据无差别平衡点增值率可知，该公司实际销售额增值率为70%，大于平衡点23.08%，所以，该公司按小规模纳税人征税的税负较小。

（2）如该公司继续按一般纳税人身份征税，则：

年应纳增值税额＝550×13%－550×13%×30%＝50.05（万元）

税负率＝50.05÷550×100%＝9.1%

（3）筹划。由于考虑到在未来的一段时间，公司规模不会扩大，经营业务项目也不会有大的改变。因此可以考虑将该公司分设为A、B两个独立核算公司，且各自年销售额不超过500万元，即可按小规模纳税人纳税，征收率为3%。假设分设后销售额各为275万元（注意：一是分劈销售额要合理；二是在销售额不超过500万元的前提下分劈销售额均可）。则：

A公司应纳增值税额＝275×3%＝8.25（万元）

B公司应纳增值税额＝275×3%＝8.25（万元）

税负率＝8.25×2÷550＝3%

节税额＝50.05－8.25×2＝33.55（万元）

为此，可以将公司分设为年销售额不超过500万元的两家公司，分设后的两家公司可以按照小规模纳税人征税，则税负较轻。

筹划拓展：如果分立以后将来公司规模扩大，达到一般纳税人的标准，或者一些业务实际增值率高于平衡点，其他业务增值率低于平衡点，可以将两个公司之间的业务分类安排。实际增值率低于平衡点的业务由一般纳税人经营，实际增值率高于于平衡点的业务由小规模纳税人经营，则仍然可以获得节税收益。

［风控重点］一是分设两家公司时，分劈业务要合理；二是分设后的销售额控制在500万元以下；三是不增加分设后的企业营运成本，或者节税额大于分设后增加的营运成本。

（二）销售额购进率判断法

从另一个角度来讲，一般纳税人税负的高低也取决于可抵扣的进项税额的多少。一般情况下，若可抵扣的购进额越大，则可抵扣的进项税额较多，则适宜做一般纳税人，反之则适宜做小规模纳税人。当纳税人可抵扣购进额占销售额的比重（即销售额购进率）达到某一数值时，两种纳税人的税负相同，这一销售额购进率称为无差别平衡点购进率。在销售额与购进项目金额均不含税，并且纳税人适用税率与可抵扣进项税适用税率相同的前提下，根据两种纳税人的基本计税原理可得出不含税无差别平衡点销售额购进率。

销售额购进率＝可抵扣购进额÷销售额

＝1－增值率

一般纳税人应纳增值税额＝销售额×增值税税率×增值率

＝销售额×增值税税率×(1－购进率)

小规模纳税人应纳增值税额＝销售额×征收率

当两者税负相等时，其购进率则为无差别平衡点抵扣率。即：

销售额×增值税税率×(1－销售额购进率)＝销售额×征收率

销售额购进率＝1－征收率÷增值税税率

由于增值税税率的不同，可以计算出两类纳税人的负税平衡点的购进率，如表2－5所示。

表2－5 一般纳税人与小规模纳税人无差别平衡点购进率

一般纳税人税率A	小规模纳税人征收率B	销售额购进率无差别平衡点＝（A－B）÷A
13%	3%	76.92%
9%	3%	66.67%
6%	3%	50%

方案选择：当纳税人实际购进率小于无差别平衡点购进率时，选择小规模纳税人税负较小；反之，则选择一般纳税人税负较小。

技能强化

【案例2.2.2】某投资者依据现有的资源欲投资于商品零售领域，现有两个方案。方案1：若新成立一家商业企业，预测每年可实现的销售商品价款为600万元，符合认定为增值税一般纳税人的条件，适用的增值税税率为13%。购进商品价款为500万元，可以取得增值税专用发票。方案2：若分别新设成立甲、乙两家年销售额不超过500万元的商业企业，假设预测甲、乙企业每年可实现的销售额各为300万元，购进商品价款各为250万元，甲、乙企业可以认定为小规模纳税人，征收率为3%。上述价款均为不含税价款。如何筹划？

筹划分析

(1) 采用购进率判断法。

该企业不含税购进率＝500÷600＝83.33%

当企业的实际购进率（83.33%）大于平衡点的购进率（76.92%）时，小规模纳税人的税负重于一般纳税人的税负，企业应当选择一般纳税人，以降低税负。

(2) 计算方案1的应纳税额。

作为一般纳税人的应纳增值税额＝600×13%－500×13%＝13（万元）

(3) 计算方案2的应纳税额。

作为小规模纳税人的应纳增值税额＝(300＋300)×3%＝18（万元）

由上述可知，方案1比方案2可降低税负5万元。

除了增值税税负较高外，成立两家商业企业还会增加其他运行成本，也不利于以后规模的扩大和企业的做大做强。所以，该投资者应选择方案1，设立一家商业企业较为有利。

二、纳税人销项与进项适用不同税率时的纳税筹划

自2016年5月1日全面实行“营改增”后，增值税征收范围扩大了，税率也按照不同的征税范围分成了多种情况，相应地，一般纳税人可以抵扣进项税适用的税率也有多种。而且销项和进项两者税率往往不一致，为此可以按照下列方法进行纳税筹划。

（一）总销售额扣税率判断法

总销售额扣税率是指纳税人当期可抵扣进项税额之和与当期销售总额的比例。如前所述，一般纳税人税负的高低也取决于可抵扣的进项税额的多少。但当纳税人适用税率与可抵扣进项税适用税率不一致时，可以采用总销售额扣税率判断法进行筹划。

假设两类纳税人不含税销售额均为S，可抵扣不含税购进额为$G(G=G_1+G_2+G_3+G_4+G_5)$，一般纳税人适用的增值税税率为T_n（$T_1=13\%$，$T_2=9\%$，$T_3=6\%$），深加工企业购进农产品进项税扣除率为$T_4=10\%$，则当期可抵扣的进项税额即为$\sum G_nT_n$，小规模纳税人增值税征收率T_5为3%，则：

一般纳税人应纳税额＝$S\times T_n-\sum G_nT_n$ （式①）

小规模纳税人应纳税额＝$S\times T_5$ （式②）

令式①＝式②，将T_n、T_5分别代入，得$\sum G_nT_n/S=T_n-T_5$，即为总销售额扣税率无差别平衡点，如表2-6所示。

表2-6 总销售额扣税率平衡点

一般纳税人税率（T_n）	小规模纳税人征收率（T_5）	总销售额扣税率平衡点＝$\sum G_nT_n/S=T_n-T_5$
13%	3%	10%
9%	3%	6%
6%	3%	3%

方案选择：当纳税人实际总销售额扣税率大于平衡点时，则选择一般纳税人身份，纳税税负较轻；反之，则选择小规模纳税人身份，税负较轻。如果纳税人年销售额已经达到一般纳税人标准，且从减轻税负角度应该选择小规模纳税人身份的，则可以采用分立等方式进行纳税筹划。如果年销售额未达到一般纳税人标准且从减轻税负角度应该选择一般纳税人身份，则可以通过健全财务会计制度或扩大销售额等方式尽量创造条件申请成为一般纳税人。

技能强化

【案例 2.2.3】2021 年某建筑安装公司含税销售额为 840 万元，经预测，如被认定为一般纳税人，每年可按 13%抵扣的进项税额大约为 35 万元，按 9%抵扣的进项税额大约为 20 万元，按 6%抵扣的进项税额为 10 万元。请为该纳税人进行增值税纳税筹划。

筹划分析

该公司每年可抵扣进项税额=35+20+10=65（万元）

总销售额扣税率=65÷[840÷(1+9%)]×100%=8.43%

该公司实际总销售额扣税率大于平衡点 6%，故应该选择一般纳税人身份缴纳增值税，以达到节税目的。

一般纳税人应纳增值税额=840÷(1+9%)×9%−(35+20+10)
=4.36（万元）

小规模纳税人应纳增值税额=840÷(1+3%)×3%=24.466（万元）

如选择一般纳税人可节约税额=24.466−4.36=20.106（万元）

由于该纳税人的销售额已经达到一般纳税人认定标准，因此可以向税务机关申请认定为一般纳税人。

[风控重点] 尽可能取得更多的进项税抵扣凭证。

（二）净利润销售额扣税率平衡点判断法

净利润销售额扣税率平衡点是指当税后净利润相等时的当期进项税额之和与当期销售额的比例。由于增值税额的增减与纳税人的净利润有间接关系，因此也可以采用净利润销售额扣税率平衡点来选择增值税纳税人身份。仍然假设两类纳税人不含税销售额均为 S，可抵扣不含税购进额为 $G(G=G_1+G_2+G_3+G_4+G_5)$，增值税税率为 T_n（$T_1=13\%$，$T_2=9\%$，$T_3=6\%$），深加工企业购进农产品进项税扣除率为 $T_4=10\%$，则当期可抵扣的进项税额即为 $\sum G_nT_n$，小规模纳税人增值税征收率 T_5 为 3%，其他支出均为 P，城建税税率为 7%，教育费附加率为 3%，企业所得税税率均为 25%。若企业选择以一般纳税人身份缴纳增值税，则净利润为 R；若选择以小规模纳税人身份缴纳增值税，则净利润为 Q。

R =（不含税销售额−不含税购进额−其他支出−城建税和教育费附加）×(1−企业所得税税率)

$$=[S-G-P-(S\times T_n-\sum G_nT_n)\times(7\%+3\%)]\times(1-25\%) \quad (式③)$$

Q =（不含税销售额−含税购进额−其他支出−城建税和教育费附加）×(1−企业所得税税率)

$$=[S-G_1\times(1+T_1)-G_2\times(1+T_2)-G_3\times(1+T_3)-G_4\times(1+T_4)-G_5\times$$

$(1+T_5)-P-S\times3\%\times(7\%+3\%)]\times(1-25\%)$　　（式④）

令式③=式④，得 $\sum G_nT_n/S=(T_n-3\%)/11$，即为净利润销售额扣税率无差别平衡点。

当 T 分别为不同的适用税率或征收率时，可以得出表 2-7。

表 2-7　净利润销售额扣税率平衡点

一般纳税人税率（T_n）	小规模纳税人征收率（T_5）	净利润销售额扣税率平衡点=$\sum G_nT_n/S=(T_n-3\%)/11$
13%	3%	0.909%
9%	3%	0.546%
6%	3%	0.273%

方案选择：当纳税人实际销售额扣税率大于上述平衡点时，应该选择一般纳税人身份纳税的净利润较高。反之，当纳税人实际销售额扣税率小于上述平衡点时，应该选择小规模纳税人身份纳税的净利润较高。

由于增值税额对净利润的影响是通过城建税和教育费附加间接产生的，净利润销售额扣税率平衡点判断法与上述销售额增值率判断法、销售额购进率判断法、总销售额抵税率判断法的角度不同，因此可能在选择结果上会不一致。这时可以根据实际情况，可以采用计算现金净流量或净现值的方法，将增值税节税额与净利润的减少额进行比较：当增值税节税额大于净利润的减少额时，则遵从增值税节税额的选择方案；当净利润的增加额大于增值税节税额时，则遵从净利润的选择方案。

总之，上述几种筹划方法各有不同的适用范围，纳税人可以根据自身的实际情况选择一种进行筹划，也可以运用多种筹划方法从不同的角度对优选方案进行比较或相互佐证，还可以通过直接测算相关税负指标和财务指标进行直接比较，尽可能从纳税人的全局出发选择优选方案。

技能强化

【案例 2.2.4】2021 年，美装装饰公司属于“营改增”试点企业，全年营业收入 1 000 万元，营业成本 700 万元，包括人工成本 200 万元、材料及设备成本 300 万元、其他成本 200 万元。假设材料及设备成本 300 万元能取得 13%增值税专用发票，其他成本 200 万元能取得 3%税务机关代开专用发票。上述金额均不含税，如果考虑城建税和教育费附加，请问该公司应该选择何种增值税纳税人身份对本公司最有利。

筹划分析

(1) 采用净利润销售额扣税率平衡点判断法。

该公司不含税实际扣税率=(300×13%+200×3%)÷1 000×100%=4.5%

该公司的实际扣税率 4.5%大于平衡点的扣税率 0.546%时，一般纳税人净利润大于小规模纳税人净利润，该公司应当选择一般纳税人，使得公司的净利润最大化。

后面的步骤又可分为以下两种情况。

第一种情况：假设该纳税人不能同时符合小型微利企业的三个条件，为非小微企业。则：

(1) 如果选择一般纳税人。

应纳增值税额=1 000×9%-(300×13%+200×3%)=45（万元）

净利润额＝[1 000－700－45×(7%＋3%)]×(1－25%)＝221.625（万元）

（2）如果选择小规模纳税人。

应纳增值税额＝1 000×3%＝30（万元）

净利润额＝[1 000－200－300×(1＋13%)－200×(1＋3%)－30×(7%＋3%)]×(1－25%)＝189（万元）

（3）选择方案。

根据上述计算可知，选择一般纳税人身份的税负和净利润如下：

净利润增加额＝221.625－189＝32.625（万元）

流转税负增加额＝(45－30)×(1＋7%＋3%)＝16.5（万元）

净利润增加额大于流转税负增加额＝32.625－16.5＝16.125（万元）

权衡利弊，该公司应该选择一般纳税人身份最有利。

第二种情况：假设该纳税人能同时符合小型微利企业的三个条件，为小微企业。则：

（1）如果选择一般纳税人。

应纳增值税额＝1 000×9%－(300×13%＋200×3%)＝45（万元）

应纳税所得额＝1 000－700－45×(7%＋3%)＝295.5（万元）

应纳企业所得税额＝100×25%×20%＋195.5×50%×20%＝5＋19.55＝24.55（万元）

净利润额＝295.5－24.55＝270.95（万元）

（2）如果选择小规模纳税人。

应纳增值税额＝1 000×3%＝30（万元）

应纳税所得额＝1 000－200－300×(1＋13%)－200×(1＋3%)－30×(7%＋3%)＝252（万元）

应纳企业所得税额＝100×25%×20%＋152×50%×20%＝5＋15.2＝20.2（万元）

净利润额＝252－20.2＝231.8（万元）

（3）选择方案。

根据上述计算可知，选择一般纳税人身份的税负和净利润如下：

净利润增加额＝270.95－231.8＝39.15（万元）

流转税负增加额＝(45－30)×(1＋7%＋3%)＝16.5（万元）

净利润增加额大于流转税负增加额＝39.15－16.5＝22.65（万元）

总之，无论该纳税人是否是小微企业，权衡利弊，该公司均应选择一般纳税人身份最有利。

[风控重点] 一是要注意纳税人的企业所得税身份。二是要注意当增值税税负指标选择与税后净利润指标选择矛盾时，应该以年末为时间点，从现金净流量或者净现值的角度进行综合判断。

※ 任务小结和风险提示 ※

需要注意的是，增值税纳税人身份的选择并不像理论上阐述得那么简单和随意，它受诸多因素的制约。

（1）增值税纳税人身份选择的筹划具有局限性。根据《增值税暂行条例实施细则》的规定，一方面，纳税人销售额超过小规模纳税人标准，未办理增值税一般纳税人资格登记的，应按销售额依照增值税税率计算应纳税额，不得抵扣进项税额，也不得使用增值税专用发票。另一方面，纳税人一经资格登记为一般纳税人后，不得转为小规模纳税人（2018年5月1日至2019年12月31日期间除外①）。所以，增值税纳税人受限于自身的经营规模和性质，在身份方面的筹划空间并不大，主要适用于新办企业或可以选择身份的纳税人。适用何种纳税人身份更有利，不能一概而论，需要结合企业的资产、营收等财务状况具体判定，如果适用小规模纳税人更有利，可以通过分立、分拆等方式降低年销售额，适用征收率为3%的简易征收方法。还必须指出一点，企业在选择纳税人身份时，不能仅仅考虑税收利益，还应考虑其他因素，如企业价值、商业信誉等。

（2）一般纳税人一经资格登记具有不可逆转性。根据“财税〔2016〕36号”附件1《营业税改征增值税试点实施办法》第5条规定：“除国家税务总局另有规定外，纳税人一经登记为一般纳税人后，不得转为小规模纳税人。”这意味着一般纳税人身份只有经过授权的税务机关认定才有效，而且一经认定具有不可逆转性。

（3）选择纳税人身份要考虑销售对象。在实际中，由于受生产、销售、购进等诸多因素的影响，增值率或抵扣率处于动态之中，而纳税人一经认定则是静态的。如果对未来的销售收入和购进项目金额不能准确预计，那么以此为筹划的依据，很可能适得其反。另外，企业产品的性质及客户的要求也制约着企业进行纳税筹划的空间。如果企业产品销售对象多为一般纳税人，开具增值税专用发票是企业必须面对的现实，只有选择一般纳税人身份才有利于产品的销售。

（4）选择纳税人身份要考虑成本效益。为了获得某种税收上的收益，分设或合并是很多纳税筹划方案中提到的一种常用方法，但事实上分设或合并这种筹划思路会引起大量的非税成本，从而影响方案的有效性。例如：纳税人身份的改变，会涉及生产、销售、管理等环节权限的变更及人员调整，增加管理成本及费用，甚至会对生产销售产生一定的影响。

任务3

增值税计税依据的纳税筹划

任务3.1 销项税额的纳税筹划

※ 任务导入 ※

【案例2.3.1】乐福商场是增值税一般纳税人，商品销售利润率为30%，即销售100元

① 注：“财税〔2018〕33号”规定：统一增值税小规模纳税人标准为年应征增值税销售额500万元及以下；并且规定，已登记为增值税一般纳税人的单位和个人，在2018年12月31日前，可转登记为小规模纳税人，其未抵扣的进项税额作转出处理。“国家税务总局公告2020年第9号”第六条又规定：一般纳税人符合以下条件的，在2020年12月31日前，可选择转登记为小规模纳税人：转登记日前连续12个月（以1个月为1个纳税期）或者连续4个季度（以1个季度为1个纳税期）累计销售额未超过500万元。

商品，其成本为70元。商场购货均能取得增值税专用发票。为促销商品，该商场设计了三种折扣方案。方案1：将商品以8折销售（销售额与折扣额开在同一张发票上）；方案2：凡购物满100元者，均可获赠价值20元的商品（成本为14元）；方案3：凡购物满100元者，将获返还现金20元。已知以上价格均为含税价格，增值税税率为13%，城建税率为7%，教育费附加率为3%，所得税税率为25%，无其他纳税调整事项。从纳税筹划的角度来看，该商场选择哪种方案最为有利？

※ 税收法律依据 ※

按照“财税〔2016〕36号”和《国家税务总局关于折扣额抵减增值税应税销售额问题通知》（国税函〔2010〕56号）的规定：纳税人发生应税行为，将价款和折扣额在同一张发票上分别注明的，以折扣后的价款为销售额；未在同一张发票上分别注明的，以价款为销售额，不得扣减折扣额。纳税人采取折扣方式销售货物，销售额和折扣额在同一张发票上分别注明是指销售额和折扣额在同一张发票上的“金额”栏分别注明的，可按折扣后的销售额征收增值税。未在同一张发票“金额”栏注明折扣额，而仅在发票的“备注”栏注明折扣额的，折扣额不得从销售额中减除。

※ 任务指导1：商品销售方式的纳税筹划 ※

随着商品经济的不断发展，商品的销售方式越来越多。在商品销售过程中，纳税人对销售方式有自主选择权。销售方式不同，往往适用不同的税收政策，也就存在税收待遇差别的问题，这就为纳税人利用不同销售方式进行纳税筹划提供了可能。

一、折扣方式销售

企业为了达到促销的目的，往往会采取多种多样的打折销售方式，通常可以分为现金折扣、商业折扣和销售折让。

（一）现金折扣

现金折扣是在企业销售货物或提供劳务的行为发生以后，为了尽快收回资金而给予购买者在货款支付方面的优惠。现金折扣的表示方式为：2/10，1/20，N/30。例如：A公司向B公司出售商品价值为30 000元，付款条件为2/10，N/60，如果B公司在10日内付款，只需付29 400元，如果在60天内付款，则需付全额30 000元。由于现金折扣是在销售实现、销售行为权利义务关系已明确后，为资金能尽快回收而出现的一种新约定，由此导致应收账款的减少，应属于销售方的支出，因此必须全额计算增值税。

（二）商业折扣

商业折扣是企业在公布的价目单基础上给予客户一定百分比的价格折扣。它是在企业真正实现销售前协商完成的，企业实现的收入或收到的货款已经是折扣后的款项，所以在计算销项税额时是否可以扣除折扣，取决于销售额和折扣额是否在同一张发票上。

（三）销售折让

销售折让是企业在向客户交付商品后，因客户对交付商品的品种、规格或质量等不满意，经双方协商，客户接受商品，而企业在价格或者货款支付上给予一定比例或金额的减让。它虽然也是发生在货物交付以后，但销售的权利义务关系因某些原因出现纠纷尚未明确，因此原则上可以在计算销项税额时扣除。但销售折让是有条件的，按照税法的有关规定，一般纳税人销售货物或者应税劳务，开具增值税专用发票后，发生销售货物退回或者折让、开票有误等情形，应按国家税务总局的规定开具红字增值税专用发票。未按规定开具红字增值税专用发票的，增值税额不得从销项税额中扣减。

二、还本销售、以旧换新和以物易物

（一）还本销售

还本销售是指纳税人在销售货物达到一定期限后，将其货物价款的全部或部分一次或分次退还给购买者的销售行为。按照税法规定，应以销售额的全额为计税金额。

（二）以旧换新

以旧换新是指纳税人在销售货物时，以一定的价格同时回收相关的旧货，以达到促销的目的。按照税法规定，纳税人采取以旧换新的方式销售货物时，应按新货物的同期销售价格计算缴纳增值税。无论纳税人在财务上如何处理，旧货物的支出均不得从销售额中扣除。

（三）以物易物

以物易物是指购销双方不是以货币结算，而是以同等价款的货物相互交换，实现货物购销的一种方式。按照税法规定，双方均应进行购销处理，以各自发出的货物核算销售额并计算销项税额，以各自收到的货物按规定核算购货额并计算进项税额。

三、委托代销方式销售

委托代销是指委托方把商品交给受托方，受托方根据委托合同要求将商品出售后，开具销货清单给委托方，委托方再根据受托方提供的销货清单确认销售收入的一种销售方式。委托代销有两种操作方式。

（一）收取手续费代销

即受托方根据代销商品的销售收入向委托方收取一定比例的手续费的方式。其特点是受托方应按照委托方规定的价格销售商品，委托方应在受托方已将商品售出，并开具代销清单时确认销售收入，受托方在商品销售后，按收取的手续费确认收入。

（二）视同买断代销

即由委托方和受托方签订协议，委托方按协议价收取所代销商品的货款，实际售价可由双方在协议中明确规定，也可由受托方自定，实际售价与协议价之间的差额归受托方所有的代销方式。由于这种方式在委托方将商品交给受托方时，商品所有权上的风险和报酬并未转移给受托方，因此本质上仍是代销，委托方在交付商品时不确认收入，受托方也不做购进商品处理。受托方将商品售出后，按实际售价反映销售收入，并向委托方开具代销清单，委托方收到代销清单时，再确认本企业的销售收入。

代销方式不同，涉及的税种、税负也不同。收取手续费代销方式下，委托方因销售商品应缴纳增值税，受托方获得的是劳务报酬，收到的手续费应按现代服务业缴纳增值税。视同买断代销方式下，委托方和受托方获取收益的形式都是买卖差价，所以均按销售货物缴纳增值税。企业在利用代销方式时，要从委托和受托双方整体税负最轻的角度发出，来选择具体的操作方式。

※ 任务操作 1 ※

【承接案例 2.3.1】

筹划分析

方案 1：商品以 8 折销售，价值 100 元的商品售价 80 元，应纳税额计算如下：

应纳增值税额＝(80－70)÷(1＋13%)×13%＝1.150 4（元）

应纳企业所得税额＝[(80－70)÷(1＋13%)－1.150 4×(7%＋3%)]×25%
＝2.183 6（元）

税后净利润＝(80－70)÷(1＋13%)－1.150 4×(7%＋3%)－2.183 6
＝6.550 9（元）

方案 2：购物满 100 元，赠送价值 20 元商品（成本为 14 元），应纳增值税额计算如下：

应纳增值税额＝(100－70)÷(1＋13%)×13%＝3.451 3（元）

赠送商品视同销售，则：

应纳增值税额＝(20－14)÷(1＋13%)×13%＝0.690 3（元）

根据《财政部、国家税务总局关于企业促销展业赠送礼品有关个人所得税问题的通知》（财税〔2011〕50 号）规定，企业在向个人销售商品（产品）和提供服务过程中向个人赠送礼品，属于企业通过价格折扣、折让方式向个人销售商品（产品）和提供服务，不征收个人所得税。

应纳企业所得税额＝[(100－70＋20－14)÷(1＋13%)－(3.451 3＋0.690 3)
×(7%＋3%)]×25%＝7.861 1（元）

税后净利润＝(100－70－14)÷(1＋13%)－(3.451 3＋0.690 3)×(7%＋3%)
－7.861 1＝5.884（元）

方案 3：购物满 100 元返还现金 20 元。第一种情况，将折扣额与销售额在同一张发票上注明，则同方案 1。第二种情况，两者不在同一张发票上注明，则纳税额计算如下：

应纳增值税额＝(100－70)÷(1＋13%)×13%＝3.451 3（元）

应纳企业所得税额＝[(100－70)÷(1＋13%)—20—3.451 3×(7%＋3%)]×25%
＝1.550 9（元）

税后净利润＝(100－70)÷(1＋13%)－20－3.451 3×(7%＋3%)－1.550 9
＝4.652 6（元）

由计算结果可以看出，上述三种方案中，方案1最优，其次方案2，最次方案3。此案例也说明，即使给予同样的折扣，操作方式不同，由于税收的原因，经济效益也会有很大的差别。

[风控重点] 一是税法关于发票的开具要求。二是除上述三个方案之外，还可以考虑赠送现金抵扣券的方案。

技能强化

【案例2.3.2】 印象服装公司是一家服装生产企业，主要生产各种高档时装。8月与代理商卓悦公司签订了一项代销协议，由卓悦公司在华东地区代销本公司S牌时装。为创品牌形象，该品牌时装在市场上的最终销售价格确定为一套1 000元（不含税），计划全年销售10 000套。在代销方式上有两种选择：

（1）采用收取手续费代销方式。卓悦公司以1 000元/套的价格对外销售印象公司的时装，印象公司以销售收入10%的比例向卓悦公司支付代销手续费。

（2）采用视同买断代销方式。印象公司将时装按900元/套的价格作为合同代销价格，卓悦公司仍以1 000元/套的价格在市场销售。

请分析哪种方式更利于节税（两公司均为一般纳税人）。

筹划分析

（1）采用收取手续费代销方式。

印象公司实际取得的收入是900万元，但按照税法有关规定需要按不扣除手续费的销售收入计算销项税额。由于同期进项税不受影响，则：

印象公司当期销项税额＝1 000×13%＝130（万元）

卓悦公司按现代服务业计算增值税销项税额＝100×6%＝6（万元）

两公司合计增值税销项税额＝130＋6＝136（万元）

（2）采用视同买断代销方式。

印象公司当期销项税额＝900×13%＝117（万元）

卓悦公司当期增值税销项税额＝100×13%＝13（万元）

两公司合计增值税销项税额＝117＋13＝130（万元）

由此可见，从双方的共同利益出发，在两种代销方式中应选择视同买断代销方式，与收取手续费代销方式相比，采用视同买断代销方式整体可节税6万元。

[风控重点] 这里，我们假设商品的最终售价是一定的。但在实际情况中，在视同买断代销方式下，委托方往往是以给予受托方最终定价权为前提的。这样，一方面可以使受托方根据代销货物在当地的价格水平，随行就市进行促销，提升自己的盈利水平；另一方面，可使受托方将代销行为转变为自己的经销行为，更主动地为委托方商品开拓市场，也会进一步提升委托方商品的市场占有率。

※ 任务指导2：销售结算方式的纳税筹划 ※

《增值税暂行条例实施细则》对不同结算方式下的纳税义务发生时间分别有不同的规定。我们知道，结算方式的变化并不改变销售收入的大小，因此改变结算方式并不能实现增值税绝对数的减少，但由于改变结算方式可以提前或推迟纳税义务的发生时间，进一步推迟销项税额的确定，加快进项税额的抵扣，从而获得资金的时间价值。增值税销售结算方式的纳税筹划，就是在税法允许的范围内，尽量采取有利于本企业的结算方式，推迟纳税时间，获得递延纳税的利益。

《增值税暂行条例实施细则》第38条规定：（1）采取直接收款方式销售货物，不论货物是否发出，均为收到销售款或索取销售款凭据的当天。（2）采取托收承付和委托银行收款方式销售货物，为发出货物并办妥托收手续的当天。（3）采取赊销和分期付款方式销售货物，为书面合同约定的收款日期的当天，无书面合同的或者书面合同没有约定收款日期的，为货物发出的当天。

在多种结算方式并存的情况下，纳税人应针对业务发生的实际情况来比较不同的收款方式的纳税义务发生时间，从中选择最合适的方式，就可以获得相对的节税利益。

※ 任务操作2 ※

【案例2.3.3】 2021年4月19日，方圆标准件厂与多利公司签订了一份购销合同，方圆标准件厂向多利公司销售5个型号的标准件一批，总价值为1 000万元（不含税）。双方合同规定采取托收承付方式结算，验货付款。方圆标准件厂于4月27日向多利公司发货，并到当地某银行办理了托收手续。多利公司收到方圆标准件厂的全部标准件后，对其进行验收，认为不符合合同的要求，在5月初通知拒绝付款。请给出纳税筹划建议。

筹划分析

对于该项业务，依据税法的规定，方圆标准件厂4月份在未收到货款的情况下，就应当确认销售收入，并在规定的期限内垫付销项税额，虽然这笔税款可以在退货或达成协议的当期（5月份）销项税额中抵减，但这种提前垫付意味着方圆标准件厂承担了130万元资金的时间成本。

许多企业在销售过程中，乐于采用直接收款方式销售，习惯同时开具发票和提货单，提前确认销售和纳税义务。在以买方市场为主的销售环境下，企业的回款周期普遍较长，应收账款余额较大。特别是一些销售大型机械设备的企业，在设备售出后，还需要进行安装、调试、验收，销售过程时间较长，货款回收较慢。因此出现了税款缴纳在前、货款回收在后的现象，给企业的资金周转和资金成本带来较大的压力。为避免销项税额的实现与货款回收之间出现较大的时间差，对不能同时两清的销售业务应改直接收款方式为赊销或分期收款结算方式。在具体的经营过程中，企业可以按购销双方的实际情况，在合同上注明收款的具体日期，以合同中约定的收款日期作为收入实现确认日期，就可以达到延期缴纳税款的目的。

［风控重点］在将直接收款改为分期收款的筹划中，要注意评估付款方的信用风险。

技能强化

【案例2.3.4】 中安机械厂是增值税一般纳税人，6月发生销售业务10笔，共计销售额为2 500万元（含税）。其中8笔业务货款已付清，总计2 000万元；一笔200万元的销售收入可以在2年后一次付清；另一笔300万元的销售收入在未来3年内每年支付100万元，适用增值税税率13%。请给出纳税筹划建议。

筹划分析

方案1：中安机械厂若在操作上全部采用直接收款方式，在提货时开具全部的发票和提货单，则应在6月份计算全部销售额：

增值税销项税额=2 500÷(1+13%)×13%=287.61（万元）

方案2：该厂如果针对未收到的500万元的销售收入分别采用赊销和分期收款方式结算，在合同上注明收款日期，在实际收到货款时开具发票，则可以分期核算销售收入，延缓纳税时间。应纳增值税及延缓纳税天数如下：

200÷(1+13%)×13%=23.01（万元），延缓纳税天数为720天

100÷(1+13%)×13%=11.5（万元），延缓纳税天数为360天

100÷(1+13%)×13%=11.5（万元），延缓纳税天数为720天

100÷(1+13%)×13%=11.5（万元），延缓纳税天数为1 080天

假定年利率为6%，则：

$$\begin{aligned}可节约的资金时间价值 &= 23.01\times(1+6\%)^2+11.5\times(1+6\%)^1+11.5\times(1+6\%)^2 \\ &\quad +11.5\times(1+6\%)^3-(23.01+11.5\times3) \\ &= 7.15（万元）\end{aligned}$$

由上可见，该厂应该采用方案2以获得更多的纳税筹划收益。

通过这一案例可以看出，在采用直接收款结算方式无法及时收到货款的情况下，通过合同约定采用赊销或分期收款方式结算，可以为纳税人节约流动资金，为纳税人获取资金时间价值。

[风控重点] 在选择分期收款的筹划中，要注意评估付款方的信用风险。

※ 任务指导3：销售价格的纳税筹划 ※

在市场经济条件下，企业拥有法律所赋予的充分的市场定价自主权，而增值税的相关法规对企业市场定价的幅度也没有具体的限定，这就为市场法人主体利用定价的自由权，通过制定“合理”的价格，实施纳税筹划活动提供了条件。

与纳税筹划有关的定价策略有两种表现形式：一是与关联企业间合作定价，目的是减轻企业间的整体税负；二是主动制定一个稍低的价格，以获得更大的销量（薄利多销），从而获得更多的收益。

※ 任务操作3 ※

【案例2.3.5】 甲、乙、丙为某集团公司内部三家独立核算的企业，彼此存在购销关系。甲企业生产的产品可以作为乙企业的原材料，而乙企业制造的产品的80%提供给丙企业。假设甲企业进项税额为400 000元，市场月利率为2%。假设下列价格均为含税价格，每家企业的一个生产周期为3个月，请从转移定价角度给出纳税筹划建议。有关资料如表2-8所示。

表2-8 甲、乙、丙三个企业相关资料

企业名称	增值税税率	生产数量（件）	正常市价（元）	转移定价（元）	所得税税率
甲	13%	100 000	500	400	25%
乙	13%	100 000	600	500	25%
丙	13%	100 000	700	700	25%

筹划分析

方案1：三家企业均按正常市价结算货款，应纳增值税额计算如下：

甲企业应纳增值税额＝10 000×500÷(1＋13%)×13%－400 000
＝575 221.24－400 000＝175 221.24（元）

乙企业应纳增值税额＝10 000×600÷(1＋13%)×13%－575 221.24
＝690 265.49－575 221.24＝115 044.25（元）

丙企业应纳增值税额＝10 000×700÷(1＋13%)×13%－690 265.49×80%
＝805 309.74－552 212.39＝253 097.35（元）

该集团公司合计应纳增值税额＝175 221.24＋115 044.25＋253 097.35
＝543 362.84（元）

方案2：筹划。当三家企业采用转移定价时，应纳增值税额计算如下：

甲企业应纳增值税额＝10 000×400÷(1＋13%)×13%－400 000
＝460 176.99－400 000＝60 176.99（元）

乙企业应纳增值税额＝(10 000×80%×500＋10 000×20%×600)÷(1＋13%)
×13%－460 176.99
＝598 230.09－460 176.99＝138 053.1（元）

丙企业应纳增值税额＝10 000×700÷(1＋13%)×13%－10 000×500×80%
÷（1＋13%）×13%
＝805 309.74－460 176.99＝345 132.75（元）

该集团公司合计应纳增值税额＝60 176.99＋138 053.1＋345 132.75
＝543 362.84（元）

这样，本应由甲企业当期应纳的税款相对减少 115 044.25（＝175 221.24－60 176.99）元，即延至第二期缴纳（通过乙企业）；这使得乙企业第二期与丙企业第三期纳税额分别增加了 23 008.85 元和 92 035.4 元，若将各期（假设各企业生产周期为三个月）相对增减金额折合为现值，则：

方案2的筹划收益＝115 044.25－23 008.85×0.942－92 035.4×0.888
＝11 642.48（元）

如果产量扩大，该筹划收益也将随之扩大。

[风控重点] 在进行关联企业之间转移定价筹划时，要注意关联交易的合法性。

※ 任务小结和风险提示 ※

(1) 对于折扣销售的纳税筹划，关键是要注意发票的开具，即销售额和折扣额是否在同一张发票上的“金额”栏上注明。销售折让的纳税筹划，注意只有取得经税务机关审核后的《开具红字增值税专用发票信息表》，才可以按折让后的余额计税。

(2) 利用结算方式进行纳税筹划，就是在税法允许的范围内，尽量采取有利于本企业的结算方式，推迟纳税时间，获得纳税期的递延。

(3) 在进行销售价格纳税筹划时，尽管在增值税有关法规中没有对企业市场定价的幅度具体限定，但《增值税暂行条例》第9条规定：“纳税人销售货物或者应税劳务的价格明显偏低并无正当理由的，由主管税务机关核定其销售额。”所以企业采用该方法时，应尽可能与主管税务机关就本企业产品价格增减幅度取得一致意见，否则很可能会被主管税务机关核定价格。

任务3.2 进项税额的纳税筹划

※ 任务导入 ※

【案例2.3.6】 甲公司为增值税一般纳税人，不符合小微企业条件，适用增值税税率为13%，购买原材料时，有几种方案可供选择。方案1：从一般纳税人A公司购买，每吨含税价格为11 000元，A公司适用增值税税率为13%。方案2：从小规模纳税人B公司购买，则可取得由税务机关代开的征收率为3%的增值税专用发票，每吨含税价格为10 000元。方案3：从小规模纳税人C公司购买，只能取得普通发票，每吨含税价格为9 000元。甲公司用此原材料生产的产品每吨不含税销售额为20 000元，每吨产品其他相关费用3 000元。已知城建税税率为7%，教育费附加率为3%。要求：

（1）采用价格临界点如何选择方案？

（2）计算上述3个方案的应纳增值税额和税后净利润。

（3）请根据计算结果对甲公司购货对象选择进行修正。

※ 税收法律依据 ※

《增值税暂行条例》及其实施细则和“财税〔2016〕36号”规定：进项税额是指纳税人购进货物、加工修理修配劳务、服务、无形资产或者不动产所支付或者负担的增值税额。

一、下列进项税额准予从销项税额中抵扣

（1）从销售方取得的增值税专用发票（含税控机动车销售统一发票，下同）上注明的增值税额。

（2）从海关取得的海关进口增值税专用缴款书上注明的增值税额。

（3）自境外单位或者个人购进劳务、服务、无形资产或者境内的不动产，从税务机关或者扣缴义务人取得的代扣代缴税款的完税凭证上注明的增值税额。

（4）根据“财税〔2017〕37号”“财税〔2016〕32号”和“财政部、税务总局、海关总署公告2019年第39号”的规定，自2019年4月1日起，纳税人购进农产品，按下列规定抵扣进项税额：

1）取得（开具）农产品销售发票或收购发票的，以农产品销售发票或收购发票上注明的农产品买价和9%的扣除率计算进项税额。国务院另有规定的除外。

购进农产品进项税额的计算公式为：

进项税额＝买价×扣除率

买价，是指纳税人购进农产品在农产品收购发票或者销售发票上注明的价款和按照规定缴纳的增值税。

购进农产品，按照《农产品增值税进项税额核定扣除试点实施办法》抵扣进项税额的除外。

2）纳税人购进农产品，取得一般纳税人开具的增值税专用发票或海关进口增值税专用缴款书的，以增值税专用发票或海关进口增值税专用缴款书上注明的增值税额为进项税额。

3）从按照简易计税方法依照3%征收率计算缴纳增值税的小规模纳税人取得增值税专用发票的，以增值税专用发票上注明的金额和9%的扣除率计算进项税额。

4）纳税人购进用于生产销售或委托加工13%税率货物的农产品，按照10%的扣除率计算进项税额。

（5）“财税〔2017〕90号”规定：自2018年1月1日起，纳税人租入固定资产、不动产，既用于一般计税方法计税项目，又用于简易计税方法计税项目、免征增值税项目、集体福利或者个人消费的，其进项税额准予从销项税额中全额抵扣。

（6）根据“国家税务总局公告2019年第33号”第五条规定：增值税小规模纳税人（其他个人除外）发生增值税应税行为，需要开具增值税专用发票的，可以自愿使用增值税发票管理系统自行开具。选择自行开具增值税专用发票的小规模纳税人，税务机关不再为其代开增值税专用发票。自2020年2月1日起施行。

（7）根据“国家税务总局公告2019年第45号”第一条规定：自2020年3月1日起，增值税一般纳税人取得2017年1月1日及以后开具的增值税专用发票、海关进口增值税专用缴款书、机动车销售统一发票、收费公路通行费增值税电子普通发票，取消认证确认、稽核比对、申报抵扣的期限。纳税人在进行增值税纳税申报时，应当通过本省（自治区、直辖市和计划单列市）增值税发票综合服务平台对上述扣税凭证信息进行用途确认。

（8）“财政部、税务总局、海关总署公告2019年第39号”第六条规定：纳税人购进国内旅客运输服务，其进项税额允许从销项税额中抵扣。

纳税人未取得增值税专用发票的，暂按照以下规定确定进项税额：

1）取得增值税电子普通发票的，为发票上注明的税额；

2）取得注明旅客身份信息的航空运输电子客票行程单的，为按照下列公式计算进项税额：

$$航空旅客运输进项税额=(票价+燃油附加费)\div(1+9\%)\times 9\%$$

3）取得注明旅客身份信息的铁路车票的，为按照下列公式计算的进项税额：

$$铁路旅客运输进项税额=票面金额\div(1+9\%)\times 9\%$$

4）取得注明旅客身份信息的公路、水路等其他客票的，按照下列公式计算进项税额：

$$公路、水路等其他旅客运输进项税额=票面金额\div(1+3\%)\times 3\%$$

（9）“财政部、税务总局、海关总署公告2019年第39号”第七条规定：自2019年4月1日至2021年12月31日，允许生产、生活性服务业纳税人按照当期可抵扣进项税额加计10%，抵减应纳税额（以下称加计抵减政策①）。本公告所称生产、生活性服务业纳税人，是指提供邮政服务、电信服务、现代服务、生活服务（以下称四项服务）取得的销售额占全部销售额的比重超过50%的纳税人。四项服务的具体范围按照《销售服务、无形资产、不动产注释》（财税〔2016〕36号印发）执行。

纳税人应单独核算加计抵减额的计提、抵减、调减、结余等变动情况。

（10）“财政部、税务总局、海关总署公告2019年第39号”第八条规定：自2019年4月

---

① 加计抵减政策只适用于一般纳税人。

1日起，试行增值税期末留抵税额退税制度。

二、下列进项税额不得从销项税额中抵扣

（1）用于简易计税方法计税项目、免征增值税项目、集体福利或者个人消费的购进货物、加工修理修配劳务、服务、无形资产和不动产。其中涉及的固定资产、无形资产、不动产，仅指专用于上述项目的固定资产、无形资产（不包括其他权益性无形资产）、不动产。

纳税人的交际应酬消费属于个人消费。

（2）非正常损失的购进货物，以及相关的加工修理修配劳务和交通运输服务。

（3）非正常损失的在产品、产成品所耗用的购进货物（不包括固定资产）、加工修理修配劳务和交通运输服务。

（4）非正常损失的不动产，以及该不动产所耗用的购进货物、设计服务和建筑服务。

（5）非正常损失的不动产在建工程所耗用的购进货物、设计服务和建筑服务。

纳税人新建、改建、扩建、修缮、装饰不动产，均属于不动产在建工程。

（6）购进的贷款服务、餐饮服务、居民日常服务和娱乐服务。

（7）财政部和国家税务总局规定的其他情形。

本条第（4）项、第（5）项所称货物，是指构成不动产实体的材料和设备，包括建筑装饰材料和给排水、采暖、卫生、通风、照明、通信、煤气、消防、中央空调、电梯、电气、智能化楼宇设备及配套设施。

固定资产，是指使用期限超过12个月的机器、机械、运输工具以及其他与生产经营有关的设备、工具、器具等有形动产。

非正常损失，是指因管理不善造成货物被盗、丢失、霉烂变质，以及因违反法律法规造成货物或者不动产被依法没收、销毁、拆除的情形。

三、扣税凭证

增值税扣税凭证，是指增值税专用发票、海关进口增值税专用缴款书、农产品收购发票、农产品销售发票和完税凭证，以及相关法规规定的其他增值税扣税凭证。

纳税人取得的增值税扣税凭证不符合法律、行政法规或者国家税务总局有关规定的，其进项税额不得从销项税额中抵扣。

纳税人凭完税凭证抵扣进项税额的，应当具备书面合同、付款证明和境外单位的对账单或者发票。资料不全的，其进项税额不得从销项税额中抵扣。

“国家税务总局公告2019年第45号”规定：自2020年3月1日起，取消增值税扣税凭证的认证确认等期限。增值税一般纳税人取得的2017年1月1日及以后开具的增值税专用发票、海关进口增值税专用缴款书、机动车销售统一发票、收费公路通行费增值税电子普通发票，不再需要在360日内认证确认等，已经超期的，也可以自2020年3月1日后，通过本省（自治区、直辖市和计划单列市）增值税发票综合服务平台进行用途确认。

增值税一般纳税人取得的2016年12月31日及以前开具的增值税专用发票、海关进口增值税专用缴款书、机动车销售统一发票，超过认证确认等期限，但符合相关条件的，仍可

按照《国家税务总局关于逾期增值税扣税凭证抵扣问题的公告》(2011 年第 50 号，国家税务总局公告 2017 年第 36 号、2018 年第 31 号修改)、《国家税务总局关于未按期申报抵扣增值税扣税凭证有关问题的公告》(2011 年第 78 号，国家税务总局公告 2018 年第 31 号修改)规定，继续抵扣其进项税额。

四、小规模纳税人不得抵扣进项税额

小规模纳税人发生应税行为适用简易计税方法计税，不得抵扣进项税额。

※ 任务指导 1：供货商选择的纳税筹划 ※

一、一般纳税人对供货商选择的纳税筹划

一般纳税人企业在采购货物时，可以选择不同纳税身份的供货商。有的供货商是增值税一般纳税人，有的供货商是小规模纳税人。作为一般纳税人企业，选择不同的供货商，则企业负担的税负不同。在一般纳税人自身货物或服务不含税销售价格不变的情况下，取得 13%、9%、6%、3%的增值税专用发票和不能取得专用发票时的纳税总额是依次递增的。在现实中，小规模纳税人和个体工商户若要在市场中生存，必然要降低其供货价格，这样才有可能与一般纳税人供货商竞争。因此，一般纳税人企业在采购货物时，无论是从一般纳税人处购进，还是从小规模纳税人处购进，都要计算比较供货商报价以及增值税的影响。

(一) 价格折让临界点判断法

价格折让临界点，是指能使购买方的现金净流量相等时的不同供货商的含税报价之比，是不同供货商之间含税报价的折价幅度。

一方面，对于身为增值税一般纳税人的购货方来说，在购货时运用价格折让临界点原理，就可以放心大胆地跟小规模纳税人打交道，只要所购货物的质量符合要求，价格折让能够达到相应的临界点，增值税一般纳税人完全应当弃远求近，从周围的小规模纳税人那里购货，以节省采购时间和采购费用，增加企业效益。另一方面，对于身为小规模纳税人的供货商来说，运用价格折让临界点原理，在销售产品时可以保护自己的既得利益。例如：可用价格折让临界点来反驳或说服购货方（增值税一般纳税人）无理的折价要求，促使购销双方达成共识，互惠互利，平等合作。

以下以销售和购进货物为例，介绍价格折让临界点的基本计算原理。

现金净流量＝现金流入量－现金流出量
＝含税销售额－(含税购进额＋其他含税成本＋应纳增值税额＋应纳城建税和教育费附加＋应纳企业所得税)　　(式①)

假设一般纳税人购货商含税销售额为 Q，增值税税率为 13%，城建税税率为 7%，教育费附加为 3%，企业所得税税率为 25%，除本次购进外的其他进项税额为 N，除购进额以外的其他成本为 M①。

---

① 从以上推导可知，M 含税或不含税均不影响计算最后结果。

第一，取得13%专用发票时的现金净流量，此时含税购进额为A，代入（式①）：

$$\text{现金净流量}=Q-A-M-[(Q-A)\div(1+13\%)\times13\%-N]\times(1+7\%+3\%)$$
$$-\{Q\div(1+13\%)-A\div(1+13\%)-M-[(Q-A)\div(1+13\%)$$
$$\times13\%-N]\times(7\%+3\%)\}\times25\%$$

整理后得出：

$$\text{现金净流量}=0.649\ 34Q-0.649\ 34A-0.75M+1.075N \qquad \text{（式②）}$$

第二，取得3%专用发票时的现金净流量，此时含税购进额为B，代入（式①）：

同理可得出：

$$\text{现金净流量}=0.649\ 34Q-0.725\ 97B-0.75M+1.075N \qquad \text{（式③）}$$

第三，不能取得专用发票时的现金净流量，此时含税购进额为C，代入（式①）：

同理可得出：

$$\text{现金净流量}=0.649\ 34Q-0.757\ 28C-0.75M+1.075N \qquad \text{（式④）}$$

求价格平衡点：若式②=式③，价格折让临界点=89.45%

同理可以得出不能索取抵扣凭证等其他的组合情况如表2-9所示：

表2-9　价格折让临界点

序号	供货商		含税价格折让临界点	方案选择（P为供货商的实际报价比）
	一般纳税人	小规模纳税人		
①	13%	3%	89.45%	P<89.45%，选择从小规模纳税人处购进
				P>89.45%，选择从一般纳税人处购进
②	13%	不能取得专用发票	85.75%	P<85.75%，选择从小规模纳税人处购进
				P>85.75%，选择从一般纳税人处购进
③	9%	3%	93.93%	P<93.93%，选择从小规模纳税人处购进
				P>93.93%，选择从一般纳税人处购进
④	9%	不能取得专用发票	90.04%	P<90.04%，选择从小规模纳税人处购进
				P>90.04%，选择从一般纳税人处购进
⑤	6%	3%	96.87%	P<96.87%，选择从小规模纳税人处购进
				P>96.87%，选择从一般纳税人处购进
⑥	6%	不能取得专用发票	92.87%	P<92.87%，选择从小规模纳税人处购进
				P>92.87%，选择从一般纳税人处购进
⑦	3%	3%	95.87%	P<95.87%，选择从不能提供专用发票的供货商处购进
		不能取得专用发票		P>95.87%，选择从能提供专用发票的供货商处购进

说明：⑦中的P=不能提供专用发票的供货商报价÷能提供专用发票的供货商报价；①～⑥中的P=小规模纳税人含税供货价÷一般纳税人含税供货价。

（二）平衡增值税税负与税后净利润、现金净流量的关系

上述价格折让临界点判断法只是从现金净流量的角度来考量选择不同供货商与现金净流量的关系。但由于增值税与税后净利润的关系并不是直接影响的，通过现金净流量价格折让临界点进行判断的结果，可能会与增值税税负相矛盾。此时，可将税额的节约和税后利润的增加作为现金流入量，将税额的增加和税后利润的减少作为现金流出量，通过计算净现值进

行综合比较和修正，最终选择税后净利润、现金净流量与增值税税负均为最佳的方案为优选方案。

全面推行“营改增”后，购货方对增值税抵扣更为重视。对于供应商而言，这便意味着小规模纳税人若要在竞争中取胜，价格因素成为更为敏感的因素。因此，对于小规模纳税人来说，运用价格折让临界点原理，在销售产品时可以保护自己的既得利益。

对于购货企业来说，在选择供应商时，一定要根据自身生产经营的具体情况作出正确的选择，不能机械地使用此类筹划方法。例如：详细比较各类型供应商的产品价格与质量，结合价格折让临界点的数值，合理选择供应商，从而降低成本、提高利润空间，使自身利益最大化。

二、小规模纳税人对供货商选择的纳税筹划

对于小规模纳税人来讲，供货商的选择相对是比较容易的，由于小规模纳税人不能获得增值税专用发票，也不能进行进项税额的抵扣，只要比较一下供货商的报价，从中选择报价最低的即可。

另外，如果一般纳税人采购的货物是用于简易计征、集体福利、个人消费等非应税项目的，其选择方法与小规模纳税人的选择方法一样，只要比较一下供货商各自的报价即可。

以上的选择方法是在仅考虑税负的情况下作出的，在企业实际采购业务中，除了税收因素外，还要考虑供货商的信誉、售后服务、产品的质量等一系列因素，这需要在筹划时根据具体情况进行全面的比较。

※ 任务操作 1 ※

【承接案例 2.3.6】(1) 采用价格折让临界点选择方案。

设 3 个方案的每吨含税报价依次为 A、B、C，即 A＝11 000 元，B＝10 000 元，C＝9 000 元，则：

P_1＝B/A＝90.91%>89.45%，应选方案 1。

P_2＝C/A＝81.82%<85.75%，应选方案 3。

P_3＝C/B＝90%<95.87%，应选方案 3。

(2) 计算上述 3 个方案的税后净利润。

方案 1：从一般纳税人 A 公司购买。

甲公司应纳增值税额＝20 000×13%－11 000÷(1＋13%)×13%
＝1 334.51（元）

税后净利润＝{20 000－11 000÷(1＋13%)－3 000－[20 000×13%－11 000÷(1＋13%)×13%]×(7%＋3%)}×(1－25%)
＝5 349.03（元）

方案 2：从小规模纳税人 B 公司购买。

甲公司应纳增值税额＝20 000×13%－10 000÷(1＋3%)×3%＝2 308.74（元）

税后净利润＝{20 000－10 000÷(1＋3%)－3 000－[20 000×13%－10 000÷(1＋3%)×3%]×(7%＋3%)}×(1－25%)
＝5 295.29（元）

方案3：从小规模纳税人C公司购买。

甲公司应纳增值税额＝20 000×13%－0＝2 600（元）

税后净利润＝[20 000－9 000－3 000－20 000×13%×(7%＋3%)]×(1－25%)
＝5 805（元）

（3）根据上述计算结果修正方案。

从上述判断可知，方案2可以放弃，将另外两个方案的税额的节约和税后利润的增加作为现金流入量，将税额的增加和税后利润的减少作为现金流出量，比较方案1与方案3的现金净流量，得：

现金净流量＝(2 600－1 334.51)＋(5 349.03－5 805)＝809.52（元）

由上述计算结果可知，综合考虑，方案1为最佳方案。

[风控重点] 当依据不同指标选择结果相互矛盾时，可采用净现值法进行综合判断。

※ 任务指导2：一般纳税人购进运输服务的筹划 ※

企业总是会发生与运输有关的经济活动。对于企业而言，运费在成本中占有相当大的比重。因此，对运费进行适当筹划，增加进项税抵扣，减轻增值税税负，对于实行一般计税方法的一般纳税人来说就显得尤为重要。全面推行“营改增”后，货物与运输服务的税率仍相差6个百分点，而这就为企业进行纳税筹划提供了新的空间。由于小规模纳税人不能抵扣进项税额，因此在此只考虑一般纳税人购进运输服务的情况。

企业运输业务提供方式一般有以下三种：（1）自备车辆运输，即自行运输；（2）由承运企业运输，即外购运输服务；（3）将自营车队独立出来，专门负责本企业的运输业务，即自营运输。在全面推行“营改增”后，按照增值税环环抵扣原理，自行运输和自营运输已经毫无差别，故实际上，只有外购运输服务和非外购运输服务两种形式。假设企业的不含税销售额为S，外购货物的不含税购进额为G，运费为Y，企业为提供运输服务而采购的汽油、配件、修理服务等物耗的购进额为W，物耗比$R=W\div Y$，则按照应纳税额无差别平衡点的原理可推导如下。

一、当采购对象为一般纳税人时的运费筹划

若采购对象为一般纳税人，企业采购一般纳税人运输服务且取得增值税专用发票，就可以按照9%抵扣进项税额；如果企业自己提供运费服务，则可以按13%抵扣在提供运输服务过程中采购的汽油、配件、修理服务等物耗对应的进项税额。

$$\text{外购运输服务时企业的全部应纳增值税额}=(S+Y)\times13\%-G\times13\%-Y\times9\% \qquad \text{（式①）}$$

按照“财税〔2016〕36号”的规定，企业销售货物同时提供运输服务属于混合销售，则：

$$\text{非外购运输服务时企业的全部应纳增值税额}=(S+Y)\times13\%-G\times13\%-RY\times13\% \qquad \text{（式②）}$$

令式①＝式②，得出增值税无差别平衡点物耗比为：

$R=9\%\div13\%=69.23\%$

即当企业的实际物耗比大于该平衡点时，选择非外购运输时的增值税税负较轻；反之，则选择外购运输时的增值税税负较轻。同理，如果企业自身的适用税率不同，可计算出不同的无差别平衡点。

二、当采购对象为小规模纳税人时的运费筹划

若采购对象是小规模纳税人，可以分为两种情况：一是能够取得由税务机关代开的增值税专用发票，抵扣率为3%；二是不能取得增值税专用发票，其他条件不变。同上理，也可以分别计算出无差别平衡点物耗比，如表2-10所示。

表2-10 增值税无差别平衡点物耗比

物耗适用税率	采购对象适用税率或征收率	增值税无差别平衡点物耗比
13%	9%	69.23%
	3%	23.08%
	无增值税专用发票	0

当纳税人实际物耗比大于上述平衡点时，选择非外购运输可以节税；反之，则选择外购运输可以节税。

※ 任务操作2 ※

【案例2.3.7】某企业为增值税一般纳税人，当月货物销售额为600万元，购进原材料等金额为280万元，采购原材料运输费用支出为100万元，其有两种方式可以选择。方案1：以内部运输机构（非独立核算）运输，其运费中可抵扣的物耗金额为30万元，即自备车队可抵扣的物耗等于运费的30%，进项税率为13%。方案2：委托第三方运输，其运费支出为100万元，进项税率为9%。上述金额均为不含税，请为该企业进行增值税纳税筹划。

筹划分析

（1）根据实际物耗比进行判断。该企业实际物耗比为30%，小于平衡点69.23%，故应该选择外购运输服务，即委托第三方运输，可以节税。

（2）计算方案1应纳增值税额。

应纳增值税额=600×13%−280×13%−30×13%=37.7（万元）

（3）计算方案2应纳增值税额。

应纳增值税额=600×13%−280×13%−100×9%=32.6（万元）

方案2节税额=37.7−32.6=5.1（万元）

故方案2为最佳方案。

［风控重点］尽可能准确测算实际物耗比。

※ 任务小结和风险提示 ※

纳税人在进行进项税额的纳税筹划时，应注意以下问题：

（1）税负轻重只是选择纳税筹划方案的一个重要指标，而不是最终选择标准，纳税筹划方案的最终选择标准应该是企业的税后净利润或企业价值。为了更切实可行，企业应从其税后利

润等多角度来判断。因为在计算税后利润时，要受到其他因素的影响，而这影响到企业决策。

（2）企业能否在购入货物或接受劳务的同时取得可抵扣进项税额的发票，主要取决于购货渠道、采购部门人员的责任心和敬业精神，而不在于企业财务部门和会计人员的专业水平的高低。因此，提高有关业务人员的业务素质为企业节约税费是很有必要的。

（3）进货渠道的税费筹划还涉及运费问题，必须注意“营改增”对企业税负的影响。

任务4

税率和征收率的纳税筹划

任务4.1 混合销售和兼营的纳税筹划

※ 任务导入 ※

【案例2.4.1】百盛冰箱制造公司是增值税一般纳税人，主要从事自产冰箱生产销售业务，同时提供运送服务。预计2021年2月对外销售冰箱收入为1 000万元，其中运输收入为200万元，冰箱销售额为800万元，当期可抵扣进项税额为100万元。假设上述金额均为不含税，城建税税率为7%，教育费附加税率为3%。请计算该公司当期应纳增值税额，并为其提出纳税筹划建议。

※ 税收法律依据 ※

一、关于混合销售行为

（1）《财政部、国家税务总局关于全面推开营业税改征增值税试点的通知》（财税〔2016〕36号）附件1第四十条规定：一项销售行为如果既涉及服务又涉及货物，为混合销售。从事货物的生产、批发或者零售的单位和个体工商户的混合销售行为，按照销售货物缴纳增值税；其他单位和个体工商户的混合销售行为，按照销售服务缴纳增值税。

（2）自2017年5月1日起，按照“国家税务总局公告2017年第11号”第一条规定：纳税人销售活动板房、机器设备、钢结构件等自产货物的同时提供建筑、安装服务，不属于《营业税改征增值税试点实施办法》第四十条规定的混合销售，应分别核算货物和建筑服务的销售额，分别适用不同的税率或者征收率。

（3）自2018年7月25日起，按照“国家税务总局公告2018年第42号”第六条规定：一般纳税人销售自产机器设备的同时提供安装服务，应分别核算机器设备和安装服务的销售额，安装服务可以按照甲供工程选择适用简易计税方法计税。一般纳税人销售外购机器设备的同时提供安装服务，如果已经按照兼营的有关规定，分别核算机器设备和安装服务的销售额，安装服务可以按照甲供工程选择适用简易计税方法计税。纳税人对安装运行后的机器设备提供的维护保养服务，按照“其他现代服务”缴纳增值税。

二、关于兼营行为

关于兼营行为，“财税〔2016〕36号”规定如下：

（1）纳税人兼营免税、减税项目的，应当分别核算免税、减税项目的销售额；未分别核算的，不得免税、减税。

（2）纳税人兼营销售货物、劳务、服务、无形资产或者不动产，适用不同税率或者征收率的，应当分别核算适用不同税率或者征收率的销售额；未分别核算的，从高适用税率。（详见本项目任务1）

※ 任务指导 ※

一、混合销售行为的纳税筹划

由于全面“营改增”推行后，已不存在涉及货物又涉及非增值税应税劳务的概念，因此，“财税〔2016〕36号”修改了混合销售的表述。但是，现行混合销售的税务处理仍然存在争议。从修改后的定义可知，增值税一般纳税人的混合销售行为往往是在一项销售行为中涉及两种不同的增值税税率，而按照现行政策的规定只能按照一种税率征税。鉴别混合销售行为成立的标准有两点：一是其销售行为必须是一项；二是该项行为必须既涉及服务又涉及货物。其中，“货物”是指增值税条例中规定的有形动产，包括电力、热力和气体等；服务是指属于“营改增”范围的提供交通运输服务、邮政服务、电信服务、建筑服务、金融服务、现代服务、生活服务。反之，则不属于混合销售。注意，在转让无形资产和销售不动产中同时涉及货物的，不属于混合销售行为，如精装修房送家电。

纳税人针对混合销售行为进行纳税筹划，主要是对比该行为所涉及的征税项目的税率高低，从而选择低税率的应税项目。全面“营改增”后，纳税人可按照“集团业务流程再造”方法进行混合销售的纳税筹划。即将销售货物与销售服务各自成立独立核算的子公司，则可以各自的业务分别纳税，从而降低整个集团的增值税税负。

※ 任务操作 ※

【承接案例2.4.1】

（1）计算筹划前混合销售应纳税额。

筹划前应纳增值税额＝1 000×13%－100＝30（万元）

（2）筹划建议：

可以采用“集团业务流程再造”筹划，即将冰箱销售和运送安装业务分立为两家子公司，并独立核算，分别纳税。既可以将进项税全部留在冰箱销售公司，也可以按实际情况分一部分给运送公司，计算结果相同。则：

冰箱销售公司应纳增值税额＝800×13%－100＝4（万元）

运送公司应纳增值税额＝200×9％＝18（万元）

筹划前后合计节约流转税额＝［30－(4＋18)］×(1＋7％＋3％)＝8.8（万元）

［风控重点］上述筹划方案中尚未考虑分立成本，在实际工作中要考虑分立成本与节税额，应将分立成本控制在节税额之内。

二、兼营行为的纳税筹划

兼营行为包括同一税种不同税率或征收率的兼营、应税项目与免税项目的兼营。依据现行税法规定，纳税人发生兼营业务时，在取得收入后，应该注意尽量分别核算货物或者应税服务的销售额，否则可能给纳税人带来额外的税收负担。所以，选择分开核算，可以避免销售货物或者应税服务从高适用税率而带来的税负增加，为企业获得节税收益。

技能强化

【案例2.4.2】东升金属材料有限公司（以下简称东升公司）为增值税一般纳税人，经营范围包括钢材（非自产）销售、建筑用脚手架租赁，适用一般计税方法计税。预计2021年8月销售2万吨螺纹钢给A公司，不含税售价2 200元/吨，货物由东升公司车辆运输至A公司，收取含税运费124.3元/吨；出租脚手架给B建筑公司含税收入500万元；公司店面出租含税收入260万元。但财务人员将脚手架和店面出租收入合并记账。请提出增值税纳税筹划方案。

筹划分析

筹划前：该业务发生在全面“营改增”之后，销售螺纹钢并负责运输属于混合销售行为，收取的运费按货物销售缴纳增值税；脚手架租赁适用税率为13％，店面出租适用税率为9％，但由于合并记账，要从高适用税率。则：

增值税应税销售额＝(2 200＋124.3÷1.13)×2＋(500＋260)÷1.13
＝5 292.57（万元）

增值税销项税额＝5 292.57×13％＝688.03（万元）

筹划方案1：将兼营业务进行分别核算，分别适用税率，则：

增值税应税销售额＝(2 200＋124.3÷1.13)×2＋500÷1.13＋260÷1.09
＝5 301.01（万元）

增值税销项税额＝2 200×2×13％＋124.3÷1.13×2×13％＋500÷1.13×13％
＋260÷1.09×9％
＝679.59（万元）

筹划后节税额＝688.03－679.59＝8.44（万元）

筹划方案2：在其他条件不变的情况下，(1)成立独立核算的运输子公司，专门从事销售公司的货运业务，即将销售货物并运输的混合销售业务转化为正常业务，各自纳税。(2)将上述兼营业务分别核算。则：

分立后的两家公司合计应税销售额＝2 200×2＋500÷1.13＋260÷1.09＋124.3÷1.09×2
＝4 400＋442.48＋238.53＋228.07
＝5 309.08（万元）

增值税销项税合计＝4 400×13%＋442.48×13%＋238.53×9%＋228.07×9%
＝671.52（万元）

筹划后节税额＝688.03－671.52＝16.51（万元）

[风控重点] 设立独立核算运输子公司的成本不能大于节税额。

※ 任务小结和风险提示 ※

在进行混合销售和兼营行为纳税筹划时，应注意以下问题：

（1）按照税法规定，纳税人的销售行为是否属于混合销售行为，是需要由县以上（包括县级）税务局确定的。所以，企业若希望通过混合销售的纳税筹划来节税，首先要得到税务机关对其销售行为的定性判断。

（2）混合销售的分离可以改变实际税负，但前提条件是能够满足销售经营的需要且合同设计得当，为客户所接受。

（3）混合销售如何征收增值税，需要考虑企业的历史、营业执照经营范围、登记的主辅业务、相关资质及业务实质，做好税务相关登记，合理确定纳税人的主要业务类型，适用相关税率，避免引起纳税分歧。

（4）兼营行为的筹划原理也适用于同一个税种兼营不同税率的产品，以及应税产品与免税产品的兼营业务的筹划。

任务 4.2　一般计税方法与简易计税方法选择的纳税筹划

※ 任务导入 ※

【案例 2.4.3】 甲公司是一家设备租赁公司，于 2013 年 8 月 1 日起“营改增”试点，属于增值税一般纳税人。2021 年 1 月 1 日，甲公司将其 2013 年 7 月购进的 3 台设备对外租赁给乙公司，租期为 1 年，共收取租赁费 113 万元（含税），租赁结束时甲公司收回该设备继续用于出租。按照以往经验，预计甲公司 2021 年该项业务可抵扣进项税额共为 2 万元。考虑增值税加计抵减政策，请对其进行增值税纳税筹划。

※ 税收法律依据 ※

一、“财税〔2016〕36 号”附件 1 第十七条

增值税的计税方法，包括一般计税方法和简易计税方法。

二、“财税〔2016〕36 号”附件 2 第一条第（六）项

一般纳税人发生下列应税行为，可以选择适用简易计税方法计税：

以纳入营改增试点之日前取得的有形动产为标的物提供的经营租赁服务。

三、“财税〔2016〕36号”附件2第一条第（七）项

（1）一般纳税人以清包工方式提供的建筑服务，可以选择适用简易计税方法计税。

以清包工方式提供建筑服务，是指施工方不采购建筑工程所需的材料或只采购辅助材料，并收取人工费、管理费或者其他费用的建筑服务。

（2）一般纳税人为甲供工程提供的建筑服务，可以选择适用简易计税方法计税。

甲供工程，是指全部或部分设备、材料、动力由工程发包方自行采购的建筑工程。

（3）一般纳税人为建筑工程老项目提供的建筑服务，可以选择适用简易计税方法计税。

建筑工程老项目，是指：

1）《建筑工程施工许可证》注明的合同开工日期在2016年4月30日前的建筑工程项目；

2）未取得《建筑工程施工许可证》的，建筑工程承包合同注明的开工日期在2016年4月30日前的建筑工程项目。

※ 任务指导1：有形动产租赁的增值税纳税筹划 ※

按照全面“营改增”的规定，一般纳税人对特定的应税项目可以选择简易计税方法。由于一般计税方法和简易计税方法适用的税率与征收率不同，有形动产租赁的一般税率为13%，而如果选择简易计征方法，则适用3%的征收率，这就为纳税人进行增值税纳税筹划创造了较大的筹划空间。

※ 任务操作1 ※

【承接案例2.4.3】 甲公司对外出租的3台设备均为“营改增”实行之前购进当时其进项税额不予抵扣，因此选择适用简易计税方法计算缴纳增值税，可达到节税的目的。

方案1：选择一般计税方法，则：

甲公司实际应纳增值税额＝113÷(1＋13%)×13%－2×(1＋10%)

＝10.8（万元）

方案2：选择简易计税方法，则：

甲公司实际应纳增值税额＝113÷(1＋3%)×3%＝3.291（万元）

方案2节税额＝10.8－3.291＝7.509（万元）

由此可见，方案2比方案1少缴纳增值税7.509万元，因此，应当选择方案2。

[风控重点] 出租的设备为“营改增”之前取得的，否则不能选择简易计征。

※ 任务指导2：建筑公司“清包工”的增值税纳税筹划 ※

按照“财税〔2016〕36号”的规定，如果建筑工程公司选择适用简易计税方法，则该项目本身所发生的成本中的增值税进项税不能抵扣；如果选择一般计税方法计税，则该项目本身所发生的成本中的增值税进项税可以抵扣。2019年4月1日起，建筑服务一般计税方法适用税率为9%，而简易计税方法的征收率为3%。据此，我们可以计算出两种计税方法的税负临界点。

假设整个“清包工”合同约定的工程价含税价为 Q，则分包方的增值税计算方法选择分析如下：

（1）一般计税方法下的应纳增值税为：

$$\text{建筑工程公司应纳增值税额}=Q\times 9\%\div(1+9\%)-\text{建筑工程公司自己采购辅料物资的进项税额}$$
$$=8.26\%\times Q-\text{建筑工程公司自己采购辅料物资的进项税额}$$

（2）简易办法下的应纳增值税为：

$$\text{建筑工程公司应纳增值税额}=Q\times 3\%\div(1+3\%)=2.91\%\times Q$$

（3）两种方法下税负相同的临界点：

$$8.26\%\times Q-\text{建筑工程公司采购辅料物资的进项税额}=2.91\%\times Q$$

推导出：

$$\text{建筑工程公司自己采购辅料物资的进项税额}=5.35\%\times Q$$

（4）由于一般情况下，建筑工程公司自己采购辅料物资的适用税率一般为13%，因此推导出临界点：

$$\text{建筑工程公司自己采购辅料物资的进项税额}=\text{建筑工程公司自己采购辅料物资价税合计}\times 13\%\div(1+13\%)=5.35\%\times Q$$

（5）由此计算出临界点：

$$\text{建筑工程公司自己采购辅料物资价税合计}=36.42\%\times Q$$

清包工模式下，选择按一般计税方法或者简易计税方法的临界点为：

$$\text{建筑工程公司采购辅料物资价税合计}=36.42\%\times\text{“清包工”合同中约定的工程价税合计}$$

若建筑工程公司实际采购辅料物资价税合计＞36.42%×“清包工”合同中约定的工程价税合计，则选择一般计税方法有利。

若建筑工程公司实际采购辅料物资价税合计＜36.42%×“清包工”合同中约定的工程价税合计，则选择简易计税方法有利。

因此，建筑工程公司采购辅料物资占整个工程造价的多少，或者说“甲供材料”占整个工程造价的多少，是选择计税方式的关键。

※ 任务操作2 ※

【案例2.4.4】景兴公司（甲方）将浙江某主题乐园的装饰工作分包给浙江铁建工程公司（乙方），合同总金额1 000万元，劳务公司（乙方）包工包料，其中含税辅材500万元，即合同金额包括装饰工程所需一切费用，景兴公司（甲方）只需要按合同规定日期及设定标准验收即可。假设购买辅材均取得13%的增值税专用发票，请分析浙江铁建工程公司应该选择简易计税方法还是一般计税方法计算增值税。

筹划分析

因为分包方采购辅料物资价税合计为500万元＞364.2（＝36.42%×“清包工”合同中约定的工程价税合计1 000）万元，所以应该选择一般计税方法比选择简易计税方法可节约增值税。

方案1：

$$\text{简易办法下应纳增值税额}=1\,000\times 3\%\div(1+3\%)=30\div(1+3\%)$$
$$=29.13\text{（万元）}$$

方案2：

一般计税方法下应纳增值税额＝1 000×9%÷(1＋9%)－500×13%÷(1＋13%)
＝82.57－57.52＝25.05（万元）

选择一般计税方法节约增值税额＝29.13－25.05＝4.08（万元）

［风控重点］选择一般计税方法要注意尽可能取得增值税进项税抵扣凭证。

技能强化

【案例2.4.5】假设上例中，其中含税辅材为150万元，其他条件不变。请分析浙江铁建工程公司应该选择简易计税方法还是一般计税方法计算增值税。

筹划分析

因为分包方采购辅料物资价税合计为150万元＜364.2（＝36.42%×“清包工”合同中约定的工程价税合计1 000）万元，所以，应该选择简易计税方法比选择一般计税方法可节约增值税。

方案1：

简易办法下的应纳增值税额＝1 000×3%÷(1＋3%)
＝30÷(1＋3%)＝29.13（万元）

方案2：

一般计税方式下的应纳增值税额＝1 000×9%÷(1＋9%)－150×13%÷(1＋13%)
＝82.57－17.26＝65.31（万元）

选择简易计税方法节约增值税额＝65.31－29.13＝36.18（万元）

［风控重点］注意可以选择简易计征的条件。

※ 任务小结和风险提示 ※

按照“营改增”政策的规定，一般纳税人一旦选择适用简易计税方法计算缴纳增值税，在36个月内就不得变更了。因此，企业应当权衡利弊、综合考虑，慎重选择计税方法。

任务5

增值税优惠政策的纳税筹划

※ 任务导入 ※

【案例2.5.1】天牧牛奶公司的生产流程如下：饲养奶牛生产牛奶，将产出的新鲜牛奶加工成调制乳，再将调制乳销售给各大零售店和超市，或者通过销售网络销售给周边地区的居民。2021年全年，天牧公司调制乳销售收入为800万元。由于调制乳适用13%的增值税税率，销项税额按照销售收入和13%的税率计算。进项税额主要包括两部分：一是向农民个人收购的草料金额每年约为100万元，可以抵扣10%的进项税额；二是公司水费、电费和修理用配件等按规定可以每年抵扣进项税额8万元。与销项税额相比，这两部分进项税额比例较小。因此，天牧牛奶公司的增值税税负较高。假设上述金额均不含税，预计未来经营状况基本不变，天牧牛奶公司应该如何筹划以减轻其税收负担？

※ 税收法律依据 ※

一、农产品的税收优惠

（1）《增值税暂行条例》第15条规定：农业生产者销售的自产农产品免征增值税。

所称农业，是指种植业、养殖业、林业、牧业、水产业。农业生产者，包括从事农业生产的单位和个人。农产品，是指初级农产品，具体范围由财政部、国家税务总局确定。

（2）"财政部、税务总局、海关总署公告2019年第39号"规定：纳税人购进用于生产或者委托加工13%税率货物的农产品，按照10%的扣除率计算进项税额。

二、资源综合利用的税收优惠

《财政部、国家税务总局关于印发〈资源综合利用产品和劳务增值税优惠目录〉的通知》（财税〔2015〕78号）规定：自2015年7月1日起，纳税人销售自产的资源综合利用产品和提供资源综合利用劳务（以下称销售综合利用产品和劳务），可享受增值税即征即退政策。企业可以充分利用这些优惠政策来进行纳税筹划，使不符合享受优惠政策的产品变为适用税收优惠政策的产品，实现国家、企业效益双赢的效果。

三、即征即退

（1）《财政部、国家税务总局关于软件产品增值税政策的通知》（财税〔2011〕100号）规定：自2011年1月1日起，增值税一般纳税人销售其自行开发生产的软件产品，按17%（注：2019年4月1日后为13%）税率征收增值税后，对其增值税实际税负超过3%的部分实行即征即退政策。

（2）"财税〔2016〕36号"附件3规定：一般纳税人提供管道运输服务，对其增值税实际税负超过3%的部分实行增值税即征即退政策。

四、起征点和小微企业优惠政策

详见本项目任务1的规定。

※ 任务指导 ※

（1）根据增值税减免税的有关规定，纳税人可以利用法定的减免税规定和机构的适当分立达到节税的目的。

（2）迎合税收优惠政策进行生产经营，减轻税负。

（3）利用起征点和简易计税办法的纳税筹划。根据《增值税暂行条例》及其实施细则的有关规定，对于个人来说，销售额未达到国务院财政、税务主管部门规定的增值税起征点的，免征增值税；达到起征点的，依照条例规定全额计算缴纳增值税。而简易计税办法虽然不能抵扣进项税额，但由于简易计税办法的征收率比较低，因此也可以取得节税收益。

※ 任务操作 ※

【承接案例 2.5.1】从天牧牛奶公司的客观情况来看，其增值税税负高的原因在于可抵扣的进项税额比例太低。围绕进项税额，天牧牛奶公司可采取以下筹划方案：公司将整个生产流程分解成饲养场和调制乳加工厂两部分，饲养场和调制乳加工厂均实行独立核算。分立后，饲养场属于农产品生产单位，按规定可以免征增值税，调制乳加工厂从饲养场购入的牛奶可以抵扣10%的进项税额。

筹划分析

筹划前：公司每年从农民个人手中购入的草料金额为100万元，允许抵扣的进项税额为10万元，其他水电费、修理用配件等进项税额为8万元，全年调制乳销售收入为800万元，则：

每年应纳增值税额＝800×13%－(100×10%＋8)＝86（万元）

税负率＝86÷800×100%＝10.75%

筹划后：独立出来的饲养场免征增值税，按照乳制品企业一般毛利率约为30%，假定饲养场销售给调制乳加工厂的鲜奶售价为560万元，其他条件不变。则：

应纳增值税额＝800×13%－(560×10%＋8)＝40（万元）

税负率＝40÷800×100%＝5%

比较可知，筹划方案的实施取得了良好的效益，方案实施后比实施前：

增值税节税额＝86－40＝46（万元）

城建税和教育费附加节税额合计＝46×(7%＋3%)＝4.6（万元）

税负率下降＝10.75%－5%＝5.75%

[风控重点] 由于饲养场与调制乳加工厂存在关联关系，农产品生产单位必须按照独立企业之间正常价格销售给加工厂，不能为增加加工厂的进项税额擅自抬高售价，否则税务机关将依法调整关联价格和增值税额。

技能强化

【案例 2.5.2】北方水泥厂以旋窑工艺生产水泥等建材产品，其原料中普遍掺有20%的粉煤灰。纳税人符合《水泥工业大气污染物排放标准（GB4915-2013）》规定的技术要求，由于其原料大多来源于直接开采和工业废渣，无法取得增值税专用发票，因此无法抵扣进项税额，税负较高。

筹划分析

企业管理人员通过学习有关税收政策得知，对企业生产的原料中掺有不低于40%的煤矸石、粉煤灰的水泥，实行即征即退的政策，退税比例为70%。因此，该企业进行了科技攻关，在配料比例中将粉煤灰、煤矸石和炉底渣的含量提高到40%以上，同时保证产品的性能不受影响。该企业因此获得了较高的节税效益。

【案例 2.5.3】恒华软件公司属于增值税一般纳税人，2021 年预计自行开发并销售软件产品估计收入为 2 000 万元，收取技术咨询费 300 万元。上述金额均为不含税，请给出纳税筹划建议。

筹划分析

有两个方案可以选择。

方案 1：在软件产品交付使用并结算以后按期或按次收取技术咨询费。则：

可以享受增值税退税额＝2 000×13%－2 000×3%＝200（万元）

实际缴纳增值税额＝2 000×13%－200＝60（万元）

现代服务业增值税应纳税额＝300×6%＝18（万元）

应纳城建税和教育费附加＝(60＋18)×(7%＋3%)＝7.8（万元）

合计应纳流转税额＝60＋18＋7.8＝85.8（万元）

方案 2：软件产品及其技术咨询费一起收取，按照混合销售计税，则：

可以享受退税额＝2 300×13%－2 300×3%＝230（万元）

实际缴纳增值税额＝2 300×13%－230＝69（万元）

应纳城建税和教育费附加＝69×(7%＋3%)＝6.9（万元）

由于技术咨询费和软件一起计算销售额，只需要计算增值税，可以享受即征即退的税收优惠。

合计应纳流转税额＝69＋6.9＝75.9（万元）

方案 2 比方案 1 减轻税负＝85.8－75.9＝9.9（万元）

【案例 2.5.4】某水果店为小规模纳税人，预计 2021 年 4—6 月每月不含税销售额分别为 10.1 万元、10.2 万元和 10.3 万元。请计算该水果店 2021 年第二季度应缴纳增值税额并提出纳税筹划方案。

筹划分析

筹划前：

该水果店第二季度应纳增值税额＝(10.1＋10.2＋10.3)×3%＝0.918（万元）

筹划方案：按照“国家税务总局公告 2019 年第 4 号”规定，小规模纳税人发生增值税应税销售行为，合计月销售额未超过 10 万元（以 1 个季度为 1 个纳税期的，季度销售额未超过 30 万元）的，免征增值税。如果该水果店进行纳税筹划，每月最后几天通过减价让利的方式减少销售额，假设 4—6 月的销售额分别调整为 10 万元，则该个体户不再需要缴纳增值税。经过筹划，减少销售额 0.5 万元，节约增值等流转税额＝0.918×(1＋7%＋3%)＝1.009 8（万元），则：

实际增加收益＝1.009 8－0.5＝0.509 8（万元）

※ 任务小结和风险提示 ※

(1) 在采用分立筹划时，要注意新分立出来的企业必须实行独立核算。而且要注意关联企业之间的交易必须按照独立企业之间正常价格销售，否则税务机关将依法调整关联价格和增值税额。

（2）起征点的纳税筹划方法只适用于个人，一般企业不能采用该方法进行筹划。但小微企业免征增值税政策属于普惠性政策，适用于所有小规模纳税人。

任务6

出口退（免）增值税的纳税筹划

※ 任务导入 ※

【案例2.6.1】 某中外合资企业A采购国内原材料生产工业品全部用于出口，预计2021年2月自营出口产品价格为1 017万元，当月可抵扣进项税额为100万元，增值税税率为13%，产品出口退税率为9%，无上期留抵税额。请给出纳税筹划方案。

※ 税收法律依据 ※

一、出口货物退（免）税的基本政策

为鼓励本国企业产品的出口，提高本国出口产品在国际市场上的竞争力，世界各国都普遍采取出口货物退（免）税政策。即对出口环节生产或销售货物的增值部分免征增值税，对出口货物前一道环节所含的进项税额进行退付。我国对出口货物实行的税收政策有以下三种形式。

（1）出口免税并退税。即出口环节免征增值税、消费税，对出口前实际承担的税收负担按规定的退税率计算后予以退还。

（2）出口免税不退税。即出口环节免征增值税、消费税，对出口前生产、销售或进口环节由于已经是免税的，其价格本身不含税，因此无须退税。

（3）出口不免税也不退税。主要针对税法列明的限制或禁止出口的货物，如天然牛黄、麝香、原油等产品。对于这些货物的出口环节视同国内销售，照常征税，同时也不退还出口前其所负担的税款。

二、出口货物退（免）税的适用范围

根据《出口货物退（免）税管理办法》的规定，可以退（免）税的出口货物一般需要满足以下四个条件：

（1）必须是属于增值税、消费税征税范围的货物；

（2）必须是报关离境的货物；

（3）必须是在财务上作销售处理的货物；

（4）必须是出口收汇并已核销的货物。

对出口的凡属于已征或应征增值税、消费税的货物，除国家明确规定不予退（免）税的货物和出口企业从小规模纳税人购进并持普通发票的部分货物外，都属于出口货物退（免）税的货物范围，均应予以退还已征增值税和消费税或免征应征的增值税和消费税。

（一）下列企业出口满足上述四个条件的货物，除另有规定外，予以免税并退税

（1）生产企业自营出口或委托外贸企业代理出口的自产货物；

（2）有出口经营权的外贸企业收购后直接出口或委托其他外贸企业代理出口的货物；

（3）下列特定出口的货物。

在出口货物中，有些虽然不同时具备上述四个条件，但由于这些货物的销售方式、消费环节、结算办法的特殊性，以及国家间的特殊情况，国家特准退还或免征其增值税和消费税。

1）对外承包工程公司运出境外用于对外承包项目的货物；

2）对外承接修理修配业务的企业用于对外修理修配的货物；

3）外轮供应公司、远洋运输公司销售给外轮、远洋国轮而收取外汇的货物；

4）企业在国内采购并运往境外作为在国外投资的货物等。

（二）下列企业出口的货物给予免税但不退税

（1）属于生产企业的小规模纳税人自营出口或委托外贸企业代理出口的自产货物；

（2）外贸企业从小规模纳税人购进并持普通发票的货物（12 类除外）；

（3）外贸企业直接购进国家规定的免税货物（包括免税农产品）。

（三）下列出口货物，免税但不退税

（1）来料加工复出口的货物，即原材料进口免税，加工自制的货物出口不退税。

（2）避孕药品和用具、古旧图书，内销免税，出口也免税。

（3）出口卷烟：有出口卷烟权的企业出口国家出口卷烟计划内的卷烟，在生产环节免税，出口环节不办理退税；其他非计划内出口的卷烟照章征收增值税和消费税，出口一律不退税。

（4）军品以及军队系统企业出口军需工厂生产或军需部门调拨的货物免税。

（5）其他免税货物，如农业生产者销售的自产农业产品、饲料、农膜等。

出口享受免征增值税的货物，其耗用的原材料、零部件等支付的进项税额，包括准予抵扣的运输费用所含的进项税额，不能从内销货物的销项税额中抵扣，应计入产品成本（由于不退税，出口货物耗用材料等所含进项税额也不得抵扣，否则和退税的结果相同）。

（四）除经批准属于进料加工复出口贸易以外，下列出口货物不免税也不退税

（1）国家计划外出口的原油（1999 年 9 月 1 日起国家计划内出口的原油按 13%退税）。

（2）援外出口货物（一般物资援助项目下出口货物不退税，对利用中国政府的援外优惠贷款和合作项目基金方式下出口的货物，比照一般贸易出口，实行出口退税政策）。

（3）国家禁止出口的货物，包括天然牛黄、麝香、铜及铜基合金（出口电解铜自 2001

年1月1日起按17%的退税率退税）等。

（五）对生产企业出口的下列四类产品，视同自产产品给予退（免）税

（1）生产企业出口外购的产品，凡同时符合以下条件的，可视同自产货物办理退税。

1）与本企业生产的产品名称、性能相同；

2）使用本企业注册商标或外商提供给本企业使用的商标；

3）出口给进口本企业自产产品的外商。

（2）生产企业外购的与本企业所生产产品配套出口的产品，若出口给进口本企业自产产品的外商，符合下列条件之一的，可视同自产产品办理退税。

1）用于维修本企业出口的自产产品的工具、零部件、配件；

2）不经过本企业加工或组装，出口后能直接与本企业自产产品组合成成套产品的。

（3）同时符合以下条件，主管出口退税的税务机关可认定为集团成员，集团公司收购成员企业生产的产品，可视同自产产品办理退免税。

1）经县级以上政府主管部门批准为集团公司成员的企业，或由集团公司控股的生产企业；

2）集团公司及其成员企业均实行生产企业财务会计制度；

3）集团公司必须将有关成员企业的证明材料报送给主管出口退税的税务机关。

（4）生产企业委托加工收回的产品，同时符合下列条件的，可视同自产产品办理退税。

1）必须与本企业生产的产品名称、性能相同，或用本企业生产的产品再委托深加工收回的产品；

2）出口给进口本企业自产产品的外商；

3）委托方执行的是生产企业财务会计制度；

4）委托方与受托方必须签订委托加工协议，主要原材料必须由委托方提供，受托方不垫付资金，只收取加工费，开具加工费（含代垫的辅助材料）的增值税专用发票。

（六）外贸企业出口视同内销货物征税时的进项税额抵扣的处理（若没有退税，则可以抵扣）

（1）外贸企业购进货物后（内销或出口），须将所取得的增值税专用发票在规定的认证期内到税务机关办理认证手续，否则不得抵扣或退税。

（2）外贸企业出口货物，凡未在规定期限内申报退免税或虽已申报但未在规定期限内向税务机关补齐有关凭证，以及未在规定期限内申报开具《代理出口货物证明》的，自规定期限截止之日的次日起30天内由外贸企业根据应征税货物相应的未办理过退税或抵扣的进项增值税专用发票情况，填开进项发票明细表（包括进项增值税专用发票代码、号码、开具日期、金额、税额等），向主管退税的税务机关申请开具《外贸企业出口视同内销征税货物进项税额抵扣证明》。

（3）已办理过退税或抵扣的进项发票，外贸企业不得向税务机关申请开具《外贸企业出口视同内销征税货物进项税额抵扣证明》。

（4）主管退税的税务机关接到外贸企业申请后，应根据情况对外贸企业填开的进项发票明细表列明的情况进行审核，开具《外贸企业出口视同内销征税货物进项税额抵扣证明》（一式三联，一联由主管退税的税务机关留存，一联转交主管征税的税务机关，一联交外贸企业)。

(5) 外贸企业取得《外贸企业出口视同内销征税货物进项税额抵扣证明》后，将证明允许抵扣的进项税额填写在增值税纳税申报表附表二第 11 栏的税额中，并在取得《外贸企业出口视同内销征税货物进项税额抵扣证明》的下一个征收期申报纳税时，向主管征税的税务机关申请抵扣进项税额，超过申报期限的，不予抵扣。

(6) 主管征税的税务机关接到外贸企业的纳税申报后，应将外贸企业的纳税申报表与主管退税的税务机关转来的《外贸企业出口视同内销征税货物进项税额抵扣证明》人工对比，申报表数据小于或等于《外贸企业出口视同内销征税货物进项税额抵扣证明》所列税额的予以抵扣，否则不予抵扣。

三、适用增值税零税率应税服务退（免）税

(1) 中华人民共和国境内（以下称境内）的单位和个人提供的国际运输服务、向境外单位提供的研发服务和设计服务，适用增值税零税率。

(2) 境内的单位和个人提供的往返香港、澳门、台湾的交通运输服务以及在香港、澳门、台湾提供的交通运输服务（以下称港澳台运输服务），适用增值税零税率。

(3) 自 2013 年 8 月 1 日起，境内的单位或个人提供程租服务，如果租赁的交通工具用于国际运输服务和港澳台运输服务，由出租方按规定申请适用增值税零税率。

(4) 境内的单位和个人提供适用增值税零税率的应税服务，如果属于适用简易计税方法的，实行免征增值税办法。如果属于适用增值税一般计税方法的，生产企业实行免抵退税办法，外贸企业外购研发服务和设计服务出口实行免退税办法，外贸企业自己开发的研发服务和设计服务出口，视同生产企业连同其出口货物统一实行免抵退税办法。

(5) 境内的单位和个人提供的下列应税服务免征增值税，但财政部和国家税务总局规定适用增值税零税率的除外：

1) 工程、矿产资源在境外的工程勘察勘探服务。

2) 会议展览地点在境外的会议展览服务。

3) 存储地点在境外的仓储服务。

4) 标的物在境外使用的有形动产租赁服务。

5) 为出口货物提供的邮政业服务和收派服务。

6) 在境外提供的广播影视节目（作品）的发行、播映服务。

7) 符合本规定第一条第（1）项规定但不符合第一条第（2）项规定条件的国际运输服务。

8) 符合本规定第二条第一款规定但不符合第二条第二款规定条件的港澳台运输服务。

9) 向境外单位提供的下列应税服务：

①技术转让服务、技术咨询服务、合同能源管理服务、软件服务、电路设计及测试服务、信息系统服务、业务流程管理服务、商标著作权转让服务、知识产权服务、物流辅助服务（仓储服务、收派服务除外）、认证服务、鉴证服务、咨询服务、广播影视节目（作品）制作服务、期租服务、程租服务、湿租服务。但不包括：合同标的物在境内的合同能源管理服务，对境内货物或不动产的认证服务、鉴证服务和咨询服务。

②广告投放地在境外的广告服务。

四、出口货物的退税率

由于税收减免及国家经济政策等原因，商品的进项税额往往不等于实际负担的税额。现行退税率有13%、10%、9%、6%、0%等。

五、出口货物应退税额的计算

（一）免抵退（主要适用于自营和委托出口自产货物的生产企业）

免：对生产企业出口的自产货物出口时免征本企业生产销售环节的增值税；

抵：生产企业出口自产货物所耗用的原材料、零部件、燃料、动力等所含应予退还的进项税，抵顶内销货物的应纳税额；

退：生产企业出口的自产货物在当月内应抵顶的进项税额大于应纳税额时，未抵顶完的部分予以退税。

计算如下：

当期应纳税额＝当期内销货物的销项税额－（当期进项税额－当期免抵退税不得免征和抵扣税额）－上期留抵税额

当期免抵退税不得免征和抵扣税额＝出口货物离岸价×外汇人民币牌价×（出口货物征税率－出口货物退税率）－当期免抵退税不得免征和抵扣税额抵减额

免抵退税不得免征和抵扣税额抵减额＝免税购进原材料价格×（出口货物征税率－出口货物退税率）

如果出口货物耗用的原材料是免税的，这部分价格是不能退税的，因为本身就是免税的，不包含税款。

免抵退税额＝出口货物离岸价×外汇人民币牌价×出口货物退税率－免抵退税额抵减额

免抵退税额抵减额＝免税购进原材料价格×出口货物退税率

若当期期末留抵税额小于或等于当期免抵退税额，则：

当期应退税额＝当期期末留抵税额－当期免抵税额

＝当期免抵退税额－当期应退税额

若当期期末留抵税额大于当期免抵退税额，则：

当期应退税额＝当期免抵退税额－当期免抵税额＝0

（二）先征后退（主要适用于收购货物出口的外/工贸企业）

出口环节免税：收购时支付的增值税在货物出口后按收购成本与退税率计算退税额，征退税之差计入企业成本。

应退税额＝外贸收购不含增值税购进金额×退税税率

若从小规模纳税人购进税务机关代开的增值税专用发票的货物出口，则：

应退税额=增值税专用发票注明的金额×3%

外贸企业委托生产企业加工出口，按购进各类原辅材料的增值税专用发票注明的进项金额，依原辅材料的退税率计算原辅材料应退税额。支付的加工费，按受托方开具货物的退税率，计算加工费的应退税额。

外贸企业申报退税的期限为货物报关出口之日（出口货物报关单上注明的出口日期为准）起90天后第一个增值税纳税申报期截止之日。如有特殊原因无法申报出口退税的，可申请办理延期申报。

※ 任务指导 ※

一、货物出口方式的选择筹划

目前，我国企业出口商品主要有生产企业自营出口、委托代理出口和买断出口三种方式。自营出口由出口企业自己办理出口业务，出口商品定价和与出口业务有关的一切国内外费用以及佣金支出、索赔、理赔等，均由出口企业负担，出口企业直接办理退税，并享有出口退税收入。委托代理出口是指货物出口企业委托代理企业办理货物出口。买断出口是指生产企业把货物卖给出口企业，由出口企业办理货物出口和出口退税。

现行外贸企业出口货物应退增值税采取“先征后退”方式，而生产企业自营（委托）出口应退的增值税是执行“免、抵、退”。自营（或委托）出口与通过外贸企业出口采取不同的退税方式，对企业税负会产生不同影响。

当征税率=退税率时，自营（或委托）出口与通过关联外贸企业出口，企业所负担的增值税税负相同。

当征税率>退税率时，自营（或委托）出口与通过关联外贸企业出口，企业所负担的增值税税负存在差异。

二、改变经营方式的筹划

现行出口退税政策对不同的经营方式规定了不同的出口退税政策，企业可以利用政策之间的税收差异，选择合理的经营方式，降低自己的税负。目前，生产企业出口货物主要有两种方式，即自营出口（含进料加工）和来料加工，分别按“免、抵、退”办法和“不征不退”的免税方法处理。

以下从三个方面对两种贸易方式下的出口退税进行比较。

（1）征税率与退税率的大小。一般情况下，增值税的征税率比退税率高，征退税差额要计入出口货物成本。在进料加工贸易方式下，征、退两个比率差异越大，不予免征的税额就越大，即要计入成本的数额就越大，如案例2.6.2。

（2）耗用国产料件的数量。来料加工方式下，国产料件的进项税额可以进行抵减，在很大程度上决定企业能否退税，从而影响加工贸易方式的选择，如案例2.6.3。

（3）企业利润水平的高低。企业利润水平的高低也会对税负产生影响。进料加工贸易方式下，利润越大，当期免抵退税不得免征和抵扣的税额就会更大，那么，当期应退税额就会变少，甚至要缴纳税额。如果利润少的话，当期免抵退税不得免征和抵扣的税额也会小，退税会相对多一些，如案例 2.6.4。

三、选择采购对象的筹划

出口企业从小规模纳税人处购进持普通发票的货物，不论是内销或出口均不得作扣除或退税。但对于一些特殊货物，如抽纱、工艺品、香料油、山货、草柳竹藤制品、渔网渔具、松香、五倍子、生漆、鬃尾、山羊皮、纸制品等准予按 6%或 5%的退税率退税。此外，凡属于小规模商业企业纳税人的市县外贸企业、农业产品收购单位、基层供销社销售给出口企业或市县外贸企业用于出口的货物，税务机关按 3%的征收率计算征收增值税并开具税收（出口货物专用）缴款书，货物出口后，除农产品按 5%的退税率外，其他产品均按 6%的退税率办理退税。因此对于不能退税的货物，应选择从一般纳税人处采购（筹划时可参考“价格折让临界点”）。对准予退税的货物，由于从小规模纳税人处采购货物的出口退税率≥征收率，不会因征收率和退税率不同所产生的增值税差额而增加出口成本，而从一般纳税人处采购，若货物的退税率低于征税率，其产生的增值税差额要计入出口成本，两者相比，宜选择从小规模纳税人处采购。

※ 任务操作 ※

【承接案例 2.6.1】 若 A 企业自营出口，实行“免、抵、退”税政策，A 企业本月实际增值税税负＝1 017×（13%－9%）－100＝－59.32 万元，即 A 企业实际可从税务部门得到税收补贴为 59.32 万元。

若 A 企业通过关联外贸企业 B 出口，A 企业把产品以同样价格 1 017 万元（即 A 企业开具增值税专用发票价税合计 1 017 万元，此时不含税价为 900 万元）销售给 B 企业，B 企业再以 1 017 万元将产品出口到境外，则 A、B 两企业本月实际增值税税负＝900×（13%－9%）－100＝－64 万元，即 A、B 两企业实际可从税务部门得到税收补贴 64 万元。

若 A 企业以更低价格 791 万元（此时不含税价为 700 万元）将产品销售给 B 企业，B 企业再以 1 017 万元的价格出口，则 A、B 两企业本月实际增值税税负＝700×（13%－9%）－100＝－72 万元，即 A、B 两企业可从税务部门得到税收补贴 72 万元。

可见，生产企业当期投入料件全部来自国内采购时，通过外贸企业出口有利于减轻增值税税负，并利用转让定价进行纳税筹划，以此获得更多的税收利益。

技能强化

【案例 2.6.2】 预计 2021 年 2 月某有进出口经营权的出口企业为国外加工一批货物，进口保税料件价格为 2 000 万元，加工后出口价格为 3 500 万元，为加工产品所耗用的国内原材料等费用的进项税额为 50 万元，增值税适用税率为 13%，出口退税率为 10%，货物全部出口。请给出纳税筹划方案。

筹划分析

方案 1：企业采用来料加工贸易方式。因来料加工贸易方式下，企业进口和出口货物都是免税的，企业不用缴纳增值税。

方案 2：企业采用进料加工贸易方式，计算税额如下：

当期免抵退税不予免征和抵扣税额＝(3 500－2 000)×(13％－10％)＝45（万元）

当期应纳税额＝45－50＝－5（万元）

即在上面的假设条件下，如果采用进料加工贸易方式，企业能得到5万元的增值税退税。但是，如果将出口退税率改为9％，则：

当期免抵退税不予免征和抵扣税额＝(3 500－2 000)×(13％－9％)＝60（万元）

当期应纳税额＝60－50＝10（万元）

可以看出，征税率与退税率的差越大，当期免抵退税不予免征和抵扣税额就越大，也就是出口货物成本的数额就越大。

【案例2.6.3】沿用案例2.6.2的相关数据，将国内原材料等费用的进项税额改为40万元。

筹划分析

当期免抵退税不予免征和抵扣税额＝(3 500－2 000)×(13％－10％)＝45（万元）

当期应纳税额＝45－40＝5（万元）

当国内采购料件较少，也就是进项税额较低时，若采用进料加工贸易方式，可抵减的进项税额根本不足以抵减销项税额，因此要缴纳税款。相反，如果进项税额较大，在进料加工贸易方式下，抵减额可以办理出口退税，其业务成本就会等于或者小于来料加工贸易方式的成本。在来料加工贸易方式下，进项税额越大，因为不能办理退税，就会出现出口成本随着国产料件的增加而增大的现象。

【案例2.6.4】沿用案例2.6.2的相关数据，如果出口货物价格改为4 000万元，利润增大，应纳税额发生改变。

筹划分析

当期免抵退税不予免征和抵扣税额＝(4 000－2 000)×(13％－10％)＝60（万元）

当期应纳税额＝60－50＝10（万元）

也就是说，在上面的假设条件下，如果采用进料加工贸易方式，企业要缴纳10万元的增值税，而采用来料加工贸易方式，则可以省下10万元的增值税。企业应根据实际业务的需要，综合考虑上面的三种因素，找出一个最佳的经营方式，使税收负担降至最低。

※ 任务小结和风险提示 ※

根据国家政策规定，并非所有出口货物都是可以退税的，出口不退税商品、出口退税超过申报期限以及所附核销单信息超期等多种情况都需要对所出口的货物视同内销征税。为了避免以上问题的发生，建议企业加强内部管理，理顺企业相关人员的关系，对负责出口和办税的人员进行必要的培训，建立出口业务部门与财务部门的内部资料流转机制，规范出口单据资料的管理，按国税部门的要求处理业务，及时办理退税。同时，要密切关注国家出口退（免）税政策的变化，及时调整筹划策略。

【课程思政】

大学毕业一年的小会计给企业算出一条转型路

小王是一名毕业仅一年的小会计，供职于某装饰工程有限公司。2016 年 5 月“营改增”后，公司还是建筑行业小规模纳税人，适用 3%的征收率，与原营业税税率持平。但由于增值税属于价外税，其税基为不含税销售额。小王算了算，“营改增”后公司实际税负为 3%/(1+3%)＝2.91%，比“营改增”之前税负下降了 0.09 个百分点。单位领导得知这一情况，非常高兴。小王又琢磨，“营改增”是国家出台的一项重大减税政策，企业只有寻求转型才会有新的出路。小王从理论上做了以下测算：假设公司转为增值税一般纳税人，并且都取得了增值税专用发票，实际税负为 1.7%，远远低于 2.91%的税负。

小王的建议很快被公司采纳，公司到国税局申请认定为一般纳税人后，实际减轻税负结果更是出人意料：公司从 6 月 1 日第一个申报期至 9 月初，营业额为 511 万元，取得增值税进项发票 49.7 万元，缴纳增值税 6.4 万元，税负率 1.26%，实际税负比理论测算还要低 1.65 个百分点。如果按照原来测算应缴税 16.98 万元。经过小王的筹划，营改增后，企业实际减税 10.6 万元，减负非常明显。

思政启示

上述案例实际上就是增值税纳税人选择的筹划。从这个案例可以得出以下启示：第一，莫愁前路无知己，天下谁人不识君。学好用好专业知识，小会计也有大作为。这也体现了学习专业知识的重要性。第二，杜绝偷税漏税，提倡合法纳税，倡导纳税筹划。现在税法日趋完善，执法越来越严，偷税漏税已经成为纳税人的禁区，纳税人要想减轻税负，轻装上阵，拓宽企业发展之路，只有走依法纳税、合法纳税筹划之路才有出路。

税法依据

(1)“财税〔2016〕36 号”附件 1 第三条：纳税人分为一般纳税人和小规模纳税人。应税行为的年应征增值税销售额（以下称应税销售额）超过财政部和国家税务总局规定标准的纳税人为一般纳税人，未超过规定标准的纳税人为小规模纳税人。

(2)“财税〔2016〕36 号”附件 1 第四条：年应税销售额未超过规定标准的纳税人，会计核算健全，能够提供准确税务资料的，可以向主管税务机关办理一般纳税人资格登记，成为一般纳税人。

会计核算健全，是指能够按照国家统一的会计制度规定设置账簿，根据合法、有效凭证核算。

【项目小结】

增值税是对在我国境内销售货物或提供加工修理修配劳务以及进口货物的单位和个人就其增值额征收的一种税，并对增值税一般纳税人实行税款抵扣制度。根据增值税的特点，其纳税筹划主要有以下几个方面。

纳税人选择的筹划。根据纳税人自身经营特点，采用一定的方法，如无差别平衡点的方法，选择有利于减轻自身税负的纳税人类型，实现节税收益。

计税依据的筹划。从销项税额和进项税额两个方面进行纳税筹划。

增值税优惠政策的筹划。充分利用现行增值税税收优惠政策，迎合国家税收政策意图，实现整体节税收益。

出口退（免）税的筹划。通过选择合理的出口方式、经营方式等，争取出口退税最大化。

【课后练习】

一、单项选择题

1. 某商业企业主营日用品销售，2020年年销售额预计为516万元（不含税），进货成本预计为320万元（不含税），均能有增值税专用发票，现作为一般纳税人，增值税税率为13%，每年应缴增值税25.48万元。若为了节税，至少应将该企业分设为（　　）个小规模纳税人，才可使该企业每年节减增值税。

A. 2　　B. 3　　C. 4　　D. 5

2. 通过上题分设企业的筹划，该商业企业可节约增值税额（　　）万元。

A. 12.8　　B. 10　　C. 4.5　　D. 5.6

3. 下列适用增值税起征点税收优惠政策的是（　　）。

A. 一般纳税人　　B. 小规模纳税人

C. 法人　　D. 个人

4. 纳税人销售货物或者应税劳务价格明显偏低并无正当理由的，税务机关可以按组成计税价格计算其应纳税款。组成计税价格的公式为（　　）。

A. 成本×（1－成本利润率）　　B. 成本×（1＋增值税税率）

C. 成本×（1＋成本利润率）　　D. 成本÷（1＋增值税税率）

5. 某企业（一般纳税人）销售货物的同时提供运输服务，该项行为按照（　　）计征增值税。

A. 13%　　B. 9%　　C. 6%　　D. 3%

6. 某工业生产企业年不含税销售额为450万元，其每年购进按13%税率进行抵扣的货物价格大约为280万元（不含税），财务会计核算制度健全。则该企业按（　　）身份纳税税负较轻。

A. 一般纳税人　　B. 小规模纳税人

C. 有限责任公司　　D. 个体工商户

7. 上题中，如按照上述筹划，该企业可以节税（　　）万元。

A. 8.6　　B. 6.29　　C. 14.4　　D. 25.5

8. 对于增值税购进率筹划法中的购进率，表述错误的是（　　）。

A. 进项税额÷销项税额×100%

B. 销项税额÷进项税额×100%

C. 购进货物价款÷销售商品价款×100%

D. 1－增值率

9. 某商场赊销货物一批，合同约定的收款时间为本月20日，但直到本月末仍没有收到货款，则该批货物销售处理的方法应为（　　）。

A. 不作销售处理，不计算缴纳增值税

B. 应作销售处理，并计算缴纳增值税

C. 应作销售处理，可缓征增值税

D. 不作销售处理，但应计算缴纳增值税

10. 甲企业销售给乙企业一批货物，乙企业因资金紧张，无法支付货币资金，经双方友好协商，乙企业用自产产品抵顶货款，则下列表述正确的是（　　）。

A. 甲企业收到乙企业的抵顶货物不应作购货处理

B. 乙企业发出抵顶货款的货物不应作销售处理，不应计算销项税额

C. 甲、乙双方发出货物都作销售处理，但收到货物所含增值税额一律不能计入进项税额

D. 甲、乙双方都应作购销处理，可对开增值税专用发票，分别核算销售额和购货额，并计算销项税额和进项税额

二、多项选择题

1. 下列企业中，有必要通过分设机构，以减轻其增值税负担的是（　　）。

A. 废旧物资为原料的企业

B. 经常发生混合销售行为的企业

C. 经常发生兼营行为的企业

D. 经常出现进货不能取得抵扣凭证的企业

2. 如果企业可抵扣进项税额较大，则适宜作为（　　）。

A. 消费税纳税人　　B. 增值税纳税人

C. 增值税小规模纳税人　　D. 增值税一般纳税人

3. 下列关于增值税纳税义务发生时间的表述正确的是（　　）。

A. 采取托收承付结算方式的，为发出货物并办妥托收手续的当天

B. 采取预收货款方式的，为收到货款的当天

C. 自产自用的，为货物移送的当天

D. 采取分期收款方式的，为按合同约定的收款日期的当天

4. 企业在产品销售过程中，在应收款暂时无法收回或部分无法收回的情况下，可选择（　　）结算方式避免垫付税款。

A. 赊销　　B. 托收承付

C. 分期收款　　D. 委托收款

5. 下列哪些属于税率式纳税筹划（　　）。

A. 货物的转让定价　　B. 劳务的转让定价

C. 资金的转让定价　　D. 无形资产的转让定价

6. 一般纳税人的纳税筹划途径是（　　）。

A. 增值税税率的筹划　　B. 销售额的筹划

C. 当期进项税额的筹划　　D. 纳税人身份认定的筹划

7. 关于一般纳税人与小规模纳税人的筹划，下列说法正确的是（　　）。

A. 若增值率低于无差别平衡点增值率，可以通过企业分立选择成为小规模纳税人

B. 若增值率高于无差别平衡点增值率，可以通过企业分立选择成为小规模纳税人

C. 若增值率高于无差别平衡点增值率，可以通过合并选择成为一般纳税人

D. 若增值率低于无差别平衡点增值率，可以通过合并选择成为一般纳税人

8. 下列属于混合销售行为的是（　　）。

A. 空调销售商负责安装

B. 某企业成立运输队专门为大宗购物客户送货上门

C. 某餐馆设独立门面专卖烤鸭

D. 销售建材企业同时提供装修服务

9. 转移定价筹划的前提有（　　）。

A. 两个企业存在两种不同的税率

B. 两个企业同属于一个利益集团

C. 转让价格是否合理

D. 转移定价后该企业是否达到了平均利润水平

10. 企业通过以下（　　）方式进行纳税筹划，可以获得出口退税的好处。

A. 小规模纳税人变为一般纳税人　　B. 生产性企业变为非生产性企业

C. 非生产性企业变为生产性企业　　D. 销售符合出口条件的商品

三、判断题

1. 从纳税筹划角度分析，如果企业可以抵扣进项税额较大，则适宜做一般纳税人。（　　）

2. 采用折扣销售等方式，是否在同一张增值税专用发票上注明销售额和折扣额，不仅影响流转环节的税负，而且会影响企业所得税税负。（　　）

3. 从节税角度分析，如果企业可以抵扣的进项税额较小，则适宜做小规模纳税人。（　　）

4. 在进行购货企业选择筹划时，应总是选择增值税一般纳税人作为购货企业。（　　）

5. 纳税人采取以物易物方式销售货物的，可以按扣除收到的同等价款货物后的余额计缴增值税税款。（　　）

6. 按照无差异平衡点增值率原理，增值税纳税人的增值率高于无差异平衡点增值率时，作为小规模纳税人比作为一般纳税人税负重。（　　）

7. 年纳税销售额超过小规模纳税人标准的个人，如果账簿资料健全，能准确核算并提供销项税额、进项税额的，可以认定为增值税一般纳税人。（　　）

8. 目前旧机动车经营单位销售旧机动车，按照3%的征收率减按2%缴纳增值税。（　　）

9. 增值税一般纳税人与小规模纳税人的身份可以根据企业经营需要随时变换。（　　）

10. 运用价格折让临界点判断法的结论与税后净利润法判断的结论往往一致。（　　）

四、案例分析题

1. 某建筑材料企业，在主营建筑材料批发和零售的同时，还对外承接安装工程作业，具有施工资质。假定该企业某年度混合销售行为较多，当年建筑材料的销售额为812万元，购进项目金额为580万元，销项税率与进项税率均为13%，取得施工作业收入330万元。上述金额均含税，分别采用销售额增值率筹划法、销售额购进率筹划法为该企业进行增值税纳税人身份的选择筹划。

2. 甲企业2017年6月成立并开始经营，主要提供修理修配劳务。在2017年5月至2018年4月的12个月里，该纳税人共计申报不含税销售额200万元，销项税额34万元。由于该纳税人主要成本为人工成本，所以自成立以来共取得进项税额24万元。一年内共计申报应纳增值税税额约10万元，增值税税负5%。该纳税人近期内并无固定资产采购计划。通过比

较税负率，请问该纳税人在2018年5月1日至2020年12月31日前是否应该按税法规定选择转为小规模纳税人？

3. 嘉豪公司是一家从事塑胶制品、五金制品生产销售的制造企业，2021年1月1日前已被认定为一般纳税人，其人数和资产总额符合小型微利企业条件。正常情况下预计，年销售额为480万元，材料及设备成本200万元，取得的增值税专用发票税率为13%；人工成本20万元；运输费用10万元，取得的增值税专用发票税率为9%；其他成本30万元（其中10万元，取得的增值税专用发票税率为3%，其余20万元取得的增值税专用发票税率为6%）。上述金额均不含增值税，请分析该企业选择何种纳税人身份有利（请从税后利润或现金净流量角度筹划）。

4. 某服装厂是增值税一般纳税人，非小微企业，适用增值税税率13%，企业所得税税率为25%，预计每年可实现不含增值税销售收入1 000万元以上，需要外购棉布300吨。现有甲、乙、丙三个企业提供货源，其中甲为生产棉布的增值税一般纳税人，能够出具增值税专用发票，适用税率13%；乙为生产棉布的小规模纳税人，能够委托主管税务机关代开增值税缴纳率为3%的专用发票；丙为专营销售棉布的小规模纳税人，不能提供增值税专用发票。甲、乙、丙三个企业所提供的棉布质量相同，但含税价格不同，分别为2万元/吨、1.80万元/吨、1.72万元/吨。在考虑城建税和教育费附加的情况下，应当如何进行购货价格的纳税筹划，选择较为合适的供货企业？

5. 华安集团是一家专门从事机械产品研发与生产的企业集团。预计2021年1月该集团拟扩展业务，欲投资6 000万元研制生产某种型号的机床。经研究，共制定出两套方案：

第一套方案是分设A、B、C三家独立核算的子公司，彼此间存在购销关系。A公司生产的产品可以作为B公司的原材料，而B公司生产的产品全部提供给C公司。经调查测算，A公司提供的原材料的市场价格为每单位不含税价10 000元（这里的一单位是指生产一件最终产品所需原材料数额），B公司把产品以每单位不含税价15 000元提供给C公司，C公司以每单位20 000元的不含税价格向市场出售产品。预计A公司为B公司生产的每单位原材料会涉及850元的进项税额，并且预计年销售量为1 000台。

第二套方案是设立一家综合性公司，在公司内部设立A、B、C三个部门（有关数据材料同上）。

假定第一套方案中A、B、C三家公司分3年依次缴纳税款，第二套方案是第3年一次性缴纳税款，同期银行贷款年利率为6%。要求：

（1）计算两种方案下各方案应缴纳的增值税额（涉及购进货物的进项税额准予扣除）。

（2）在考虑货币时间价值的情况下，两种方案缴纳的增值税的现值是否相等？若不相等，则计算其差额。

（3）定性分析设立独立核算的子公司与设立内部核算部门的花费是否一样多。

（4）在考虑货币时间价值的情况下，该集团选择哪一种方案比较有利？

6. 盛华服装经销公司以几种名牌服装零售为主，商品销售的平均利润为30%。他们准备在2021年春节期间开展一次促销活动，以扩大该企业在当地的影响。经测算如果将商品打8折让利销售，企业可以维持在计划利润的水平上。由于销售部与财务部在具体方案上存在分歧；于是董事长决定向信诚税务咨询公司的注册税务师进行咨询。为了帮助该企业了解销售环节的涉税问题，并就促销活动的具体方案做出决策，信诚税务公司的专家以10 000元销售额作为一个单元，提出了以下三个操作方案。

其一，让利（折扣）20%的销售，即企业将 10 000 元的货物以 8 000 元的价格销售。

其二，赠送 20%的购物券，即在企业销售 10 000 元货物的同时，另外再赠送 2 000 元的购物券，持券人仍可以凭券购买商品。

其三，返还 20%的现金。即企业销售 10 000 元货物的同时，向购货人赠送 2 000 元现金。

请问哪一种方案对企业更有利？请进行具体的筹划分析。

7. 某家电销售公司主要从事电视机批发业务。202×年下半年该公司在向下级零售商销售电视机的过程中，将购买的电热水壶、电扇、电饭煲等小家电作为促销品，向其免费赠送。按照现有税收政策规定，无偿赠送货物要视同销售并申报纳税。为了不增加税负，公司财务人员进行了一番精心“筹划”：一方面，对促销品不仅开具普通发票，而且记录销售收入并计提销项税额；另一方面，对之前记载的促销品收入，以折扣的形式在增值税专用发票中进行冲减。他们认为，这样既可以使促销品收入在账面上得到正常的体现，以应付税务机关，又可以把促销品收入混淆在正常的折扣中一起冲减收入，达到对促销品不申报纳税的目的。当地税务机关在对其进行税务检查时发现了这些问题。最终，该公司受到了税务机关的处罚。请为该公司进行纳税筹划，以正确化解税务风险。

8. 某生产性企业，预计 2019 年年销售收入（不含税）为 150 万元，可抵扣购进金额为 80 万元，年应纳增值税税额为 11.2 万元。根据税法规定，已登记为增值税一般纳税人的单位和个人，可在规定时间（2020 年 12 月 31 日）前转登记为小规模纳税人。请从节税角度分析，2019 年该纳税人是否要转为小规模纳税人。

9. 某乳制品厂由牧场和乳制品加工分厂两部分组成，牧场生产的鲜奶经乳制品加工分厂加工成各种调味奶出售。按照现行增值税政策的规定，该乳制品厂可以抵扣的进项税主要是饲养奶牛所消耗的饲料，包括草料和精饲料，而草料大部分为向农民收购或牧场自产的，其增值税税负较重。经税收筹划，将牧场和乳制品加工分厂分开独立核算，分立为两个独立法人，在生产协作上仍然按照以前流程处理，即牧场生产的鲜奶供应给乳制品加工分厂加工成乳制品销售，牧场和乳制品加工分厂按照正常的购销关系结算。筹划后的结果是大幅度地降低了增值税税负。

要求：(1) 分析筹划前该乳制品厂的增值税税负较重的原因。

(2) 分析筹划后该乳制品厂的增值税税负减轻的原因。

项目三

消费税的纳税筹划

在我国，消费税是在对货物普遍征收增值税的基础上，选择少数消费品再征收的一种税。对于消费税纳税人来说，在不同的经营业务中会遇到不同的消费税应税业务。例如：白酒企业用自产的白酒送给客户，啤酒生产企业将自产啤酒作为福利发给职工，汽车制造厂将自产的小汽车交给本厂管理部门使用，等等。这些消费税的应税业务按照税法规定均应进行消费税纳税申报，这就会增加纳税人的税收负担。那么在符合税法规定的前提下，如何减轻消费税纳税人的税负？这正是本项目要解决的问题。

【教学目标】

通过本项目的学习，使学生能计算不同消费税应税业务的应纳税额，掌握消费税纳税筹划的基本原理，能从纳税人、计税依据、税率等角度进行消费税纳税筹划。

【工作任务】

1. 认识消费税。
2. 掌握消费税纳税人的纳税筹划。
3. 掌握消费税计税依据的纳税筹划。
4. 明确消费税税率的纳税筹划。

任务1

认识消费税

※ 任务导入 ※

【案例3.1.1】某卷烟厂2020年7月外赠自产的甲类卷烟5箱，该厂同类产品的单位售价为8 000元；同时，还将质量不合要求的自产乙类卷烟10箱分配给职工，该产品没有同类产品，其单位成本为282元/箱；另外，在市场销售了20箱甲类卷烟（每标准箱为5万支）。

8月9日，该卷烟厂申报纳税。8月13日，该卷烟厂所在地税务机关接到举报，称该卷烟厂偷税。当税务机关进驻该卷烟厂时，厂领导及财务人员都认为自己已按照当期应税消费品的销售额进行了纳税，没有任何偷税行为。税务稽查人员在其账务处理中发现了两处营业外支出的产成品记录。税务人员据此提出用于营业外支出的应税消费品应该纳税。如果你是该卷烟厂的财务人员，你如何正确处理该项消费税业务？

※ 相关知识 ※

消费税是对我国境内从事生产、委托加工和进口应税消费品的单位和个人，就其销售额或销售数量，在特定环节征收的一种税。简单地说，消费税是对特定的消费品和消费行为征收的一种税。在对货物普遍征收增值税的基础上，选择少数消费品再征一道消费税，目的是调节产品结构，引导消费方向，保证国家财政收入。消费税属于流转税范畴，按照我国现行分税制财政体制，消费税由国家税务局负责征收，其收入全部为中央财政收入。

一、消费税纳税义务人

根据《中华人民共和国消费税暂行条例》（以下简称《消费税暂行条例》）的规定，在中华人民共和国境内生产、委托加工和进口应税消费品的单位和个人，以及国务院确定的销售应税消费品的其他单位和个人，为消费税的纳税人。

这里所称的“单位”是指：企业、行政单位、事业单位、军事单位、社会团体及其他单位。“个人”是指：个体工商户及其他个人。“在中华人民共和国境内”是指：生产、委托加工和进口属于应当缴纳消费税的消费品的起运地或所在地在境内。

二、消费税的征税范围

消费税的征收范围为：在中华人民共和国境内生产、委托加工和进口的应税消费品。

按照确定消费税征税范围的原则，在种类繁多的消费品中，列入消费税征税范围的消费品并不是很多，大体上可归为五类：

（1）过度消费会对人身健康、社会秩序、生态环境等方面造成危害的特殊消费品，如烟、酒、鞭炮、焰火等。对这些消费品征税，可抑制其消费。

（2）非生活必需品，如化妆品、贵重首饰、珠宝玉石等。对这些消费品征税，可以调节纳税人的收入水平。

（3）高能耗及高档消费品，如摩托车、乘用车、高档手表、游艇等。对这些价格较为昂贵、能耗高的消费品征税，可调节高消费者的高消费支出。

（4）不可再生和替代的稀缺资源消费品，如汽油、柴油、木制一次性筷子、实木地板等。通过征税，国家可以合理配置这些稀缺资源，节制对该类产品的耗费，起到节约能源的作用。

（5）税基宽广、消费普遍、征税后不影响居民基本生活、具有一定财政意义并促进节能环保的消费品，如电池、涂料等。

消费税的征税范围不是一成不变的，随着我国经济的发展，可以根据国家的政策和经济情况及消费结构的变化适当调整。

三、消费税税目税率

消费税采用列举法，按具体应税消费品设置税目税率，征税界限清楚，如表 3－1 所示。

表 3－1　消费税税目税率表

税　目	税　率
一、烟	
1. 卷烟	
（1）甲类卷烟［每标准条（200 支）调拨价格在 70 元（不含增值税）以上（含 70 元）的卷烟］	56%加 0.003 元/支
（2）乙类卷烟［每标准条（200 支）调拨价格在 70 元（不含增值税）以下的卷烟］	36%加 0.003 元/支
（3）卷烟批发环节	11%加 0.005 元/支
2. 雪茄烟	36%
3. 烟丝	30%
二、酒	
1. 白酒	20%加 0.5 元/500 克（或者 500 毫升）
2. 黄酒	240 元/吨
3. 啤酒	
（1）甲类啤酒［每吨出厂价格（含包装物及包装物押金）在 3 000 元（含 3 000 元，不含增值税）以上的］	250 元/吨
（2）乙类啤酒［每吨出厂价格（含包装物及包装物押金）在 3 000 元以下的］	220 元/吨
（3）娱乐业和饮食业自制的	250 元/吨
4. 其他酒	10%

续前表

税目	税率
三、高档化妆品	15%
四、贵重首饰及珠宝玉石	
1. 金银首饰、铂金首饰和钻石及钻石饰品	5%
2. 其他贵重首饰和珠宝玉石	10%
五、鞭炮、焰火	15%
六、成品油	
1. 汽油	1.52 元/升
2. 石脑油	1.52 元/升
3. 溶剂油	1.52 元/升
4. 润滑油	1.52 元/升
5. 柴油	1.20 元/升
6. 航空煤油	1.20 元/升
7. 燃料油	1.20 元/升
七、摩托车	
1. 气缸容量为250毫升的	3%
2. 气缸容量为250毫升（不含）以上的	10%
八、小汽车	
1. 乘用车	
（1）气缸容量（排气量，下同）在1.0升（含1.0升）以下的	1%
（2）气缸容量在1.0升以上至1.5升（含1.5升）的	3%
（3）气缸容量在1.5升以上至2.0升（含2.0升）的	5%
（4）气缸容量在2.0升以上至2.5升（含2.5升）的	9%
（5）气缸容量在2.5升以上至3.0升（含3.0升）的	12%
（6）气缸容量在3.0升以上至4.0升（含4.0升）的	25%
（7）气缸容量在4.0升以上的	40%
2. 中轻型商用客车	5%
3. 超豪华小汽车（每辆不含增值税零售价130万元及以上的乘用车和中轻型商用客车）零售环节	10%
九、高尔夫球及球具	10%
十、高档手表（每只10 000元及以上）	20%
十一、游艇	10%
十二、木制一次性筷子	5%
十三、实木地板	5%
十四、电池	4%
十五、涂料	4%

说明：本表按照截至2021年4月的现行相关税收法律法规和政策规定整理编制。

四、消费税的纳税环节

消费税的纳税环节，是应税消费品在流转过程中应当缴纳税款的环节。根据《消费税暂行条例》的规定，具体有以下六种情况：

（1）生产销售环节。纳税人生产的应税消费品用于销售的（即自产自销），由生产者于销售时纳税。

(2) 移送使用环节。纳税人自产自用的应税消费品，用于连续生产应税消费品的，不纳税；用于其他方面的，于移送使用时纳税。

(3) 委托加工收回环节。委托加工的应税消费品，除受托方为个人外，由受托方在向委托方交货时代收代缴税款。委托加工的应税消费品，委托方用于连续生产应税消费品的，所纳税款准予按规定抵扣。

"财法〔2012〕8号"规定：委托方将收回的应税消费品，以不高于受托方的计税价格出售的，为直接出售，不再缴纳消费税；委托方以高于受托方的计税价格出售的，不属于直接出售，需按照规定申报缴纳消费税，在计税时准予扣除受托方已代收代缴的消费税。

(4) 进口报关环节。纳税人进口应税消费品，于报关进口时由海关代征。

(5) 零售环节。自1995年1月1日起，金银首饰消费税的纳税环节由生产销售环节征收改为零售环节征收；经营单位进口金银首饰的消费税，由进口环节征收改为零售环节征收；出口金银首饰由出口退税改为出口不退消费税。改在零售环节征收消费税的金银首饰仅限于金基、银基合金首饰以及金、银和金基、银基合金的镶嵌首饰以及和钻石及钻石饰品。

(6) 批发环节。自2009年5月1日起，在中华人民共和国境内从事卷烟批发业务的单位和个人，批发销售的所有牌号规格的卷烟，都要缴纳批发环节的消费税。自2015年5月10日起，批发环节卷烟消费税实行从价从量复合计征。

纳税人应将卷烟销售额、销售数量与其他商品分开核算，未分开核算的，一并征收消费税。纳税人兼营卷烟批发和零售业务的，应当分别核算批发和零售环节的销售额、销售数量；未分别核算批发和零售环节的销售额、销售数量的，按照全部销售额、销售数量计征批发环节消费税。

卷烟消费税在生产和批发两个环节征收后，批发企业在计算纳税时不得扣除已含的生产环节的消费税税款。

五、消费税应纳税额的计算

(一) 消费税应纳税额的一般计算

按照现行消费税法的基本规定，消费税应纳税额的计算分为从价计征、从量计征和从价从量复合计征三种方法。

1. 从价计征

采用从价定率计算方法时，纳税人应纳税额的计算公式如下：

应纳税额＝应税消费品的销售额×适用税率

销售额为纳税人销售应税消费品向购买方收取的全部价款和价外费用。价外费用，是指价外收取的基金、集资费、返还利润、补贴、违约金（延期付款利息）和手续费、包装费、储备费、优质费、运输装卸费、代收款项、代垫款项以及其他各种性质的价外收费。但下列款项不包括在内：

(1) 承运部门的运费发票开具给购货方的；

(2) 纳税人将该项发票转交给购货方的。

其他价外费用，无论是否属于纳税人的收入，均应并入销售额计算征税。

采用从价定率办法计算应纳税额的应税消费品连同包装销售的，无论包装是否单独计价，也不论在会计上如何核算，均应并入应税消费品的销售额中征收消费税。如果包装物不作价随同产品销售，而是收取押金（收取酒类产品的包装物押金除外），且单独核算，又未过期的，此项押金则不应并入应税消费品的销售额中征税。但对因逾期未收回的包装物不再退还的和已收取一年以上的押金，应并入应税消费品的销售额，按照应税消费品的适用税率征收消费税。

对既作价随同应税消费品销售，又另外收取的包装物押金，凡纳税人在规定的期限内不予退还的，均应并入应税消费品的销售额，按照应税消费品的适用税率征收消费税。

从1995年6月1日起，对酒类产品生产企业销售酒类产品（黄酒、啤酒除外）而收取的包装物押金，无论押金是否返还及会计上如何核算，均应并入酒类产品销售额中征收消费税。根据财税〔2006〕20号文件的规定，啤酒的包装物押金不包括供重复使用的塑料周转箱的押金。另外，白酒生产企业向商业销售单位收取的“品牌使用费”是随着应税白酒的销售而向购货方收取的，属于应税白酒销售价款的组成部分，因此，不论企业采取何种方式以何种名义收取价款，均应并入白酒的销售额中缴纳消费税。

纳税人销售的应税消费品，以外汇结算销售额的，其销售额的人民币折合率可以选择结算的当天或者当月1日的国家外汇牌价（原则上为中间价）。纳税人应事先确定采取何种折合率，确定后1年内不得变更。

需要注意的是，消费税是价内税，因此销售额包含消费税额，但不包含增值税额。

2. 从量计征

实行从量定额计征消费税的应税消费品包括黄酒、啤酒、成品油三种。计算公式如下：

应纳税额＝应税消费品的销售数量×单位税额

销售数量是指纳税人生产、加工和进口应税消费品的数量。具体规定为：

（1）销售应税消费品的，为应税消费品的销售数量。

（2）自产自用应税消费品的，为应税消费品的移送使用数量。

（3）委托加工应税消费品的，为纳税人收回的应税消费品数量。

（4）进口的应税消费品，为海关核定的应税消费品进口征税数量。

考虑到在实际销售过程中，一些纳税人会把吨或升这两个计量单位混用，为了规范不同产品的计量单位，以准确计算应纳税额，吨与升两个计量单位的换算标准如表3-2所示。

表3-2　吨、升换算标准

啤　酒	1吨＝988升	汽　油	1吨＝1 388升
黄　酒	1吨＝962升	柴　油	1吨＝1 176升
石脑油	1吨＝1 385升	溶剂油	1吨＝1 282升
润滑油	1吨＝1 126升	燃料油	1吨＝1 015升
航空煤油	1吨＝1 246升		

卷烟计量单位换算标准为：

1标准箱＝250标准条，1标准条＝10标准包，1标准包＝20支

3. 从价从量复合计征

现行消费税的征税范围中，只有卷烟、白酒采用复合计征方法。基本公式如下：

应纳税额＝应税销售数量×定额税率＋应税销售额×比例税率

（二）自产自用应税消费品应纳税额的计算

自产自用，是指纳税人生产应税消费品后，不是用于直接对外销售，而是用于自己连续生产应税消费品或用于其他方面。若用于连续生产应税消费品的，则移送使用时不纳税；若用于其他方面的，于移送使用时纳税。

“用于其他方面”是指纳税人用于生产非应税消费品和在建工程、管理部门、非生产机构、提供劳务，以及用于馈赠、赞助、集资、广告、样品、职工福利、奖励等方面的应税消费品。

“用于生产非应税消费品”是指把自产的应税消费品用于生产消费税条例税目税率表所列产品以外的产品。

“用于在建工程”是指把自产的应税消费品用于本单位的各项建设工程。

“用于管理部门、非生产机构”是指把自己生产的应税消费品用于与本单位有隶属关系的管理部门或非生产机构。

“用于馈赠、赞助、集资、广告、样品、职工福利、奖励”是指把自己生产的应税消费品无偿赠送给他人或以资金的形式投资于外单位某些事业或作为商品广告、经销样品或以福利、奖励的形式发给职工。

自产自用应税消费品应纳税额按照以下方法计算：

（1）纳税人有同类消费品销售价格的，适用以下计算公式：

应纳税额＝同类消费品销售价格×自产自用数量×适用税率

（2）纳税人没有同类消费品销售价格的，按照组成计税价格计算纳税。计算公式为：

组成计税价格＝(成本＋利润)÷(1－消费税税率)

或　组成计税价格＝(成本＋利润＋自产自用数量×定额税率)÷(1－比例税率)

应纳税额＝组成计税价格×适用税率

（三）委托加工应税消费品应纳税额的计算

委托加工的应税消费品是指由委托方提供原料和主要材料，受托方只收取加工费和代垫部分辅助材料加工的应税消费品。

委托加工的应税消费品，采取了源泉控制的管理办法，即加工结束委托方收回时，按照受托方同类消费品的销售价格计算纳税，并由受托方代收代缴税款。

受托方没有同类消费品销售价格的，则按照组成计税价格计算纳税。组成计税价格的计算公式为：

组成计税价格＝(材料成本＋加工费)÷(1－消费税税率)

或　组成计税价格＝(材料成本＋加工费＋委托加工收回数量×定额税率)÷(1－比例税率)

应纳税额＝组成计税价格×适用税率

（四）视同生产行为应纳税额的计算

按照“国家税务总局公告〔2012〕47号”规定，工业企业以外的单位和个人的下列行为视为应税消费品的生产行为，按规定征收消费税：

（1）将外购的消费税非应税产品以消费税应税产品对外销售的；

（2）将外购的消费税低税率应税产品以高税率应税产品对外销售的。

外购电池、涂料大包装改成小包装或者外购电池、涂料不经加工只贴商标的行为，视同应税消费税品的生产行为。发生上述生产行为的单位和个人应按规定申报缴纳消费税。

（五）进口应税消费品应纳税额的计算

进口的应税消费品，于报关进口时缴纳消费税，并由海关代征。

（1）实行从价定率计征的进口应税消费品，按组成计税价格计算消费税。计算公式为：

组成计税价格＝（关税完税价格＋关税）÷(1－消费税税率)

应纳税额＝组成计税价格×消费税税率

（2）实行从量定额计征的进口应税消费品。计算公式为：

应纳税额＝应税消费品数量×消费税单位税额

（3）实行复合计征的进口应税消费品应纳税额的计算。

应纳税额＝组成计税价格×消费税税率＋应税消费品数量×消费税单位税额

进口卷烟消费税组成计税价格＝(关税完税价格＋关税＋消费税定额税)÷（1－进口卷烟消费税适用比例税率）

进口卷烟应纳消费税税额＝进口卷烟消费税组成计税价格×进口卷烟消费税适用比例税率＋消费税定额税

进口环节消费税除国务院另有规定外，一律不得给予减税、免税。

（六）零售金银首饰应纳税额的计算

零售金银首饰应纳税额的一般计算公式为：

应纳税额＝应税销售额×金银首饰消费税税率

零售金银首饰的纳税人在计税时，应将含税的销售额换算为不含增值税税额的销售额。

金银首饰的应税销售额＝含增值税的销售额÷(1＋增值税税率或征收率)

对于生产、批发、零售单位用于馈赠、赞助、集资、广告、样品、职工福利、奖励等方面或未分别核算销售的，按照组成计税价格计算纳税。计算公式为：

组成计税价格＝购进原价×(1＋利润率)÷(1－金银首饰消费税税率)

应纳税额＝组成计税价格×金银首饰消费税税率

（七）兼营不同税率应税消费品应纳税额的计算

纳税人兼营不同税率的应税消费品，应当分别核算不同税率应税消费品的销售额、销售数量。未分别核算销售额、销售数量，或者将不同税率的应税消费品组成成套消费品销售时，从高适用税率。

纳税人兼营不同税率的应税消费品，是指纳税人生产销售两种税率以上的应税消费品。“从高适用税率”，就是对兼营高低不同税率的应税消费品，当不能分别核算销售额、销售数量，或者将不同税率的应税消费品组成成套消费品销售时，应以应税消费品中适用的高税率与混合在一起的销售额、销售数量相乘，得出应纳消费税额。

（八）出口应税消费品的退（免）税的计算

纳税人出口应税消费品与已缴纳增值税的出口货物一样，国家都是给予退（免）税优惠的。其用意是一方面鼓励出口创汇，另一方面可以避免国际重复征税。计算出口应税消费品应退消费税的税率或单位税额，依据《消费税暂行条例》所附消费税税目税率表执行。这是退（免）消费税与退（免）增值税的一个重要区别。当出口的货物是应税消费品时，其退还增值税要按规定的退税率计算；其退还消费税则按该应税消费品所适用的消费税税率计算。企业应将不同消费税税率的出口应税消费品分开核算和申报，凡划分不清适用税率的，一律从低适用税率计算应退消费税税额。

出口应税消费品退（免）消费税在政策上分为以下三种情况：

1. 出口免税并退税

适用这一政策的是：有出口经营权的外贸企业购进应税消费品直接出口，以及外贸企业受其他外贸企业委托代理出口应税消费品。这里需要重申的是，外贸企业只有受其他外贸企业委托，代理出口应税消费品才可办理退税，外贸企业受其他企业（主要是非生产性的商贸企业）委托，代理出口应税消费品是不予退（免）税的。这一政策规定与前述出口货物退（免）增值税的政策规定是一致的。

2. 出口免税但不退税

适用这一政策的是：有出口经营权的生产性企业自营出口或生产企业委托外贸企业代理出口自产的应税消费品，依据其实际出口数量免征消费税，不予办理退还消费税。

3. 出口不免税也不退税

适用这一政策的是：除生产企业、外贸企业外的其他企业，具体是指一般商贸企业以及外购应税消费品出口的生产企业（列名试点的生产企业除外），这类企业委托外贸企业代理出口应税消费品一律不予退（免）税。

（九）关于消费税税款抵扣

为了避免重复征税，现行消费税相关法律法规规定，将外购应税消费品或委托加工收回的应税消费品继续生产应税消费品销售的，可以将外购应税消费品或委托加工收回的应税消费品已缴纳的消费税给予扣除。

1. 扣除范围

（1）以外购或委托加工收回已税烟丝生产的卷烟；

（2）以外购或委托加工收回已税高档化妆品生产的高档化妆品；

（3）以外购或委托加工收回已税珠宝玉石生产的贵重首饰及珠宝玉石；

（4）以外购或委托加工收回已税鞭炮、焰火生产的鞭炮、焰火；

（5）以外购或委托加工收回已税杆头、杆身和握把为原料生产的高尔夫球杆；

（6）以外购或委托加工收回已税木制一次性筷子为原料生产的木制一次性筷子；

（7）以外购或委托加工收回已税实木地板为原料生产的实木地板；

（8）以外购或委托加工收回已税汽油、柴油、石脑油、燃料油、润滑油用于连续生产应税成品油；

（9）自 2015 年 5 月 1 日起，从葡萄酒生产企业购进、进口葡萄酒连续生产应税葡萄酒。

2. 抵扣凭证

按照“国税发〔2006〕49 号”规定：准予从消费税应纳税额中扣除原料已纳消费税税款的凭证按照不同行为分别为：

（1）外购应税消费品连续生产应税消费品。

1）外购应税消费品的抵扣凭证为增值税专用发票（抵扣联）（含销货清单）的原件和复印件。如果外购应税消费品的增值税专用发票属于汇总填开的，除提供增值税专用发票（抵扣联）原件和复印件外，还应提供随同增值税专用发票取得的由销售方开具并加盖财务专用章或发票专用章的销货清单原件和复印件。纳税人未提供的不予扣除外购应税消费品已纳消费税。

2）纳税人从增值税小规模纳税人购进应税消费品，外购应税消费品的抵扣凭证为主管税务机关代开的增值税专用发票。主管税务机关在为纳税人代开增值税专用发票时，应同时征收消费税。

（2）委托加工收回应税消费品连续生产应税消费品。委托加工收回应税消费品的抵扣凭证为代扣代收税款凭证。纳税人未提供代扣代收税款凭证的，不予扣除受托方代收代缴的消费税。

（3）进口应税消费品连续生产应税消费品。进口应税消费品的抵扣凭证为海关进口消费税专用缴款书，纳税人不提供海关进口消费税专用缴款书的，不予抵扣进口应税消费品已缴纳的消费税。

（4）“国税函〔2006〕769 号”[①] 规定：第一，从商业企业购进应税消费品连续生产应税消费品，符合抵扣条件的，准予扣除外购应税消费品已纳消费税税款。第二，主管税务机关对纳税人提供的消费税申报抵扣凭证上注明的货物，无法辨别销货方是否申报缴纳消费税的，可向销货方主管税务机关发函调查该笔销售业务缴纳消费税情况，销货方主管税务机关应认真核实并回函。经销货方主管税务机关回函确认已缴纳消费税的，可以受理纳税人的消费税抵扣申请，按规定抵扣外购项目的已纳消费税。

主管税务机关在受理纳税申报后将以上原件退还纳税人，复印件留存。

（5）纳税人用委托加工收回的已税珠宝玉石生产的改在零售环节征收消费税的金银首饰，在计税时一律不得扣除委托加工收回的珠宝玉石的已纳消费税税款。

3. 已纳消费税扣除的计算

上述当期准予扣除外购应税消费品已纳消费税税款的计算公式为：

$$\begin{matrix}\text{当期准予扣除的外购}\\\text{应税消费品已纳税款}\end{matrix}=\begin{matrix}\text{当期准予扣除的外购}\\\text{应税消费品买价}\end{matrix}\times\begin{matrix}\text{外购应税消费品}\\\text{适用税率}\end{matrix}$$

$$\begin{matrix}\text{当期准予扣除的外}\\\text{购应税消费品买价}\end{matrix}=\begin{matrix}\text{期初库存的外购}\\\text{应税消费品的买价}\end{matrix}+\begin{matrix}\text{当期购进的应税}\\\text{消费品的买价}\end{matrix}-\begin{matrix}\text{期末库存的外购}\\\text{应税消费品的买价}\end{matrix}$$

上述当期准予扣除委托加工收回的应税消费品已纳消费税税款的计算公式是：

① “国税函〔2006〕769 号”的第 1 条已失效，但本处所引用的第 2 条规定仍然有效。

$$\text{当期准予扣除的委托加工应税消费品已纳税款}=\text{期初库存的委托加工应税消费品已纳税款}+\text{当期收回的委托加工应税消费品已纳税款}-\text{期末库存的委托加工应税消费品已纳税款}$$

六、消费税的纳税义务发生时间、纳税期限、纳税地点

(一) 纳税义务发生时间

(1) 纳税人销售应税消费品的，按不同的销售结算方式确定纳税义务发生时间。

1) 采取赊销和分期收款结算方式的，为书面合同约定的收款日期的当天，书面合同没有约定收款日期或者无书面合同的，为发出应税消费品的当天；

2) 采取预收货款结算方式的，为发出应税消费品的当天；

3) 采取托收承付和委托银行收款方式的，为发出应税消费品并办妥托收手续的当天；

4) 采取其他结算方式的，为收讫销售款或者取得销售款凭据的当天。

(2) 纳税人自产自用应税消费品的，为移送使用的当天。

(3) 纳税人委托加工应税消费品的，为纳税人提货的当天。

(4) 纳税人进口应税消费品的，为报关进口的当天。

(二) 纳税期限

消费税的纳税期限分别为 1 日、3 日、5 日、10 日、15 日、1 个月或者 1 个季度。纳税人的具体纳税期限，由主管税务机关根据纳税人应纳税额的大小分别核定；不能按照固定期限纳税的，可以按次纳税。

纳税人以 1 个月或者 1 个季度为 1 个纳税期的，自期满之日起 15 日内申报纳税；以 1 日、3 日、5 日、10 日或者 15 日为 1 个纳税期的，自期满之日起 5 日内预缴税款，于次月 1 日起 15 日内申报纳税并结清上月应纳税款。

(三) 纳税地点

(1) 纳税人销售的应税消费品，以及自产自用的应税消费品，除国务院财政、税务主管部门另有规定外，应当向纳税人机构所在地或者居住地的主管税务机关申报纳税。

(2) 委托加工的应税消费品，除受托方为个人外，由受托方向机构所在地或者居住地的主管税务机关解缴消费税税款。

(3) 进口的应税消费品，应当向报关地海关申报纳税。

(4) 纳税人到外县（市）销售或者委托外县（市）代销自产应税消费品的，于应税消费品销售后，向机构所在地或者居住地主管税务机关申报纳税。

(5) 纳税人的总机构与分支机构不在同一县（市）的，应当分别向各自机构所在地的主管税务机关申报纳税；经财政部、国家税务总局或者其授权的财政、税务机关批准，可以由总机构汇总向总机构所在地的主管税务机关申报纳税。

※ 任务指导 ※

我国《消费税暂行条例》第 4 条规定：“纳税人生产的应税消费品，于纳税人销售时纳

税。纳税人自产自用的应税消费品，用于连续生产应税消费品的，不纳税；用于其他方面的，于移送使用时纳税。”

既然自产自用的应税消费品按其使用方向可分为两种情况，那么这两种情况下应税消费品的计税销售额也分为如下两种情况：

（1）纳税人将生产的应税消费品用于本企业连续生产应税消费品。这种自产自用的应税消费品是指该消费品是作为生产最终应税消费品的直接材料并构成最终应税消费品的实体。在这种情况下，对自产自用的应税消费品不征税，只就最终应税消费品征税。因而不存在对自产自用的应税消费品确定计税销售额问题。例如：卷烟厂用自己生产的烟丝加工成烟，烟丝和烟都是应税消费品，此时，只对最终销售的烟征税，对自产自用的烟丝不征税，因而无须确定烟丝的计税销售额，但是，如果将烟丝用于对外销售，则应以烟丝的销售价格为计税销售额，按规定征税。

（2）纳税人生产的应税消费品用于其他方面。这是指自产的应税消费品不是用于本企业连续生产应税消费品，而是用于其他方面，即用于生产非应税消费品和在建工程、管理部门、非生产机构、提供劳务以及用于馈赠、赞助、广告、样品、职工福利、奖励等方面，则应对这种用于其他方面的自产自用的消费品，视为对外销售，按照纳税人生产的同类消费品的销售价格计算纳税。同类消费品的销售价格是纳税人或代收代缴义务人当月销售的同类消费品的销售价格，如果当月各期销售价格高低不同，则应按销售数量加权平均计算。但销售的应税消费品如果销售价格明显偏低又无正当理由，或者无销售价格，不得加权平均计算。

如果当月没有发生销售或当月未完结，应以同类消费品上月或最近月份的销售价格为计税销售额。对于没有同类消费品销售价格的，以组成计税价格为计税销售额。

组成计税价格＝(成本＋利润)÷(1－消费税税率)

上述公式中的“成本”是指应税消费品的产品生产成本；“利润”是指根据国家税务总局确定的应税消费品的全国平均成本利润率计算的利润。

※ 任务操作 ※

【承接案例 3.1.1】 根据上面的分析，该卷烟厂外赠卷烟的行为属于应税行为，其应纳税额的计算视同对外销售应税消费品，按照纳税人生产的同类消费品的销售价格计算纳税。

应纳消费税额＝5×8 000×56%＋5×50 000×0.003＝23 150（元）

同样，该卷烟厂以福利的形式把应税消费品分配给职工的行为属于应税行为，由于该产品没有同类产品，应按照组成计税价格纳税。

组成计税价格＝(成本＋利润＋自产自用数量×定额税率)÷(1－消费税税率)
＝[10×282×(1＋5%)＋10×50 000×0.003]÷(1－36%)
＝6 970.31（元）

乙类卷烟应纳消费税额＝6 970.31×36%＋10×50 000×0.003＝4 009.31（元）

市场销售甲类卷烟应纳消费税额＝20×8 000×56%＋20×50 000×0.003
＝92 600（元）

合计应纳消费税额＝23 150＋4 009.31＋92 600＝119 759.31（元）

※ 任务小结和风险提示 ※

（1）全面认识消费税的各项税制要素是后续进行消费税纳税筹划的技能储备。

（2）在掌握消费税的税制基本要素的同时，还要时刻关注消费税政策的变化，为适时进行纳税筹划方案调整、减少纳税筹划风险打下基础。

任务 2
消费税纳税人的纳税筹划

任务 2.1　利用企业间并购进行纳税筹划

※ 任务导入 ※

【案例 3.2.1】某地区有两家大型酒厂 A 和 B，均为独立核算的法人企业。企业 A 主要生产经营粮食类白酒，以当地生产的大米和玉米为原料进行酿造。企业 B 以企业 A 生产的粮食白酒为原料，生产系列药酒（酒精度低于 20 度），按照税法规定适用 10%的税率，药酒的年销售额为 2.5 亿元。企业 A 每年要向企业 B 提供价值 2 亿元，共 5 000 万千克的粮食白酒。2020 年 11 月，在经营过程中，企业 B 由于缺乏资金和人才，无法经营下去，准备破产。此时企业 B 欠企业 A 共计 5 000 万元货款。经评估，企业 B 的资产恰好也为 5 000 万元。企业 A 经过研究，决定对企业 B 进行收购。要求：

（1）计算并购前 A 和 B 各自应纳消费税额。

（2）分析本次并购涉税事项。

（3）计算并购筹划后应纳消费税额及其节税额。

※ 税收法律依据 ※

工业企业销售自产应税消费品时，需要缴纳消费税，而购买方如果将该项应税消费品用于连续生产应税消费品时，还需再缴纳消费税。为了避免重复征税，我国税制规定了外购或委托加工应税消费品用于连续生产应税消费品允许抵扣已纳税额的优惠政策。

但也有例外，《财政部、国家税务总局关于调整酒类产品消费税政策的通知》（财税〔2001〕84 号）[①] 第 5 条规定，从 2001 年 5 月 1 日起，对外购或委托加工已税酒和酒精生产

---

① 财税〔2001〕84 号文件的第 1 条第 2 款已失效，即关于粮食白酒、薯类白酒消费税税率的规定失效，其他条款仍有效。参见《财政部、国家税务总局关于公布废止或失效的消费税规范性文件目录的通知》（财税〔2009〕18 号）的规定。

的酒，其外购酒及酒精已纳税款或受托方代收代缴税款不再予以抵扣。另税法规定，自产应税消费品用于连续生产应税消费品的不征税，用于连续生产非应税消费品的应当视同销售。

“国家税务总局公告2011年第53号”规定：（1）以蒸馏酒或食用酒精为酒基，同时符合以下条件的配制酒，按消费税税目税率表“其他酒”10%适用税率征收消费税。1）具有国家相关部门批准的国食健字或卫食健字文号；2）酒精度低于38度（含）。（2）以发酵酒为酒基，酒精度低于20度（含）的配制酒，按消费税税目税率表“其他酒”10%适用税率征收消费税。

按照上述税法规定，如果酒类生产企业能将提供原料酒的生产企业“合二为一”，则由原来的“外购或委托加工应税消费品”变成“自产应税消费品”，即可节税。

※ 任务指导 ※

由于消费税是针对特定的纳税人，因此可以通过企业的合并进行消费税纳税筹划，从而形成以下节税收益：

（1）合并会使原来企业间的购销环节转变为企业内部的原材料转让环节，从而递延部分消费税税款。

（2）如果后一环节的消费税税率较前一环节的低，则可直接减轻企业的消费税税负。

※ 任务操作 ※

【承接案例3.2.1】 按照上述基本原理，操作如下：

（1）计算并购前A和B各自应纳消费税额。

企业A应纳消费税额＝20 000×20%＋5 000×2×0.5＝9 000（万元）

企业B应纳消费税额＝25 000×10% ＝2 500（万元）

合计应纳税款＝9 000＋2 500＝11 500（万元）

（2）分析本次并购涉税事项。

第一，这次收购支出费用较小。由于合并前，企业B的资产和负债均为5 000万元，净资产为零。因此，按照现行税法规定，该并购行为属于以承担被兼并企业全部债务方式实现吸收合并，不视为被兼并企业按公允价值转让、处置全部资产，不计算资产转让所得，不用缴纳所得税。此外，两家企业之间的行为属于产权交易行为，按税法“财税〔2002〕191号”规定，对股权转让不征收营业税。

全面“营改增”后，根据“国家税务总局公告2011年第13号”和“财税〔2016〕36号”附件2“营业税改征增值税试点有关事项的规定”第一条第（二）项“不征收增值税项目”第五点规定，纳税人在资产重组过程中，通过合并、分立、出售、置换等方式，将全部或者部分实物资产以及与其相关联的债权、负债和劳动力一并转让给其他单位和个人，不属于增值税的征税范围，其中涉及的货物、不动产、土地使用权转让行为，不征收增值税。

第二，合并可以递延部分税款。合并前，企业A向企业B提供的粮食酒，每年应该缴纳的税款：消费税＝20 000×20%＋5 000×2×0.5＝9 000（万元）；增值税＝20 000×13%＝2 600（万元），而这笔税款一部分合并后可以递延到药酒销售环节缴纳（消费税从价计征部分和增值税），获得递延纳税好处，另一部分税款（从量计征的消费税税款）则免予缴纳。

第三，企业B生产的药酒市场前景很好，企业合并后可以将经营的主要方向转向药酒生产，而且转向后，企业应缴纳的消费税税款将减少。由于粮食酒的消费税税率为20%，而药酒（酒精度低于20度）的消费税税率为10%，如果企业转产为药酒生产企业，则税负将会大大减轻。

（3）计算并购筹划后应纳消费税额及其节税额。

合并后应纳消费税额＝25 000×10%＝2 500（万元）

合并后节约消费税额＝11 500－2 500＝9 000（万元）

※ 任务小结和风险提示 ※

以上计算的只是酒类生产企业并购上游企业的节税效应。在实际操作中，需要考虑的问题很多，如下游企业股东是否愿意被并购等。这不是本项目所要讨论的内容。此外，下游企业如果不采取兼并上游企业，而是筹集资金投资一个生产白酒的项目，也能达到节税的目的，不过这需要增加投资成本。

任务 2.2　利用企业分立进行纳税筹划

※ 任务导入 ※

【案例 3.2.2】 玉林酒厂将生产的白酒销往全国各地的批发商，同时，每年本地的一些小批发商、酒店、消费者也直接到工厂购买白酒，每年销售约8 000箱，每箱10瓶，每瓶500克。为提高企业的盈利水平，该厂在市区设立了非独立核算的门市部，酒厂按同类批发价600元/箱与门市部结算，门市部按680元/箱对外销售。白酒的消费税税率为20%，每500克定额税率为0.5元。问题：有何办法节约消费税税款?

※ 税收法律依据 ※

根据税法规定，纳税人通过自设非独立核算门市部销售的自产应税消费品，应按门市部对外销售额或销售数量计征消费税，税法对独立核算的门市部没有限制。

根据消费税税法规定，消费税的纳税行为发生在生产领域，而非流通领域或终极消费环节。因而关联企业中生产应税消费品，在零售等特殊情况下，如以较低销售价格将应税消费品销售给独立核算的销售部门，可降低销售额，从而减少消费税。而独立核算的销售部门，由于处在销售环节，只缴增值税，不缴消费税，可使税负下降，但增值税税负不变。

为了加强白酒行业消费税管理，针对白酒企业存在的通过设立销售公司、降低产品出厂价格、侵蚀消费税税基等问题，国家税务总局颁布了《白酒消费税最低计税价格核定管理办法（试行）》（以下简称《办法》），自2009年8月1日起施行。

《办法》第2条规定："白酒生产企业销售给销售单位的白酒，生产企业消费税计税价格低于销售单位对外销售价格（不含增值税，下同）70%以下的，税务机关应核定消费税最低计税价格。"

《办法》中明确了销售单位是指销售公司、购销公司以及委托境内其他单位或个人包销本企业生产白酒的商业机构。销售公司、购销公司是指专门购进并销售白酒生产企业生产的白酒，并与该白酒生产企业存在关联性质。包销是指销售单位依据协定价格从白酒生产企业购进白酒，同时承担大部分包装材料等成本费用，并负责销售白酒。

《办法》第10条规定："已核定最低计税价格的白酒，销售单位对外销售价格持续上涨或下降时间达到3个月以上、累计上涨或下降幅度在20%（含）以上的白酒，税务机关重新核定最低计税价格。"此项规定给出了一个限价幅度，这在短期内规定了酒类企业通过提高对外销售价格进行成本转移的空间。

可见，关联企业之间进行节税筹划是有限度的。但价格的确定也是有弹性的，在弹性区域内，利用价格的差异可以节税。

※ 任务指导 ※

消费税纳税人之间的"转移定价"现象一直都是我国白酒消费税执行过程中存在的公开秘密，相当一部分酒类企业将白酒低价出售给自己设立的销售公司，然后再高价出售给经销商，以此达到避税的目的，造成了国家大量税款流失。国家税务总局制定的《办法》对白酒消费税的调整主要是针对税收征管中存在的问题，这有利于打击关联交易和避税行为，使我国消费税税制更加完善，同时也有利于纳税人依法进行纳税筹划。

※ 任务操作 ※

【承接案例3.2.2】按照上述基本原理，操作如下：

纳税筹划前：

应纳消费税额＝8 000×680×20%＋8 000×10×0.5＝1 128 000（元）

纳税筹划：将市区的非独立核算门市部改为独立核算或设立独立的销售公司，由于独立核算的门市部不是生产环节，因此不缴纳消费税。

应纳消费税额＝8 000×600×20%＋8 000×10×0.5＝1 000 000（元）

筹划后消费税节税额＝1 128 000－1 000 000＝128 000（元）

由此产生的城建税和教育费附加节约额＝128 000×(7%＋3%)

＝12 800（元）

这样，玉林酒厂只进行生产，将原销售处设立为独立法人资格的销售总公司，负责全厂的销售，可降低消费税税负。

[风控重点] 白酒生产企业销售给销售单位的白酒，生产企业消费税计税价格不能低于销售单位对外销售价格（不含增值税，下同）70%以下。

技能强化

【案例3.2.3】红燕化妆品厂批发高档化妆品给一般批发商的单价为300元/件，该高档化妆品厂当年生产销售5 000件高档化妆品。请问如何筹划才能节税？

筹划分析

筹划前：

应纳消费税额＝300×5 000×15%＝225 000（元）

纳税筹划：该化妆品厂设立独立核算的销售公司，全权负责化妆品厂高档化妆品的销售。若按市场最低价250元/件销售给独立核算的销售公司，则：

应纳消费税额＝250×5 000×15%＝187 500（元）

纳税筹划后消费税节税额＝225 000－187 500＝37 500（元）

由此产生的城建税和教育费附加节约额＝37 500×(7%＋3%)＝3 750（元）

［风控重点］化妆品厂与销售公司之间的交易价格要符合独立交易原则。

※ 任务小结和风险提示 ※

（1）利用企业分立进行消费税纳税筹划要注意分立企业的企业组织形式。

（2）由于国家税务总局已出台了《白酒消费税最低计税价格核定管理办法（试行）》，因此白酒企业在利用企业分立进行纳税筹划时，一定要注意该办法的规定。

任务 3

消费税计税依据的纳税筹划

任务 3.1　自产自用应税消费品的纳税筹划

※ 任务导入 ※

【案例 3.3.1】大道摩托车厂是一家摩托车生产企业，某月将自产的 A 牌 100 辆摩托车赠送给摩托车拉力赛赛手使用，假设该厂当月生产的 A 牌摩托车的销售价格为 5 000 元/辆，适用消费税税率为 10%。按照上述业务资料，要求：

（1）计算该项业务应纳消费税额。

（2）思考如何筹划可以节约消费税额。

※ 税收法律依据 ※

现行《消费税暂行条例》第 4 条规定："纳税人生产的应税消费品，于纳税人销售时纳税。纳税人自产自用的应税消费品，用于连续生产应税消费品的，不纳税；用于其他方面的，于移送使用时纳税。"

现行《消费税暂行条例实施细则》第 6 条规定：《消费税暂行条例》第 4 条第 1 款所称用于连续生产应税消费品，是指纳税人将自产自用的应税消费品作为直接材料生产最终应税消费品，自产自用应税消费品构成最终应税消费品的实体。

《消费税暂行条例》第 4 条第 1 款所称用于其他方面，是指纳税人将自产自用应税消费品用于生产非应税消费品、在建工程、管理部门、非生产机构、提供劳务、馈赠、赞助、集资、广告、样品、职工福利、奖励等方面。

纳税人自产自用的应税消费品，按照纳税人生产的同类消费品的销售价格计算纳税；没有同类消费品销售价格的，按照组成计税价格计算纳税。

实行从价定率办法计算纳税的组成计税价格的计算公式如下：

组成计税价格＝（成本＋利润）÷(1－比例税率)

实行复合计税办法计算纳税的组成计税价格的计算公式如下：

组成计税价格＝（成本＋利润＋自产自用数量×定额税率）÷(1－比例税率)

※ 任务指导 ※

消费税计税依据的纳税筹划主要限于从价计征的应税消费品或复合计征的应税消费品中从价计征的那部分。

案例3.3.1中的应税行为属于“馈赠”行为，应纳消费税，按照自产自用应税消费品计算缴纳消费税。

※ 任务操作 ※

【承接案例3.3.1】按照上述基本原理，操作如下：

方案1：假设该厂当月生产的A牌摩托车的销售价格为5 000元/辆。

计税销售额 A_1＝5 000×100＝500 000（元）

应纳消费税额 B_1＝500 000×10%＝50 000（元）

方案2：假设A牌摩托车当月按每辆5 000元销售400辆，按每辆5 500元销售400辆。

计税销售额 A_2＝（400×5 000＋400×5 500)÷800×100＝525 000（元）

应纳消费税额 B_2＝525 000×10%＝52 500（元）

方案3：假设A牌摩托车为新产品，该企业无A牌摩托车的销售价格，生产摩托车的成本为4 500元/辆，成本利润率为6%，消费税税率为10%。

计税销售额 A_3＝4 500×(1＋6%)÷(1—10%)×100＝530 000（元）

应纳消费税额 B_3＝530 000×10%＝53 000（元）

从以上计算结果可以看出：$B_3>B_2>B_1$，表明只有在方案1下企业的消费税才缴得最少。这就要求企业建立健全会计核算制度，应有清晰明了的价目表，会计记录清楚，以避免会计记录混乱而增加额外的税收负担。

方案4：从上述三个方案可知，要想降低消费税，只能减少销售额，但销售额的直接减少会导致利润下降，是得不偿失的。为此，可在方案3的基础上，降低成本，不仅可以节约消费税，而且也增加了利润，一举两得。

技能强化

【案例3.3.2】某汽车制造企业按统一的材料、费用分配标准计算自制自用某种乘用车每辆成本为150 000元，假设利润率为8%，消费税税率为9%，其组成计税价格和应纳消费税额计算如下：

组成计税价格＝(150 000＋150 000×8%)÷(1－9%)＝178 021.98（元）

应纳消费税额＝178 021.98×9％＝16 021.98（元）

请给出纳税筹划建议。

筹划分析

假设企业采取措施降低自制自用产品的成本，将其成本降低为130 000元，其组成计税价格和应纳消费税额计算如下：

组成计税价格＝(130 000＋130 000×8％)÷(1－9％)＝154 285.71（元）

应纳消费税额＝154 285.71×9％＝13 885.71（元）

企业降低自制自用产品的成本后，则：

每辆车节约消费税额＝16 021.98－13 885.71＝2 136.27（元）

※ 任务小结和风险提示 ※

按照规定，实际上自产自用应税消费品在计算消费税时，计税销售额依次有三种选择：

（1）按纳税人当月生产的同类消费品的销售价格；

（2）按当月同类消费品的销售价格的加权平均或上月或最近月份的销售价格；

（3）按组成计税价格。

按照以上三种计税依据计算的应纳税额是有差异的，这就为纳税人进行纳税筹划创造了条件。

任务3.2　委托加工应税消费品的纳税筹划

※ 任务导入 ※

【案例3.3.3】 安尼公司是一家高档化妆品生产企业，且非小微企业。当月准备把一批价值100万元的原材料加工成高档化妆品，现有两种方案。方案一：自行加工。自行加工方案下，制造费用及人工等全部成本预计为90万元。方案二：委托加工。若委托当地同行企业贝尔公司加工，收回后直接销售的话，委托加工的加工费及辅材等也为90万元（贝尔公司没有同类应税消费品销售）。无论自行加工还是委托加工，该批高档化妆品最后的售价均为400万元。高档化妆品消费税税率为15％，请为安尼公司进行消费税纳税筹划。

※ 税收法律依据 ※

按照现行《消费税暂行条例》及其实施细则的规定，委托加工的应税消费品，受托方已代收代缴消费税，委托方收回后直接出售的，不再缴纳消费税，委托方收回后，用于连续生产应税消费品的，领用的应税消费品已纳税款，准予从连续生产的应税消费品应纳消费税额中扣除。

“财法〔2012〕8号”又对上述规定解释为：“委托方将收回的应税消费品，以不高于受托方的计税价格出售的，为直接出售，不再缴纳消费税；委托方以高于受托方的计税价格出售的，不属于直接出售，需按照规定申报缴纳消费税，在计税时准予扣除受托方已代收代缴的消费税。”

※ 任务指导 ※

虽然“财法〔2012〕8号”文件对税法“委托方收回后直接出售的，不征税”这一条款做了限定，但是仍然为纳税筹划留下了空间，企业若认真理解并加以运用，可以达到轻松节税的目的。

当加工产品是非应税消费品时，由于增值税是对货物或应税劳务的增值额征收的一种流转税，委托加工方式下，受托方提取加工费销项税额，形成委托方的进项税额，而自行加工的进项税额仅包括生产耗用电费等可索取增值税专用发票项目。可见，委托加工比自行加工取得的进项税额多出人工成本、折旧形成的货物增值提取的部分，在企业持续、正常经营情况下，由于应税劳务进项税额能随之抵扣，因此委托加工和自行加工的加工费相等时，增值税税负相同，且由于增值税是价外税，不会造成企业税后利润差异。

当加工产品是应税消费品时，在委托加工方式下，应税消费品按照受托方的同类消费品的销售价格计算纳税，没有同类消费品销售价格的，按照组成计税价格计算纳税，自行加工应税消费品按销售额（销售数量）计算纳税。可见，在委托加工和自行加工两种方式下，计税依据存在差异，且由于消费税是价内税，会进一步影响税后利润。

※ 任务操作 ※

【承接案例3.3.3】

方案1：如果自行加工生产，则安尼公司的应纳消费税及获利情况如下：

安尼公司应纳消费税额＝400×15%＝60（万元）

安尼公司应纳城建税及教育费附加＝60×(7%＋3%)＝6（万元）

该批化妆品的税后收益＝[400－(100＋90＋60＋6)]×(1－25%)

＝108（万元）

方案2：委托加工。

第一步：委托贝尔公司加工成产成品，且协议规定加工费为90万元，由于贝尔公司没有同类应税消费品销售价格，按组成计税价格计算代收代缴消费税。

贝尔公司代收代缴消费税的组成计税价格＝(100＋90)÷(1－15%)

＝223.53（万元）

贝尔公司代收代缴的消费税＝223.53×15%＝33.53（万元）

贝尔公司代收代缴的城建税及教育费附加＝33.53×(7%＋3%)

＝3.353（万元）

第二步：安尼公司收回后先按不高于组成计税价格的价格（且此价格未偏低）销售给自己独立核算的销售子公司。按照“财法〔2012〕8号”的规定，此时安尼公司不需要缴纳消费税，此笔业务也不产生收益。

第三步：销售子公司至少以400万元（不含税）的价格对外销售，则：销售子公司不需要缴纳消费税。

安尼公司及其销售子公司该批化妆品的税后收益至少＝(400－100－90－33.53－3.353)×(1－25%)

＝129.84（万元）

方案 2 比方案 1 至少可以节约消费税额＝60－33.53＝26.47（万元）

节约城建税和教育费附加额＝6－3.353＝2.647（万元）

增加税后收益＝129.84－108＝21.84（万元）

可见，采取委托加工成产成品收回后直接销售、按组成计税价格计算应纳消费税的方式，与自行加工、自行销售方式相比，消费税的节税效果依旧很明显，只是销售时需多一次流转环节。而增值税是按增值额征税，只要增值额相同，流转环节的增加不影响增值税额。因此，在目前的组成计税价格公式未改变的情况下，企业还是可以充分利用这项规定进行纳税筹划，从而可获得较大的节税收益。

[风控重点] 有人会认为采用方案 2 筹划是多此一举，增加了一个委托加工环节，还不如直接自产，然后低价卖给独立核算的销售子公司，也同样可以节税。这种观点是错误的。第一，例如本题，如果不采用委托加工，而是采用自产后，以 223.53 万元（即贝尔公司代缴消费税的组成计税价格）销售给独立核算的销售子公司，虽然也可以节约消费税 26.47 万元，但由于 223.53＜400×70%，这会被税务机关核定为价格偏低，存在被税务机关核定销售价格的风险。第二，可采用组成计税价格计征消费税。如果直接自产，往往会有同类产品售价，就要按同类产品售价计税。因为根据组成计税价格的构成公式，一般来说，组成计税价格往往低于销售价格。除非是无同类产品售价的产品，才可考虑自产。第三，采用方案 2 筹划实际上分两个步骤节约了消费税。第一步在委托加工环节按组成计税价格已节约了一部分消费税。第二步，在委托加工收回后再利用转移定价策略，低价销售给独立核算的子公司，又节约了一笔消费税。

※ 任务小结和风险提示 ※

从上述分析可见，虽然政策对“直接出售”的界定发生了变化，但采取委托加工成产成品收回后直接销售、并按组成计税价格计算应纳消费税的方式，与自行加工、自行销售方式相比，消费税的节税效果依旧很明显，只是销售时需多一次流转环节。

风险提示：

(1) 注意受托方有无同类产品售价。且受托方的计税依据不能高于委托方自己同类产品售价，否则还不如自己生产。

(2) 注意委托加工费的可接受底线，委托加工费超出自行加工的费用不能高于因此种方式可以带来的节税收益。

(3) 按低于售价的组成计税价格出售，意味着广告费和业务招待费的计提基数也降低了，注意做好广告费的筹划（如注意与子公司的分摊），以避免虽降低了消费税却因此降低了广告费及业务招待费的可扣除限额等情况。

任务 3.3　外购已税消费品连续生产应税消费品的纳税筹划

※ 任务导入 ※

【案例 3.3.4】 明丽高档化妆品公司当年 7 月 1 日库存外购高档化妆品原料的进价成本为 48 600 元。7 月 8 日，该公司从 S 高档化妆品加工厂购入高档化妆品一批，增值税发票上注明价款为20 000元，增值税额为2 600元。7月13日，从M高档化妆品厂（一般纳税人）购进高档化妆品一批，取得普通发票，注明价款为37 440元。7月15日，从C商贸城（小规模纳税人）购进高档化妆品一批，价税合计15 450元，无法取得税务机关代开增值税发票，也无法辨别原销货方是否申报缴纳消费税。7月末，企业库存外购高档化妆品的进价成本为49 200元，本月销售高档化妆品取得销售收入120 000元，增值税额为15 600元。期初、期末库存均有增值税专用发票，高档化妆品消费税税率为15%，增值税税率为13%。问题：明丽高档化妆品公司如何筹划可节税？

※ 税收法律依据 ※

（1）为了避免重复征税，现行消费税税法规定，将外购应税消费品或委托加工收回的应税消费品用于继续生产应税消费品销售的，可以将外购应税消费品或委托加工收回应税消费品已缴纳的消费税给予扣除。扣除范围、抵扣凭证及其计算详见本项目任务1。

（2）根据“国家税务总局公告2015年第39号”规定，“消费税税款抵扣审核”取消后，纳税人以外购、进口、委托加工收回的应税消费品为原料连续生产应税消费品，可按现行政策规定直接抵扣外购应税消费品已纳消费税税款，无须审批。但经事后核实，纳税人申报抵扣消费税的外购应税消费品未缴纳消费税的，要将已抵扣的消费税税款从核实当月允许抵扣的消费税中冲减。

※ 任务指导 ※

纳税人在计算应纳消费税额时，可以扣除外购的应税消费品已纳税款，以减轻自己的税负。在实际经济生活中，纳税人连续生产应税消费品时，应注意以下几点：

（1）用外购的已纳消费税的产品连续生产应税消费品时，可以扣除外购应税消费品已纳的消费税税款，在计税时按当期生产领用数量，计算准予扣除数额。

（2）注意税法规定的计税时准予扣除已纳消费税税款的应税消费品范围。

（3）纳税人用外购的已税珠宝玉石生产的改在零售环节征收消费税的金银首饰（镶嵌首饰），在计税时一律不准扣除外购珠宝玉石的已纳税款。

（4）允许抵扣的凭证为：

1）从一般纳税人购进的，为增值税专用发票及销货清单；

2）从小规模纳税人购进的，为税务机关代开的增值税专用发票；

3）进口的，为海关进口消费税专用缴款书；

4）委托加工收回应税消费品用于连续生产应税消费品的，为代扣代收税款凭证原件和复印件。

※ 任务操作 ※

【承接案例3.3.4】

方案1：按照原有进货渠道。

当期准予扣除的外购应税消费品买价＝48 600＋20 000－49 200＝19 400（元）

当期准予扣除的外购应税消费品已纳消费税额＝19 400×15%＝2 910（元）

按当期销售额计算的应纳消费税额＝120 000×15%＝18 000（元）

当期实际应纳消费税额＝18 000－2 910＝15 090（元）

方案2：改变进货渠道。

（1）从M高档化妆品厂购进高档化妆品取得增值税专用发票；

（2）从C商贸城购进的高档化妆品要求取得税务机关代开的增值税发票，但因无法辨别原销货方是否申报缴纳消费税的，则改从其他可提供增值税专用发票的生产企业（假设认为小规模纳税人）购进，则：

准予抵扣的买价＝48 600＋20 000＋37 440÷(1＋13%)＋15 450÷(1＋3%)－49 200
＝67 532.74（元）

可抵扣的已纳消费税额＝67 532.74×15%＝10 129.91（元）

当期应纳消费税额＝120 000×15%－10 129.91＝7 870.09（元）

改变进货渠道后的节税额＝15 090－10 129.91＝7 219.91（元）

故选择方案2可以节约消费税税额。

※ 任务小结和风险提示 ※

在进行外购已税消费品连续生产应税消费品的纳税筹划时，其操作要点为：

（1）注意准予抵扣的范围规定并随时关注税法的变化。

（2）注意当期准予抵扣的已纳消费税额的计算。

（3）注意不得抵扣已纳消费税额的规定。

（4）准予抵扣凭证的条件：只有取得增值税专用发票或进口应税消费品的海关进口消费税专用缴款书以及代扣代收税款凭证，才能扣税。

任务3.4　包装物与包装方式的纳税筹划

※ 任务导入 ※

【案例3.3.5】某电池生产企业属于增值税一般纳税人，增值税税率为13%，当月销售电池10 000箱，每箱电池售价为500元（不含增值税），这批电池耗用包装箱10 000只，每只包装箱售价20元（不含增值税），电池的消费税税率为4%。那么，该电池生产企业对包装箱如何处理，才能最大限度地节约消费税？

※ 税收法律依据 ※

《消费税暂行条例实施细则》第13条规定："应税消费品连同包装物销售的，无论包装物是否单独计价以及在会计上如何核算，均应并入应税消费品的销售额中缴纳消费税。如果包装物不作价随同产品销售，而是收取押金，此项押金则不应并入应税消费品的销售额中征税。但对因逾期未收回的包装物不再退还的或者已收取的时间超过12个月的押金，应并入应税消费品的销售额，按照应税消费品的适用税率缴纳消费税。对既作价随同应税消费品销售，又另外收取押金的包装物的押金，凡纳税人在规定的期限内没有退还的，均应并入应税消费品的销售额，按照应税消费品的适用税率缴纳消费税。"

“国税发〔1995〕192号”规定：“从1995年6月1日起，对销售除啤酒、黄酒外的其他酒类产品而收取的包装物押金，无论是否返还以及会计上如何核算，均应并入当期销售额征税。”

《消费税暂行条例》第3条规定：“纳税人兼营不同税率的应当缴纳消费税的商品（以下简称应税消费品），应当分别核算不同税率应税消费品的销售额、销售数量；未分别核算销售额、销售数量，或者将不同税率的应税消费品组成成套消费品销售的，从高适用税率。”

※ 任务指导1：包装物作价方式的纳税筹划 ※

企业如果想在包装物上节省消费税，关键是包装物不能作价随同产品销售，而应采取收取“押金”的形式，而此项包装物押金单独核算又未逾期的，则可以不并入销售额计算缴纳消费税。

即使在经过一年以后，需要将押金并入应税消费品的销售额，按照应税消费品适用的税率征收消费税，也使企业获得了该笔税款一年的免费使用权。所以企业可以考虑在情况允许时，不将包装物作价随同产品出售，而是采取收取包装物押金的方式。

此外，企业在会计核算的过程中尽量做到账目清楚，即分开核算不同税率的应税消费品，以免蒙受不必要的损失。

※ 任务操作1 ※

【承接案例3.3.5】

方案1：如果企业将包装箱作价连同电池一同销售，包装箱应并入电池售价当中一并征收消费税。

应纳消费税额＝（10 000×500＋20×10 000）×4%＝208 000（元）

方案2：如果企业将包装箱不作价销售而是收取押金，且在规定期限内（一般为一年）归还。每只包装箱收取20元的押金，则此项押金不应并入应税消费品的销售额计征消费税。则：

应纳消费税额＝10 000×500×4%＝200 000（元）

节约消费税额＝208 000－200 000＝8 000（元）

收取的押金在归还前可免息使用。

方案3：如果上述押金在规定期限内（一般为一年）未归还，应将此项押金作为销售额纳税。由于收取的押金作为价外费用，属于含税的款项，应将押金换算为不含税收入计征税款。

应纳消费税额＝10 000×500×4%＝200 000（元）

该企业押金应纳消费税额＝20×10 000÷(1＋13%)×4%

＝7 079.65（元）

方案3比方案1节约消费税额＝208 000－(200 000＋7 079.65)

＝920.35（元）

同时，企业采用方案3还获得了押金收取期间共计200 000元的免费使用权。由于押金的消费税是在一年后缴纳，因此获得了该笔税款的免息使用权，由此企业可以最大限度地节税。

由上述分析可知，考虑押金中的获利：

（1）当方案 3 中包装箱押金获利小于方案 2 的节税额时，方案 2 最优。

（2）当方案 3 中包装箱押金获利大于方案 2 的节税额时，方案 3 为最佳方案。

技能强化

【案例 3.3.6】 某焰火厂为增值税一般纳税人，2021 年 2 月销售焰火 100 000 箱，每箱价格 226 元，包装物的价格为 22.6 元/件，以上价格均为含税价格。假设企业包装物本身的成本为 14 元/箱，焰火的增值税税率和消费税税率分别为 13%、15%，不考虑企业所得税的影响。该企业对此销售行为应当如何进行纳税筹划？

筹划分析

方案 1：采取包装物作价随同产品一起销售的方式。包装物作价随同产品销售的，应并入应税消费品的销售额中征收增值税和消费税。

与包装物有关的销售收入＝100 000×22.6÷(1＋13%)

＝2 000 000（元）

与包装物有关的销售成本＝100 000×14＝1 400 000（元）

与包装物有关的增值税销项税额＝100 000×22.6÷(1＋13%)×13%

＝260 000（元）

与包装物有关的消费税＝100 000×22.6÷(1＋13%)×15%

＝300 000（元）

与包装物有关的利润＝2 000 000－1 400 000－300 000＝300 000（元）

方案 2：采取收取包装物押金的方式。在这种方式下，企业对每件包装物单独收取押金 22.6 元，假设合同约定期限为 1 年，则此项押金不并入应税消费品的销售额中征税。这又分为两种情况：

（1）包装物未逾期的，退还押金。

这里需要考虑包装物本身的成本问题。众所周知，即使包装物可以循环使用，但最终是要报废的，自身的成本损耗也就不可避免。此时，企业与包装物有关的销售收入为 0，与包装物有关的销售成本为 1 400 000(＝100 000×14）元，与包装物有关的增值税销项税额为 0，与包装物有关的消费税为 0，与包装物有关的利润为－1 400 000(＝0－1 400 000－0）元，在这种情况下，与方案 1 相比，企业减少了 1 700 000［＝300 000－(－1 400 000)］元的利润，但是却获得了押金收取期间的无偿使用权，节约了货币的时间价值。

（2）包装物逾期的，没收押金。

1 年后企业与包装物有关的销售收入＝100 000×22.6÷(1＋13%)

＝2 000 000（元）

与包装物有关的销售成本＝100 000×14＝1 400 000（元）

补缴与包装物有关的增值税销项税额＝100 000×22.6÷(1＋13%)×13%

＝260 000（元）

补缴与包装物有关的消费税＝100 000×22.6÷(1＋13%)×15%

＝300 000（元）

与包装物有关的利润＝2 000 000－1 400 000－300 000＝300 000（元）

在这种情况下，与方案 1 相比，企业利润都是 30 万元，但是企业不仅获得了押金收取期间的无偿使用权，而且与包装物有关的增值税和消费税（合计56万元）是在1年以后补缴的，这样就延缓了企业的纳税时间，获取了资金的时间价值，为企业的生产经营提供了便利。可见，企业可以考虑在情况允许时，不将包装物作价随同产品出售，而是采用收取包装物押金的方式，并对包装物的退回设置一些条款（如包装物如有损坏则没收全部押金），以保证包装物押金不被退回，这样就可以缓缴税金。

※ 任务指导2：包装方式的纳税筹划 ※

习惯上，工业企业销售产品，都采取“先包装后销售”的方式进行。按照上述规定，如果改成“先销售后包装”方式，不仅可以大大降低消费税税负，而且增值税税负仍然保持不变。

※ 任务操作2 ※

【案例3.3.7】星河酒厂为了进一步扩大销售，采取多样化经营策略，生产粮食白酒与药酒组成的礼品套装进行销售，其药酒已正式取得国家医药卫生部门药品注册的正式批文。当年9月份，该厂对外销售700套套装酒，单价100元/套，其中粮食白瓶、药酒各1瓶，均为1斤装（若单独销售，粮食白酒30元/瓶，药酒70元/瓶）。假设此包装属于简易包装，包装费忽略不计。该企业对此销售行为应当如何进行纳税筹划（根据现行税法的规定，粮食白酒的比例税率为20%，定额税率为0.5元/斤；药酒的比例税率为10%，无定额税率）？

筹划分析

对于星河酒厂来说，存在两种经营方式，与此相对应，也存在两种方案进行会计核算。

方案1：采取“先包装后销售”的方式。

根据“将不同税率的应税消费品组成成套消费品销售的，则应按最高税率征税”的规定，在这种情况下，药酒不仅要按20%的高税率从价计税，而且还要按0.5元/斤的定额税率从量计税。则：

$$应纳消费税额=100\times700\times20\%+700\times1\times2\times0.5=14\ 700（元）$$

方案2：采取“先销售后包装”的方式。

即先将上述粮食白酒和药酒分品种销售给零售商，在此销售环节粮食白酒和药酒分别开具发票，在账务处理环节对不同的产品分别核算销售收入，然后由零售商包装成套装消费品后对外销售。在这种情况下，药酒不仅只需要按10%的比例税率从价计税，而且不必按0.5元/斤的定额税率从量计税。则：

$$\begin{aligned}应纳消费税额&=30\times700\times20\%+70\times700\times10\%+700\times1\times0.5\\&=9\ 450（元）\end{aligned}$$

通过比较可以看出，方案2比方案1节税5 250（=14 700－9 450）元，所以方案2是较优方案。因此，企业兼营不同税率应税消费品时，在单独核算的基础上，没有必要组成成套消费品销售的，最好单独销售，以尽量降低企业的税收负担。对于有必要组成成套消费品的，可以采用变通的方式，即先销售后包装，来降低应税消费品的总体税负率，从而降低企业税负。

※ 任务小结和风险提示 ※

综上所述，对包装物进行纳税筹划的关键是，包装物既不作价随同产品销售，也不收取包装物租金，而是采用收取包装物押金的形式，并对包装物的退回设置条款，以保证包装物押金不被退回，只有这样才能保证企业获得最大的税后利润。

在现实经营活动中，很多工业企业销售应税消费品时，为图方便而习惯采用“先包装后销售”的方式进行，人为地将低税率产品和非应税产品并入高税率产品一并计税，造成了不必要的税负增加。如果改为“先销售后包装”的方式，往往可以大大降低消费税税负，同时保持增值税税负不变。具体的操作方法可以从两方面着手：第一，将上述产品先分品种和类别销售给零售商，再由零售商包装后对外销售，这样做实际上只是在生产流程上换了一个包装地点，在销售环节将不同品种和类别的产品分别开具发票，在账务处理环节对不同的产品分别核算销售收入。第二，如果当地税务机关对有关操作环节要求比较严格，还可以采取分设机构的操作方法，即另外设立一个独立核算且专门从事包装业务并对外销售的门市部。

任务 3.5　以应税消费品换取生产资料和消费资料、抵债、入股的纳税筹划

※ 任务导入 ※

【案例 3.3.8】某摩托车生产企业，当月对外销售同型号的摩托车共有三种价格，以 4 000 元的单价销售 500 辆，以 4 500 元的单价销售 100 辆，以 4 800 元的单价销售 50 辆。当月以 20 辆同型号的摩托车与甲企业换取原材料。双方按当月的加权平均销售价格确定摩托车的价格，该摩托车消费税税率为 10%。要求进行消费税纳税筹划。

※ 税收法律依据 ※

“国税发〔1993〕156 号”规定：“纳税人用于换取生产资料和消费资料，投资入股和抵偿债务等方面的应税消费品，应当以纳税人同类应税消费品的最高销售价格作为计税依据计算消费税。”

※ 任务指导 ※

在实际操作中，当纳税人用自产应税消费品换取货物或者投资入股时，一般是按照双方的协议价或评估价确定的，而协议价往往是市场的平均价。如果按照同类应税消费品的最高销售作为计税依据，显然会加重纳税人的负担。因此，如果采取先销售后入股（换货、抵债）的方式，则会少缴消费税，从而达到减轻税负的目的。

※ 任务操作 ※

【承接案例 3.3.8】筹划前：

应纳消费税额＝4 800×20×10%＝9 600（元）

纳税筹划：如果该企业按照当月的加权平均单位将这 20 辆摩托车销售后，再购买原材料，则：

应纳消费税额＝(4 000×500＋4 500×100＋4 800×50) ÷
(500＋100＋50)×20×10%
＝4 138.46×20×10%＝8 276.92（元）

节税额＝9 600－8 276.92＝1 323.08（元）

※ 任务小结和风险提示 ※

企业在用自产应税消费品换取货物或投资入股时，尽管双方确定了协议价或评估价，但按照税法规定要以同类应税消费品的最高销售价格作为计税依据。所以，纳税人采取先销售后入股（换货、抵债）的方式，可以节约消费税税负，以免蒙受不必要的损失。

任务4

消费税税率的纳税筹划

任务4.1 不同等级的同类应税消费品筹划

※ 任务导入 ※

【案例3.4.1】明湖啤酒厂生产销售某品牌啤酒，出厂价格为3 000元/吨。请为该厂进行消费税的纳税筹划。

※ 税收法律依据 ※

按照《消费税暂行条例》第3条（详见本项目任务3.4的“税收法律依据”）的规定，同一种消费品也有可能采用不同的税率征收消费税，如卷烟、酒等税目。

※ 任务指导 ※

对于生产这类消费品的工业企业来说，消费品的定价有可能导致消费税税率的换挡，但这适用于价格在适用税率临界点附近的情况，具体价格区间可通过计算得出。在这种情况下，改变应税消费品的成分可能导致消费税税率换挡，如纳税人生产的粮食白酒或薯类，再生产成药酒，假如能进行适当的筹划，就能降低消费税税负。

※ 任务操作 ※

【承接案例3.4.1】

方案1：按厂家原来3 000元的单位定价，每吨应纳消费税额为250元。则：

每吨啤酒缴纳消费税后的收益=3 000−250=2 750（元）

方案 2：将啤酒的单位定价降为 2 990 元/吨，每吨应纳消费税额为 220 元。则：

每吨啤酒缴纳消费税后的收益=2 990−220=2 770（元）

经过筹划，不仅每生产销售一吨啤酒增加了 20 元的收益，而且价格优势还可以增强企业的市场竞争力。这种使税率换挡的纳税筹划方法适用于差别税率的消费品，在现实经济生活中应用十分广泛。

※ 任务小结和风险提示 ※

根据市场供求关系和税负轻重进行纳税筹划，合理定价，可以获取税收利益。

任务 4.2　兼营不同税率应税消费品的纳税筹划

※ 任务导入 ※

【案例 3.4.2】 某公司既生产经营粮食白酒，又生产经营药酒（已取得国家医药卫生部门的正式批文），两种产品的消费税税率分别为 20%加 0.5 元/500 克（或者 500 毫升）、10%。本年度，该公司粮食白酒的销售额为 200 万元，销售量为 50 000 千克，药酒（酒精度低于 20 度）销售额为 300 万元，销售量为40 000千克，但该公司没有分别核算。假设下一年度，该公司的生产经营状况与本年度基本相同，现在有两种方案可供选择。方案 1：统一核算粮食白酒和药酒的销售额。方案 2：分别核算粮食白酒和药酒的销售额。从节税的角度出发，下一年度该公司应当选择哪个方案？

※ 税收法律依据 ※

（1）现行《消费税暂行条例》第 3 条的规定（详见本项目任务 3.4 的“税收法律依据”）。

（2）《国家税务总局关于配制酒消费税适用税率问题的公告》（国家税务总局公告 2011 年第 53 号）规定：

1）以蒸馏酒或食用酒精为酒基，同时符合以下条件的配制酒，按消费税税目税率表“其他酒”10%适用税率征收消费税。

①具有国家相关部门批准的国食健字或卫食健字文号；

②酒精度低于 38 度（含）。

2）以发酵酒为酒基，酒精度低于 20 度（含）的配制酒，按消费税税目税率表“其他酒”10%适用税率征收消费税。

3）其他配制酒，按消费税税目税率表“白酒”适用税率征收消费税。

上述蒸馏酒或食用酒精为酒基是指酒基中蒸馏酒或食用酒精的比重超过 80%（含）；发酵酒为酒基是指酒基中发酵酒的比重超过 80%（含）。

※ 任务指导 ※

按照税法的规定，一般同类应税消费品，单位定价越高，等级越高，税率也越高，如啤酒、卷烟等。因此，企业兼营不同等级的应税消费品时，能单独核算，最好单独核算，单独销售，尽量降低企业的税收负担。

※ 任务操作 ※

【承接案例3.4.2】

方案1：统一核算。企业生产经营适用两种税率的应税消费品应当分别核算，未分别核算的适用较高税率。在该方案下，该公司的纳税情况如下：

应纳消费税额＝(200＋300)×20%＋(5＋4)×1＝109（万元）

应纳城建税和教育费附加＝109×(7%＋3%)＝10.9（万元）

合计应纳税额＝109＋10.9＝119.9（万元）

方案2：分别核算。分别核算后可以适用各自的税率。而且该企业生产的药酒同时符合国家税务总局公告2011年第53号的两个条件，可以适用10%的税率。在该方案下，该公司的纳税情况如下：

粮食白酒应纳消费税额＝200×20%＋5×2×0.5＝45（万元）

粮食白酒应纳城建税和教育费附加＝45×(7%＋3%)＝4.5（万元）

药酒应纳消费税额＝300×10%＝30（万元）

药酒应纳城建税和教育费附加＝30×(7%＋3%)＝3（万元）

合计应纳税额＝45＋4.5＋30＋3＝82.5（万元）

比方案1节税额＝119.9－82.5＝37.4（万元）

因此，该公司应当选择方案2。方案2由于充分利用了分别核算可以适用不同税率的政策从而达到了节税的效果。

※ 任务小结和风险提示 ※

由于应税消费品所适用的税率是固定的，只有在出现兼营不同税率应税消费品的情况下，纳税人才可以选择合适的销售方式和核算方式，达到适用较低消费品税率的目的，从而降低税负。

但值得注意的是，从理论上讲，“分别核算”似乎是一件很简单的事，而实际操作中并非如此，它要求企业在合同文本设计、存货管理、财务核算等过程中，都应做到严格按照税法规定管理。

【课程思政】

失当的纳税策划会让企业陷入涉税风险

某化妆品制造企业财务人员实施了一个消费税筹划方案：将企业一部分销售人员独立出去，成立了独立核算的销售子公司，然后把企业生产部门生产的高档化妆品以成本价格销售给该销售子公司。即将原本不含税出厂价45元一套的高档化妆品，以成本价25元销售给该销售子公司，按15%的消费税率每套只缴纳了3.75元的消费税。每套少缴纳消费税3［＝(45－25)×15%］元，按规定该销售子公司批发或零售时均未申报缴纳消费税。结果，这种做法被税务机关发现，被认定为是一起利用关联方交易转移产品定价的偷税行为，税务机关责令其限期补缴了税款和罚款，使企业得不偿失。

思政启示

上述案例的涉税问题在于不按照独立企业之间的业务往来收取或支付价款、费用，而减少了其纳税的收入或所得额，这就触犯了相关税法规定。上述失败的筹划案例也警示纳税人，即"失当的纳税筹划会让企业陷入涉税风险"，甚至会给纳税人造成巨大的名誉损失和财务损失。由此可见，纳税筹划绝非轻而易举，也不仅仅只是减少纳税额这么简单。作为企业财务人员，只有全面、深入研究税法，依法纳税，才能避免这类纳税筹划的失败。

税法依据

(1)《中华人民共和国税收征收管理法》第 36 条规定：企业或者外国企业在中国境内设立的从事生产、经营的机构、场所与其关联企业之间的业务往来，应当按照独立企业之间的业务往来收取或者支付价款、费用；不按照独立企业之间的业务往来收取或者支付价款、费用，而减少其应纳税的收入或者所得额的，税务机关有权进行合理调整。

(2)《中华人民共和国税收征收管理法实施细则》第 52 条规定：税收征管法第 36 条所称独立企业之间的业务往来，是指没有关联关系的企业之间按照公平成交价格和营业常规所进行的业务往来。

(3)《中华人民共和国消费税暂行条例》第 10 条规定：纳税人应税消费品的计税价格明显偏低并无正当理由的，由主管税务机关核定其计税价格。

【项目小结】

消费税是在对货物普遍征收增值税的基础上选择少数消费品再征收的一道流转税。除卷烟外，消费税一般采用一次课征制，即在生产（进口）、流通或消费的某一环节一次征收。根据消费税的特点，消费税的纳税筹划主要侧重于改变经营方式，采取企业间的合并的形式减少纳税环节，降低税负，递延纳税时间；同时，通过设立关联企业，降低生产销售价格等方法，也可以减轻税收负担，取得节税收益。

【课后练习】

一、单项选择题

1. 下列各项中，不征收消费税的是（　　）。

A. 委托加工应税消费品，委托方收回后，以高于受托方计税价格出售

B. 委托加工应税消费品，委托方收回后，以不高于受托方计税价格出售

C. 用于职工福利的自产应税消费品

D. 用于捐赠的自产应税消费品

2. 下列单位经营的应税消费品，无须缴纳消费税的是（　　）。

A. 酒厂自产白酒用于广告样品

B. 化妆品专卖店销售化妆品

C. 出国人员免税商店销售金银首饰

D. 汽车制造厂公益性捐赠的自产小轿车

3. 甲企业委托乙企业加工应税消费品，是指（　　）。

A. 甲发料，乙加工

B. 甲委托乙购买原材料，乙加工

C. 甲发订单，乙按甲的要求加工

D. 甲先将资金划给乙，乙以甲的名义购料并加工

4. 某高档化妆品厂下设一非独立核算门市部，每年该厂向门市部移送化妆品1万套，每套单价500元，门市部销售单价550元（以上均为含消费税价）。如果该高档化妆品厂将该门市部分立，使其具备独立纳税人身份，则每年可节约消费税（　　）万元（高档化妆品消费税税率15%）。

A. 7.5　　B. 15

C. 11.54　　D. 12.72

5. 纳税人进口应纳消费税货物的组成计税价格公式为（　　）。

A. （关税完税价格+关税）×（1－增值税税率）

B. （关税完税价格+关税）÷(1+增值税税率)

C. （关税完税价格+关税）÷(1+消费税税率)

D. （关税完税价格+关税）÷(1－消费税税率)

6. 应税消费品在委托加工和自行加工两种方式下，由于（　　）存在差异，且消费税是价内税，会进一步影响税后利润。

A. 计税依据　　B. 税率

C. 纳税人　　D. 课税对象

7. 企业对包装物收取押金且在规定的期限内不被退回比采用（　　）的方式更能节税。

A. 降低应税消费品售价　　B. 收取包装物租金

C. 收取包装物押金　　D. 不收取押金

8. 企业兼营不同等级的应税消费品时，如果能（　　），就可降低企业的税收负担。

A. 单个核算　　B. 合并核算

C. 分别核算　　D. 混合核算

9. 某小规模纳税人生产企业从某厂家购进某种应税消费品用于连续生产，支付价税合计200 000元，消费税税率为10%，取得（　　）允许抵扣的消费税多。

A. 专用发票　　B. 普通发票

C. 专业发票　　D. 增值税普通发票

10. 确定消费税的应税销售额时，不能计入销售额的项目是（　　）。

A. 消费税　　B. 价外费用

C. 增值税　　D. 加工费

二、多项选择题

1. 纳税人采取的以下方式中，按现行消费税政策，可以减轻纳税人消费税负担的是（　　）。

A. 分设独立核算的销售公司，适当降低销售给销售公司的售价

B. 将原成套销售消费品，改为生产销售环节化整为零，零售环节成套销售

C. 将随同黄酒销售的包装物（不单独作价），改为不作价而收取押金

D. 将啤酒的销售价格从3 000元/吨降至2 990/吨

2. 企业将委托银行收款方式销售货物变为（　　）销售货物，可以达到延缓缴纳税款的目的。

A. 赊销方式　　B. 分期收款方式
C. 委托代销方式　　D. 直接收款方式

3. 消费税纳税筹划的基本途径有（　　）

A. 合理确定销售额　　B. 合理选择税率
C. 外购应税消费品已纳税款的扣除　　D. 选择委托加工方式

4. 在下列各项中，纳税人采取（　　），可以节约消费税税负。

A. 先销售后入股　　B. 先销售后换货
C. 先销售后抵债　　D. 先抵债后销售

5. 委托加工应税消费品的单位，代收代缴消费税的计税依据包括（　　）。

A. 加工材料成本　　B. 代垫的辅助材料成本
C. 代收代缴的消费税　　D. 加工费

6. 如果后一环节的消费税税率较前一环节的低，通过企业的合并进行消费税纳税筹划，可以形成的节税收益是（　　）。

A. 免税　　B. 退税
C. 延期纳税，获得货币时间价值　　D. 直接减轻企业的消费税税负

7. 通过企业的合并进行消费税纳税筹划，可以形成的节税收益有（　　）。

A. 免税　　B. 退税
C. 延期纳税，获得货币时间价值　　D. 直接减轻消费税税负

8. 通过企业的分立进行消费税纳税筹划，可以获得的节税收益有（　　）。

A. 直接减轻消费税税负　　B. 退税
C. 延期纳税，获得货币时间价值　　D. 免税

9. 现行消费税规定，外购或委托加工的应税消费品已纳税额可以扣除，其原因是（　　）。

A. 消费税是单一环节征收　　B. 增加税收收入
C. 消费税是价内税　　D. 避免重复征税

10. 某消费税纳税人兼营不同税率应税消费品，下列各项中可以节约消费税的有（　　）。

A. 采用合适的销售方式节税　　B. 分别核算
C. 合并核算　　D. 合并定价

三、判断题

1. 卷烟消费税在生产和批发两个环节征收后，批发企业在计算纳税时不得扣除已含的生产环节的消费税税款。（　　）

2. 利用关联企业之间转移定价进行节税筹划是无限度的。（　　）

3. 对于消费税的纳税人，如果将委托加工的应税消费品收回后加价出售，就说明采用委托加工方式比自行加工方式节减了消费税。（　　）

4. 纳税人先将应税消费品赊销给债权方，再做债权债务冲抵处理，可以避免以应税消费品抵偿债务按同类应税消费品最高售价确定销售额计算缴纳消费税。（　　）

5. 企业如果想在包装物上节约消费税，关键是包装物不能作价随同产品出售，而应采用收取“押金”的方式，尤其当包装物价值较大时，更加必要。（　　）

6. 企业可以通过合理设计经营模式来规避纳税义务，可以设立一些销售子公司。在生产厂家生产后，卖给这些销售子公司时，价格偏低。只要价格不低到不合理的程度，税务机关重新核定价格，就可以按该偏低价格计算交纳消费税。销售子公司再以市价卖出。(　　)

7. 单位和个人生产的产品是非应税消费品，就可以避免成为消费税的纳税人。(　　)

8. 纳税人自产自用应税消费品进行投资、换取生产资料和消费资料以及抵偿债务等时，可以采用先销售然后再以货币资金投资、换取生产资料和消费资料以及抵偿债务，从而达到降低企业消费税税收负担的目的。(　　)

9. 消费税对啤酒实行定额税率，是因为啤酒的计量单位不规范。(　　)

10. 消费税纳税人可根据实际情况通过企业之间的并购来降低税负。(　　)

四、简答题

A商贸公司是B日化公司的100%控股公司，如果B公司将原对外销售成套化妆品的业务，改为适当降价销售、化整为零分别向A公司销售，再由A公司组成成套化妆品对外销售。请从消费税纳税筹划角度来分析，这样处理可取得怎样的财务利益？

五、案例分析题

1. 红光酒业酿造公司既生产粮食白酒，又生产药酒（已取得国家医药卫生部门的正式批文，酒精浓度低于20度），还生产上述两类酒的小瓶装礼品套装。当年5月，该公司对外销售粮食白酒12 000瓶，不含增值税价格为28元/瓶，每瓶一斤装；销售药酒8 000瓶，不含增值税价格为58元/瓶，每瓶一斤装；销售套装酒700套，不含增值税价格为130元/套，其中白酒3瓶、药酒3瓶，均为半斤装。

要求：

(1) 计算三类酒单独核算与不单独核算情况下各自应纳消费税额；

(2) 选择最优方案，并简述筹划依据。

2. 某啤酒生产企业生产燕牌啤酒，该啤酒出厂价为2 530元/吨（不含增值税）。现该企业准备为批量销售啤酒提供包装物服务，有两种选择：一是包装物随同产品出售，售价为450元，共计2 980元。二是包装物出租，收取包装物租金30元，押金450元，已知每吨啤酒包装物成本为400元，每吨啤酒成本为1 500元，假定将来押金不退。

上述金额均为不含增值税，城建税税率为7%，教育费附加率为3%。

要求：

(1) 分别计算两种情况下应纳消费税额和税负率；

(2) 比较不同定价策略下的税后利润；

(3) 选择最佳定价方案。

3. 某汽车制造厂欠轮胎厂的债务为150 000元，预计2021年2月，该汽车制造厂将生产的2辆小汽车折合每辆75 000元（不含增值税）抵偿债务。当期同型号小汽车的销售价格分别为每辆70 000元、75 000元和80 000元。小汽车的消费税税率为5%，则：当期应纳消费税额为8 000（=80 000×2×5%）元，汽车制造厂在该抵债的行为中，虽然欠对方150 000元，但相当于160 000元的小汽车抵顶了债务，多承担了消费税500 [(160 000−150 000)×5%] 元。分析该汽车制造厂如何筹划才能减少消费税税款。

4. 某日用化妆品生产企业将生产的高档化妆品、护肤护发品、化妆工具及小工艺品等组成成套消费品销售。每套消费品由下列产品组成：高档化妆品包括一瓶香水300元、一瓶指甲油50元、一支口红200元；护肤护发品包括两瓶浴液共80元、一瓶摩丝30元、一块香皂5元；化妆工具及小工艺品10元、塑料包装盒5元。高档化妆品的消费税税率为15%，上述价格均不含增值税。请为该企业进行消费税纳税筹划。

5. 某化妆品厂批发高档化妆品给一般批发商的单价为325元/件，该高档化妆品厂预计当年生产销售120万件高档化妆品。为了减轻消费税税负，该厂准备进行消费税纳税筹划，即全资设立独立核算的高档化妆品销售公司，以原销售价的70%将高档化妆品低价销售给该全资销售公司，然后由该销售公司全权负责对外的销售。上述金额均为不含增值税，请为该化妆品厂进行消费税的纳税筹划。

6. 某汽车制造企业当月准备将自产的8辆乘用车赞助给某汽车博览会使用。假设当月每辆乘用车成本为15万元，成本利润率为8%，消费税税率为9%。现有以下方案可供选择，方案一：假设有同类产品，每辆售价20万元（不含增值税）。方案二：假设无同类产品售价。要求进行消费税的纳税筹划。

项目四

企业所得税的纳税筹划

企业所得税是对我国境内的企业和其他取得收入的组织的生产经营所得和其他所得征收的一种税。企业所得税按年计征，分月或者分季预缴，年终汇算清缴，多退少补。企业所得税的计税依据是应纳税所得额，应纳税所得额是在企业会计利润的基础上，按照权责发生制原则，通过纳税调整计算出来的。不同会计政策的选择，必然会影响所得税税负的高低。而企业所得税属于直接税，纳税人与负税人往往一致，税负难以转嫁。因此，在合法的前提下，如何通过设计企业所得税的节税思路，最终实现企业经济效益的最大化，这正是本项目要解决的问题。

【教学目标】

通过本项目的学习，使学生能正确计算应纳企业所得税税额，掌握企业所得税纳税筹划的基本原理，能从纳税人、收入、税前扣除项目、税率、税收优惠等角度进行企业所得税纳税筹划。

【工作任务】

1. 认识企业所得税。
2. 明确纳税人的纳税筹划。
3. 掌握收入的纳税筹划。
4. 掌握税前扣除项目的纳税筹划。
5. 明确税率的纳税筹划。
6. 理解利用税收优惠的纳税筹划。

任务1

认识企业所得税

※ 任务导入 ※

【案例 4.1.1】 某公司企业所得税实行查账征收，2020 年每月实现利润 30 万元，每月都有超过税法扣除标准的业务招待费 80 000 元。预计其 2021 年的利润与 2020 年基本持平，2020 年该公司的应纳税所得额为 390 万元。该公司不能同时符合“财税〔2019〕13 号”规定的小微企业三个条件，请问该公司应选择何种方式预缴企业所得税?

※ 相关知识 ※

企业所得税是指对我国境内的企业和其他取得收入的组织的生产经营所得和其他所得征收的一种税。它是国家参与企业利润分配的重要手段。我国的企业所得税相关法规历经数次变革。现行的《中华人民共和国企业所得税法》（以下简称《企业所得税法》）由第十届全国人民代表大会第五次会议于 2007 年 3 月 16 日通过。2007 年 11 月 28 日经国务院第 197 次常务会议通过的《中华人民共和国企业所得税法实施条例》（以下简称《企业所得税法实施条例》），自 2008 年 1 月 1 日起施行，并于 2017 年 2 月修正。

一、企业所得税的纳税义务人

企业所得税的纳税人是在中华人民共和国境内的企业和其他取得收入的组织。按照纳税义务不同，企业分为居民企业和非居民企业，不包括个人独资企业和合伙企业（适用个人所得税）。

居民企业是指依法在中国境内成立，或者依照外国（地区）法律成立实际管理机构但在中国境内的企业。实际管理机构是指对企业的生产经营、人员、财务、财产等实施实质性全面管理和控制的机构。居民企业应就其来源于我国境内外的所得缴纳企业所得税。

非居民企业是指依照外国（地区）法律、法规成立且实际管理机构不在中国境内，但在中国境内设立机构、场所的企业；或者在中国境内未设立机构、场所，但有来源于中国境内所得的企业。非居民企业在中国境内未设立机构、场所的，或者虽然设立机构、场所但取得的所得与其所设机构、场所没有实际联系的，其来源于中国境内的所得缴纳企业所得税，实行源泉扣缴，以支付人为扣缴义务人。税款由扣缴义务人在每次支付或者到期应支付时，从支付或者到期应支付的款项中扣缴。

二、企业所得税的税率

（一）法定税率

企业所得税实行比例税率，具体规定如表 4-1 所示。

表 4-1　企业所得税税率表

种类	税率	适用范围
基本税率	25%	居民企业 非居民企业在中国境内设立机构、场所的
优惠税率	20%	符合条件的小型微利企业
	15%	国家重点扶持的高新技术企业
预提所得税税率	20%（实际征税时适用 10%）	非居民企业在中国境内未设立机构、场所的，或者虽设立机构、场所但取得的所得与其所设立机构、场所没有实际联系的，应当就其来源于中国境内的所得计征所得税

（二）小型微利企业所得税税率

根据“财税〔2019〕13 号”“国家税务总局公告 2019 年第 2 号”规定和“国家税务总局公告 2021 年第 8 号”规定，2021 年 1 月 1 日至 2022 年 12 月 31 日，小型微利企业（具体条件详见本任务的税收优惠）实行超额累进计算，如表 4-2 所示。

表 4-2　小型微利企业所得税税率

级数	年应税所得额	计入应纳税所得额比例	税率
1	不超过 100 万元的部分	12.5%	20%
2	超过 100 万元但不超过 300 万元的部分	50%	

三、企业所得税应纳税额的计算

（一）计税依据

企业所得税的计税依据为应纳税所得额。企业应纳税额的多少，取决于应纳税所得额和适用税率两个因素。在实际过程中，应纳税所得额的计算一般有两种方法。

1. 直接计算法

在直接计算法下，企业每一纳税年度的收入总额减除不征税收入、免税收入、各项扣除以及允许弥补的以前年度亏损后的余额为应纳税所得额。计算公式为：

应纳税所得额＝收入总额－不征税收入－免税收入－各项扣除金额－弥补亏损

2. 间接计算法

在间接计算法下，在会计利润总额的基础上加或减按照税法规定调整的项目金额后，即为应纳税所得额。计算公式为：

应纳税所得额＝会计利润总额±税收调整项目金额

税收调整项目金额包括两方面的内容：一是税收规定范围与会计规定不一致的应予以调整的金额；二是税法规定扣除标准与会计规定不一致的应予以调整的金额。

（二）收入总额的确认

企业的收入总额包括以货币形式和非货币形式从各种来源取得的收入，具体有：销售货物收入、提供劳务收入、财产转让收入、股息/红利等权益性投资收益、利息收入、租金收入、特许权使用费收入、接受捐赠收入、其他收入。

企业取得收入的货币形式，包括现金、存款、应收账款、应收票据、准备持有至到期的债券投资以及债务的豁免等；纳税人以非货币形式取得的收入，包括固定资产、生物资产、无形资产、股权投资、存货、不准备持有至到期的债券投资、劳务以及有关权益等，这些非货币资产应当按照公允价值确定收入额，公允价值是指按照市场价格确定的价值。一般收入包括：

（1）销售货物收入。是指企业销售商品、产品、原材料、包装物、低值易耗品以及其他存货取得的收入。

（2）提供劳务收入。是指企业从事建筑安装、修理修配、交通运输、仓储租赁、金融保险、邮电通信、咨询经纪、文化体育、科学研究、技术服务、教育培训、餐饮住宿、中介代理、卫生保健、社区服务、旅游、娱乐、加工以及其他劳务服务活动取得的收入。

（3）财产转让收入。是指企业转让固定资产、生物资产、无形资产、股权、债权等财产取得的收入。

（4）股息、红利等权益性投资收益。是指企业因权益性投资从被投资方取得的收入。股息、红利等权益性投资收益，除国务院财政、税务主管部门另有规定外，按照被投资方作出利润分配决定的日期确认收入的实现。

（5）利息收入。是指企业将资金提供他人使用但不构成权益性投资，或者因他人占用企业资金取得的收入，包括存款利息、贷款利息、债券利息、欠款利息等收入。利息收入，按照合同约定的债务人应付利息的日期确认收入的实现。

（6）租金收入。是指企业提供固定资产、包装物或者及其他有形财产使用权取得的收入。租金收入，按照合同约定的承租人应付租金的日期确认收入的实现。

（7）特许权使用费收入。是指企业提供专利权、非专利技术、商标权、著作权以及其他特许权的使用权而取得的收入。特许权使用费收入，按照合同约定的特许权使用人应付特许权使用费的日期确认收入的实现。

（8）接受捐赠收入。是指企业接受的来自其他企业、组织或者个人无偿给予的货币性资产、非货币性资产。接受捐赠收入，按照实际收到的捐赠资产的日期确认收入的实现。

（9）其他收入。是指企业取得的除以上收入外的其他收入，包括企业资产溢余收入、逾期未退包装物押金收入、确实无法偿付的应付款项、已做坏账损失处理后又收回的应收款项、债务重组收入、补贴收入、违约金收入、汇兑收益等。

（三）不征税收入和免税收入

国家为了扶持和鼓励某些特殊的纳税人和特定的项目，或者避免因征税影响企业的正常经营，对企业取得的某些收入予以不征税或免税的特殊政策，以减轻企业的负担，促进经济的协调发展。或准予抵扣应纳税所得额，或对专项用途的资金作为非税收入处理，以减轻企业的税负，增加企业可用资金。

1. 不征税收入

（1）财政拨款。是指各级人民政府对纳入预算管理的事业单位、社会团体等组织拨付的财政资金，但国务院和国务院财政、税务主管部门另有规定的除外。

（2）依法收取并纳入财政管理的行政事业性收费、政府性基金，是指依照法律法规等有关规定，按照国务院规定程序批准，在实施社会公共管理，以及在向公民、法人或者其他组织提供特定公共服务过程中，向特定对象收取并纳入财政管理的费用。政府性基金，是指企业依照法律、行政法规等有关规定，代政府收取的具有专项用途的财政资金。

（3）国务院规定的其他不征税收入，是指企业取得的，由国务院财政、税务主管部门规定专项用途并经国务院批准的财政性资金。财政性资金，是指企业取得的来源于政府及其有关部门的财政补助、补贴、贷款贴息，以及其他各类财政专项资金，包括直接减免的增值税和即征即退、先征后退、先征后返的各种税收。

2. 免税收入

（1）国债利息收入。为鼓励企业积极购买国债，支援国家建设项目，税法规定，企业因购买国债所得的利息收入，免征企业所得税。

（2）符合条件的居民企业之间的股息、红利等权益性收益。是指居民企业直接投资于其他居民企业取得的投资收益。

（3）在中国境内设立机构、场所的非居民企业从居民企业取得与该机构、场所有实际联系的股息、红利等权益性投资收益。该收益不包括连续持有居民企业公开发行并上市流通的股票不足 12 个月取得的投资收益。

（4）符合条件的非营利组织的收入。

（四）扣除项目的范围

企业所得税法规定，企业实际发生的与取得收入有关的、合理的支出，包括成本、费用、税金、损失和其他支出，准予在计算应纳税所得额时扣除。

1. 成本

成本是指企业在生产经营活动中发生的销售成本、销货成本、业务支出，以及其他耗费，即企业销售商品（产品、材料、下脚料、废料、废旧物资等）、提供劳务、转让固定资产、无形资产（包括技术转让）的成本。

2. 费用

费用是指企业每一个纳税年度为生产、经营商品和提供劳务等所发生的销售（经营）费用、管理费用和财务费用。

3. 税金

税金是指企业发生的除企业所得税和允许抵扣的增值税以外的企业缴纳的各项税金及其附加，即企业按规定缴纳的消费税、城市维护建设税、关税、资源税、土地增值税、房产税、车船税、土地使用税、印花税、教育费附加等产品销售税金及附加。这些已纳税金准予税前扣除。准许扣除的税金有两种方式：一是在发生当期扣除；二是在发生当期计入相关资产的成本，在以后各期分摊扣除。

4. 损失

损失是指企业在生产经营活动中发生的固定资产和存货的盘亏、毁损、报废损失，转让财产损失、呆账损失、坏账损失、自然灾害等不可抗力因素造成的损失以及其他损失。企业发生的损失减除责任人赔偿和保险赔款后的余额，依照国务院财政、税务主管部门的规定扣除。企业已经作为损失处理的资产，在以后纳税年度又全部收回或者部分收回时，应当计入当期收入。

5. 其他支出

其他支出是指除成本、费用、税金、损失外，企业在生产经营活动中发生的与生产经营活动有关的、合理的支出。

（五）扣除项目的标准

在计算应纳税所得额时，下列项目可按照实际发生额或规定的标准扣除。

1. 工资、薪金支出

企业发生的合理的工资、薪金支出准予据实扣除。工资、薪金支出是企业每一纳税年度支付给本企业任职或与其有雇佣关系的员工的所有现金形式或非现金形式的劳动报酬，包括基本工资、资金、津贴、补贴、年终加薪、加班工资，以及与员工任职或者是受雇有关的其他支出。“合理的工资、薪金”，是指企业按照股东大会、董事会、薪酬委员会或相关管理机构制定的工资薪金制度规定实际发放给员工的工资、薪金。

2. 职工福利费、工会经费、职工教育经费

企业发生的职工福利费、工会经费、职工教育经费按标准扣除，未超过标准的按实际数扣除，超过标准的只能按标准扣除。

（1）企业发生的职工福利费支出，不超过工资、薪金总额14%的部分准予扣除。

（2）企业拨缴的工会经费，不超过工资、薪金总额2%的部分准予扣除。

（3）除国务院财政、税务主管部门另有规定外，企业发生的职工教育经费支出，自2018年1月1日起不超过工资、薪金总额8%的部分准予扣除，超过部分准予结转以后纳税年度扣除。

上述计算职工福利费、工会经费、职工教育经费的“工资、薪金总额”，是指企业按照上述第1条规定实际发放的工资、薪金总和，不包括企业的职工福利费、职工教育经费、工会经费以及养老保险费、医疗保险费、失业保险费、工伤保险费、生育保险费等社会保险费和住房公积金。属于国有性质的企业，其工资、薪金，不得超过政府有关部门给予的限定数额；超过部分，不得计入企业工资、薪金总额，也不得在计算企业应纳税所得额时扣除。

3. 社会保险费

（1）企业依照国务院有关主管部门或者省级人民政府规定的范围和标准为职工缴纳的“五险一金”，即基本养老保险费、基本医疗保险费、失业保险费、工伤保险费、生育保险等基本社会保险费和住房公积金，准予扣除。

（2）企业为投资者或者职工支付的补充养老保险费、补充医疗保险费，在国务院财政、

税务主管部门规定的范围和标准内，准予扣除。企业依照国家有关规定为特殊工种职工支付的人身安全保险费和符合国务院财政、税务主管部门规定可以扣除的商业保险费准予扣除。

4. 其他保险费

（1）企业参加财产保险，按照规定缴纳的保险费，准予扣除。企业为投资者或者职工支付的商业保险费，不得扣除。

（2）企业职工因公出差乘坐交通工具发生的人身意外保险费支出，准予企业在计算应纳税所得额时扣除。

（3）企业参加雇主责任险、公众责任险等责任保险，按照规定缴纳的保险费，准予在企业所得税税前扣除。

5. 利息费用

企业在生产、经营活动中发生的利息费用，按下列规定扣除。

（1）非金融企业向金融企业借款的利息支出、金融企业的各项存款利息支出和同业拆借利息支出、企业经批准发行债券的利息支出可据实扣除。

（2）非金融企业向非金融企业借款的利息支出，不超过按照金融企业同期同类贷款利率计算的数额的部分可据实扣除，超过部分不许扣除。

金融机构，是指各类银行、保险公司以及经中国人民银行批准从事金融业务的非银行金融机构。包括国家专业银行、区域性银行、股份制银行、外资银行、中外合资银行以及其他综合性银行；还包括全国性保险企业、区域性保险企业、股份制保险企业、中外合资保险企业以及其他专业性保险企业；城市、农村信用社、各类财务公司，以及其他从事信托投资、租赁等业务的专业和综合性非银行金融机构。非金融机构，是指除上述金融机构以外的所有企业、事业单位以及社会团体等企业或组织。

（3）企业向自然人借款的利息支出在企业所得税税前的扣除。

1）企业向股东或其他与企业有关联关系的自然人借款的利息支出，应根据《企业所得税法》第 46 条及《财政部、国家税务总局关于企业关联方利息支出税前扣除标准有关税收政策问题的通知》（财税〔2008〕121 号）规定的条件，计算企业所得税扣除额。

2）企业向除 1）规定以外的内部职工或其他人员借款的利息支出，其借款情况同时符合以下条件的，其利息支出在不超过按照金融企业同期同类贷款利率计算的数额的部分，准予扣除。

条件一：企业与个人之间的借贷是真实、合法、有效的，并且不具有非法集资目的或其他违反法律、法规的行为；

条件二：企业与个人之间签订了借款合同。

6. 借款费用

（1）企业在生产经营活动中发生的合理的不需要资本化的借款费用，准予扣除。

（2）企业为购置、建造固定资产、无形资产和经过 12 个月以上的建造才能达到预定可销售状态的存货发生的借款的，在有关资产购置、建造期间发生的合理的借款费用，应予以资本化，作为资本性支出计入有关资产的成本；有关资产交付使用后发生的借款利息，可在发生当期扣除。

（3）企业通过发行债券、取得贷款、吸收保户储金等方式融资而发生的合理的费用支出，符合资本化条件的，应计入相关资产成本；不符合资本化条件的，应作为财务费用，准予在企业所得税前据实扣除。

7. 汇兑损失

企业在货币交易中，以及纳税年度终了时将人民币以外的货币性资产、负债按照期末即期人民币汇率中间价折算为人民币时产生的汇兑损失，除已经计入有关资产成本以及与向所有者进行利润分配相关的部分外，准予扣除。

8. 业务招待费

（1）企业发生的与其生产、经营业务有关的业务招待费支出，按照发生额的60%扣除，但最高不得超过当年销售（营业）收入的5‰。

（2）对从事股权投资业务的企业（包括集团公司总部、创业投资企业等），其从被投资企业所分配的股息、红利以及股权转让收入，可以按规定的比例计算业务招待费扣除限额。

（3）企业在筹建期间，发生的与筹办活动有关的业务招待费支出，可按实际发生额的60%计入企业筹办费，并按有关规定在税前扣除。

9. 广告费和业务宣传费

（1）企业发生的符合条件的广告费和业务宣传费支出，除国务院财政、税务主管部门另有规定外，不超过当年销售（营业）收入15%的部分，准予扣除；超过部分，准予结转以后纳税年度扣除。

（2）自2021年1月1日起至2025年12月31日止，对化妆品制造或销售、医药制造和饮料制造（不含酒类制造）企业发生的广告费和业务宣传费支出，不超过当年销售（营业）收入30%的部分，准予扣除；超过部分，准予在以后纳税年度结转扣除。

（3）对签订广告费和业务宣传费分摊协议（以下简称分摊协议）的关联企业，其中一方发生的不超过当年销售（营业）收入税前扣除限额比例内的广告费和业务宣传费支出可以在本企业扣除，也可以将其中的部分或全部按照分摊协议归集至另一方扣除。另一方在计算本企业广告费和业务宣传费支出企业所得税税前扣除限额时，可将按照上述办法归集至本企业的广告费和业务宣传费不计算在内。

（4）企业在筹建期间，发生的广告费和业务宣传费，可按实际发生额计入企业筹办费，可按上述规定在税前扣除。

（5）烟草企业的烟草广告费和业务宣传费支出，一律不得在计算应纳税所得额时扣除。

（6）企业申报扣除的广告费支出应与赞助支出严格区分。企业申报扣除的广告费支出，必须符合下列条件：广告是通过工商部门批准的专门机构制作的；已实际支付费用，并已取得相应发票；通过一定的媒体传播。

10. 环境保护专项资金

企业依照法律、行政法规有关规定提取的用于环境保护、生态恢复等方面的专项资金，准予扣除。上述专项资金提取后改变用途的，不得扣除。

11. 租赁费

企业根据生产经营需要租入固定资产支付的租赁费，按照以下方法扣除：

（1）以经营租赁方式租入固定资产发生的租赁费支出，按照租赁期限均匀扣除。

（2）以融资租赁方式租入固定资产发生的租赁费支出，按照规定构成融资租入固定资产价值的部分应当提取折旧费用，分期扣除。

12. 劳动保护费

企业发生的合理的劳动保护支出，准予扣除。

13. 公益性捐赠支出

公益性捐赠，是指企业通过公益性社会团体或者县级以上人民政府及其部门，用于《中华人民共和国公益事业捐赠法》中规定的公益事业的捐赠。

（1）企业发生的公益性捐赠支出，不超过年度利润总额12％的部分，准予扣除；超过年度利润总额12％的部分，准予以后三年内在计算应纳税所得额时结转扣除。年度利润总额，是指企业依照国家统一会计制度的规定计算的年度会计利润。

（2）企业发生的公益性捐赠支出未在当年税前扣除的部分，准予向以后年度结转扣除，但结转年限自捐赠发生年度的次年起计算最长不得超过三年。企业在对公益性捐赠支出计算扣除时，应先扣除以前年度结转的捐赠支出，再扣除当年发生的捐赠支出。

（3）自2019年1月1日至2022年12月31日，企业通过公益性社会组织或者县级（含县级）以上人民政府及其组成部门和直属机构，用于目标脱贫地区的扶贫捐赠支出，准予在计算企业所得税应纳税所得额时据实扣除。在政策执行期限内，目标脱贫地区实现脱贫的，可继续适用上述政策。

（4）企业通过县级以上人民政府及其组成部门或公益性社会团体向地震灾区捐赠时，应注意索取并保存有关证明材料，作为公益性捐赠支出税前扣除的证明材料。主要包括：

1）接受捐赠或办理转赠的非营利的公益性社会团体的捐赠税前扣除资格证明材料；

2）公益救济性捐赠票据［按照财务隶属关系分别使用由中央或省级财政部门统一印（监）制的公益救济性捐赠票据，并加盖接受捐赠或转赠单位的财务专用印章］。

14. 研究开发费

研究开发费（以下简称研发费用），是指企业为开发新技术、新产品、新工艺发生的研究开发费用。企业开展研发活动中实际发生的研发费用，未形成无形资产计入当期损益的，在按照规定据实扣除的基础上，在2018年1月1日至2023年12月31日期间①，再按照实际发生额的75％在税前加计扣除；形成无形资产的，在上述期间按照无形资产成本的175％在税前摊销。

“财政部、税务总局公告2021年第13号”规定：制造业企业开展研发活动中实际发生的研发费用，未形成无形资产计入当期损益的，在按规定据实扣除的基础上，自2021年1月1日起，再按照实际发生额的100％在税前加计扣除；形成无形资产的，自2021年1月1日起，按照无形资产成本的200％在税前摊销。

本条所称制造业企业，是指以制造业业务为主营业务，享受优惠当年主营业务收入占收入总额的比例达到50％以上的企业。制造业的范围按照《国民经济行业分类》（GB/T 4574—2017）确定，如国家有关部门更新《国民经济行业分类》，从其规定。收入总额按照企业所得税法第六条规定执行。

15. 有关资产的费用

企业转让各类固定资产发生的费用，允许扣除。企业按规定计算的固定资产折旧费、无

---

① 根据“财政部、税务总局公告2021年第6号”的规定，财税〔2018〕99号执行期限延长至2023年12月31日。

形资产和递延资产的摊销费，准予扣除。

16. 总机构分摊的费用

非居民企业在中国境内设立的机构、场所，就其中国境外总机构发生的与该机构、场所生产经营有关的费用，能够提供总机构出具的费用汇集范围、定额、分配依据和方法等证明文件，并合理分摊的，准予扣除。

17. 资产损失

企业当期发生的固定资产和流动资产盘亏、毁损净损失，由其提供清查盘存资料经主管税务机关审核后，准予扣除。

18. 手续费及佣金支出

（1）企业发生的与生产经营有关的手续费及佣金支出，不超过以下规定计算限额以内的部分，准予扣除；超过部分，不得扣除。

1）保险企业：财产保险企业按当年全部保费收入扣除退保金等后余额的15%（含本数，下同）计算限额；人身保险企业按当年全部保费收入扣除退保金等后余额的10%计算限额。

2）其他企业：按与具有合法经营资格中介服务机构或个人（不含交易双方及其雇员、代理人和代表人等）所签订服务协议或合同确认的收入金额的5%计算限额。

（2）企业应与具有合法经营资格的中介服务企业或个人签订代办协议或合同，并按国家有关规定支付手续费及佣金。除委托个人代理外，企业以现金等非转账方式支付的手续费及佣金不得在税前扣除。企业为发行权益性证券支付给有关证券承销机构的手续费及佣金不得在税前扣除。

（3）企业不得将手续费及佣金支出计入回扣、业务提成、返利、进场费等费用。

（4）企业已计入固定资产、无形资产等相关资产的手续费及佣金支出，应当通过折旧、摊销等方式分期扣除，不得在发生当期直接扣除。

（5）企业支付的手续费及佣金不得直接冲减服务协议或合同金额，并如实入账。

（6）企业应当如实向当地主管税务机关提供当年手续费及佣金计算分配表和其他相关资料，并依法取得合法真实凭证。

19. 其他项目

依照有关法律、行政法规和国家有关税法规定准予扣除的其他项目。如会员费、合理的会议费、差旅费、违约金、诉讼费用等。

（六）不得扣除的项目

在计算应纳税所得额时，下列支出不得扣除：

（1）向投资者支付的股息、红利等权益性投资收益款项。

（2）企业所得税税款。

（3）税收滞纳金。是指纳税人违反税收法规，被税务机关处以的滞纳金。

（4）罚金、罚款和被没收财物的损失。是指纳税人违反国家有关法律、法规规定，被有关部门处以的罚款，以及被司法机关处以的罚金和被没收财物。

（5）超过规定标准的捐赠支出。

（6）赞助支出。是指企业发生的与生产经营活动无关的各种非广告性质支出。

(7) 未经核定的准备金支出。是指不符合国务院财政、税务主管部门规定的各项资产减值准备、风险准备等准备金支出。

(8) 企业之间支付的管理费、企业内营业机构之间支付的租金和特许权使用费，以及非银行企业内营业机构之间支付的利息。

(9) 与取得收入无关的其他支出。

(七) 亏损弥补

亏损是指企业依照《企业所得税法》和《企业所得税法实施条例》的规定，将每一纳税年度的收入总额减除不征税收入、免税收入和各项扣除后小于零的数额。税法规定，企业某一纳税年度发生的亏损可以用下一年度的所得弥补，下一年度的所得不足以弥补的，可以逐年延续弥补，但最长不得超过5年。企业在汇总计算缴纳企业所得税时，其境外营业机构的亏损不得抵减境内营业机构的盈利。

自2018年1月1日起，当年具备高新技术企业或科技型中小企业资格（以下统称资格）的企业，其具备资格年度之前5个年度发生的尚未弥补完的亏损，准予结转以后年度弥补，最长结转年限由5年延长至10年。

(八) 境外所得抵扣税额的计算

企业取得的下列所得已在境外缴纳的所得税税额，可以从其当期应纳税额中抵免，抵免限额为该项所得依照相关法律规定计算的应纳税额；超过抵免限额的部分，可以在以后5个年度内，用每年度抵免限额抵免当年应抵税额后的余额进行抵补：

(1) 居民企业来源于中国境外的应税所得。

(2) 非居民企业在中国境内设立机构、场所，取得发生在中国境外但与该机构、场所有实际联系的应税所得。

居民企业从其直接或者间接控制的外国企业分得的来源于中国境外的股息、红利等权益性投资收益，外国企业在境外实际缴纳的所得税税额中属于该项所得负担的部分，可以作为该居民企业的可抵免境外所得税税额，在企业所得税法规定的抵免限额内抵免。上述所称直接控制，是指居民企业直接持有外国企业20%以上股份。上述所称间接控制，是指居民企业以间接持股方式持有外国企业20%以上股份，具体认定办法由国务院财政、税务主管部门另行制定。

已在境外缴纳的所得税税额，是指企业来源于中国境外的所得依照中国境外税收法律以及相关规定应当缴纳并已经实际缴纳的企业所得税性质的税款。企业依照企业所得税法的规定抵免企业所得税税额时，应当提供中国境外税务机关出具的税款所属年度的有关纳税凭证。

抵免限额，是指企业来源于中国境外的所得，依照企业所得税法和本条例的规定计算的应纳税额。除国务院财政、税务主管部门另有规定外，该抵免限额应当分国（地区）不分项计算，计算公式为：

$$\text{抵免限额}=\begin{matrix}\text{中国境内、境外所得依照企业所得}\\\text{税法和条例规定计算的应纳税总额}\end{matrix}\times\begin{matrix}\text{来源于某国（地区）}\\\text{的应纳税所得额}\end{matrix}\div\begin{matrix}\text{中国境内、境外}\\\text{应纳税所得总额}\end{matrix}$$

前述5个年度，是指从企业取得的来源于中国境外的所得，已经在中国境外缴纳的企业所得税性质的税额超过抵免限额的当年的次年起连续5个纳税年度。

（九）税收优惠

1. 免征与减征优惠

（1）从事农、林、牧、渔业项目的所得。

（2）从事国家重点扶持的公共基础设施项目投资经营的所得。企业从事国家重点扶持的港口码头、机场、铁路、公路、电力、水利等公共基础设施项目的投资经营的所得，自项目取得第一笔生产经营收入所属纳税年度起，第1年至第3年免征企业所得税，第4年至第6年减半征收企业所得税。

（3）从事符合条件的环境保护、节能节水项目的所得。环境保护、节能节水项目的所得，自项目取得第一笔生产经营收入所属纳税年度起，第1年至第3年免征企业所得税，第4年至第6年减半征收企业所得税。

（4）符合条件的技术转让所得。企业所得税法所称符合条件的技术转让所得免征、减征企业所得税，是指一个纳税年度内，居民企业转让技术所有权所得不超过500万元的部分，免征企业所得税；超过500万元的部分，减半征收企业所得税。

技术转让的范围，包括居民企业转让专利技术、计算机软件著作权、集成电路布图设计权、植物新品种、生物医药新品种，以及财政部和国家税务总局确定的其他技术。符合条件的技术转让所得的计算方法：

技术转让所得＝技术转让收入－技术转让成本－相关税费

2. 高新技术企业优惠

国家需要重点扶持的高新技术企业减按15%的所得税税率征收企业所得税。

3. 技术先进型服务企业优惠

（1）自2017年1月1日起，在全国范围内对经认定的技术先进型服务企业，减按15%的税率征收企业所得税。

（2）享受本通知第一条规定的企业所得税优惠政策的技术先进型服务企业必须同时符合以下条件：

1）在中国境内（不包括港、澳、台地区）注册的法人企业。

2）从事《技术先进型服务业务认定范围（试行）》中的一种或多种技术先进型服务业务，采用先进技术或具备较强的研发能力。

3）具有大专以上学历的员工占企业职工总数的50%以上。

4）从事《技术先进型服务业务认定范围（试行）》中的技术先进型服务业务取得的收入占企业当年总收入的50%以上。

5）从事离岸服务外包业务取得的收入不低于企业当年总收入的35%。

4. 小型微利企业优惠

小型微利企业减按20%的所得税税率征收企业所得税。小型微利企业减按20%的所得税税率征收企业所得税。根据“财税〔2019〕13号”“财政部、税务总局公告2021年第12号”和“国家税务总局公告2021年第8号”规定：

（1）对小型微利企业年应纳税所得额不超过 100 万元的部分，减按 25%计入应纳税所得额，按 20%的税率缴纳企业所得税；对年应纳税所得额超过 100 万元但不超过 300 万元的部分，减按 50%计入应纳税所得额，按 20%的税率缴纳企业所得税。

2021 年 1 月 1 日至 2022 年 12 月 31 日，在上述优惠政策基础上，对小型微利企业年应纳税所得额不超过 100 万元的部分，减按 12.5%计入应纳税所得额，按 20%的税率缴纳企业所得税。

（2）上述小型微利企业是指从事国家非限制和禁止行业，且同时符合年度应纳税所得额不超过 300 万元、从业人数不超过 300 人、资产总额不超过 5 000 万元三个条件的企业。

从业人数，包括与企业建立劳动关系的职工人数和企业接受的劳务派遣用工人数。所称从业人数和资产总额指标，应按企业全年的季度平均值确定。具体计算公式如下：

季度平均值＝（季初值＋季末值）÷2

全年季度平均值＝全年各季度平均值之和÷4

年度中间开业或者终止经营活动的，以其实际经营期作为一个纳税年度确定上述相关指标。

（3）小型微利企业所得税统一实行按季度预缴。

预缴企业所得税时，小型微利企业的资产总额、从业人数、年度应纳税所得额指标，暂按当年度截至本期申报所属期末的情况进行判断。

5. 加计扣除优惠

（1）研究开发费。研究开发费加计扣除的规定，详见前述。

（2）企业安置残疾人员所支付的工资。企业安置残疾人员所支付工资费用的加计扣除，是指企业安置残疾人员的，在按照支付给残疾职工工资据实扣除的基础上，按照支付给残疾职工工资的 100%加计扣除。残疾人员的范围适用《中华人民共和国残疾人保障法》的有关规定。

6. 创投企业优惠

创投企业从事国家需要重点扶持和鼓励的创业投资，可以按投资额的一定比例抵扣应纳税所得额。创投企业优惠，是指创业投资企业采取股权投资方式投资于未上市的中小高新技术企业 2 年以上的，可以按照其投资额的 70%在股权持有满 2 年的当年抵扣该创业投资企业的应纳税所得额，当年不足抵扣的，可以在以后纳税年度结转抵扣。

7. 加速折旧优惠

企业的固定资产由于技术进步等原因，确需加速折旧的，可以缩短折旧年限或者采取加速折旧的方法。可采用以上折旧方法的固定资产是指：由于技术进步，产品更新换代较快的固定资产；常年处于强震动、高腐蚀状态的固定资产。采取缩短折旧年限方法的，最低折旧年限不得低于规定折旧年限的 60%；采取加速折旧方法的，可以采取双倍余额递减法或者年数总和法。

为贯彻落实国务院完善固定资产加速折旧政策精神，“财税〔2014〕75 号”“财税〔2015〕106 号”“财税〔2018〕54 号”“财政部、税务总局公告 2019 年第 66 号”文件又规定如下：

（1）“财税〔2014〕75 号”对生物药品制造业，专用设备制造业，铁路、船舶、航空航天和其他运输设备制造业，计算机、通信和其他电子设备制造业，仪器仪表制造业，信息传输、软件和信息技术服务业6个行业的企业2014年1月1日后新购进的固定资产，对轻工、纺织、机械、汽车4个领域重点行业（具体范围见附件）的企业2015年1月1日后新购进的固定资产，可缩短折旧年限或采取加速折旧的方法。

对上述6个行业的小型微利企业2014年1月1日后新购进的研发和生产经营共用的仪器、设备，对4个领域重点行业小型微利企业2015年1月1日后新购进的研发和生产经营共用的仪器、设备，单位价值不超过100万元的，允许一次性计入当期成本费用在计算应纳税所得额时扣除，不再分年度计算折旧；单位价值超过100万元的，可缩短折旧年限或采取加速折旧的方法。

（2）“财税〔2018〕54号”：企业在2018年1月1日至2020年12月31日期间新购进的设备、器具，单位价值不超过500万元的，允许一次性计入当期成本费用在计算应纳税所得额时扣除，不再分年度计算折旧；单位价值超过500万元的，仍按企业所得税法实施条例、《财政部、国家税务总局关于完善固定资产加速折旧企业所得税政策的通知》（财税〔2014〕75号）、《财政部、国家税务总局关于进一步完善固定资产加速折旧企业所得税政策的通知》（财税〔2015〕106号）等相关规定执行。“财政部、税务总局公告2021年第6号”已将此执行期限延长至2023年12月31日。

（3）“财政部、税务总局公告2019年第66号”：自2019年1月1日起，适用《财政部、国家税务总局关于完善固定资产加速折旧企业所得税政策的通知》（财税〔2014〕75号）和《财政部、国家税务总局关于进一步完善固定资产加速折旧企业所得税政策的通知》（财税〔2015〕106号）规定固定资产加速折旧优惠的行业范围，扩大至全部制造业领域。

（4）按照《企业所得税法》及其实施条例有关规定，企业根据自身生产经营需要，也可选择不实行加速折旧政策。

8. 减计收入优惠

减计收入优惠，是企业综合利用资源，生产符合国家产业政策规定的产品所取得的收入，可以在计算应纳税所得额时减计收入。综合利用资源，是指企业以《资源综合利用企业所得税优惠目录》规定的资源作为主要原材料，生产国家非限制和禁止并符合国家和行业相关标准的产品取得的收入，减按90%计入收入总额。

9. 税额抵免优惠

税额抵免，是指企业购置并实际使用《环境保护专用设备企业所得税优惠目录》《节能节水专用设备企业所得税优惠目录》和《安全生产专用设备企业所得税优惠目录》规定的环境保护、节能节水、安全生产等专用设备的，该专用设备的投资额的10%可以从企业当年的应纳税额中抵免；当年不足抵免的，可以在以后5个纳税年度结转抵免。

10. 民族自治地方和西部大开发优惠

民族自治地方的自治机关对本民族自治地方的企业应缴纳的企业所得税中属于地方分享的部分，可以决定减征或者免征。自治州、自治县决定减征或者免征的，需报省、自治区、直辖市人民政府批准。

自2021年1月1日至2030年12月31日，对设在西部地区的鼓励类产业企业减按15%的税率征收企业所得税。本条所称鼓励类产业企业是指以《西部地区鼓励类产业目录》中规定的产业项目为主营业务，且其主营业务收入占企业收入总额 60%以上的企业。

11. 特殊行业优惠

（1）2018 年 1 月 1 日后投资新设的集成电路线宽小于 130 纳米，且经营期在 10 年以上的集成电路生产企业或项目，第一年至第二年免征企业所得税，第三年至第五年按照 25%的法定税率减半征收企业所得税，并享受至期满为止。

（2）2018 年 1 月 1 日后投资新设的集成电路线宽小于 65 纳米或投资额超过 150 亿元，且经营期在 15 年以上的集成电路生产企业或项目，第一年至第五年免征企业所得税，第六年至第十年按照 25%的法定税率减半征收企业所得税，并享受至期满为止。

（3）对于按照集成电路生产企业享受本通知第一条、第二条税收优惠政策的，优惠期自企业获利年度起计算；对于按照集成电路生产项目享受上述优惠的，优惠期自项目取得第一笔生产经营收入所属纳税年度起计算。

（4）依法成立且符合条件的集成电路设计企业和软件企业，在 2019 年 12 月 31 日前自获利年度起计算优惠期，第一年至第二年免征企业所得税，第三年至第五年按照 25%的法定税率减半征收企业所得税，并享受至期满为止。

（5）关于鼓励证券投资基金发展的优惠政策。对证券投资基金从证券市场中取得的收入，包括买卖股票、债券的差价收入，股权的股息、红利收入，债券的利息收入及其他收入，暂不征收企业所得税。

对投资者从证券投资基金分配中取得的收入，暂不征收企业所得税。

对证券投资基金管理人员运用基金买卖股票、债券的差价收入，暂不征收企业所得税。

12. 非居民企业优惠

非居民企业减按 10%的所得税税率征收企业所得税。这里的非居民企业，是指在中国境内未设立机构、场所的，或者虽设立机构、场所但取得的所得与其所设机构、场所没有实际联系的企业。该类非居民企业取得下列所得免征企业所得税：外国政府向中国政府提供贷款取得的利息所得；国际金融组织向中国政府和居民企业提供优惠贷款取得的利息所得；经国务院批准的其他所得。

13. 其他优惠

国家根据不同时期的需要制定和颁布的其他企业所得税优惠政策。

四、企业所得税的纳税期限和纳税地点

（一）纳税期限

企业所得税按年计征，分月或者分季预缴，年终汇算清缴，多退少补。

企业所得税的纳税年度，自公历每年 1 月 1 日起至 12 月 31 日止。企业在一个纳税年度的中间开业，或者由于合并、关闭等原因终止经营活动，使该纳税年度的实际经营期不足 12 个月的，应当以其实际经营期为一个纳税年度。企业清算时，应当以清算期间作为一个纳税年度。

纳税人应当自月份或者季度终了之日起 15 日内，向其所在地税务机关报送预缴企业所得税纳税申报表，预缴税款。企业应当自年度终了之日起 5 个月内，无论盈利或亏损，均应向税务机关报送年度企业所得税纳税申报表，并汇算清缴，结清应缴应退税款。企业在年度

中间终止经营活动的，应当自实际经营终止之日起60日内，向税务机关办理当期企业所得税汇算清缴。

（二）纳税地点

企业所得税由纳税人向其所在地主管税务机关缴纳。所在地是指纳税人的实际经营管理地。企业登记注册地与实际经营管理地不一致的，应当以其实际经营管理地为申报纳税所在地。

居民企业以企业登记注册地为纳税地点；但登记地在境外的，以实际管理机构所在地为纳税地点。居民企业在中国境内设立不具有法人资格的营业机构的，应当汇总计算并缴纳企业所得税。非居民企业在中国境内设立机构、场所的。应当就其所设机构、场所取得的来源于中国境内的所得，以及发生在中国境外，但与其所设机构、场所有实际联系的，以机构、场所所在地为纳税地点。

非居民企业在中国未设立机构、场所的，或者虽然设立机构、场所但取得的所得与其所设机构、场所没有实际联系的，以扣缴义务人所在地为纳税地点。

※ 税收法律依据 ※

我国《企业所得税法》规定，企业所得税分月或者分季预缴。企业应当自月份或者季度终了之日起15日内，向税务机关报送预缴企业所得税纳税申报表，预缴税款。企业应当自年度终了之日起5个月内，向税务机关报送年度企业所得税纳税申报表，并汇算清缴，结清应缴应退税款。

企业分月或者分季预缴企业所得税时，应当按照月度或者季度的实际利润额预缴；按照月度或者季度的实际利润额预缴有困难的，可以按照上一纳税年度应纳税所得额的月度或者季度平均额预缴，或者按照经税务机关认可的其他方法预缴。预缴方法一经确定，该纳税年度内不得随意变更。

※ 任务指导 ※

企业的会计利润是按照《企业会计准则》的规定计算的，而企业所得税应纳税所得额是在会计利润的基础上，按照税法规定进行纳税调整而确定的。如果企业想要延期纳税，可以在预缴所得税和纳税调整方面进行筹划，确定最佳的预缴方法。

从递延缴纳所得税的角度来看，按季预缴相对于按月预缴更为有利。当企业利润处于上升时期时，按照上一纳税年度应纳税所得额的月度或者季度平均额预缴，可递延缴纳所得税；反之，则应按实际数预缴。

※ 任务操作 ※

【承接案例4.1.1】

由于该公司不能同时符合“财税〔2019〕13号”规定的小微企业三个条件，不能享受小微企业普惠性税收减免政策。

方案1：如果该公司选择按月预缴，按照实际利润申报预缴企业所得税，则：

每月应申报纳税额＝300 000×25%＝75 000（元）

方案 2：如果该公司选择按季预缴，按照实际利润申报预缴企业所得税，则：

每季应申报纳税额＝300 000×3×25%＝225 000（元）

方案 3：如果该公司选择按上年度应纳税所得额的 1/12 进行预缴，即按月预缴，则：

每月应申报纳税额＝3 900 000÷12×25%＝81 250（元）

方案 4：如果该公司选择按上年度应纳税所得额的 1/4 进行预缴，即按季预缴，则：

每季应申报纳税额＝3 900 000÷4×25%＝243 750（元）

本案例中，从递延缴纳所得税的角度来看，按照实际利润并按季预缴相对于其他的预缴方法，可以获得货币的时间价值和更多的流动资金，方案 2 对企业最为有利。

※ 任务小结和风险提示 ※

全面认识企业所得税法是做好企业所得税纳税筹划的技能储备。在掌握企业所得税法的基础上，应随时关注企业所得税政策的变化，为正确运用税收法规进行纳税筹划打下基础。

任务 2

企业所得税纳税人的纳税筹划

任务 2.1　企业成立时组织形式的纳税筹划

※ 任务导入 ※

【案例 4.2.1】2021 年 1 月张某等人欲投资开设一家小型企业（符合小微企业条件），企业预计每年应税所得额不超过 100 万元，企业在设立时有两个方案可供选择。方案 1：有 4 位合伙人，均为个体工商户，每人出资 200 万元，设立合伙企业。方案 2：设立有限责任公司，注册资本 800 万元。在暂不考虑投资者每月工资的情况下，请问以何种方式组建公司可获得最大税收利益？

※ 税收法律依据 ※

企业组织形式分为三类，即公司企业、合伙企业和独资企业。从法律角度来讲，公司企业属于法人企业，独资企业和合伙企业是非法人企业。法人企业及其分支机构是企业所得税的纳税人，非法人企业即独资企业和合伙企业不是企业所得税的纳税人，而是个人所得税的纳税人。

※ 任务指导 ※

合伙企业不缴纳企业所得税，个人合伙人各自应按经营所得缴纳个人所得税，适用5级超额累进税率。

公司企业依法缴纳企业所得税。2021年1月1日至2022年12月31日，对小型微利企业年应纳税所得额不超过100万元的部分，减按12.5%计入应纳税所得额，按20%的税率缴纳企业所得税。对个体工商户经营所得年应纳税所得额不超过100万元的部分，在现行优惠政策基础上，再减半征收个人所得税。个体工商户不区分征收方式，均可享受。向自然人投资者分配股利或红利，应代扣代缴个人所得税，适用20%的比例税率。

※ 任务操作 ※

【承接案例4.2.1】

方案1：成立合伙企业。

每个合伙人应纳个人所得税额＝1 000 000÷4×20%－10 500＝39 500（元）

每个合伙人减半征税后实际应纳个人所得税＝39 500×(1－50%)＝19 750（元）

合伙企业实际应纳个人所得税额合计＝19 750×4＝79 000（元）

合伙企业合计税后收益＝1 000 000－4×19 750＝921 000（元）

方案2：成立有限责任公司。

应纳企业所得税额＝1 000 000×12.5%×20%＝25 000（元）

每个投资人分得股利应纳个人所得税额＝(1 000 000－25 000)÷4×20%
＝48 750（元）

应纳税额合计＝25 000＋48 750×4＝220 000（元）

合计税后收益＝(1 000 000－25 000)－48 750×4＝780 000（元）

从税收的角度考虑，若不考虑投资者每月工资，投资者应选择方案1。

[风控重点] 发放给投资者的工资会直接影响方案的选择结果。

※ 任务小结和风险提示 ※

在实际操作中，投资者想要利用企业成立时的组织形式进行纳税筹划，还应综合考虑民商法中规定的注册资金、责任承担、企业性质以及投资者给自己发放的每月工资等因素，正确判断企业的整体税收和获利能力，这有利于投资者对企业不同组织形式的选择。

任务2.2　企业所得税纳税人避税地（注册地）的纳税筹划

※ 任务导入 ※

【案例4.2.2】 某投资者计划于2021年年初投资设立一家高新技术企业，预计每年税前利润为2 000万元。投资注册地区有两个选择：一是在上海浦东新区，二是在其他非经济特区地区。假设除了注册地外的其他条件基本相同，请问该投资者应如何选择注册地?

※ 税收法律依据 ※

(1)《中华人民共和国企业所得税法》第 29 条：民族自治地方的自治机关对本民族自治地方的企业应缴纳的企业所得税中属于地方分享的部分，可以决定减征或者免征。自治州、自治县决定减征或者免征的，须报省、自治区、直辖市人民政府批准。

(2) 国发〔2007〕40 号：对经济特区和上海浦东新区内在 2008 年 1 月 1 日（含）之后完成登记注册的国家需要重点扶持的高新技术企业（以下简称新设高新技术企业），在经济特区和上海浦东新区内取得的所得，自取得第一笔生产经营收入所属纳税年度起，第一年至第二年免征企业所得税，第三年至第五年按照 25%的法定税率减半征收企业所得税。

(3) 财税〔2011〕112 号：2010 年 1 月 1 日至 2020 年 12 月 31 日，对在新疆喀什、霍尔果斯两个特殊经济开发区内新办的属于《新疆困难地区重点鼓励发展产业企业所得税优惠目录》（以下简称《目录》）范围内的企业，自取得第一笔生产经营收入所属纳税年度起，五年内免征企业所得税。

第一笔生产经营收入，是指产业项目已建成并投入运营后所取得的第一笔收入。

(4) 财税〔2020〕31 号：自 2020 年 1 月 1 日起至 2024 年 12 月 31 日，对注册在海南自由贸易港并实质性运营的鼓励类产业企业，减按 15%的税率征收企业所得税。对在海南自由贸易港设立的旅游业、现代服务业、高新技术产业企业新增境外直接投资取得的所得，免征企业所得税。对在海南自由贸易港设立的企业，新购置（含自建、自行开发）固定资产或无形资产，单位价值不超过 500 万元（含）的，允许一次性计入当期成本费用在计算应纳税所得额时扣除，不再分年度计算折旧和摊销；新购置（含自建、自行开发）固定资产或无形资产，单位价值超过 500 万元的，可以缩短折旧、摊销年限或采取加速折旧、摊销的方法。本条所称固定资产，是指除房屋、建筑物以外的固定资产。

※ 任务指导 1：国际避税地的纳税筹划 ※

企业经营的目的是实现利润最大化，而利润既是企业经营发展的基本保障，也是衡量企业经营状况的重要因素，这必然导致企业会想方设法降低成本，提高利润。

税收是企业发展过程中不可忽视的成本。许多企业，特别是中小企业常常会误认为，税收只发生在企业经营并获得利润之后。实际上，税收伴随着公司设立产生。在设立公司时，企业会面临税收政策和企业注册地的选择。不同的注册地，不同的税收政策，将关乎企业日后的纳税额度，这必然要求企业的纳税筹划行为应从注册公司开始。按照注册地的境内外分类，企业所得税注册地纳税筹划可分为国际避税地的纳税筹划和国内税收洼地的纳税筹划。

一、国际避税地的概念和特征

国际避税地，通常是指那些可以被人们借以进行所得税或财产税国际避税活动的国家或地区。它的存在是跨国纳税人得以进行国际避税活动的重要前提条件。多指无税和低税的国家和地区。国际避税地特征包括：无税或相对低税率；提供信息保护；有稳定的货币和灵活的兑换管制；税收条约的存在与运用。

二、国际避税地类型

（1）不征收任何所得税的国家和地区。如巴哈马、百慕大群岛、开曼群岛以及瑙鲁。

（2）征收所得税但是税率较低的国家和地区。如瑞士、列支敦士登、海峡群岛。

（3）所得税课征仅实行地域管辖权的国家和地区。如中国香港、巴拿马、塞浦路斯等。

（4）对国内一般公司征收正常的所得税，但提供某些税收优惠的国家和地区。如英国、爱尔兰、卢森堡等。

（5）与其他国家签订有大量税收协定的国家。根据国际税收协定，缔约国双方要分别向对方国家的居民提供一定的税收优惠，主要是预提所得方面的税收优惠。如荷兰。

三、国际避税地纳税筹划

国际避税地纳税筹划，是指跨国纳税人利用国与国之间的税制差异和征管漏洞，将公司注册在国际避税地，在从事跨国经济活动中，通过各种不违法手段，规避或减少有关国家纳税义务的行为。将公司注册在国际避税地，是跨国纳税人进行纳税筹划、公司架构设计的重要手段之一，这不仅因为避税地拥有便捷的配套金融环境与宽松的政策环境，更因为在理论上讲，企业通过在国际避税地注册有可能极大地降低税负。例如：著名的美国企业 Facebook 2014 年在英国的纳税额仅为 4 327 英镑（约合 6 628.9 美元），英国分公司共有 362 名员工，人均薪酬高达 21 万英镑，销售额为 1.05 亿英镑。公司销售额和员工薪酬如此之高，为何纳税额却如此低？这是因为 Facebook 公司通过爱尔兰总部将英国销售利润转移到“避税天堂”开曼群岛，从而节省了大笔纳税[①]。不仅仅是 Facebook，许多跨国公司都有着类似的情况。例如：美国苹果公司 2011 年和 2012 年利用“避税三明治”策略规避了 125 亿美元的美国联邦税。

根据国泰安海外上市公司数据库的统计数据，截至 2017 年 3 月，在可以统计到注册地数据的 1 190 家中国海外上市公司中，有 375 家公司在开曼群岛注册，如阿里巴巴、腾讯、百度、京东等互联网公司。在其他国际避税地注册的公司有 300 多家，如蒙牛乳业、五菱汽车、世纪佳缘、聚美优品等。这些公司的经营地都位于中国内地，都采用了离岸公司模式。

由于跨国纳税人的这种避税行为往往极大伤害了纳税人母国的财政利益，因此全世界主要国家都很强调对国际避税地的监管，西方各国政府更是非常注重对在避税天堂注册的跨国企业采取严厉的反避税措施。例如：Facebook 2015 财年净利润为 36.9 亿美元，但在其公布业绩当天，其因涉嫌逃税，而被美国国税局要求补缴 30 亿美元～50 亿美元税款。

我国也正在对跨国避税实行严密的监控。2014 年，我国税务部门对微软中国子公司进行了税务调查，并最终获得了美方的承认。在进行了大量论证后，最终，微软公司的中国子公

① 参见胡阳，黄礼丹，孙健慧．注册在“避税天堂”的公司确实能避税吗［J］．审计与经济研究，2018（05）：67-68.

司补税及利息共计 8.4 亿元，成为中国反避税第一大案。并且，按照企业当时销售规模测算，其未来每年将为中国增加税收 1 亿多元。

总之，采用国际避税地进行纳税筹划，利益和风险并存，纳税人在运用时必须进行风险评估，严防税收风险。

※ 任务指导 2：国内税收洼地的纳税筹划 ※

在国内，为了发展经济，国家出台了许多区域性的税收优惠政策（如前所述）。同时，为了扶持地方经济发展，国家放开了地方单独出台税收优惠政策的权力。除了国家层面的税收优惠政策以外，为扶持本地企业的发展以及为了招商引资，各地方政府对本地区企业或多或少都有财政扶持优惠政策。其中，也不乏优惠力度非常大的地区，从而形成了国内的税收洼地。例如：上海市崇明经济开发区的海岛扶持政策，凡是入驻崇明经济开发区的企业，都可以享受崇明地方政府给予的财政奖励政策，其中增值税优惠扶持 40%、企业所得税优惠扶持 40%、个税优惠扶持 30%；同时个人独资企业不交企业所得税，申请个税带征的税收优惠，双重优惠政策减轻企业税收负担。又如：地处“一带一路”重镇的新疆霍尔果斯，除了“财税〔2011〕112 号”文件规定的税收优惠外，当地政府又出台了叠加享受的地方财政返还等优惠政策。利用国内税收洼地进行纳税筹划也成为许多纳税人的选择。

※ 任务操作 ※

【承接案例 4.2.2】

选择上海浦东新区：

第一年和第二年应纳所得税额＝0

第三年至第五年应纳所得税额＝2 000×25%×50%×3＝750（万元）

选择其他非经济特区地区：

第一年至第五年应纳所得税额＝2 000×15%×5＝1 500（万元）

选择上海浦东新区比选择其他非经济特区地区节税 750 万元。

［风控重点］注册地址的选择还应综合考虑其他经营成本，如运输成本等。

※ 任务小结和风险提示 ※

在公司注册过程中，公司注册地址发挥着非常重要的作用。一个合适的公司注册地址不仅可以节省一笔客观的费用，还能避免公司在今后经营的过程中发生公司注册地址异常或者是公司注册地址变更的麻烦。选择有利于纳税人的注册地址，通过国与国之间以及国内不同地区的税收政策差异以达到减轻企业税收负担的目的。但是随着各国反避税措施的不断加强，注册地筹划的税务风险也日趋严峻，尤其是作为国内纳税筹划延伸的国际避税地筹划，其行为不仅跨越了国境，而且涉及两个或两个以上国家的税收法规，因此国际注册地筹划较国内注册地筹划更为复杂。但对于业务越过国界的企业而言，国际避税港仍应是可以利用的一个重要避税环节。而国内税收政策也存在许多不稳定因素。这给企业的纳税筹划设计提出了更高的要求。纳税人所有的业务架构搭建必须具备真实性、合理性和相关性。因此，在进行注册地筹划时，一方面要全面研究和掌握国际和国内税收法律动向，从全局角度审时度势，注重筹划方案的合法性和合理性，严防纳税筹划风险。

任务2.3　企业扩张时组织形式的纳税筹划

※ 任务导入 ※

【案例4.2.3】甲公司经营状况良好，准备扩大规模，增设一分支机构乙公司，甲、乙公司均不符合小微企业的条件。甲、乙公司均适用25%的所得税税率，分支机构设立后6年内经营情况预测如表4-3所示。请问：甲公司应选择成立子公司还是分公司？

表4-3　甲、乙公司盈利预测表

单位：万元

机构	年序					
	1年	2年	3年	4年	5年	6年
母公司	500	550	600	650	700	750
分支机构	－120	－100	0	50	150	300

※ 税收法律依据 ※

子公司是指被母公司有效控制的下属公司或者是母公司直接或间接控制的一家公司，属于独立法人；分公司是在业务、资金、人事等方面受本公司管辖而不具有法人资格的分支机构。它们之间的区别如表4-4所示。

表4-4　分公司与子公司的区别

区别	机构	
	子公司	分公司
法律地位不同	不具备法人地位	独立法人
承担的民事责任不同	其民事责任由总公司承担	独立承担其民事责任
承担的纳税义务不同	有限纳税义务	全面纳税义务
办理手续繁简不同	手续简单	手续烦琐
弥补亏损不同	可以抵销总公司的利润	不能用母公司的税前利润弥补
相互转移资本的税收政策不同	负担有限税收	应负担相应税款
利润汇回的税收收益不同	必须按期汇回母公司	可以选择汇回时机或留在子公司
是否合并纳税不同	就地预缴、汇总清算	独立申报纳税

※ 任务指导 ※

作为现代企业制度下的公司制企业，其扩大生产经营规模，就面临着分支机构的组织形式的选择——子公司与分公司。选择有利于节税的分支机构形式，可以使企业在激烈的市场竞争条件下，提高企业的经济效益。由于子公司是独立法人，如果盈利，其利润不能并入母公司利润，应当作为独立的纳税义务人单独缴纳企业所得税。当子公司税率较低时，子公司可以少缴纳企业所得税，使公司整体税负降低。

分公司不是独立法人，只能将其利润并入母公司缴纳企业所得税，无论其税负高低，均不能增减公司的整体税负。

※ 任务操作 ※

【承接案例 4.2.3】不同筹划方案下的应纳税额如表 4－5、表 4－6 所示。

表 4－5　成立分公司的应纳税额情况表（一）　　单位：万元

项目	1 年	2 年	3 年	4 年	5 年	6 年	合计
甲公司	500	550	600	650	700	750	3 750
乙分公司	−120	−100	0	50	150	300	280
应纳税所得额	380	450	600	700	850	1 050	4 030
应纳企业所得税额	95	112.5	150	175	212.5	262.5	1 007.5

表 4－6　成立子公司的应纳税额情况表（一）　　单位：万元

项目	1 年	2 年	3 年	4 年	5 年	6 年	合计
甲公司	500	550	600	650	700	750	3 750
乙子公司	−120	−100	0	50	150	300	280
甲公司应纳所得税额	125	137.5	150	162.5	175	187.5	937.5
乙公司应纳所得税额	0	0	0	0	0	70	70
合计应纳企业所得税额	125	137.5	150	162.5	175	257.5	1 007.5

从上述分析可知，虽然两个方案 6 年应纳企业所得税总额相等，但由于前者第 1、2 年减少的税负延迟到后三年缴纳，获得了货币的时间价值，因此该公司可以在设立分支机构之初选择分公司的组织形式较为有利。

技能强化

【案例 4.2.4】根据案例 4.2.3 的资料，假设甲公司为国家重点扶持的高新技术企业，企业所得税税率为 15%。而乙公司适用 25%的税率。请问该如何筹划？

筹划分析

不同筹划方案下的应纳税额如表 4－7、表 4－8 所示。

表 4－7　成立分公司的应纳税额情况表（二）　　单位：万元

项目	1 年	2 年	3 年	4 年	5 年	6 年	合计
甲公司	500	550	600	650	700	750	3 750
乙分公司	−120	−100	0	50	150	300	280
应纳税所得额	380	450	600	700	850	1 050	4 030
应纳企业所得税额	57	67.5	90	105	127.5	157.5	604.5

表 4-8　成立子公司的应纳税额情况表（二）　　单位：万元

项目	1年	2年	3年	4年	5年	6年	合计
甲公司	500	550	600	650	700	750	3 750
乙子公司	−120	−100	0	50	150	300	280
甲公司应纳所得税额	75	82.5	90	97.5	105	112.5	562.5
乙公司应纳所得税额	0	0	0	0	0	70	70
合计应纳所得税额	75	82.5	90	97.5	105	182.5	632.5

从上述分析可知，当母公司为高新技术企业时，设立分公司比设立子公司 6 年合计可节税 28 万元，因此应选择设立分公司。

【案例 4.2.5】根据案例 4.2.2 的资料，假设甲公司的适用税率为 25%，乙公司为国家重点扶持的高新技术企业，企业所得税税率为 15%。请问该如何筹划？

筹划分析

成立分公司的应纳税额情况如表 4-5 所示，成立子公司的应纳税额情况如表 4-9 所示。

表 4-9　成立子公司的应纳税额情况表（三）　　单位：万元

项目	1年	2年	3年	4年	5年	6年	合计
甲公司	500	550	600	650	700	750	3 750
乙子公司	−120	−100	0	50	150	300	280
甲公司应纳所得税额	125	137.5	150	162.5	175	187.5	937.5
乙公司应纳所得税额	0	0	0	0	0	42	42
合计应纳企业所得税额	125	137.5	150	162.5	175	229.5	979.5

从上述分析可知，当分支机构为高新技术企业时，设立子公司比设立分公司 6 年合计可节约企业所得税额 28 万元。因此，应选择设立子公司可以节税，尤其当子公司盈利能力越来越强时，其节税效果更为显著。此外，通过计算两个方案的货币时间价值也可以进行比较。

※ 任务小结和风险提示 ※

由于分公司和子公司的法律地位和纳税义务不同，因此企业在发展扩张时期可根据自身和分支机构的适用税率的不同情况选择最为有利的节税方案。

（1）当母公司和分支机构均不享受税收优惠政策时，即税率相同时，无论母公司和分支机构是盈利还是亏损，采用分公司或子公司形式的应纳企业所得税额是相同的。但设立分公司可以充分利用亏损结转的优惠政策，使企业延迟纳税。

（2）当母公司和分支机构中有一方享受低税率优惠时，原则上选择依附于低税率的筹划方案可节约企业所得税。由于子公司具有单独享受税收优惠的权利，如果子公司能享受的税收优惠政策优于母公司，则分支机构应设立为子公司；反之，应设立为分公司。即两机构适用税率有高有低时，尽可能依附于低税率公司。

任务3

收入的纳税筹划

任务3.1　免税收入的纳税筹划

※ 任务导入 ※

【案例4.3.1】某企业预计下一年度应纳税所得额为400万元，所得税税率为25%，企业自有闲置资金1 000万元。如何使用这笔自有闲置资金既可获得投资收益，又可获得节税收益？

※ 税收法律依据 ※

《企业所得税法》第26条规定，企业的下列收入为免税收入：

（1）国债利息收入。为鼓励企业积极购买国债，支援国家建设项目，税法规定，企业因购买国债所得的利息收入，免征企业所得税。

（2）符合条件的居民企业之间的股息、红利等权益性投资收益。是指居民企业直接投资于其他居民企业取得的投资收益。

（3）在中国境内设立机构、场所的非居民企业从居民企业取得与该机构、场所有实际联系的股息、红利等权益性投资收益。该收益不包括连续持有居民企业公开发行并上市流通的股票不足12个月取得的投资收益。

（4）符合条件的非营利组织的收入。

※ 任务指导 ※

企业在风险可控的前提下，将闲置资金进行投资时，在不影响公司盈利的情况下，应尽量选择免税收入，增加企业的税后收益。

※ 任务操作 ※

【承接案例4.3.1】

预计应纳企业所得税额＝400×25%＝100（万元）

预计税后净利润＝400－100＝300（万元）

方案1：企业用闲置资金购入国债。如果企业于年初将1 000万元资金用于购买年利率为4%的国债，其他预计的条件不变，企业取得的国债利息为40万元。即：

当年应纳企业所得税额＝400×25%＝100（万元）

税后净利润＝400＋40－100＝340（万元）

方案2：企业用借入资金连同闲置资金购入国债。如果企业于年初将借入的1 000万元与自有的1 000万元资金用于购买年利率为4%的国债，借款利率为6%（假设未超过银行同期同档利率），其他预计条件不变。借款利息60万元可以税前扣除，取得的国债利息80万元免税。即：

当年应纳企业所得税额＝(400－1000×6%)×25%＝85（万元）

税后净利润＝400＋80－1 000×6%－85＝335（万元）

虽然方案2的税后净利润减少5万元，但企业所得税比方案1节约了15万元，节约的税额可以抵顶减少的税后利润后仍有结余，所以，方案2为优选方案。

［风控重点］控制借入资金的成本。方案2的借款利率高于投资国债利率，因此税后利润被消耗了，但如果在方案2的基础上，尽可能降低借款利率，则将获得更大的节税收益。

技能强化

【案例4.3.2】某公司（非小微企业）当年1月欲投资某项目，总投资额为200万元，现有两个投资项目供其选择，期限均为1年。方案1：购买国库券，年利率为4%；方案2：购买建设债券，年利率为5%。请选择该公司最佳投资方案。

筹划分析

方案1：1年后收回本金和利息：

利息收入＝200×4%＝8（万元）

国债利息收入免税，

利息收入税后利润＝200×4%＝8（万元）

方案2：1年后收回本金和利息：

利息收入＝200×5%＝10（万元）

应缴企业所得税＝200×5%×25%＝2.5（万元）

税后利润＝200×5%－2.5＝7.5（万元）

可见，购买国库券比购买建设债券多可节约企业所得税额2.5万元，多获净利润0.5(＝8－7.5)万元。

［风控重点］本例中非免税项目的投资收益率高于免税项目的投资收益率，但差异不大，所以免税项目的税后利润增加额不大。但如果非免税项目的投资收益率大大高于免税项目，即非免税项目的收益率要高于（免税项目收益率÷75%）这一平衡点时，则免税项目的收益优势不复存在，应选择非免税项目进行投资更为有利。

※ 任务小结和风险提示 ※

免税收入可以增加企业的净利润。案例4.3.1是以企业有应纳税所得额为前提，如果该企业没有应纳税所得额，利息费用扣除就不会减少应纳税额。对于案例4.3.2，企业进行纳税筹划之前不能单看利息率的高低，还要看其利息收入是否纳税。也就是说，只有当其他债券利率大于5.3%（＝4%÷75%）时，其税后收益才大于利率为4%的国债收益。

任务 3.2　降低收入总额的纳税筹划

※ 任务导入 ※

【案例 4.3.3】 甲公司为按查账征收办法缴纳企业所得税的非小微企业，应纳税所得额为 300 万元。乙公司是甲公司的子公司和销售商，且符合小型微利企业条件，被主管税务机关鉴定为能准确核算收入总额，不能准确核算成本费用支出，因此实行核定应税所得率方式征收企业所得税。202×年，甲公司预计出售给乙公司的产品销售收入为 550 万元，相对应的销售成本为 400 万元，其中原材料成本为 350 万元。乙公司对外销售取得收入 600 万元。当地规定应税所得率为 10%，企业所得税税率为 25%，不考虑增值税及其他税费。假设未来几年这两家公司情况不变，请问甲公司该如何进行纳税筹划？

※ 税收法律依据 ※

《国家税务总局关于印发〈企业所得税核定征收办法〉（试行）的通知》（国税发〔2008〕30 号）规定：采用应税所得率方式核定征收企业所得税的，应纳所得税额计算公式如下：

应纳所得税额＝应纳税所得额×适用税率

应纳税所得额＝应税收入额×应税所得率

应纳税所得额＝成本（费用）支出额÷(1－应税所得率)×应税所得率

※ 任务指导 ※

采用核定应税所得率方式征收企业所得税的企业，其应缴企业所得税由收入总额或成本费用支出总额决定。企业如果能降低收入总额或成本费用支出总额，就可以达到减轻所得税负担的目的。例如：甲公司可将生产产品业务改为给关联方加工产品，就可大幅降低企业总收入和总成本，进一步降低总体税收负担。

※ 任务操作 ※

【承接案例 4.3.3】 筹划前：

甲公司应纳企业所得税额＝300×25%＝75（万元）

甲公司销售毛利＝550－400＝150（万元）

乙公司应纳企业所得税额＝600×10%×25%×20%＝3（万元）

乙公司销售毛利＝600－550＝50（万元）

筹划后：乙公司可按甲公司要求购进原材料，发给甲公司加工为产品，乙公司收回加工产品后再对外销售。乙公司购进 350 万元的原材料，委托甲公司生产加工，甲公司共收取加工费 100 万元（其中加工费 50 万元，加工利润 50 万元）。乙公司以 600 万元的价格对外销售，则：

甲公司应纳企业所得税额＝[300－(550－400)＋50]×25%＝50（万元）

甲公司销售毛利＝50（万元）

乙公司应纳企业所得税额＝600×10%×25%×20%＝3（万元）

乙公司销售毛利＝600－450＝150（万元）

可见，筹划后乙公司的企业所得税负担不变，而甲公司的企业所得税负担减少25万元。本案例总体税负减少的原因是：乙公司的企业所得税负担与实际利润无关。因此，如果甲公司能将更多利润合理转移到乙公司，将进一步降低总体税收负担。

［风控重点］（1）核定征收政策一般都不会太持久，不宜做长期结构安排。（2）必须要有真实的业务支撑，否则就做成了“发票批发”业务，偷鸡不成蚀把米。

※ 任务小结和风险提示 ※

采用委托加工方式可以减少应税收入或将利润合理转移，实现企业总体节税的目的。但税法规定的委托加工业务是指由委托方提供原料和主要材料，受托方只收取加工费和代垫部分辅助材料的加工业务。对于由受托方提供原材料生产的产品，或受托方先将原材料卖给委托方，然后再接受加工，以及由受托方以委托方名义购进原材料生产产品，不论纳税人在财务上是否作销售处理，都不得作为委托加工业务，而应按销售自产产品进行处理。公司在实施筹划方案时，应注意上述限制性规定。

任务3.3 关联企业转移定价的纳税筹划

※ 任务导入 ※

【案例4.3.4】中通有限公司和新正有限公司为关联企业，中通公司主要供应新正公司所需的产品零部件。预计某一纳税年度中，中通公司应纳税所得额为6 000万元，适用企业所得税税率为25%；新正公司应纳税所得额为1 500万元，适用企业所得税税率为15%。在该纳税年度内，中通公司出售给新正公司3万台产品，每台售价2万元，该产品一般市场价为19 000元～20 000元/台。请给出企业所得税的纳税筹划建议。

※ 税收法律依据 ※

《企业所得税法》第41条规定：企业与其关联方之间的业务往来，不符合独立交易原则而减少企业或者其关联方应纳税收入或者所得额的，税务机关有权按照合理方法调整。

※ 任务指导 ※

对于关联企业的购销业务，当某一关联企业所得税税率较高时，可以通过高价买进低价卖出来减少高税率企业应纳税所得额。反之，当某一关联企业所得税税率较低或者享受减免税时，可以通过低价买进高价卖出来增加低税率企业应纳税所得额，从而在整体上降低税负，实现更多的税后利润。

关联企业之间通过价格转移进行纳税筹划，不仅适用于有直接商品交易的关联企业之间，没有直接商品交易的关联企业也可以采用这一方法，如借款费用筹划等。

※ 任务操作 ※

【承接案例 4.3.4】 筹划前：

中通公司应纳企业所得税额＝6 000×25%＝1 500（万元）

新正公司应纳企业所得税额＝1 500×15%＝225（万元）

两家关联企业合计应纳所得税额＝1 500＋225＝1 725（万元）

关联企业的税负率＝1 725÷(6 000＋1 500)×100%＝23%

筹划建议：这两家关联企业可以采用转移定价方法转移利润，即中通公司将产品单价降低 1 000 元，定为每台 19 000 元。则：

中通公司应纳企业所得税额＝(6 000－1 000×3)×25%＝750（万元）

新正公司应纳企业所得税额＝(1 500＋1 000×3)×15%＝675（万元）

两家关联企业合计应纳税额＝750＋675＝1 425（万元）

关联企业的税负率＝1 425÷(3 000＋4 500)×100%＝19%

节税额＝1 725－1 425＝1 000×3×(25%－15%)＝300（万元）

由此可见，在存在差别税率的情况下，关联企业之间通过转移定价，可以大幅度减轻税负，实现整体节税收益。

［风控重点］注意关联企业借款的相关税收政策。

※ 任务小结和风险提示 ※

(1) 在进行关联企业转移定价筹划时必须注意的是：企业所得税法及其实施条例等相关税收法规对关联企业业务往来所得和应纳税所得额的计算作出了严格的限定。因此，在利用这一方法进行筹划时，应充分考虑纳税筹划的风险，交易价格不能过于偏离市场价格。

(2) 关联企业之间转移利润的方式是多种多样的，即使关联方之间没有直接的购销关系，也可以通过借款、租赁、担保、提供劳务和无形资产等多种方式来相互提供服务，创造交易机会，从中实现节税收益。但要注意关联企业借款的税收政策。

任务 4

税前扣除项目的纳税筹划

任务 4.1　固定资产的纳税筹划

※ 任务导入 ※

【案例 4.4.1】 202×年某企业（不属于可享受折旧优惠政策行业）一条生产流水线原值

为600万元，预计残值率为5%，折旧年限为5年，使用平均年限法时，每年的税前利润均为519.4万元，企业所得税税率为25%。请问该企业选择哪种折旧方法最有利？

※ 税收法律依据 ※

折旧是指在固定资产的使用寿命内，按照确定的方法对应计折旧额进行的系统分摊。其中，应计折旧额是指应当计提折旧的固定资产的原价扣除其预计净残值、已计提的固定资产减值准备。企业持有各项资产期间资产增值或者减值，除国务院财政、税务主管部门规定可以确认损益外，不得调整该资产的计税基础，即税法不认可固定资产减值准备。

《企业所得税法实施条例》第60条规定，除国务院财政、税务主管部门另有规定外，固定资产计算折旧的最低年限如下：房屋、建筑物，为20年；飞机、火车、轮船、机器、机械和其他生产设备，为10年；与生产经营活动有关的器具、工具、家具等，为5年；飞机、火车、轮船以外的运输工具，为4年；电子设备，为3年。

固定资产按照直线法计算的折旧，准予扣除。企业的固定资产由于技术进步等原因，确需加速折旧的，可以缩短折旧年限或者采取加速折旧的方法。具体详见前述。

一般性固定资产修理支出可在发生当期直接扣除。下列支出作为长期待摊费用，按照规定分期摊销，准予扣除：已足额提取折旧的固定资产的改建支出；租入固定资产的改建支出；固定资产的大修理支出；其他应当作为长期待摊费用的支出。固定资产的大修理支出，是指同时符合下列条件的支出：修理支出达到取得固定资产时的计税基础50%以上；修理后固定资产的使用年限延长2年以上。

“财税〔2018〕54号”和“国家税务总局公告2018年第46号”规定：企业在2018年1月1日至2020年12月31日期间新购进的设备、器具，单位价值不超过500万元的，允许一次性计入当期成本费用在计算应纳税所得额时扣除，不再分年度计算折旧（以下简称一次性税前扣除政策）。

“财政部、税务总局公告2019年第66号”：自2019年1月1日起，适用《财政部、国家税务总局关于完善固定资产加速折旧企业所得税政策的通知》（财税〔2014〕75号）和《财政部、国家税务总局关于进一步完善固定资产加速折旧企业所得税政策的通知》（财税〔2015〕106号）规定固定资产加速折旧优惠的行业范围，扩大至全部制造业领域。

※ 任务指导 ※

任何固定资产在原值既定的情况下，其折旧总额是不变的。选择不同的折旧年限和折旧方法改变的只是折旧总额在不同年份之间的分配，从而改变折旧额在不同年份的抵税款。

企业根据自身生产经营需要，可以选择实行或不实行加速折旧政策。当税率稳定、企业持续盈利时，采用加速折旧政策可获得货币时间价值。当预计未来税率下降时，采用加速折旧政策可以节税。当预计未来税率上升时，延长折旧年限或非加速折旧可以节税。当企业处于减免税期时，将折旧费推迟扣除可以节税。当企业尚未弥补亏损时，应该先补亏，推迟折旧费的扣除。当纳税人年应税所得额在300万元（2019年1月1日至2021年12月31日）等税收优惠政策临界点时，可以通过非加速折旧法获得税收利益。

固定资产大修理支出可按照固定资产尚可使用年限分期摊销，而一般性日常修理则可以在发生当期全部得到抵扣。在企业有应纳税所得额时，通过将部分大修理支出适当地延后发生，转为一般性修理支出，可以获得提前扣除费用的税收收益。

※ 任务操作 ※

【承接案例 4.4.1】不同折旧方法对应纳税额的影响如表 4-10 所示。

表 4-10　平均年限法和年数总和法的税负情况表　　单位：万元

年份	平均年限法			年数总和法		
	折旧额	税前利润额	应纳税额	折旧额	税前利润额	应纳税额
1	114	519.4	129.85	190	443.4	110.85
2	114	519.4	129.85	152	481.4	120.35
3	114	519.4	129.85	114	519.4	129.85
4	114	519.4	129.85	76	557.4	139.35
5	114	519.4	129.85	38	595.4	148.85
合计	570	2 597	649.25	570	2 597	649.25

一般情况下，企业采用加速折旧法（如年数总和法）与平均年限法在固定资产存在的纳税期间的应纳企业所得税额是相同的。但加速折旧法下，可以在固定资产使用初期多计折旧，增加企业初期成本而减少利润，从而减轻企业前期所得税负担，将企业缴纳所得税的时间推迟，因而企业可以提前取得部分现金净收入，促进资产的更新改造。

［风控重点］一是该企业不属于可享受折旧优惠政策行业。二是该企业为盈利企业。如果该企业为亏损企业，则不适用加速折旧。

※ 任务小结和风险提示 ※

在可选择的情况下，企业是否采用缩短折旧年限或加速折旧方法，要根据企业生产经营情况和企业所处经营环境来确定，不是所有的企业选择加速折旧都是有利的。

一般性固定资产修理支出可在发生当期直接扣除，大修理支出作为长期待摊费用分期摊销。在企业盈利情况下，筹划时将固定资产的大修理尽可能转化为固定资产的日常修理或分解为几个年度的几次修理，企业能获得提前扣除费用所实现的税收收益。

任务 4.2　存货计价的纳税筹划

※ 任务导入 ※

【案例 4.4.2】某商品流通企业不符合小型微利企业条件，当年 12 月甲商品的收入、发出情况如表 4-21 所示。该企业 12 月份甲商品期初存货 1 000 件，单价 400 元，当月共销售甲商品 5 000 件，销售收入为 500 万元（不含增值税），本月发生的与经营甲商品有关的营业费用（含营业税金）为 50 万元，该企业适用的所得税税率为 25%。要求计算并比较在不同计价方法下企业的所得税税负。

表4-11　甲商品的收入、发出情况表

序号	收入			发出		
	数量（件）	单价（元）	金额（元）	数量（件）	单价	金额
1	2 000	400	800 000			
2				2 000		
3	4 000	500	2 000 000			
4				3 000		
5	1 000	600	600 000			

※ 税收法律依据 ※

税法规定，纳税人对存货的核算，应当以历史成本，即企业取得该项资产时实际发生的支出为计税基础，各项存货的发出或领用的成本计价方法，可以采用个别计价法、先进先出法、加权平均法。

纳税人的存货计价方法一经确定，不得随意改变，如确需改变的，应在下一纳税年度开始前报主管税务机关批准。

※ 任务指导 ※

存货计价方法的不同，会直接导致期末存货价值和销货成本的不同，从而对企业财务状况和经营成果及所得税产生相应影响。一般情况下，企业利用存货计价方法进行纳税筹划时，需要考虑企业所处的环境及物价波动等因素的影响。当物价不断下跌时，若选用先进先出法对存货进行计价，期末存货价值就会偏低，销货成本偏高，当期所得额计税的税基就相对较小。当物价上下波动时，若选用加权平均法对存货进行计价，企业各期计入产品成本的材料等存货的价格就会比较均衡，不会时高时低，企业产品成本就不会发生较大变化，各期应纳税所得额就比较均衡。这样可以避免出现各期销货成本和应纳所得税额的上下波动，从而在一定程度上减轻税负和降低企业安排资金的难度。

※ 任务操作 ※

【承接案例4.4.2】不同计价方法下发出存货的成本：

先进先出法下存货发出成本＝1 000×400＋2 000×400＋2 000×500
＝220（万元）

加权平均法下存货发出成本＝5 000×[(400×1 000＋800 000＋2 000 000＋600 000)
÷(1 000＋7 000)]
＝237.5（万元）

不同计价方法下企业的所得税税负如表4-12所示。

表 4-12　先进先出法和加权平均法的税负情况表

单位：万元

项目	先进先出法	加权平均法
销售收入	500	500
销售成本	220	237.5
销售毛利	280	262.5
营业费用	50	50
应税收益	230	212.5
企业所得税	57.5	53.125

从上表可以看出，采用不同的计价方法计算确定的销售成本不同，从而导致应纳所得税额不同。采用加权平均法时应纳税额为 53.125 万元，采用先进先出法时应纳税额为 57.5 万元。就本案例来看，企业应选择加权平均法。

※ 任务小结和风险提示 ※

在不同的价格走势下，选择不同的存货计价方法对存货成本的影响不同，对企业所得税的影响也不同，企业应根据具体情况合理选择。当物价上涨时，加权平均法的所得税税负较小，先进先出法的税负较大；当物价下跌时，则相反。

如果企业处于免税期，企业获得的利润越多，享受的税收减免就越大，这时，企业就可以通过选择有利的存货计价方法，减少成本费用在当期的摊入，使当期利润最大化；如果企业处于正常的征税期，企业获得的利润越多，缴纳的税款就越大，这时，企业就可以通过选择有利的存货计价方法，增加成本费用在当期的摊入，使当期利润最小化，从而减少当期应缴纳的税款。

任务 4.3　广告费和业务宣传费、业务招待费的纳税筹划

※ 任务导入 ※

【案例 4.4.3】 A 企业预计 2021 年度实现产品销售收入为 6 000 万元，当年账面列支广告费为 1 000 万元，业务宣传费为 100 万元，业务招待费为 60 万元，税前会计利润总额为 700 万元（假设无其他纳税调整项）。A 企业广告费和业务宣传费的扣除标准为 15%。请为 A 企业进行 2021 年度企业所得税的纳税筹划。

※ 税收法律依据 ※

（1）税法规定：企业发生的符合条件的广告费和业务宣传费支出，不超过当年销售（营业）收入 15%的部分，准予扣除；超过部分，准予在以后纳税年度结转扣除。

（2）企业发生的与生产经营活动有关的业务招待费支出，按照发生额的 60%扣除，但最高不得超过当年销售（营业）收入的 5‰。

（3）“财政部、税务总局公告 2020 年第 43 号”规定：

1）对化妆品制造或销售、医药制造和饮料制造（不含酒类制造）企业发生的广告费和

业务宣传费支出，不超过当年销售（营业）收入30%的部分，准予扣除；超过部分，准予在以后纳税年度结转扣除。

2）对签订广告费和业务宣传费分摊协议（以下简称分摊协议）的关联企业，其中一方发生的不超过当年销售（营业）收入税前扣除限额比例内的广告费和业务宣传费支出可以在本企业扣除，也可以将其中的部分或全部按照分摊协议归集至另一方扣除。另一方在计算本企业广告费和业务宣传费支出企业所得税税前扣除限额时，可将按照上述办法归集至本企业的广告费和业务宣传费不计算在内。

3）烟草企业的烟草广告费和业务宣传费支出，一律不得在计算应纳税所得额时扣除。

※ 任务指导 ※

由于企业的广告费和业务宣传费、业务招待费均以销售收入为依据计算，如果纳税人将企业销售部门设立成一个独立核算的销售公司，企业将产品卖给销售公司，后者再对外销售，便增加一道销售收入，而整个企业的利润总额并未改变，但允许税前扣除费用的计算依据却成倍增加，节税效果就比较明显。

※ 任务操作 ※

【承接案例4.4.3】筹划前：

广告费和业务宣传费税前扣除限额＝6 000×15%＝900（万元）

业务招待费：

销售（营业）收入的5‰＝6 000×5‰＝30（万元）

发生额的60%＝60×60%＝36（万元）

业务招待费税前扣除限额＝30（万元）

应纳税所得额＝700＋(1 000＋100－900)＋(60－30)＝930（万元）

应纳所得税额＝930×25%＝232.5（万元）

税后利润＝700－232.5＝467.5（万元）

筹划：如果A企业设立一个独立核算的B销售公司（非小微企业），将产品以5 500万元的价格销售给B企业，B企业再以6 000万元的价格对外销售。为提高产品知名度，企业统一实施产品的广告业务宣传，1 100万元的广告费和业务宣传由A、B企业按照五五分摊。双方再签订广告费和业务宣传费分摊协议，B企业支出的广告费和业务宣传费的40%由A企业承担。60万元的业务招待费也由两家企业五五分摊。假设A企业税前利润为400万元（已扣除B公司转移来的40%广告费和业务宣传费），B企业的税前利润为300万元。

筹划后：

A企业：

广告费和业务宣传费税前扣除限额＝5 500×15%＝825（万元）

A企业自身实际发生的广告费和业务宣传费＝1 100×50%＝550（万元）（可据实扣除）

从B企业转移来的广告费和业务宣传费＝900×40%＝360（万元）

A企业实际在税前扣除的广告费和业务宣传费总额＝550＋360＝910（万元）

业务招待费：

销售（营业）收入的5‰＝5 500×5‰＝27.5（万元）

发生额的 60%＝60×50%×60%＝18（万元）

业务招待费税前扣除限额＝18（万元）

A 企业应纳税所得额＝400＋(30－18)＝412（万元）

A 企业应纳所得税额＝412×25%＝103（万元）

税后利润＝400－103＝297（万元）

B 企业：

广告费和业务宣传费税前扣除限额＝6 000×15%＝900（万元）

转移至 A 企业的广告费和业务宣传费＝900×40%＝360（万元）

自身实际扣除的广告费和业务宣传费＝1 100×50%－360
＝190（万元）（可据实扣除）

业务招待费：

销售（营业）收入的 5‰＝6 000×5‰＝30（万元）

发生额的 60%＝60×50%×60%＝18（万元）

业务招待费税前扣除限额＝18（万元）

B 企业应纳税所得额＝300＋(30－18)＝312（万元）

B 企业应纳所得税额＝312×25%＝78（万元）

税后利润＝300－78＝222（万元）

整个企业集团：

共计缴纳企业所得税额＝103＋78＝181（万元）

企业集团税后利润＝297＋222＝519（万元）

筹划后节约企业所得税额＝232.5－181＝51.5（万元）

筹划后增加税后利润＝519－467.5＝51.5（万元）

[风控重点] 第一，双方要按照“财政部、税务总局公告 2020 年第 43 号”的规定签订广告费和业务宣传费分摊协议。第二，分立后的 A 与 B 企业均为盈利企业且非小微企业。

※ 任务小结和风险提示 ※

因为设立一个独立核算的销售公司会相应增加设立成本和管理费，且签订分摊协议需缴纳印花税，所以，应根据企业规模、产品特点及成本效益原则，考虑是否设立销售公司，是否能给企业带来最终的绝对收益。

任务 4.4　捐赠的纳税筹划

※ 任务导入 ※

【案例 4.4.4】 甲公司为提高产品知名度及竞争力，树立良好的社会形象，2020 年 10 月准备公益性捐赠 500 万元。公司预计未来几年经营业绩平稳，实现会计利润均为 3 000 万元，没有其他纳税调整事项，企业所得税税率为 25%。甲公司如何进行捐赠的企业所得税纳税筹划？

※ 税收法律依据 ※

公益性捐赠，是指企业通过公益性社会团体或者县级以上人民政府及其部门，用于《中华人民共和国公益事业捐赠法》中规定的公益事业的捐赠。

（1）“财税〔2016〕15号”规定：自2017年1月1日起，企业通过公益性社会组织或者县级（含县级）以上人民政府及其组成部门和直属机构，用于慈善活动、公益事业的捐赠支出，在年度利润总额12%以内的部分，准予在计算应纳税所得额时扣除；超过年度利润总额12%的部分，准予结转以后三年内在计算应纳税所得额时扣除。

（2）“财政部、税务总局、国务院扶贫办公告2019年第49号”规定：自2019年1月1日至2022年12月31日，企业通过公益性社会组织或者县级（含县级）以上人民政府及其组成部门和直属机构，用于目标脱贫地区的扶贫捐赠支出，准予在计算企业所得税应纳税所得额时据实扣除。在政策执行期限内，目标脱贫地区实现脱贫的，可继续适用上述政策。

“目标脱贫地区”包括832个国家扶贫开发工作重点县、集中连片特困地区县（新疆阿克苏地区6县1市享受片区政策）和建档立卡贫困村。

企业同时发生扶贫捐赠支出和其他公益性捐赠支出，在计算公益性捐赠支出年度扣除限额时，符合上述条件的扶贫捐赠支出不计算在内。

※ 任务指导 ※

公益性捐赠税前扣除限额为年度利润总额的12%，如果一次性捐赠超过扣除限额的，准予结转以后三年内，超过扣除年限的将不予扣除。因此企业可以分次进行捐赠，也可以选择有捐赠优惠政策的地区进行捐赠，既达到了捐赠的目的，又减轻了企业的纳税负担。

※ 任务操作 ※

【承接案例4.4.4】

方案1：如果甲公司选择一般的公益性项目一次性捐赠500万元，则：

2020年：公益性捐赠扣除限额＝3 000×12%＝360（万元）

应纳税所得额＝3 000＋(500－360)＝3 140（万元）

应纳企业所得税额＝3 140×25%＝785（万元）

结转下一年抵扣的捐赠额＝500－360＝140（万元）

2021年：公益性捐赠扣除限额＝3 000×12%＝360（万元）

应纳税所得额＝3 000－140＝2 860（万元）

应纳企业所得税额＝2 860×25%＝715（万元）

两年合计应纳企业所得税额＝785＋715＝1 500（万元）

方案2：将500万元的捐赠额分两次捐赠，2020年为300万元，2021年为200万元。

2020年：公益性捐赠扣除限额＝3 000×12%＝360（万元）

应纳税所得额＝3 000（万元）

应纳企业所得税额＝3 000×25%＝750（万元）

2021 年：公益性捐赠扣除限额=3 000×12%=360（万元）

应纳税所得额=3 000（万元）

应纳企业所得税额=3 000×25%=750（万元）

两年合计应纳企业所得税额=750+750=1 500（万元）

因此，从两年整体来分析，方案 2 通过分次捐赠，捐赠额都在税前全额扣除，虽然不能绝对节税，但比方案 1 中第一年少缴纳 35 万元的税款，从而获得了货币时间价值。

［风控重点］必须取得税法规定的公益救济性捐赠票据。

※ 任务小结和风险提示 ※

公益性捐赠超过了税法规定的扣除比例时，可以考虑分次捐赠并且捐赠分跨不同的纳税年度。同时，捐赠方必须取得非营利的公益性社会团体、基金会和县级以上人民政府及其部门出具的公益救济性捐赠票据，否则税务部门不予确认。

虽然，自 2017 年 1 月 1 日起公益性捐赠支出超过年度利润总额 12%的部分，准予结转以后三年内在计算应纳税所得额时扣除，但超限额的当年仍然需要进行纳税调整，因此公益性捐赠分次捐赠的筹划方法仍然有效。

任务 4.5 借款利息的纳税筹划

※ 任务导入 ※

【案例 4.4.5】艾锐股份公司和泰豪有限公司均为增值税一般纳税人，两者之间存在关联关系，但两家公司通常情况下没有购销业务往来。艾锐公司适用企业所得税税率为 25%，泰豪公司适用企业所得税税率为 15%。两家公司的注册资本均为 3 000 万元。当年艾锐公司应纳税所得额为 750 万元，泰豪公司为 450 万元。请给出纳税筹划建议。

※ 税收法律依据 ※

（1）《企业所得税法实施条例》第 38 条规定：纳税人在生产经营活动中发生的下列利息支出，准予扣除：1）非金融企业向金融企业借款的利息支出、金融企业的各项存款利息支出和同业拆借利息支出、企业经批准发行债券的利息支出；2）非金融企业向非金融企业借款的利息支出，不超过按照金融企业同期同类贷款利率计算的数额的部分。

（2）《企业所得税法》第 46 条规定：企业从其关联方接受的债权性投资与权益性投资的比例超过规定标准而发生的利息支出，不得在计算应纳税所得额时扣除。

（3）《财政部、国家税务总局关于企业关联方利息支出税前扣除标准有关税收政策问题的通知》（财税〔2008〕121 号）文件规定：

1）在计算应纳税所得额时，企业实际支付给关联方的利息支出，不超过以下规定比例和税法及其实施条例有关规定计算的部分，准予扣除，超过的部分不得在发生当期和以后年度扣除。

企业实际支付给关联方的利息支出，除符合本通知第 2 条规定外，其接受关联方债权性投资与其权益性投资比例为：金融企业为 5∶1；其他企业为 2∶1。

2）企业如果能够按照税法及其实施条例的有关规定提供相关资料，并证明相关交易活动符合独立交易原则的，或者该企业的实际税负不高于境内关联方的，其实际支付给境内关联方的利息支出，在计算应纳税所得额时准予扣除。

3）企业同时从事金融业务和非金融业务，其实际支付给关联方的利息支出，应按照合理方法分开计算；没有按照合理方法分开计算的，一律按本通知第1条有关其他企业的比例计算准予税前扣除的利息支出。

4）企业自关联方取得的不符合规定的利息收入应按照有关规定缴纳企业所得税。

※ 任务指导 ※

（1）关联企业之间可以通过购销业务转移利润（如前述），也可以通过借贷资金利息转移利润，还可以通过相互提供无形资产和各种服务转移利润。对于关联企业之间的借款行为，其借款总额和费用的列支，只要在符合税法规定的范围内，均可以进行纳税筹划。

（2）当关联企业借款总额及利息支出大大超过规定限额时，企业应该避开借款的形式，通过其他形式融通资金，避免缴纳额外的税款，如可以将借款改成投资方式。

※ 任务操作 ※

【承接案例4.4.5】筹划前：

艾锐公司应纳企业所得税额＝750×25%＝187.5（万元）

泰豪公司应纳企业所得税额＝450×15%＝67.5（万元）

关联企业合计应纳税额＝187.5＋67.5＝255（万元）

关联企业整体税负率＝255÷(750＋450)×100%＝21.25%

筹划建议：当年艾锐公司向泰豪公司借款1 500万元，年利率为6%，这一利率不高于银行同期同类贷款利率，也没有超过注册资本的50%的限定。则：

艾锐公司向泰豪公司支付利息＝1 500×6%＝90（万元）

艾锐公司应纳企业所得税额＝(750－1 500×6%)×25%＝660×25%
＝165（万元）

泰豪公司应纳企业所得税额＝[(450＋90)－90×6%×(7%＋3%)]×15%
＝80.919（万元）

关联企业合计应纳税额＝165＋80.919＝245.919（万元）

该关联企业整体税负率＝245.919÷(660＋540)×100%＝20.49%

实现节税额＝255－245.919＝9.081（万元）

如果艾锐公司将借来的1 500万元用于免税项目，如购买国债等，这样，税负水平还会进一步下降。

［风控重点］企业实际支付给关联方的利息支出要符合税法规定标准，并且借款利率不超过银行同期同档利率。

※ 任务小结和风险提示 ※

存在购销关系的关联企业，还可以以预付账款的方式将资金提供给关联方使用，获得一笔“无息贷款”，从而避开关联企业借款利息扣除的限制。现行的税法对这种资金占用是否应加收利息没有明确规定，这就给关联企业之间相互的资金融通提供了较大的纳税筹划空间。

任务 4.6　研发费用的纳税筹划

※ 任务导入 ※

【案例 4.4.6】某非制造企业未单独核算研究人员工资等研发费用，未能享受技术开发费用的加计扣除。2020 年，该企业不仅单独设立了技术研发部门，而且单独核算研发费用 800 万元。请计算研发费用给企业带来的节税收益。

※ 税收法律依据 ※

“财税〔2018〕99 号”规定：企业开展研发活动中实际发生的研发费用，未形成无形资产计入当期损益的，在按规定据实扣除的基础上，在 2018 年 1 月 1 日至 2023 年 12 月 31 日期间，再按照实际发生额的 75%在税前加计扣除；形成无形资产的，在上述期间按照无形资产成本的 175%在税前摊销。

《财政部、国家税务总局、科技部关于完善研究开发费用税前加计扣除政策的通知》（财税〔2015〕119 号）第 3 条规定：企业应对研发费用和生产经营费用分别核算，准确、合理归集各项费用支出，对划分不清的，不得实行加计扣除。

“财政部、税务总局公告 2021 年第 13 号”规定：制造业企业开展研发活动中实际发生的研发费用，未形成无形资产计入当期损益的，在按规定据实扣除的基础上，自 2021 年 1 月 1 日起，再按照实际发生额的 100%在税前加计扣除；形成无形资产的，自 2021 年 1 月 1 日起，按照无形资产成本的 200%在税前摊销。

※ 任务指导 ※

按照税收政策的规定，企业应对研发费用和生产经营费用分开进行核算，准确、合理归集各项费用支出，对划分不清的，不得实行加计扣除。在实际操作中，企业必须对研发费用实行专账管理，准确核算当年研发费用的实际发生额，充分享受加计扣除的优惠，从而达到减轻税负的目的。

※ 任务操作 ※

【承接案例 4.4.6】

研发费用加计扣除金额＝800×75%＝600（万元）

少缴纳企业所得税额＝600×25%＝150（万元）

[风控重点] 企业应对研发费用和生产经营费用分别核算，准确、合理归集各项费用支出。

※ 任务小结和风险提示 ※

为鼓励企业开展研究开发活动，《财政部、国家税务总局、科技部关于完善研究开发费用税前加计扣除政策的通知》（财税〔2015〕119号）指出，研发费用的加计扣除只适用于会计核算健全、实行查账征收并能准确归集研发费用的居民企业，并界定了研发活动及研发费用归集范围，明确了会计核算与管理方法。企业想要享受到本项目的税收优惠，必须严格执行该通知的规定，以免增加不必要的税收负担。

任务5

税率的纳税筹划

※ 任务导入 ※

【案例4.5.1】 某运输企业资产总额为800万元，从业人员70人。2021年该企业的税务审计显示其年度应纳税所得额为310万元，所以该企业不符合小型微利企业的标准，应按25%的税率缴纳所得税，该企业有大量联运业务。假设未来企业的经营状况不变，请问该企业应如何进行相应的纳税筹划？

※ 税收法律依据 ※

“财税〔2019〕13号”和“财政部、税务总局公告2021年第12号”规定：自2019年1月1日起，从事国家非限制和禁止行业，且同时符合年度应纳税所得额不超过300万元、从业人数不超过300人、资产总额不超过5 000万元三个条件的企业，对其年应纳税所得额不超过100万元的部分，减按25%计入应纳税所得额，按20%的税率缴纳企业所得税；2021年1月1日至2022年12月31日，对小型微利企业年应纳税所得额不超过100万元的部分，减按12.5%计入应纳税所得额，按20%的税率缴纳企业所得税。对年应纳税所得额超过100万元但不超过300万元的部分，减按50%计入应纳税所得额，按20%的税率缴纳企业所得税。详见前述任务1。

※ 任务指导 ※

在计税依据既定的条件下，税额的大小和税率的高低呈正方向变化。为了防止税负的增加，小企业应在平时的会计核算和业务安排中充分考虑上述政策规定，尽量避免使企业的应纳税所得额超过所得临界点而适用更高级别的税率，从而带来税负增加大于所得增加的风险。

※ 任务操作 ※

【承接案例4.5.1】 筹划前：

应纳企业所得税额＝310×25%＝77.5（万元）

筹划后：如果该企业和其联运公司协商，通过合理安排相互之间业务往来以增加对其联运公司的支付额，或提前采购 10 万元的下一年度企业日常经营用品作为成本费用类项目在税前扣除，使得应纳税所得额减少到 300 万元，则符合小型微利企业的条件，且可以享受小微企业普惠性税收减免政策。

应纳税所得额＝310－10＝300（万元）

应纳企业所得税额＝100×12.5%×20%＋(300－100)×50%×20%

＝22.5（万元）

节约企业所得税额＝77.5－22.5＝55（万元）

提前采购下一年度的日常经营用品 10 万元，本年的节税额可达到 55 万元。

[风控重点] 要注意提前支出与节税额的成本效益。

※ 任务小结和风险提示 ※

处于税率等级边沿时，纳税人应尽量降低应纳税所得额，或推迟收入实现，或增加扣除额，以适用较低的税率级次，避免不必要的税款支出。

任务 6

利用税收优惠的纳税筹划

※ 任务导入 ※

【案例 4.6.1】 某企业于 2019 年 8 月成立（不符合小型微利企业条件），为保障生产安全，准备于 2019 年 12 月购置一大型安全生产专用设备，该设备价款为 600 万元。企业按规定可于 2019 年至 2024 年 5 年期限内抵免所得税 60（＝600×10%）万元。因该企业所生产产品为新型产品，预计未来 3 年企业将面临亏损，至第 4 年起企业将逐渐盈利。2019 年至 2025 年的预计利润额（假设无任何纳税调整事项）如表 4－13 所示：

表 4－13　2019—2025 年度某企业预计利润额　　单位：万元

年度	2 019	2 020	2 021	2 022	2 023	2 024	2 025
利润额	－160	－100	－60	40	120	200	360

请问：该企业应如何进行筹划，才能最大限度地节约企业所得税？

※ 税收法律依据 ※

(1)“财税〔2008〕48 号”和“国税函〔2010〕256 号”规定：企业购置并实际使用《环境保护专用设备企业所得税优惠目录》《节能节水专用设备企业所得税优惠目录》和《安全生产专用设备企业所得税优惠目录》规定的环境保护、节能节水、安全生产等专用设备的，该专用设备的投资额的10%可以从企业当年的应纳税额中抵免；当年不足抵免的，可以在以后5个纳税年度结转抵免。

(2)《国务院关于经济特区和上海浦东新区新设立高新技术企业实行过渡性税收优惠的通知》(国发〔2007〕40号)规定：对经济特区（深圳、珠海、汕头、厦门和海南经济特区）和上海浦东新区内在2008年1月1日（含）之后完成登记注册的国家需要重点扶持的高新技术企业（以下简称新设高新技术企业），在经济特区和上海浦东新区内取得的所得，自取得第一笔生产经营收入所属纳税年度起，第一年至第二年免征企业所得税，第三年至第五年按照25%的法定税率减半征收企业所得税。

(3)《企业所得税法实施条例》第90条规定：一个纳税年度内，居民企业技术转让所得不超过500万元的部分，免征企业所得税；超过500万元的部分，减半征收企业所得税。

※ 任务指导 ※

购置安全生产专用设备的投资额的10%有抵免时限。企业要充分享受税收抵免的权利，就应正确选择设备的购置时间。一般而言，在企业亏损时期，同时预计未来5年内无法弥补亏损，或弥补亏损后应缴纳的企业所得税少于设备购置抵免额，不能充分享受抵免优惠时，则应有计划地尽量推迟设备的购置时间。

企业所得税形成了以产业优惠为主、区域优惠为辅的税收优惠格局。投资者在考虑投资地点时，可以考虑区域优惠政策，从而为企业节税，这是企业最直接的一种纳税筹划方法。

※ 任务操作 ※

【承接案例4.6.1】 筹划前：

2019—2021年亏损，无须缴纳企业所得税。

2022—2023年共盈利160万元，不足弥补前3年的亏损，也不需要缴纳企业所得税。

2024年应纳企业所得税额＝(200－160)×25%＝10（万元）

10万元扣除购置安全生产专用设备抵免额后，无须缴纳企业所得税；但设备投资额的抵免时限到2023年为止，尚余50万元没有享受到税前抵免的优惠。

2025年应纳企业所得税额＝360×25%＝90（万元）

筹划后：

将该安全生产设备的购置时间推迟一个月，即在2020年1月份购买，2019—2024年的纳税情况同筹划前。

2025年应纳企业所得税额＝360×25%－50＝40（万元）

2025年应缴纳的企业所得税还可以扣减安全生产设备的剩余抵免额50万元，实际应缴纳的企业所得税减少为40万元，企业由此获得50万元的节税收益。

技能强化

【案例4.6.2】 思科环保有限公司是中国居民企业，当年对外转让一项环保专有技术，并在技术转让过程中提供相关技术咨询、培训等服务。思科公司与买方签订了为期3年的协议，共收取1 500万元。现有3个协议方案可供选择。方案1：3年平均收取转让收入，每年

500 万元。方案 2：第一年收取 800 万元，第二年收取 400 万元，第三年收取 300 万元。方案 3：第一年一次性收取 1 500 万元。请问思科公司应如何选择才能取得财务收益。

筹划分析

计算上述 3 个方案各年度因此而产生的应纳企业所得税额，如表 4-14 所示。

表 4-14　各年度应纳企业所得税额情况表　　单位：万元

方案	收取的技术转让收入金额			应纳企业所得税额			三年应纳税总额
	1	2	3	1	2	3	
方案 1	500	500	500	0	0	0	0
方案 2	800	400	300	37.5	0	0	37.5
方案 3	1 500	0	0	125	0	0	125

由上述计算结果可知，在上述三个方案中，思科公司 3 年内取得的技术转让收入都是 1 500 万元，但由于方案 1 将每年实现的收入均衡地控制在免税额以下，每年均可享受技术转让所得不超过 500 万元的部分免征企业所得税的税收优惠政策。

方案 2：按逐年递减收取技术转让收入，第一年收取的技术转让收入超过了 500 万元，只能享受减半征收企业所得税的税收优惠政策；第二年、第三年均可享受免税政策。

方案 3：一次性收取 1 500 万元的技术转让收入，第一年只能享受减半征收企业所得税的税收优惠政策；第二年、第三年不能享受税收优惠政策。

因此，思科公司应选择方案 1 签订协议。虽然一般认为任何收入的取得应该越早越好，那样既可以及时将预期收入变成现实收入，减少收入风险，同时还可以获得货币的时间价值。但从纳税筹划的角度来看，本案例中，思科公司选择方案 1 反而能够获得远远高于货币时间价值的税收收益。当然如果方案 3 第一年取得的收入能在后两年获得比节税额高的收益，则另当别论。

※ 任务小结和风险提示 ※

（1）纳税人通过合理地安排享受减免税的税收优惠，可以取得明显的税收收益。但利用税收优惠都有较严格的条件限制，需经有关机构认定确认。可以享受设备购置抵免优惠的企业，必须实际购置并自身实际投入使用税收法律规定的专用设备。

（2）企业投资于合适的地区，特别是有税率优惠的地区，不仅能使企业减轻税收负担，增加利润，而且这些税率优惠的地区一般都是国家实施倾斜的经济、税收政策的地区，投资于这些地区，既响应了国家的经济政策，又顺应了经济发展的方向。

（3）通过合理筹划收入实现的时间，充分享受税收优惠政策，企业往往能取得较好的节税效果。

【课程思政】

综合利用生活垃圾，可享优惠真不少

A 新兴环保科技有限公司为增值税一般纳税人，纳税信用等级 A 级。2019 年，投资建设公共餐厨垃圾处理项目，对公共餐厨垃圾进行环保化处置，并加以综合利用，生产出生物

柴油、沼气，并利用沼气燃烧进行发电。已知A公司的生产原料中，餐厨垃圾的比重为85%。2019年，项目建成后共处理公共餐厨垃圾200吨，产出70万立方米沼气，这些沼气可发电400万千瓦时（0.35元/千瓦时），同时可生产35万升生物柴油（6.4元/升）。假设A公司2019年无进项税额，且生物柴油用量所占比、调合标准和使用范围均符合规定。取得首笔收入的时间是2019年2月。

由于A公司的公共餐厨垃圾处理项目符合政策规定，因此可以享受企业所得税“三免三减半”优惠。A公司于2019年2月取得首笔处理公共餐厨垃圾经营收入，那么，根据政策规定，2019—2021年，免缴企业所得税；2022—2024年，减半缴纳企业所得税。

思政启示

眼下，生活垃圾分类处理已成时尚，“垃圾分类益处多，环境保护靠你我”已成为社会共识。居民个人和企业都积极参与到垃圾分类工作中，新兴环保企业应运而生。新兴环保企业在综合利用生活垃圾时，可以充分享受税收优惠。需要强调的是，相关环保主体的项目须满足“公共垃圾”这一硬性要求。企业如果处理自身生产经营活动产生的垃圾，不属于“公共垃圾”范畴，不能享受企业所得税“三免三减半”优惠。

税法依据

《企业所得税法实施条例》第88条规定：企业从事符合条件的环境保护、节能节水项目的所得，自项目取得第一笔生产经营收入所属纳税年度起，第一年至第三年免征企业所得税，第四年至第六年减半征收企业所得税。其中，符合条件的环境保护、节能节水项目，包括公共污水处理、公共垃圾处理、沼气综合开发利用、节能减排技术改造、海水淡化等。

【项目小结】

企业所得税是指国家对境内企业生产、经营所得和其他所得依法征收的一种税，实行按期预缴、年终汇算清缴的办法。应纳税所得额是在会计利润的基础上，通过调整差异项目金额计算出来的。不同会计政策的选择，必然会影响所得税税负的高低，而企业所得税是直接税，其税负一般不能转嫁，纳税人即负税人。本项目主要从收入、税前扣除项目、税率、税收优惠等方面设计企业所得税的节税思路，最终实现企业经济效益的最大化。

【课后练习】

一、单项选择题

1. 下列固定资产不允许计提折旧的有（　　）。

A. 未使用的房屋、建筑物

B. 单独估价作为固定资产入账的土地

C. 融资租入的固定资产

D. 正在使用的有产权的房屋

2. 某居民企业年营业收入额为6 000万元，实际发生业务招待费支出共计30万元，则其税前列支限额为（　　）。

A. 15万元　　B. 25万元　　C. 18万元　　D. 30万元

3. 企业的各项资产，包括固定资产、生物资产、无形资产、长期待摊费用、投资资产、存货等，以（　　）为计税基础。

A. 历史成本　　B. 公允价值
C. 历史成本和公允价值相结合　　D. 账面余额

4. 企业纳税年度发生的亏损，（　　）。
A. 不准向以后年度结转
B. 需获得相关税务部门批准后才能结转
C. 准予向以后年度结转，但最长不超过 5 年
D. 可以无限期结转

5. 计算企业所得税扣除项目时，不允许扣除的税金有（　　）。
A. 印花税　　B. 房产税　　C. 增值税　　D. 契税

6. 某企业 2019 年根据新“财税〔2019〕13 号”中有关小型微利企业的税率优惠，将企业一分为二，从而使得分立的两个企业都符合小型微利企业的要求，从而达到节税的目的，这种方法在纳税筹划上属于利用（　　）技术。
A. 免税　　B. 减税　　C. 税收扣除　　D. 分劈

7. 当发生的修理支出达到取得固定资产时的计税基础（　　）以上时，应视为固定资产的大修理支出。
A. 25%　　B. 50%　　C. 30%　　D. 15%

8. 采用先进先出法进行存货计价时，当存货的市场价格呈上升趋势时，将（　　）企业当期利润水平和库存存货的价值。
A. 低估　　B. 高估
C. 低估、高估都有可能　　D. 不会影响

9. 居民企业转让技术所有权所得不超过（　　）的部分，免征企业所得税。
A. 500 万元　　B. 400 万元　　C. 300 万元　　D. 200 万元

10. 某企业为母公司的全资子公司，2019 年度有注册资本 1 000 万元，当年 1 月 1 日向其母公司借入经营性资金 8 000 万元，借款期为 1 年，支付利息费用 120 万元。假定当年银行同期贷款年利息率为 6%，该企业在计算应纳税所得额时可以扣除的利息费用为（　　）万元。
A. 120　　B. 60　　C. 48　　D. 30

二、多项选择题

1. 在计算企业应纳税所得额时，下列项目中不能从收入总额中扣除的有（　　）。
A. 无形资产开发支出未形成资产的部分
B. 意外事故损失有赔偿的部分
C. 各种广告性的赞助支出
D. 税收滞纳金

2. 企业使用或者销售的存货的成本计算方法有（　　）。
A. 后进先出法　　B. 先进先出法
C. 加权平均法　　D. 个别计价法

3. 在计算应纳税所得额时，企业发生的下列支出，作为长期待摊费用，按照规定摊销的，准予扣除的有（　　）。
A. 已足额提取折旧的固定资产的改建支出

B. 租入固定资产的改建支出

C. 固定资产的大修理支出

D. 其他应当作为长期待摊费用的支出

4.《企业所得税法》中所称损失，包括以下几项（　　）。

A. 转让财产损失　　B. 已发生的经营亏损

C. 坏账损失　　D. 其他损失

5. 企业从事下列项目的所得，减半征收企业所得税的有（　　）。

A. 花卉、茶以及其他饮料作物的种植　　B. 香料作物的种植

C. 海水养殖　　D. 内陆养殖

6. 国家重点扶持的公共基础设施项目，是指《公共基础设施项目企业所得税优惠目录》规定的港口码头、机场、铁路（　　）等项目。

A. 公路　　B. 城市公共交通　　C. 电力　　D. 水利

7. 2019年起，所称符合条件的小型微利企业，是指从事国家非限制和禁止行业，并符合下列条件的企业（　　）。

A. 年度应纳税所得额不超过300万元

B. 从业人数不超过300人

C. 从业人数不超过100人，资产总额不超过2 000万元

D. 资产总额不超过5 000万元

8. 下列筹资方式的资本成本不能起到抵税作用的是（　　）。

A. 长期借款成本　　B. 留存收益成本

C. 普通股成本　　D. 债券成本

9. 设立子公司的好处有（　　）。

A. 在东道国只承担有限的债务责任

B. 子公司利润汇回母公司要比分公司灵活

C. 所得税计征独立

D. 交付给总公司的利润不必缴纳预提所得税

10. 下列做法能够降低企业所得税负担的有（　　）。

A. 亏损企业均应选择能使本期成本最大化的计价方法

B. 盈利企业应尽可能缩短折旧年限并采用加速折旧法

C. 采用双倍余额递减法和年数总和法计提折旧可以降低盈利企业的税负

D. 在物价持续下跌的情况下，采用先进先出法

三、判断题

1. 企业在清算终了后清算所得，不需要缴纳企业所得税，因此也不存在纳税筹划的必要。（　　）

2. 在确定固定资产折旧年限时，采用最短的折旧年限不一定总是最好。（　　）

3. 权益融资具有节税功能，而负债融资则不具有这一功能。（　　）

4. 纳税人为对外投资而借入的资金发生的借款费用，应计入有关投资成本，不得在税前扣除。（　　）

5. 纳税人当期享受税收减免税待遇，结果不需缴纳任何税款，可以不向税务机关办理纳

税申报。(　　)

6. 企业发生的合理的劳动保护支出，准予扣除。(　　)

7. 企业使用或者销售存货，按照规定计算的存货成本，准予在计算应纳税所得额时部分扣除。(　　)

8. 符合固定资产加速折旧条件的，可采用少于税法规定年限60%来缩短折旧年限。(　　)

9. 企业不能有效提供与其关联方之间业务往来资料，或者提供虚假、不完整资料，未能真实反映其关联业务往来情况的，税务机关有权依法核定其应纳税所得额。(　　)

10. 在我国，个人独资企业和合伙企业不征收企业所得税。(　　)

四、案例分析题

1. 甲个人独资公司（简称甲公司）和乙“一人公司”（简称乙公司）都是2021年1月新成立的普通行业的小规模生产企业，二者在扣除投资者工资之前年度应纳税所得均为320万元。假设专项扣除、专项附加扣除、其他法定扣除均相同，当投资者月工资扣除各项法定扣除项目后的应税所得额分别为10 000元或50 000元时，请比较上述几种情况下甲乙两家公司的应纳所得税额。

2. 某工业企业年实现产品销售净收入10 000万元，企业当年发生业务招待费50万元、广告费300万元、业务宣传费80万元。企业税前会计利润总额为500万元（假设无其他纳税调整项）。请为该企业进行所得税的纳税筹划。

3. 某项固定资产的原值为600万元，预计净残值为5万元，会计准则和税法认可的使用年限都是5年，年应税所得额为400万元。请问企业选择哪种折旧方法最有利？

4. 甲公司主要业务是为关联方生产包装箱，预计2021年实现销售收入1 200万元，其中成本为400万元（原材料为300万元）。甲公司被主管税务机关鉴定为能准确核算收入总额，不能准确核算成本费用支出，实行核定应税所得率方式征收企业所得税。当地规定应税所得率为10%，假设企业所得税适用税率为25%，不考虑增值税及其他税费。请问甲公司该如何进行企业所得税纳税筹划？

5. 某公司为了增强在竞争中的凝聚力与生命力，计划提高员工工资水平，以增强内部员工生产的积极性与主动性。但在采取何种方式提高员工工资水平上，管理者之间出现了意见分歧。一种观点认为，可以采取直接增加工资的方式；另一种观点认为，直接增加工资的方式不可取，而应该采取实物分配的方式，例如给工资达到一定基数的员工购买小汽车，这样对个人、企业双方都有好处，是一种“双赢”的方式。那么，该公司究竟应该选择哪种方式呢？请说明理由。

6. 某公司预计当年实现应税所得额800万元，8月欲投资某项目，总投资额为100万元，现有两个投资项目供其选择，期限均为1年。方案1：购买国库券，年利率为6%；方案2：购买建设债券，年利率为7%。请选择该公司最佳投资方案。要求：

(1) 计算筹划前该公司应纳企业所得税额及其税后净利润。

(2) 计算方案1应纳企业所得税额和税后净利润。

(3) 计算方案2应纳企业所得税额和税后净利润。

(4) 计算方案1企业所得税节税额和增加的税后净利润。

项目五

个人所得税的纳税筹划

个人所得税是以个人（自然人）取得的各项应税所得为征税对象所征收的一种税。我国个人所得税的基本规范是1980年9月10日第五届全国人民代表大会第三次会议通过并公布实施的，此后经历了七次修正。现行《中华人民共和国个人所得税法》（以下简称《个人所得税法》）修订于2018年8月31日。修订后的《个人所得税法》和《中华人民共和国个人所得税法实施条例》（以下简称《个人所得税法实施条例》）自2019年1月1日起正式实施。如何在新的税收法律法规的框架下进行有效的个人所得税纳税筹划，正是本项目要解决的问题。

【教学目标】

通过本项目的学习，使学生能计算各类应税项目个人所得税应纳税额，掌握个人所得税纳税筹划的基本原理，能从纳税人、计税依据和税率、税收优惠政策等角度进行个人所得税纳税筹划。

【工作任务】

1. 认识个人所得税。
2. 明确个人所得税纳税人的筹划。
3. 掌握个人所得税计税依据和税率的筹划。
4. 理解利用税收优惠政策的纳税筹划。

任务1

认识个人所得税

※ 任务导入 ※

【案例5.1.1】 2021年春节长假过后第一个工作日，某公司的员工们对上一年度的年终奖犯了糊涂。年前大家欢欢喜喜拿了年终奖各自回家，年后上班才谈论起各自实际拿到的年终奖。平时每月工资都一样是6 000元，相关法定扣除项目均相同，一位同事业绩较好，老板发了145 000元的年终奖，税后117 410元。另一位同事业绩略平，发了140 000元的年终奖，税后却有126 210元。一扣税，业绩优的员工年终奖比业绩平的员工还少了8 800元。如果你是该公司的财务人员，如何避免这样的事情发生？

※ 相关知识 ※

个人所得税是我国又一个重要税种，税负轻重直接关系到每一位个人纳税人的切身利益。

一、个人所得税的纳税人

个人所得税的纳税人，包括中国公民、个体工商户、个人独资企业、合伙企业投资者、在中国有所得的外籍个人（包括无国籍个人，下同）和香港、澳门、台湾同胞。为了有效地行使税收管辖权，我国根据国际惯例，采用国际上常用的住所标准和居住时间标准，将个人所得税纳税人分为居民个人和非居民个人，分别承担不同的纳税义务。

居民个人是指在中国境内有住所，或者无住所而一个纳税年度内在中国境内居住累计满183天的个人。居民个人从中国境内和境外取得的所得，依法缴纳个人所得税。

非居民个人是指在中国境内无住所又不居住，或者无住所而一个纳税年度内在中国境内居住累计不满183天的个人。非居民个人承担有限纳税义务，仅就其从中国境内取得的所得，依法缴纳个人所得税。

在中国境内有住所，是指因户籍、家庭、经济利益关系而在中国境内习惯性居住。这里所说的习惯性居住，是判定纳税义务人属于居民还是非居民的一个重要依据。它是指个人因学习、工作、探亲等原因消除之后，没有理由在其他地方继续居留时，所要回到的地方，而不是指实际居住或在某一个特定时期内的居住地。

一个纳税年度在中国境内居住累计满183天，是指在一个纳税年度（即公历1月1日起至12月31日止，下同）内，在中国境内居住累计满183天。

在中国境内无住所的个人，在中国境内居住累计满183天的年度连续不满六年的，经向主管税务机关备案，其来源于中国境外且由境外单位或者个人支付的所得，免予缴纳个人所得税；在中国境内居住累计满 183 天的任一年度中有一次离境超过 30 天的，其在中国境内居住累计满 183 天的年度的连续年限重新起算。

在中国境内无住所的个人，在一个纳税年度内在中国境内居住累计不超过 90 天的，其来源于中国境内的所得，由境外雇主支付并且不由该雇主在中国境内的机构、场所负担的部分，免予缴纳个人所得税。

“财政部、税务总局公告 2019 年第 34 号”规定：在中国境内无住所的个人（以下称无住所个人）居住时间的判定标准公告如下：

（1）无住所个人一个纳税年度在中国境内累计居住满 183 天的，如果此前六年在中国境内每年累计居住天数都满 183 天而且没有任何一年单次离境超过 30 天，该纳税年度来源于中国境内、境外所得应当缴纳个人所得税；如果此前六年的任一年在中国境内累计居住天数不满 183 天或者单次离境超过 30 天，该纳税年度来源于中国境外且由境外单位或者个人支付的所得，免予缴纳个人所得税。

前款所称此前六年，是指该纳税年度的前一年至前六年的连续六个年度，此前六年的起始年度自 2019 年（含）以后年度开始计算。

（2）无住所个人一个纳税年度内在中国境内累计居住天数，按照个人在中国境内累计停留的天数计算。在中国境内停留的当天满 24 小时的，计入中国境内居住天数，在中国境内停留的当天不足 24 小时的，不计入中国境内居住天数。

二、个人所得税的征税对象

（一）个人所得税的征税对象的一般规定

个人所得税的征税对象是个人取得的应税所得。世界各国的个人所得税的课税模式概括起来包括综合所得税制、分类所得税制和混合（或二元）所得税制三种模式。我国现行个人所得税采用分类所得税制与综合所得税制重叠使用的混合所得税制，即将个人取得的各种所得划分为九项，分别适用不同的费用减除规定、不同的税率和不同的计税方法。现行《个人所得税法》列举征税的个人所得包括以下九项：

（1）工资、薪金所得；（2）劳务报酬所得；（3）稿酬所得；（4）特许权使用费所得；（5）经营所得；（6）利息、股息、红利所得；（7）财产租赁所得；（8）财产转让所得；（9）偶然所得。

个人取得的所得，难以界定应纳税所得项目的，由主管税务机关确定。

居民个人取得上述第（1）项至第（4）项所得（以下称综合所得），按纳税年度合并计算个人所得税；非居民个人取得上述第（1）项至第（4）项所得，按月或者按次分项计算个人所得税。纳税人取得上述第（5）项至第（9）项所得，依照本法规定分别计算个人所得税。

（二）《个人所得税法》规定的各项个人所得的范围

（1）工资、薪金所得，是指个人因任职或者受雇取得的工资、薪金、奖金、年终加薪、劳动分红、津贴、补贴以及与任职或者受雇有关的其他所得。

（2）劳务报酬所得，是指个人从事劳务取得的所得，包括从事设计、装潢、安装、制图、化验、测试、医疗、法律、会计、咨询、讲学、翻译、审稿、书画、雕刻、影视、录音、录像、演出、表演、广告、展览、技术服务、介绍服务、经纪服务、代办服务以及其他劳务取得的所得。

（3）稿酬所得，是指个人因其作品以图书、报刊等形式出版、发表而取得的所得。

（4）特许权使用费所得，是指个人提供专利权、商标权、著作权、非专利技术以及其他特许权的使用权取得的所得；提供著作权的使用权取得的所得，不包括稿酬所得。

（5）经营所得，是指：

1）个体工商户从事生产、经营活动取得的所得，个人独资企业投资人、合伙企业的个人合伙人来源于境内注册的个人独资企业、合伙企业生产、经营的所得；

2）个人依法从事办学、医疗、咨询以及其他有偿服务活动取得的所得；

3）个人对企业、事业单位承包经营、承租经营以及转包、转租取得的所得；

4）个人从事其他生产、经营活动取得的所得。

（6）利息、股息、红利所得，是指个人拥有债权、股权等而取得的利息、股息、红利所得。

（7）财产租赁所得，是指个人出租不动产、机器设备、车船以及其他财产取得的所得。

（8）财产转让所得，是指个人转让有价证券、股权、合伙企业中的财产份额、不动产、机器设备、车船以及其他财产取得的所得。

（9）偶然所得，是指个人得奖、中奖、中彩以及其他偶然性质的所得。

个人取得的所得，难以界定应纳税所得项目的，由国务院税务主管部门确定。

三、个人所得税预扣率和税率

个人所得税分不同个人所得项目，规定了超额累进税率和比例税率两种形式。现行《个人所得税法》对取得工资、薪金所得，劳务报酬所得，稿酬所得，特许权使用费所得的居民个人实行预扣预缴个人所得税，对非居民个人实行代扣代缴，因此规定了个人所得税税率表及预扣率表。具体规定如下：

（一）个人所得税预扣率

1. 居民个人取得工资、薪金所得预扣预缴适用的预扣率

根据现行《个人所得税法》规定，居民个人的工资、薪金所得个人所得税，日常采取累计预扣法进行预扣预缴。预扣率如表5-1所示。

表5-1 个人所得税预扣率表一
（居民个人工资、薪金所得预扣预缴适用）

级数	累计预扣预缴应纳税所得额	预扣率（%）	速算扣除数
1	不超过36 000元的部分	3	0
2	超过36 000元至144 000元的部分	10	2 520
3	超过144 000元至300 000元的部分	20	16 920

续前表

级数	累计预扣预缴应纳税所得额	预扣率（%）	速算扣除数
4	超过 300 000 元至 420 000 元的部分	25	31 920
5	超过 420 000 元至 660 000 元的部分	30	52 920
6	超过 660 000 元至 960 000 元的部分	35	85 920
7	超过 960 000 元的部分	45	181 920

2. 居民个人取得劳务报酬所得预扣预缴适用的预扣率

居民个人劳务报酬所得预扣预缴适用以下预扣率，如表 5-2 所示。

表 5-2　个人所得税预扣率表二
（居民个人劳务报酬所得预扣预缴适用）

级数	预扣预缴应纳税所得额	预扣率（%）	速算扣除数
1	不超过 20 000 元的	20	0
2	超过 20 000 元至 50 000 元的部分	30	2 000
3	超过 50 000 元的部分	40	7 000

3. 居民个人取得稿酬所得、特许权使用费所得适用预扣率

居民个人取得稿酬所得、特许权使用费所得适用 20%的比例预扣率。

（二）个人所得税税率

1. 综合所得适用税率

居民个人综合所得实行年终汇算清缴，适用税率表一，如表 5-3 所示：

表 5-3　个人所得税税率表一
（居民个人综合所得适用）

级数	全年应纳税所得额	税率（%）	速算扣除数
1	不超过 36 000 元的部分	3	0
2	超过 36 000 元至 144 000 元的部分	10	2 520
3	超过 144 000 元至 300 000 元的部分	20	16 920
4	超过 300 000 元至 420 000 元的部分	25	31 920
5	超过 420 000 元至 660 000 元的部分	30	52 920
6	超过 660 000 元至 960 000 元的部分	35	85 920
7	超过 960 000 元的部分	45	181 920

（1）本表所称全年应纳税所得额是指依照《个人所得税法》第 6 条的规定，居民个人取得综合所得以每一纳税年度收入额减除费用 6 万元以及专项扣除、专项附加扣除和依法确定的其他扣除后的余额。

（2）非居民个人取得工资、薪金所得，劳务报酬所得，稿酬所得和特许权使用费所得，依照本表按月换算后计算应纳税额。

2. 按月换算后的综合所得税率

表5-4 按月换算后的综合所得税税率表
(2021年12月31日前全年一次性奖金适用)

级数	全月应纳税所得额	税率（%）	速算扣除数
1	不超过3 000元的	3	0
2	超过3 000元至12 000元的部分	10	210
3	超过12 000元至25 000元的部分	20	1 410
4	超过25 000元至35 000元的部分	25	2 660
5	超过35 000元至55 000元的部分	30	4 410
6	超过55 000元至80 000元的部分	35	7 160
7	超过80 000元的部分	45	15 160

3. 经营所得适用税率

经营所得，适用5%～35%的超额累进税率，如表5-5所示：

表5-5 个人所得税税率表二
(经营所得适用)

级数	全年应纳税所得额	税率（%）	速算扣除数
1	不超过30 000元的部分	5	0
2	超过30 000元至90 000元的部分	10	1 500
3	超过90 000元至300 000元的部分	20	10 500
4	超过300 000元至500 000元的部分	30	40 500
5	超过500 000元的部分	35	65 500

注：本表所称全年应纳税所得额是指依照《个人所得税法》第六条的规定，以每一纳税年度的收入总额减除成本、费用以及损失后的余额。

4. 非居民个人工资、薪金所得，劳务报酬所得，稿酬所得，特许权使用费所得适用税率

根据现行《个人所得税法》规定，非居民个人取得工资、薪金所得，劳务报酬所得，稿酬所得，特许权使用费所得实行代扣代缴，由扣缴义务人向非居民个人支付所得时按月或者按次代扣代缴税款，不办理汇算清缴，如表5-6所示：

表5-6 个人所得税税率表三
(非居民个人工资、薪金所得，劳务报酬所得，稿酬所得，特许权使用费所得适用)

级数	应纳税所得额	税率（%）	速算扣除数
1	不超过3 000元的	3	0
2	超过3 000元至12 000元的部分	10	210
3	超过12 000元至25 000元的部分	20	1 410
4	超过25 000元至35 000元的部分	25	2 660
5	超过35 000元至55 000元的部分	30	4 410
6	超过55 000元至80 000元的部分	35	7 160
7	超过80 000元的部分	45	15 160

5. 利息、股息、红利所得，财产租赁所得，财产转让所得和偶然所得适用税率

利息、股息、红利所得，财产租赁所得，财产转让所得和偶然所得，适用比例税率，税率为 20%。

四、个人所得税扣缴申报

按照现行《个人所得税法》规定，扣缴义务人应当按照国家规定办理全员全额扣缴申报。扣缴义务人，是指向个人支付所得的单位或者个人。

实行个人所得税全员全额扣缴申报的应税所得包括：工资、薪金所得，劳务报酬所得，稿酬所得，特许权使用费所得，利息、股息、红利所得，财产租赁所得，财产转让所得，偶然所得。

纳税人取得经营所得，按年计算个人所得税，由纳税人在月度或者季度终了后 15 日内向税务机关报送纳税申报表，并预缴税款；在取得所得的次年 3 月 31 日前办理汇算清缴。

（一）居民个人的预扣预缴

《国家税务总局关于全面实施新个人所得税法若干征管衔接问题的公告》（国家税务总局公告 2018 年第 56 号）明确了居民个人的工资、薪金所得个人所得税，日常采取累计预扣法进行预扣预缴；劳务报酬所得、稿酬所得、特许权使用费所得个人所得税，采取基本平移现行规定的做法预扣预缴；非居民个人则依照税法规定计算并扣缴个人所得税。年度预扣预缴税额与年度应纳税额不一致的，由居民个人于次年 3 月 1 日至 6 月 30 日向主管税务机关办理综合所得年度汇算清缴，税款多退少补。

1. 工资、薪金所得

扣缴义务人向居民个人支付工资、薪金所得时，应当按照累计预扣法计算预扣税款，并按月办理全员全额扣缴申报。具体计算公式如下：

本期应预扣预缴税额＝（累计预扣预缴应纳税所得额×预扣率－速算扣除数）
－累计减免税额－累计已预扣预缴税额

累计预扣预缴应纳税所得额＝累计收入－累计免税收入－累计减除费用－累计专项扣除
－累计专项附加扣除－累计依法确定的其他扣除

其中：累计减除费用，按照 5 000 元/月乘以纳税人当年截至本月在本单位的任职受雇月份数计算。

上述公式中，计算居民个人工资、薪金所得预扣预缴税额的预扣率、速算扣除数，按个人所得税预扣率表一（居民个人工资、薪金所得预扣预缴适用）执行。

“国家税务总局公告 2020 年第 19 号”规定：自 2021 年 1 月 1 日起，对上一完整纳税年度内每月均在同一单位预扣预缴工资、薪金所得个人所得税且全年工资、薪金收入不超过 6 万元的居民个人，扣缴义务人在预扣预缴本年度工资、薪金所得个人所得税时，累计减除费用自 1 月份起直接按照全年 6 万元计算扣除。即在纳税人累计收入不超过 6 万元的月份，暂不预扣预缴个人所得税；在其累计收入超过 6 万元的当月及年内后续月份，再预扣预缴个人所得税。

2. 劳务报酬、稿酬、特许权使用费所得

劳务报酬所得、稿酬所得、特许权使用费所得，属于一次性收入的，以取得该项收入为一次；属于同一项目连续性收入的，以一个月内取得的收入为一次。扣缴义务人向居民个人支付劳务报酬所得、稿酬所得、特许权使用费所得时，按次或者按月预扣预缴个人所得税。具体预扣预缴税款计算方法为：

（1）劳务报酬所得：

1）每次收入不超过4 000元的。

每次收入额=每次收入-800元

2）每次收入在4 000元以上的。

每次收入额=每次收入×(1-20%)

劳务报酬所得以每次收入额为预扣预缴应纳税所得额，适用个人所得税预扣率表二。

劳务报酬所得应预扣预缴税额=预扣预缴应纳税所得额×预扣率-速算扣除数

（2）稿酬所得：

1）每次收入不超过4 000元的。

每次收入额=每次收入-800元

2）每次收入在4 000元以上的。

每次收入额=每次收入×(1-20%)

稿酬所得以每次收入额为预扣预缴应纳税所得额，适用20%的比例预扣率。稿酬所得的收入额减按70%计算。

稿酬所得应预扣预缴税额=预扣预缴应纳税所得额×70%×20%

（3）特许权使用费所得：

1）每次收入不超过4 000元的。

每次收入额=每次收入-800元

2）每次收入在4 000元以上的。

每次收入额=每次收入×(1-20%)

特许权使用费所得以每次收入额为预扣预缴应纳税所得额，适用20%的比例预扣率。

特许权使用费所得应预扣预缴税额=预扣预缴应纳税所得额×20%

（二）非居民个人的代扣代缴

非居民个人取得所得，按月或按次、分项计算应纳的个人所得税额。有扣缴义务人的，由扣缴义务人按月或者按次代扣代缴税款，不办理汇算清缴。扣缴义务人向非居民个人支付工资、薪金所得，劳务报酬所得，稿酬所得和特许权使用费所得时，税率适用个人所得税税率表三，按照以下方法按月或者按次代扣代缴税款：

1. 工资、薪金所得

应纳税额=(每月收入额-5 000元)×税率-速算扣除数

2. 劳务报酬所得、稿酬所得、特许权使用费所得

劳务报酬所得、稿酬所得、特许权使用费所得，以收入减除20%的费用后的余额为收入额，以每次收入额为应纳税所得额，适用个人所得税税率表三计算应纳税额。其中，稿酬所

得的收入额减按 70%计算。

（三）其他实行扣缴申报的所得

其他实行扣缴申报的所得，包括利息、股息、红利所得，财产租赁所得，财产转让所得，偶然所得。扣缴义务人支付利息、股息、红利所得，财产租赁所得，财产转让所得或者偶然所得时，应当依法按次或者按月代扣代缴税款。

五、个人所得税应纳税额的计算

（一）居民个人综合所得的汇算清缴

居民个人综合所得预缴税额与年度应纳税额之间的差额，年度终了后可通过综合所得汇算清缴申报，税款多退少补。

1. 居民个人取得综合所得需要办理汇算清缴的情形

（1）从两处以上取得综合所得，且综合所得年收入额减除专项扣除的余额超过 6 万元；

（2）取得劳务报酬所得、稿酬所得、特许权使用费所得中一项或者多项所得，且综合所得年收入额减除专项扣除的余额超过 6 万元；

（3）纳税年度内预缴税额低于应纳税额；

（4）纳税人申请退税。

纳税人申请退税，应当提供其在中国境内开设的银行账户，并在汇算清缴地就地办理税款退库。

2. 计算公式

年应纳税所得额＝年收入总额－60 000 元－专项扣除－专项附加扣除－法定其他扣除

年应纳税额＝年应纳税所得额×适用税率－速算扣除数

居民个人综合所得的汇算清缴适用个人所得税税率表一

（1）年收入总额的确定。工薪所得按年计入，劳务报酬所得、稿酬所得、特许权使用费所得以收入减除 20%的费用后的余额为收入额。稿酬所得的收入额减按 70%计算。

（2）减除费用。每月 5 000 元，一年 6 万元。

（3）专项扣除。专项扣除，包括居民个人按照国家规定的范围和标准缴纳的基本养老保险、基本医疗保险、失业保险等社会保险费和住房公积金等。

（4）专项附加扣除。是指个人所得税法规定的子女教育、继续教育、大病医疗、住房贷款利息或者住房租金、赡养老人 6 项专项附加扣除。详见表 5－7：

表 5－7　专项附加扣除标准一览表

专项附加扣除项目	扣除标准	扣除方式选择
子女教育（包括学前教育和学历教育、境内教育和境外教育）	纳税人的子女接受全日制学历教育的相关支出，按照每个子女每月 1 000 元的标准定额扣除。	父母可以选择由其中一方按扣除标准的 100%扣除，也可以选择由双方分别按扣除标准的 50%扣除，具体扣除方式在一个纳税年度内不能变更。

续前表

专项附加扣除项目	扣除标准	扣除方式选择
继续教育（境内）	在学历（学位）教育期间按照每月400元定额扣除。同一学历（学位）继续教育的扣除期限不能超过48个月。	个人接受本科及以下学历（学位）继续教育，符合本办法规定扣除条件的，可以选择由其父母扣除，也可以选择由本人扣除。
	职业资格继续教育支出，在取得相关证书的当年，按照3 600元定额扣除。	
大病医疗	纳税人发生的与基本医保相关的医药费用支出，扣除医保报销后个人负担（指医保目录范围内的自付部分）累计超过15 000元的部分，由纳税人在办理年度汇算清缴时，在80 000元限额内据实扣除。	纳税人发生的医药费用支出可以选择由本人或者其配偶扣除；未成年子女发生的医药费用支出可以选择由其父母一方扣除。
住房贷款利息	首套住房贷款利息支出，在实际发生贷款利息的年度，按照每月1 000元的标准定额扣除，扣除期限最长不超过240个月。纳税人只能享受一次首套住房贷款的利息扣除。	经夫妻双方约定，可以选择由其中一方扣除，具体扣除方式在一个纳税年度内不能变更。
住房租金	1. 直辖市、省会（首府）城市、计划单列市以及国务院确定的其他城市，扣除标准为每月1 500元； 2. 除上述所列城市以外的市辖区户籍人口超过100万的城市，扣除标准为每月1 100元； 3. 除上述所列城市以外的市辖区户籍人口不超过100万的城市，扣除标准为每月800元。 纳税人的配偶在纳税人的主要工作城市有自有住房的，视同纳税人在主要工作城市有自有住房。	1. 纳税人的配偶在纳税人的主要工作城市有自有住房的，视同纳税人在主要工作城市有自有住房； 2. 夫妻双方主要工作城市相同的，只能由一方扣除住房租金支出； 3. 纳税人及其配偶在一个纳税年度内不能同时分别享受住房贷款利息和住房租金专项附加扣除。
赡养老人	1. 纳税人为独生子女的，按照每月2 000元的标准定额扣除； 2. 纳税人为非独生子女的，由其与兄弟姐妹分摊每月2 000元的扣除额度，每人分摊的额度不能超过每月1 000元。	1. 被赡养人是指年满60岁的父母，以及子女均已去世的年满60岁的祖父母、外祖父母； 2. 具体分摊方式和额度在一个纳税年度内不能变更。

（5）法定其他扣除。法定其他扣除，包括个人缴付符合国家规定的企业年金、职业年金，个人购买符合国家规定的商业健康保险、税收递延型商业养老保险的支出，以及国务院规定可以扣除的其他项目。

专项扣除、专项附加扣除和依法确定的其他扣除，以居民个人一个纳税年度的应纳税所得额为限额；一个纳税年度扣除不完的，不结转以后年度扣除。

（二）非居民个人所得

非居民个人取得所得，按月或按次、分项计算应纳的个人所得税额。有扣缴义务人的，由扣缴义务人按月或者按次代扣代缴税款，不办理汇算清缴。

应纳税额＝应纳税所得额×税率－速算扣除数

上述公式中的税率来自个人所得税税率表三。

（三）经营所得

经营所得，以每一纳税年度的收入总额减除成本、费用以及损失后的余额，为应纳税所得额，适用个人所得税税率表二。

所称成本、费用，是指生产、经营活动中发生的各项直接支出和分配计入成本的间接费用以及销售费用、管理费用、财务费用；所称损失，是指生产、经营活动中发生的固定资产和存货的盘亏、毁损、报废损失，转让财产损失，坏账损失，自然灾害等不可抗力因素造成的损失以及其他损失。

应纳税额＝应纳税所得额×税率－速算扣除数

取得经营所得的个人，没有综合所得的，计算其每一纳税年度的应纳税所得额时，应当减除费用 6 万元、专项扣除、专项附加扣除以及依法确定的其他扣除。专项附加扣除在办理汇算清缴时减除。

从事生产、经营活动，未提供完整、准确的纳税资料，不能正确计算应纳税所得额的，由主管税务机关核定应纳税所得额或者应纳税额。

（四）利息、股息、红利所得

利息、股息、红利所得，是指个人拥有债权、股权而取得的利息、股息、红利所得。除个人独资企业、合伙企业以外的其他企业的个人投资者，以企业资金为本人、家庭成员及其相关人员支付与企业生产经营无关的消费性支出及购买汽车、住房等财产性支出，视为企业对个人投资者的红利分配，依照“利息、股息、红利所得”项目计征个人所得税。企业的上述支出不允许在所得税前扣除。

利息、股息、红利所得按次计征，以个人每次取得的收入额为应纳税所得额，不得从收入额中扣除任何费用。

（1）“国税发〔1 994〕89 号”规定：股份制企业在分配股息、红利时，以股票形式向股东个人支付应得的股息、红利（即派发红股），应以派发红股的股票票面金额为收入额，按利息、股息、红利项目计征个人所得税。

（2）“财税〔2015〕101 号”规定：自 2015 年 9 月 8 日起，个人从公开发行和转让市场取得的上市公司股票，持股期限超过 1 年的，股息红利所得暂免征收个人所得税。持股期限在 1 个月以内（含 1 个月）的，其股息红利所得全额计入应纳税所得额；持股期限在 1 个月以上至 1 年（含 1 年）的，暂减按 50%计入应纳税所得额；上述所得统一适用 20%的税率计征个人所得税。

（3）证券投资基金从上市公司分配取得的股息、红利所得，按照“财税〔2012〕85 号”规定计征个人所得税。

利息、股息、红利所得应纳税额的计算公式为：

应纳税额＝应纳税所得额×适用税率＝每次收入额×20%

（五）财产租赁所得

财产租赁所得，是指个人出租建筑物、土地使用权、机器设备、车船以及其他财产取得的所得。个人取得的财产转租收入属于“财产租赁所得”的征税范围，由财产转租人缴纳个人所得税。

财产租赁所得一般以个人每次取得的收入，定额或定率减除规定费用后的余额为应纳税所得额。个人出租财产取得的财产租赁收入，在计算缴纳个人所得税时，应依次扣除以下费用：

（1）财产租赁过程中缴纳的税费；

（2）由纳税人负担的该出租财产实际开支的修缮费用；

（3）税法规定的费用扣除标准。

财产租赁所得按次计征，以1个月内取得的收入为一次。适用税率为20%比例税率。其计算公式为：

（1）每次（月）收入不超过4 000元的。

应纳税所得额=每次(月)收入额－准予扣除项目－修缮费用(800元为限)－800元

应纳税额=应纳税所得额×适用税率

（2）每次（月）收入超过4 000元的。

应纳税所得额=[每次(月)收入额－准予扣除项目－修缮费用(800元为限)]×(1－20%)

应纳税额=应纳税所得额×适用税率

（六）财产转让所得

财产转让所得，是指个人转让有价证券、股权、建筑物、土地使用权、机器设备、车船以及其他财产取得的所得。财产转让所得按次计征，以个人每次转让财产取得的收入额减除财产原值和相关税费后的余额为应纳税所得额。适用税率为20%比例税率。其计算公式为：

应纳税额=应纳税所得额×适用税率

应纳税所得额=每次收入额－财产原值－合理费用

1. 财产原值

按照下列方法确定：

（1）有价证券，为买入价以及买入时按照规定交纳的有关费用；

（2）建筑物，为建造费或者购进价格以及其他有关费用；

（3）土地使用权，为取得土地使用权所支付的金额、开发土地的费用以及其他有关费用；

（4）机器设备、车船，为购进价格、运输费、安装费以及其他有关费用。

其他财产，参照前款规定的方法确定财产原值。

纳税人未提供完整、准确的财产原值凭证，不能按照上述规定的方法确定财产原值的，由主管税务机关核定财产原值。

2. 合理费用

合理费用，是指卖出财产时按照规定支付的有关税费。

（七）偶然所得

偶然所得，是指个人得奖、中奖、中彩以及其他偶然性质的所得。偶然所得以个人每次取得的收入额为应纳税所得额，不扣除任何费用。适用税率为20%比例税率。其计算公式为：

应纳税额＝应纳税所得额×适用税率＝每次收入额×20%

※ 任务指导 ※

根据“财税〔2016〕164号”规定，居民个人取得全年一次性奖金，符合《国家税务总局关于调整个人取得全年一次性奖金等计算征收个人所得税方法问题的通知》（国税发〔2005〕9号）规定的，在2021年12月31日前，不并入当年综合所得，以全年一次性奖金收入除以12个月得到的数额，按照本通知所附按月换算后的综合所得税率表（以下简称月度税率表），确定适用税率和速算扣除数，单独计算纳税。计算公式为：

应纳税额＝全年一次性奖金收入×适用税率－速算扣除数

居民个人取得全年一次性奖金，也可以选择并入当年综合所得计算纳税。

自2022年1月1日起，居民个人取得全年一次性奖金，应并入当年综合所得计算缴纳个人所得税。

※ 任务操作 ※

【承接案例5.1.1】

假设业绩优的员工称为甲，业绩平的员工称为乙，由案例资料可知，平时每月工资都一样是6 000元，相关法定扣除项目均相同，则这两人的年终奖应纳税额计算如下：

145 000÷12＝12 083.33（元），适用税率20%，速算扣除数为1 410，则：

甲年终奖应纳个人所得税额＝145 000×20%－1 410＝27 590（元）

甲税后年终奖＝145 000－27 590＝117 410（元）

140 000÷12＝11 666.67（元），适用税率10%，速算扣除数为210，则：

乙年终奖应纳个人所得税额＝140 000×10%－210＝13 790（元）

乙税后年终奖＝140 000－13 790＝126 210（元）

甲税前收入比乙多5 000元，税后实际收入却比乙少了8 800元。如此看来，年终奖并没有起到奖励优秀员工的作用。其实，只要进行必要的筹划，这种情况是可以避免的。

筹划过程如下：

甲的年终奖减少为144 000元，则：

甲年终奖应纳税额＝144 000×10%－210＝14 190（元）

甲实际税后收入＝144 000－14 190＝129 810（元）

甲比乙实际收入多3 600元。

甲比筹划前实际增加收入＝129 810－117 410＝12 400（元）

[风控重点] 避免税率临界点多缴税。

※ 任务小结和风险提示 ※

（1）财务人员必须熟悉《个人所得税法》的变化，尽可能避免既不增加企业利益又损害员工个人利益的情况发生，为企业决策者提供有益的建议。

（2）由于实行超额累进税率，在应纳税所得额的临界点存在税率跃升，可能导致多发一元奖金却要多缴几百、几千甚至几万元的个人所得税。在这些临界点附近存在一个所谓的收入陷阱，如果应发工资、奖金落在此区间内，将会导致实际税后收入比按此区间下限计算的税后收入还要低的现象。

任务2

个人所得税纳税人的纳税筹划

※ 任务导入 ※

【案例5.2.1】香港居民汤姆受雇于香港A投资公司，于2021年1月1日首次被A投资公司派往深圳的B公司（香港A投资公司在深圳的子公司）工作，当年9月1日回香港A投资公司继续工作，汤姆未向主管税务机关备案。汤姆在B公司工作期间，取得B公司支付的工资、薪金收入人民币20万元，香港A投资公司支付的工资收入折合人民币10万元。要求：请为汤姆提出个人所得税纳税筹划思路。

※ 税收法律依据 ※

（1）《中华人民共和国个人所得税法》第一条：在中国境内有住所，或者无住所而一个纳税年度内在中国境内居住累计满183天的个人，为居民个人。居民个人从中国境内和境外取得的所得，依照本法规定缴纳个人所得税。

在中国境内无住所又不居住，或者无住所而一个纳税年度内在中国境内居住累计不满183天的个人，为非居民个人。非居民个人从中国境内取得的所得，依照本法规定缴纳个人所得税。

（2）《个人所得税法实施条例》第4条规定：在中国境内无住所的个人，在中国境内居住累计满183天的年度连续不满六年的，经向主管税务机关备案，其来源于中国境外且由境外单位或者个人支付的所得，免予缴纳个人所得税；在中国境内居住累计满183天的任一年度中有一次离境超过30天的，其在中国境内居住累计满183天的年度的连续年限重新起算。

（3）“财政部、税务总局公告2019年第34号”规定：1）无住所个人一个纳税年度在中国境内累计居住满183天的，如果此前六年在中国境内每年累计居住天数都满183天而且没有任何一年单次离境超过 30 天，该纳税年度来源于中国境内、境外所得应当缴纳个人所得税；如果此前六年的任一年在中国境内累计居住天数不满 183 天或者单次离境超过 30 天，该纳税年度来源于中国境外且由境外单位或者个人支付的所得，免予缴纳个人所得税。

前款所称此前六年，是指该纳税年度的前一年至前六年的连续六个年度，此前六年的起始年度自 2019 年（含）以后年度开始计算。

2）无住所个人一个纳税年度内在中国境内累计居住天数，按照个人在中国境内累计停留的天数计算。在中国境内停留的当天满 24 小时的，计入中国境内居住天数，在中国境内停留的当天不足 24 小时的，不计入中国境内居住天数。

(4)《个人所得税法》第 6 条规定：

1）居民个人的综合所得，以每一纳税年度的收入额减除费用 6 万元以及专项扣除、专项附加扣除和依法确定的其他扣除后的余额，为应纳税所得额。

2）非居民个人的工资、薪金所得，以每月收入额减除费用 5 000 元后的余额为应纳税所得额；劳务报酬所得、稿酬所得、特许权使用费所得，以每次收入额为应纳税所得额。

(5)《个人所得税法实施条例》第 6 条规定：经营所得，是指：

1）个体工商户从事生产、经营活动取得的所得，个人独资企业投资人、合伙企业的个人合伙人来源于境内注册的个人独资企业、合伙企业生产、经营的所得；

2）个人依法从事办学、医疗、咨询以及其他有偿服务活动取得的所得；

3）个人对企业、事业单位承包经营、承租经营以及转包、转租取得的所得；

4）个人从事其他生产、经营活动取得的所得。

※ 任务指导 ※

一、居民个人与非居民个人的转换筹划

我国《个人所得税法》将纳税义务人分为居民个人和非居民个人两种。居民个人和非居民个人分别承担着不同的纳税义务。

纳税人居民身份的判断标准有两个：住所和居住时间（居住满 183 天）。在中国境内有住所的个人，是指因户籍、家庭、经济利益关系而在中国境内习惯性居住的个人；在境内居住满 183 天，是指在一个纳税年度中（即公历 1 月 1 日起至 12 月 31 日）在中国境内居住 183 天。

由于两种纳税人的纳税义务各不相同，非居民个人的纳税义务远轻于居民个人的纳税义务，因此纳税人个人在进行纳税筹划时可将居民个人身份转变成非居民个人身份，从而减轻自己的税收负担。

二、企业所得税纳税人与个人所得税纳税人的选择筹划

2006 年 1 月 1 日开始实施的新公司法，其最大亮点就是首次明确了一名自然人股东或一名法人股东可以设立一人有限责任公司（以下简称一人公司）。

一人公司与个人独资企业在所得税上的差异，主要缘于二者的法律地位不同，前者具有法人资格，是企业所得税的纳税主体，再对一人股东的个人所得征收一道个人所得税。后者无独立的法律地位，按照五级超额累进税率缴纳个人所得税。一般人认为，前者要缴纳两道税，税负较重，后者只缴纳一道税，税负较轻。但是，由于现行企业所得税法实施后，取消了内资企业计税工资限制，这一筹划思路出现了新的变化。如果从两类企业综合因素分析，充分利用我国所得税优惠政策，合理进行筹划，便会起到不同的效果。

※ 任务操作 ※

【承接案例 5.2.1】 无住所个人到中国工作时，可以充分利用中国税法对居民个人和非居民个人的税收差异，避免就从中国境内和境外取得的全部所得缴纳在中国缴纳个人所得税，而只仅就其来源于中国境内所得征税，从而减轻个人所得税税负。

方案 1：直接在深圳待到 9 月 1 日返回香港，且向主管税务机关备案。

汤姆本年度在中国境内居住天数累计超过 183 天，为居民个人。其从中国境内和境外取得的所得合计 30 万元，需要依照中国的《个人所得税法》缴纳个人所得税。

方案 2：汤姆每周一来深圳，周五返回香港。

汤姆本年度在中国境内居住累计不超过 90 天，为非居民个人。仅就其从中国境内取得的所得 20 万元缴纳个人所得税。

方案 2 与方案 1 相比，汤姆只就来源于中国境内所得征税，而来源于香港的所得不纳税。所以，汤姆应该选择方案 2 可以节约个人所得税。

[风控重点] 第一，企业是否有按时足额代扣代缴个人所得税。第二，汤姆本年度在中国境内居住的时间是否符合非居民个人的条件。

技能强化

【案例 5.2.2】 某投资者计划投资设立一家企业，在未扣除投资者工资 50 000 元及法定扣除合计 10 000 元的情况下，个人独资企业与一人公司预计 2021 年度利润为 350 万元，没有其他纳税调整事项。从减轻税负的角度来看，请问应设立一人公司还是个人独资企业？

筹划分析

（1）如果设立个人独资企业，则：

年应纳个人所得税额＝(350－6－1×12)×35%－6.55

＝332×35%－6.55＝109.65（万元）

税负率＝109.65÷350×100%＝31.33%

（2）如果设立一人公司，由于该企业利润超过 300 万元，不符合小型微利企业的条件。该投资者如果每月发放 50 000 元工资，则：

年度工资薪金应纳个人所得税额＝(5×12－0.5×12－1×12)×25%－3.192

＝42×25%－3.192＝7.308（万元）

公司年度应纳企业所得税额＝(350－5×12)×25%＝72.5（万元）

分回股利收入应纳个人所得税额＝(350－5×12－72.5)×20%

＝217.5 ×20%＝43.5（万元）

合计应纳所得税额＝7.308＋72.5＋43.5＝123.308（元）

一人公司所得税税负率＝123.308÷350×100％＝35.23％

一人公司的税负比个人独资企业的税负高，应选择个人独资企业。

［风控重点］在上述案例中，影响两种不同企业组织形式的税负的主要因素有：（1）一人公司每月发放的工资；（2）一人公司能否享受企业所得税的税收优惠政策。影响因素不同，最后的选择结果也会不同。

※ 任务小结和风险提示 ※

（1）纳税人利用居住时间进行筹划，要进行成本收益分析，如果节省的税额少于筹划成本，就没有必要进行筹划。案例 5.2.1 未考虑纳税人在国外纳税的限额抵补的问题，如果国外的税率低于国内的税率，则作为非居民纳税人可以节税；相反，如果国外的税率高于或等于国内的税率，则这种筹划没有必要。

（2）现行《企业所得税法》取消了计税工资限制后，由于企业利润情况的变化，个人独资企业的所得税税负并不一定始终低于一人公司的税负，并且一人公司以有限责任公司的形式出现，只承担有限责任，风险相对较小；个人独资企业由于要承担无限责任，风险较大。因此，投资者要综合考虑所得税税负及各方面的因素，选择适合自身实际情况的企业组织形式，以实现投资效益的最大化。

（3）对一人公司与个人独资企业的税负差异和纳税筹划，主要是通过税收优惠寻求最低税负点。当然，注册何类企业、适用哪种税率不是问题的根本。能够真正施展个人才华，取得良好的经济效益和社会效益才是创立企业的根本目的。

任务 3

计税依据和税率的纳税筹划

※ 任务导入 ※

【案例 5.3.1】 2021 年某公司员工张某每月工资为 20 230.1 元，与去年相同，其住房公积金按上年平均工资的 6％计提，假设除公积金以外的专项扣除和其他法定扣除合计为 2 000 元。请为该纳税人进行个人所得税筹划。

※ 税收法律依据 ※

一、工资、薪金所得

（1）《个人所得税法实施条例》第 6 条规定：工资、薪金所得，是指个人因任职或者受雇而取得的工资、薪金、奖金、年终加薪、劳动分红、津贴、补贴以及与任职或者受雇有关的其他所得。

(2) 国税发〔1994〕89号规定：下列不属于工资、薪金性质的补贴、津贴或者不属于纳税人本人工资、薪金所得项目的收入，不征税：

1) 独生子女补贴；

2) 执行公务员工资制度未纳入基本工资总额的补贴、津贴差额和家属成员的副食品补贴；

3) 托儿补助费；

4) 差旅费津贴、误餐补助。

(3)《个人所得税法实施条例》第25条规定：按照国家规定，单位为个人缴付和个人缴付的基本养老保险费、基本医疗保险费、失业保险费、住房公积金，从纳税义务人的应纳税所得额中扣除。

(4)《财政部、国家税务总局关于基本养老保险费、基本医疗保险费、失业保险费、住房公积金有关个人所得税政策的通知》（财税〔2006〕10号）规定：企事业单位按照国家或省（自治区、直辖市）人民政府规定的缴费比例或办法实际缴付的基本养老保险费、基本医疗保险费和失业保险费，免征个人所得税；个人按照国家或省（自治区、直辖市）人民政府规定的缴费比例或办法实际缴付的基本养老保险费、基本医疗保险费和失业保险费，允许在个人应纳税所得额中扣除。

单位和个人分别在不超过职工本人上一年度月平均工资12%的幅度内，其实际缴存的住房公积金，允许在个人应纳税所得额中扣除。单位和职工个人缴存住房公积金的月平均工资不得超过职工工作地所在城市上一年度职工月平均工资的3倍，具体标准按照各地有关规定执行。

(5)《国家税务总局关于生活补助费范围确定问题的通知》（国税发〔1998〕155号）规定：下列收入不属于免税的福利费范围，应当并入纳税人的工资、薪金收入计征个人所得税：

1) 从超出国家规定的比例或基数计提的福利费、工会经费中支付给个人的各种补贴、补助；

2) 从福利费和工会经费中支付给单位职工的人人有份的补贴、补助；

3) 单位为个人购买汽车、住房、电子计算机等不属于临时性生活困难补助性质的支出。

(6)《国家税务总局关于外籍个人取得有关补贴征免个人所得税执行问题的通知》（国税发〔1997〕54号）及《财政部、国家税务总局关于个人所得税若干政策问题的通知》（财税字〔1994〕20号）规定：外籍个人以非现金或实报实销形式取得的合理的住房补贴、伙食补贴、洗衣费、搬迁费、出差补贴、探亲费、语言训练费、子女教育费等补贴，由纳税人提供有关凭证，主管税务机关核准后给予免征个人所得税。

(7)“财税〔2016〕164号”第七条“关于外籍个人有关津补贴的政策”规定：

1) 2019年1月1日至2021年12月31日期间，外籍个人符合居民个人条件的，可以选择享受个人所得税专项附加扣除，也可以选择按照《财政部、国家税务总局关于个人所得税若干政策问题的通知》（财税〔1994〕20号）、《国家税务总局关于外籍个人取得有关补贴征免个人所得税执行问题的通知》（国税发〔1997〕54号）和《财政部、国家税务总局关于外籍个人取得港澳地区住房等补贴征免个人所得税的通知》（财税〔2004〕29 号）规定，享受住房补贴、语言训练费、子女教育费等津补贴免税优惠政策，但不得同时享受。外籍个人一经选择，在一个纳税年度内不得变更。

2）自 2022 年 1 月 1 日起，外籍个人不再享受住房补贴、语言训练费、子女教育费津补贴免税优惠政策，应按规定享受专项附加扣除。

二、劳务报酬所得

国税发〔2009〕121 号规定：董事费按劳务报酬所得项目征税方法，仅适用于个人担任公司董事、监事，且不在公司任职、受雇的情形。个人在公司（包括关联公司）任职、受雇，同时兼任董事、监事的，应将董事费、监事费与个人工资收入合并，统一按工资、薪金所得项目缴纳个人所得税。

三、稿酬所得

国税发〔1994〕89 号规定：

（1）个人每次以图书、报刊方式出版、发表同一作品（文字作品、书画作品、摄影作品以及其他作品），不论出版单位是预付还是分笔支付稿酬，或者加印该作品后再付稿酬，均应合并其稿酬所得按一次计征个人所得税。在两处或两处以上出版、发表或再版同一作品而取得稿酬所得，则可分别就各处取得的所得或再版所得按分次所得计征个人所得税。

（2）个人的同一作品在报刊上连载，应合并其因连载而取得的所有稿酬所得为一次，按税法规定计征个人所得税。在其连载之后又出书取得稿酬所得，或先出书后连载取得稿酬所得，应视同再版稿酬分次计征个人所得税。

（3）作者去世后，对取得其遗作稿酬的个人，按稿酬所得征收个人所得税。

四、特许权使用费所得

（1）财税字〔1994〕20 号规定：纳税人在转让技术过程中所支付的中介费，如能提供有效、合法凭证的，允许从其所得中扣除。

（2）国税发〔1994〕89 号规定：作者将自己的文字作品手稿原件或复印件公开拍卖（竞价）取得的所得，应按特许权使用费所得项目征收个人所得税。

五、经营所得

根据现行《个人所得税法》《个人所得税法实施条例》《个体工商户个人所得税计税办法》（国家税务总局令 2014 年第 35 号）和“财税〔2008〕159 号”的规定：

（1）经营所得，以每一纳税年度的收入总额减除成本、费用以及损失后的余额，为应纳税所得额。

（2）合伙企业以每一个合伙人为纳税义务人。合伙企业合伙人是自然人的，缴纳个人所得税；合伙人是法人和其他组织的，缴纳企业所得税。合伙企业生产经营所得和其他所得采取“先分后税”的原则。

（3）个体工商户实际支付给从业人员的、合理的工资薪金支出，准予扣除。

（4）个体工商户业主的工资薪金支出不得税前扣除。

（5）个体工商户按照国务院有关主管部门或者省级人民政府规定的范围和标准为其业主和从业人员缴纳的基本养老保险费、基本医疗保险费、失业保险费、生育保险费、工伤保险费和住房公积金，准予扣除。

（6）个体工商户业主本人缴纳的补充养老保险费、补充医疗保险费，以当地（地级市）上年度社会平均工资的3倍为计算基数，分别在不超过该计算基数5%标准内的部分据实扣除；超过部分，不得扣除。

（7）除个体工商户依照国家有关规定为特殊工种从业人员支付的人身安全保险费和财政部、国家税务总局规定可以扣除的其他商业保险费外，个体工商户业主本人或者为从业人员支付的商业保险费，不得扣除。

（8）三项经费分别在工资薪金总额2%、14%、2.5%的标准内据实扣除。其中，职工教育经费的实际发生数额超出规定比例当期不能扣除的数额，准予在以后纳税年度结转扣除。

（9）广告费和业务宣传费用不超过当年销售（营业）收入15%的部分，可据实扣除；超过部分，准予在以后纳税年度结转扣除。

（10）业务招待费按照发生额的60%扣除，但最高不得超过当年销售（营业）收入的5‰。

（11）个体工商户在生产经营活动中发生的合理的不需要资本化的借款费用，准予扣除。

（12）个体工商户通过公益性社会团体或者县级以上人民政府及其部门，用于公益事业的捐赠，捐赠额不超过其应纳税所得额30%的部分可以据实扣除。

六、利息、股息、红利所得

（1）国税发〔1997〕198号规定：股份制企业用资本公积金转增股本不属于股息、红利性质的分配，对个人取得的转增股本数额，不作为个人所得，不征收个人所得税。股份制企业用盈余公积金派发红股属于股息、红利性质的分配，对个人取得的红股数额，应作为个人所得征税。

（2）财税字〔1998〕61号规定：为了配合企业改制，促进股票市场的稳健发展，经报国务院批准，从1997年1月1日起，对个人转让上市公司股票取得的所得继续暂免征收个人所得税。

（3）国税发〔2010〕54号规定：加强企业转增注册资本和股本管理，对以未分配利润、盈余公积和除股票溢价发行外的其他资本公积转增注册资本和股本的，要按照“利息、股息、红利所得”项目，依据现行政策规定计征个人所得税。

七、财产租赁所得

纳税义务人在出租财产过程中缴纳的税费，可持完税（缴款）凭证，从其财产租赁收入中扣除。纳税义务人出租财产取得财产租赁收入，在计算征税时，除可依法减除规定费用和有关税费外，还准予扣除能够提供有效、准确凭证，证明由纳税义务人负担的该出租财产实际开支的修缮费用。允许扣除的修缮费用，以每次800元为限，一次扣除不完的，准予在下一次继续扣除，直至扣完为止。

八、财产转让所得

根据《国家税务总局关于个人住房转让所得征收个人所得税有关问题的通知》（国税发〔2006〕108号）规定：个人转让住房，如果纳税人未提供完整、准确的房屋原值凭证，不能正确计算房屋原值和应纳税额的，税务机关可按纳税人住房转让收入的一定比例核定应纳个人所得税额，幅度为纳税人住房转让收入的1%～3%。

九、偶然所得

财税字〔1998〕12号规定：对个人购买体育彩票中奖收入的所得税政策作如下调整：凡一次中奖收入不超过1万元的，暂免征收个人所得税；超过1万元的，应按税法规定全额征收个人所得税。

※ 任务指导1：工资、薪金所得的纳税筹划 ※

虽然工资、薪金个人所得税是由个人自己负担的，但由于我国对工资、薪金个人所得税实行源泉扣缴，实际由企业代扣代缴。而且，由于在市场竞争中人才资源所发挥的作用越来越大，不少企业为了吸引人才，往往不惜重金聘请。但是我国目前的个人所得税采取的是七级超额累进税率，最高一档的边际税率高达45%，也就是说接近一半的收入会被税务机关征去。这样一来，企业所付出的高薪中有很大一部分并没有最终到员工手中，而是缴纳了税款。企业高薪政策的效果也会大打折扣。如果企业能够进行精心的筹划，统筹安排，不仅对员工有利，直接增加了员工的实际待遇，而且对企业纳税和企业效益也会产生积极的影响。因此，工资、薪金所得的纳税筹划不仅是个人所得税纳税人个人的事，往往也是企业、单位的事。

一、充分利用税前扣除

我国个人所得税相关法规规定了个人所得税税前扣除的相关政策，纳税人如能充分利用这些政策，则可以降低税负，如住房公积金、医疗保险费、基本养老保险金、失业保险费等可以在税前抵扣。特别是合理增加每个月的住房公积金，可以起到降低适用税率、节约税收支出的作用。按照住房公积金有关文件的规定，职工个人与其所在单位，各按职工月工资总额的同一比例，按月缴存住房公积金。职工个人每月缴存额等于职工每月工资总额乘以个人缴存率，单位每月缴存额等于该职工每月工资总额乘以单位缴存率，两笔资金全部存入个人账户，归职工个人所有。由于住房公积金缴存额可从工资总额中作税前扣除，免纳个人所得税，在不增加单位负担的情况下，提高公积金计提比例，减少个人所得税应纳税额，可以提高职工的实际收入水平。但应注意的是，单位和个人超过规定标准缴付的“三险一金”应计入年所得，需依法纳税。

※ 任务操作 ※

【承接案例 5.3.1】 2021 年某公司员工张某每月工资为 20 230.1 元，与去年相同，其住房公积金按上年平均工资的 6%计提，假设除公积金以外的专项扣除和其他法定扣除合计为 2 000 元。则筹划前：

2021 年张某应纳个人所得税额＝[20 230.1×(1－6%)×12－5 000×12－2 000×12)]×20%－16 920
＝(228 195.53－60 000－24 000)×20%－16 920
＝144 195.53 ×20%－16 920＝11 919.11（元）

筹划过程：由于张某的住房公积金计提比例并没有达到国家规定的上限，应税所得额超过第二级距上限 195.53 元，因此可以通过提高公积金个人缴纳比例至 12%，从而降低适用税率。则：

2021 年张某应纳个人所得税额＝[20 230.1×(1－12%)×12－5 000×12－2 000×12]×10%－2 520
＝(213 629.86－60 000－24 000)×10%－2 520
＝129 629.86×10%－2 520＝10 442.99（元）

筹划后节税额＝11 919.11－10 442.99＝1 476.12（元）

［风控重点］虽然提高住房公积金的个人缴纳比例可以减轻纳税人的个人所得税税负，但还需用人单位配合。

技能强化

【案例 5.3.2】 卡尔是一名德国专家，已在中国境内连续居住满 3 年，为居民个人。2020 年每月工资薪金收入为 50 000 元，专项扣除和其他法定扣除额为 5 000 元/月，个人支付房租、语言训练费、子女教育费等津补贴共 15 000 元/月，能提供相关凭证。按照“财税〔2016〕164 号”规定，卡尔有两个个人所得税选择方案。方案 1：享受外籍个人津补贴免税优惠政策。方案 2：享受专项附加扣除政策。请给出卡尔 2020 年纳税筹划建议。

筹划分析

方案 1：享受外籍个人津补贴免税优惠政策，则：

年应纳个人所得税额＝(50 000×12－15 000×12)×25%－31 920
＝73 080（元）

年税后工薪＝50 000×12－73 080＝52 6 920（元）

方案 2：享受专项附加扣除政策，则：

应纳个人所得税额＝(50 000×12－5 000×12－5 000×12)×30%－52 920

=480 000×30%−52 920=91 080（元）

年税后工薪=50 000×12−91 080=508 920（元）

方案 1 比方案 2 节约个人所得税=91 080−73 080=18 000（元）

筹划后税后工薪增加额=52 6 920−508 920=18 000（元）

二、纳税项目选择筹划法

《个人所得税法》对于不同性质的收入，规定了不同的征税标准；对于相同性质的收入，根据收入的差异也有不同的征税标准。纳税人可以根据这些规定的不同，通过事先筹划，例如工资、薪金所得与劳务报酬所得，工资、薪金所得与利息所得之间的相互转化，尽可能选择有利于减轻自身税负的项目进行纳税。

※ 任务操作 ※

【案例 5.3.3】中国公民李某为一自由职业者。2021 年在某小企业提供技术指导服务，每月收入为 10 000 元。李某现有两种方案可以选择，李某可以与该小企业签订劳动合同，也可以不签订劳动合同。如果签订劳动合同，李某每月需个人承担社保支出 1 000 元，无专项附加扣除和其他法定扣除。请问哪种方案对李某更有利？

筹划分析

方案 1：选择不签订劳动合同。

年预缴个人所得税额=[10 000×(1−20%)×20%]×12=1 600×12

=19 200（元）

年终汇算清缴应纳税额=[10 000×(1−20%)×12−60 000−1 000×12]×3%−0

=720（元）

年终可退税额=19 200−720=18 480（元）

方案 2：选择签订劳动合同。

年预缴个人所得税额=(10 000×12−5 000×12−1 000×12)×10%−2 520

=2 280（元）

年终汇算清缴应纳税额=(10 000 ×12−5 000×12−1 000×12)×10%−2 520

=48 000×10%−2 520=2 280（元）

虽然方案 1 平时的预缴税额并方案 2 多，但方案 1 经过年终退税后，全年实际应纳税额比方案 2 少。

方案 1 的节约税额=2 280−720=1 560（元）

当然上述选择结果并不是永恒的，需要根据具体的所得额和所得项目进行适时调整。

[风控重点] 上述两个方案出现差异，有以下几个原因：第一，按照现行《个人所得税法》的规定，居民个人的综合所得到年终汇算清缴，工资薪金所得与劳务报酬所得同属于综合所得，但在计入计税总收入时，两者的计算方法不同。工资薪金收入要全额计入年终总收入，而劳务报酬所得、稿酬所得、特许权使用费所得以收入减除 20%的费用后的余额为收入额，稿酬所得的收入额减按 70%计算，这样就相差了 20%的收入额。第二，劳务报酬的预扣预缴是按照旧税法计算税额，但年终汇算清缴又是按照新税法，这两种计税结果是有差异

的。第三，由于前者原因，如果恰巧处在超额累进税率的某一级距零界点，则又会产生税率差异，从而加大年应纳税额的差异。此外，在选择按照劳务报酬所得计税时要注意尽可能避免每月固定收入，而是年总收入不变的条件下，要将每月固定收入发放改为不定期不定额的劳务报酬发放。这样才可以避免被税务机关认定为工资薪金所得。

技能强化

【案例5.3.4】 某企业职工人数为200人，人均月工资为5 800元，平均每人每月专项扣除及附加扣除等共1 000元。因资金周转需要，2021年度预计向职工人均集资10 000元，年利率为10%（未超过银行同期同档利率），分10个月发放。企业与个人签订了借款合同。请为该企业提出纳税筹划建议。

筹划分析

方案1：按照利息计税，则应代扣代缴个人所得税。

每人年利息收入＝10 000×10%＝1 000元，若分10个月发放，则由于每次收入100元小于增值税最低起征点300元的规定，免征增值税。

年利息所得应纳税额＝200×10 000×10%÷10×20%×10＝40 000（元）

工资所得不纳税。

应纳印花税额＝10 000×0.05‰×200＝100（元）

合计＝40 000＋100＝40 100（元）

方案2：如果将职工集资年利率降为4%，将降低的利息通过提高职工工资来解决，那么，职工的个人收入不仅没有减少，而且降低了利息所得项目应纳的个人所得税。

每人每月增加的工资额＝10 000×(10%－4%)÷12＝50（元）

增加后人均月工资达到了5 850元。

工资所得不纳税。

年利息所得应纳税额＝200×10 000×4%÷10×20%×10＝16 000（元）

应纳印花税额＝10 000×0.05‰×200＝100（元）

同方案1，利息收入小于起征点，免征增值税。

合计＝16 000＋100＝16 100（元）

利息收入转换为工资、薪金收入后节税额如下：

少缴个人所得税＝40 100－16 100＝24 000（元）

少缴企业所得税＝50×12×200×25%＝30 000（元）

如果该企业为小型微利企业，则

少缴企业所得税额＝50×12×200×12.5%×20%＝3 000（元）

[风控重点] 利息支出不能超过银行同期同档贷款利率。

三、奖金发放方式筹划法

“财税〔2016〕164号”规定：居民个人取得全年一次性奖金，在2021年12月31日前，不并入当年综合所得，可以单独作为一个月的工资、薪金所得计算纳税。也可以选择并入当年综合所得计算纳税。

全年一次性奖金政策的优势是单独计税，不与当年综合所得合并算税，从而“分拆”收入降低适用税率。但对于低收入者而言，适用全年一次性奖金政策反而有可能增加其税负。例如：某人每月工资收入 3 000 元，年终有 2 万元的年终奖金，全年收入低于 6 万元。如其适用全年一次性奖金政策，需要缴纳 600 元个人所得税，放弃享受全年一次性奖金政策（即将全年一次性奖金并入综合所得征税），则全年无须纳税。因此，是否选择全年一次性奖金优惠政策，一般来说，高收入者往往选择全年一次性奖金政策；低收入者往往放弃享受全年一次性奖金政策，将全年一次性奖金直接并入综合所得征税。

此外，利用不同的奖金发放方式，企业可以根据职工的工资和奖金的金额来制定奖金的发放方案，在兼顾合理奖惩的激励目的前提下，通过奖金和工资的相互调剂，降低个人所得税税负。

※ 任务操作 ※

【案例 5.3.5】 2021 年，某公司员工张某预计每月工资为 7 000 元，专项扣除及附加 1 000 元，2021 年年底张某获得 150 000 元的年终奖。请为张某进行个人所得税的纳税筹划。

筹划分析

筹划前：

工资年应纳个人所得税额＝(7 000×12－5 000×12－1 000×12)×3%－0
＝(84 000－60 000－12 000)×3%－0＝12 000×3%－0
＝360（元）

年终奖应纳个人所得税额＝150 000×20%－1 410＝28 590（元）

合计全年应纳税额＝360＋28 590＝28 950（元）

筹划过程：150 000÷12＝12 500，超过第二级距的上限 500 元，将这 500 元加到每月工资，年终奖降为 144 000 元，则：

工资年应纳个人所得税额＝(7 500×12－5 000×12－1 000×12)×3%－0
＝(90 000－60 000－12 000)×3%－0＝18 000×3%－0
＝540（元）

年终奖应纳个人所得税额＝144 000×10%－210＝14 190（元）

合计全年应纳税额＝540＋14 190＝14 730（元）

筹划后：

比原方案少缴个人所得税＝28 950－14 730＝14 220（元）

[风控重点] 关于年终一次性奖金的优惠政策执行至 2021 年 12 月 31 日前，自 2022 年 1 月 1 日起，居民个人取得全年一次性奖金，应并入当年综合所得计算缴纳个人所得税。

技能强化

【案例 5.3.6】 2021 年预计王先生每月工资为 19 000 元，专项扣除及附加 1 000 元，该年王先生的年终奖预计 30 000 元，请问如何筹划可以节税？

筹划分析

方案 1：年终奖一次性发放。

工资年应纳个人所得税额＝(19 000×12－5 000×12－1 000×12)×20%－16 920

=(228 000−60 000−12 000)×20%−16 920
=156 000×20%−16 920=14 280（元）

年终奖应纳个人所得税额=30 000×3%−0=900（元）

合计全年应纳税额=14 280+900=15 180（元）

方案2：将工资降为18 000元，另每月的1 000元放到年终奖中发放，即年终奖增加至42 000元，42 000÷12=3 500，适用税率为10%则：

工资年应纳个人所得税额=(18 000×12−5 000×12−1 000×12)×10%−2 520
=(216 000−60 000−12 000)×10%−2 520
=144 000×10%−2 520=11 880（元）

年终奖应纳个人所得税额=42 000×10%−2 520=1 680（元）

合计全年应纳税额=11 880+1 680=13 560（元）

方案2比方案1节约税额=15 180−13 560=1 620（元）

[风控重点] 通过合理分配奖金，在尽可能降低年终一次性奖金适用税率的同时，也应该注意每月工资薪金的适用税率。

※ 任务指导2：经营所得的纳税筹划 ※

一、核定征收与查账征收选择的纳税筹划

作为个体工商户、独资企业、合伙企业等纳税人应纳税额的计算征税方式有两种，即核定征收与查账征收。究竟哪种方式更好呢？对于这个问题，我们必须根据不同纳税人的利润情况而定。如果纳税人每年的利润较高且稳定，采用核定征收方式比较好；若利润不稳定，则采用查账征收方式比较好。另外，纳税人实行核定征收方式的，不得享受企业所得税的各项税收优惠政策，同时投资者个人也无法享受个人所得税的优惠政策。所以，个体工商户、独资企业、合伙企业等纳税人在考虑享受某项个人所得税的优惠政策时，不宜采取核定征收方式。

二、采用查账征收的个体工商户的纳税筹划

大多数个体工商户采用查账征收方式，其纳税与企业的生产经营活动密不可分。个体工商户的纳税筹划主要在收入、成本费用、税率这三个环节，即在保证纳税筹划行为合法的前提下，如何使应税收入最小化，如何使与取得收入有关的成本费用最大化，如何使自己的应纳税所得额适用低档次的税率。当然，个体工商户在决定增加成本开支时，应合理测算成本增加减少的利润额与税收降低的关系，进而分析个体企业利润下降对业主收入和税收的影响程度，否则，盲目扩大成本，会得不偿失。

个体工商户利用扩大费用列支减少税收的方法主要有以下几个方面：

(1) 尽可能地把一些收入转换成费用开支；

(2) 如果使用自己的房产进行经营，可以用收取租金的方法扩大经营费用支出；

(3) 使用家庭成员或雇用临时工，增加工资等费用支出。

※ 任务操作 ※

【案例 5.3.7】陈某开办的小饭馆是实行查账征收的个体工商户，2020 年由于经营不善，准备缩小经营规模，空出一间店面房准备另行出租。现有两个方案：方案 1 是以小饭馆为出租人；方案 2 是把这个空房产权归到陈某名下，以陈某为出租人。假设陈某的饭馆年经营收益为 50 万元，房屋出租取得净收益为 5 000 元/月。请给出纳税筹划建议。

筹划分析

方案 1 年应纳个人所得税额＝(500 000＋5 000×12)×35%－65 500
＝130 500（元）

方案 2 饭馆经营年应纳个人所得税额＝500 000×30%－40 500＝10 9 500（元）

出租房屋应纳个人所得税额＝[5 000×(1－20%)×20%]×12＝9 600（元）

应纳个人所得税额合计＝10 9 500＋9 600＝119 100（元）

方案 2 年节税额＝130 500－119 100＝11 400（元）

[风控重点] 本例是通过出租的方式分散收入，使应税收入最小化，从而达到节税的目的。由于经营所得适用的是 5%～35%的五级超额累进税率，而个人财产租赁所得适用固定比例税率 20%，因此，当经营所得适用税率超过第三级数时，其适用税率就会高于 20%，则选择财产租赁所得就能节约税额。反之，则应选择经营所得才能节税。

※ 任务指导 3：利息、股息、红利所得的纳税筹划 ※

一、公积金转增资本

可以用于转增资本（或股本）的公积金有两种：一种是资本公积金，另一种是盈余公积金。资本公积金与盈余公积金在转增个人股本时，税收待遇不同。根据“国税发〔1997〕198 号”规定，股份制企业用资本公积金转增股本不属于股息、红利性质的分配，对个人取得的转增股本数额，不作为个人所得，不征收个人所得税；股份制企业用盈余公积金派发红股属于股息、红利性质的分配，对个人取得的红股数额，应作为个人所得征税。企业在增资扩股时，应当充分考虑政策因素，减轻投资者的个人所得税负担。

二、股息与工资、薪金相互转换的筹划

我们知道，股息所得适用 20%的税率，而工资、薪金所得适用 3%～45%的七级超额累进税率，同样的金额，不同的项目其税负是不同的。当工资适用税率低于 20%时，可以将股息转化为工资、薪金，即能减轻税负；反之，当工资薪金适用税率高于 20%时，可以将工资薪金所得转换为股息，也可以节约税额。

※ 任务操作 ※

【案例 5.3.8】某有限责任公司由甲、乙、丙、丁四个自然人投资组建并任职，投资比例各占 1/4，甲、乙、丙、丁四人各月工资应税所得额均为 4 000 元，当年企业利润为 300 万

元，无其他纳税调整事项，税后利润4人均分。暂不考虑各项专项扣除，请给出纳税筹划建议。

筹划分析

筹划前，每人的纳税情况如下：

全年工资薪金所得应纳税额＝4 000×12×10%－2 520＝2 280（元）

应纳企业所得税额＝100×25%×20%＋200×50%×20%＝25（万元）

每人股息所得应纳税额＝(300－25)÷4×20%＝68.75×20%＝13.75（万元）

每人个税应纳税额合计＝(137 500＋2 280)＝139 780（元）

筹划方案1：如果在年初将预计分配的股利通过增加工资、奖金的形式领取，税负就会大大降低。由于全年工资薪金48 000元的适用税率为10%这一档，距离该档级距上限144 000元相差96 000（＝144 000－48 000）元，因此，将各人应得的股利96 000元平均增加到各月的工资中，这样每人每月增加8 000元工资。筹划后每人应纳个人所得税情况如下：

全年工资薪金所得应纳税额＝(4 000＋8 000)×12 ×10%－2 520
＝11 880（元）

企业应纳税所得额＝3 000 000－96 000×4＝2 616 000（元）

应纳企业所得税额＝1 000 000×25%×20%＋1 616 000×50%×20%
＝211 600（万元）

每人股息所得应纳税额＝(2 616 000 －211 600)÷4×20%
＝601 100×20%
＝120 220（元）

每人个税应纳税额合计＝(11 880＋120 220)＝132 100（元）

节约个人所得税＝139 780－132 100＝7 680（元）

筹划方案2：将每人应得股利中的部分作为年终奖发放，有两种方式，第一种将股息中的96 000元作为年终奖发放，并选择将年终奖并入工资薪金综合所得一并计税。这种方法同方案1，不再阐述。

第二种是将股息中的144 000元作为年终奖发放，并选择享受年终奖计税优惠政策；筹划后：

全年工资薪金所得应纳税额＝4 000×12×10%－2 520＝2 280（元）

年终奖应纳税额＝144 000×10%－210＝14 190（元）

企业应纳税所得额＝3 000 000－144 000×4＝2 424 000（元）

应纳企业所得税额＝1 000 000×25%×20%＋1 424 000×50%×20%
＝192 400（万元）

股息所得应纳税额＝(2 424 000 －192 400)÷4×20%＝557 900×20%
＝111 580（元）

每人个税应纳税额合计＝(2 280＋14 190＋111 580)＝128 050（元）

比筹划前节税额＝139 780－128 050＝11 730（元）

比筹划方案1节约税额＝132 100－128 050＝4 050（元）

可见，筹划方案2更优。

［风控重点］需要注意的是，由于存在企业所得税工资扣除和税后各项提留的因素，其计算结果可能并不与上述结果完全相同。以上计算只是说明一个道理，将股息所得转化为工资、薪金所得，其税负是不同的。在运用这种筹划方法时，应注意以下几个问题：一是如果预计公司当年不会有盈利或者盈利很少，则说明不会涉及股息所得的税收问题；二是如果预计公司当年有足够的盈余，则提高个人股东的工资时，必须以"工资、薪金所得"项目不超过20%的适用税率为限。反之，应反向筹划。

※ 任务指导4：财产租赁所得的纳税筹划 ※

财产租赁所得纳税筹划方法的一般思路是：分次取得收入，尽量使发生的费用能全部扣除。

一、次数的纳税筹划

财产租赁所得是按次征收的，以纳税人一个月内取得的收入为一次。纳税人在取得财产租赁收入时，若能将一笔收入分月取得，就能增加费用扣除的次数，从而减少应纳税所得额，减轻税收负担。

二、费用的纳税筹划

税法规定，在确定财产租赁的应纳税所得额时，纳税人在出租财产过程中缴纳的税费，可持完税凭证从其财产租赁收入中扣除。此外，还准予扣除能够提供有效、准确凭证，证明由纳税人负担的该出租财产实际开支的修缮费用。允许扣除的修缮费用，以每次800元为限。一次扣除不完的，准予在下一次继续抵扣，直到扣完为止。因此，纳税人应取得并妥善保管有关税费凭证，否则会令税负加重。

※ 任务操作 ※

【案例5.3.9】黄先生在某写字楼拥有两间办公室，2021年1月起出租给丙公司办公，租期为1年，租金为3万元。黄先生希望丙公司于进驻前一次性付清房租，而该公司则希望能按月支付房租。假设无其他更高收益的投资途径，请从纳税筹划的角度为黄先生房租收入的取得方式提出建议。

筹划分析

方案1：如果黄先生一次性取得房租，则：

应纳个人所得税额＝30 000×(1－20%)×20%＝4 800（元）

方案2：如果黄先生分月取得房租，则：

每月应纳个人所得税额＝(30 000÷12－800)×20%＝340（元）

全年应纳个人所得税额＝340×12＝4 080（元）

［风控重点］分月取得房租比一次性取得房租黄先生税负减轻720（＝4 800－4 080）元，所以黄先生应采取分月的方式取得房租。

※ 任务指导5：财产转让所得的纳税筹划 ※

目前，一些省级地方税务局对住房转让所得按征收率1%计征个人所得税。假设房屋销售价为M，可减除财产原值、合理费用、税金等为N，则住房转让所得按税率纳税为$(M-N)\times 20\%$，按征收率纳税为$M\times 1\%$，当$(M-N)/M>5\%$时，按征收率纳税较为合算。一方面，随着近年来房价上涨，二手房的增值远大于5%。根据“国税发〔2006〕108号”文件的规定，可以减除的合理费用中，装修费用有最高扣除限额，已购公有住房、经济适用房的最高扣除限额为房屋原值的15%，商品房及其他住房为房屋原值的10%。如果房产购进时，合同注明房价款中含有装修费的，不得再重复扣除装修费用。另一方面，贷款利息、手续费、公证费等其他费用和税金也未必都保留了凭据，所以通常扣除额会很少，因此按核定征收率缴税会相对合算。

※ 任务操作 ※

【案例5.3.10】假设某人出售一套房产，成交价为20万元，6年前购进价为10万元。装修费3万元，但最多只能扣除1万元；贷款利息、手续费、公证费、税金等其他可减除项目，能找到凭据的只有1万元，共计减除2万元。该纳税人按哪种计税方式纳税能节税？

筹划分析

方案1：如果按转让财产所得税率20%计算，则：

应纳个人所得税额＝(20－10－2)×20%＝1.6（万元）

方案2：如果按1%纳税，则：

应纳个人所得税额＝20×1%＝0.2（万元）

显然，方案2更节税。

[风控重点] 如果能在税前扣除的凭证金额大于成交价的1%，则应选择最终税负更低的方案。

※ 任务小结和风险提示 ※

（1）同其他税种一样，个人所得税的纳税筹划仍应以纳税人、计税依据、税率为筹划的切入点。自2019年1月1日起个人所得税实行分项和综合计征相结合的征收方式，并实行预扣预缴和年终汇算清缴相结合的征缴办法，在进行纳税筹划时，要综合考虑各要素之间的相关性和交叉性。如计税依据与税率的筹划往往交叉在一起。纳税人应尽量避免一次性取得大额收入，在合法的前提下将所得均衡分摊或分解，增加税前扣除额和扣除次数，降低应纳税所得额。在实行累进税率时，还可以避免档次爬升现象的出现。

（2）个人所得税的纳税筹划是一项系统工程，进行个人所得税纳税筹划时，不仅要深刻理解和掌握税法，领会并顺应税收政策导向，更应关注一些相关的政府配套政策。

（3）任何一种方案都是针对特定的对象、特定的时间、特定的空间而设计的。个人所得税的纳税筹划方案是在一定时间、一定的法律环境下，以一定的企业经营活动为背景来制定的，随着外部因素的变化，企业必须对原有的个人所得税纳税筹划方案进行相应的修改和完善，以适应外部条件的变化。

任务 4

利用税收优惠政策的纳税筹划

※ 任务导入 ※

【案例 5.4.1】洪先生预计 2021 年每月工资、薪金应税所得额 12 500 元，2 月又取得特许权使用费收入 10 000 元，稿酬收入 4 000 元。洪先生准备向希望工程捐赠 6 000 元。请问如何捐赠可以节税？

※ 税收法律依据 ※

一、关于捐赠的税收优惠政策

（1）《个人所得税法》第 6 条：个人将其所得对教育、扶贫、济困等公益慈善事业进行捐赠，捐赠额未超过纳税人申报的应纳税所得额 30％的部分，可以从其应纳税所得额中扣除；国务院规定对公益慈善事业捐赠实行全额税前扣除的，从其规定。

（2）《个人所得税法实施条例》第 19 条规定：个人所得税法第六条第三款所称个人将其所得对教育、扶贫、济困等公益慈善事业进行捐赠，是指个人将其所得通过中国境内的公益性社会组织、国家机关向教育、扶贫、济困等公益慈善事业的捐赠；所称应纳税所得额，是指计算扣除捐赠额之前的应纳税所得额。

（3）公益性捐赠全额扣除的政策规定。例如：用于应对新型冠状病毒感染的肺炎疫情捐赠，允许在计算应纳税所得额时全额扣除（财政部、税务总局公告 2020 年第 9 号）。个人向公益性青少年活动场所（其中包括新建）的捐赠（财税〔2000〕21 号），福利性、非营利的老年服务机构的捐赠（财税〔2000〕97 号），教育事业的捐赠（财税〔2004〕39 号），中华健康快车基金会、孙冶方经济科学基金会、中华慈善总会、中国法律援助基金会、中华见义勇为基金会、中国医药卫生事业发展基金会等的捐赠，准予在计算缴纳个人所得税税前全额扣除。

（4）“财政部、税务总局公告 2019 年第 99 号”第 8 条：国务院规定对公益捐赠全额税前扣除的，按照规定执行。个人同时发生按 30％扣除和全额扣除的公益捐赠支出，自行选择扣除次序。

（5）财税〔2011〕50 号规定：

1）企业在销售商品（产品）和提供服务过程中向个人赠送礼品，属于下列情形之一的，不征收个人所得税：

①企业通过价格折扣、折让方式向个人销售商品（产品）和提供服务；

②企业在向个人销售商品（产品）和提供服务的同时给予赠品，如通信企业对个人购买

手机赠话费、入网费，或者购话费赠手机等；

③企业对累积消费达到一定额度的个人按消费积分反馈礼品。

2）企业向个人赠送礼品，属于下列情形之一的，取得该项所得的个人应依法缴纳个人所得税，税款由赠送礼品的企业代扣代缴：

①企业在业务宣传、广告等活动中，随机向本单位以外的个人赠送礼品，对个人取得的礼品所得，按照“其他所得”项目，全额适用20%的税率缴纳个人所得税；

②企业在年会、座谈会、庆典以及其他活动中向本单位以外的个人赠送礼品，对个人取得的礼品所得，按照“其他所得”项目，全额适用20%的税率缴纳个人所得税；

③企业对累积消费达到一定额度的顾客，给予额外抽奖机会，个人的获奖所得，按照“偶然所得”项目，全额适用20%的税率缴纳个人所得税。

3）企业赠送的礼品是自产产品（服务）的，按该产品（服务）的市场销售价格确定个人的应税所得；是外购商品（服务）的，按该商品（服务）的实际购置价格确定个人的应税所得。

二、支持和促进就业的有关税收政策

（1）“财税〔2010〕84号”规定：对持《就业失业登记证》（注明“自主创业税收政策”或附着《高校毕业生自主创业证》）人员从事个体经营（除建筑业、娱乐业以及销售不动产、转让土地使用权、广告业、房屋中介、桑拿、按摩、网吧、氧吧外）的，在3年内按每户每年8 000元为限额依次扣减其当年实际应缴纳的增值税、城市维护建设税、教育费附加和个人所得税。

纳税人年度应缴纳税款小于上述扣减限额的，以其实际缴纳的税款为限；大于上述扣减限额的，以上述扣减限额为限。

（2）“财税〔2019〕22号”规定：建档立卡贫困人口、持《就业创业证》（注明“自主创业税收政策”或“毕业年度内自主创业税收政策”）或《就业失业登记证》（注明“自主创业税收政策”）的人员，从事个体经营的，自办理个体工商户登记当月起，在3年（36个月，下同）内按每户每年12 000元为限额依次扣减其当年实际应缴纳的增值税、城市维护建设税、教育费附加、地方教育附加和个人所得税。限额标准最高可上浮20%，各省、自治区、直辖市人民政府可根据本地区实际情况在此幅度内确定具体限额标准。

上述人员具体包括：（1）纳入全国扶贫开发信息系统的建档立卡贫困人口；（2）在人力资源和社会保障部门公共就业服务机构登记失业半年以上的人员；（3）零就业家庭、享受城市居民最低生活保障家庭劳动年龄内的登记失业人员；（4）毕业年度内高校毕业生。高校毕业生是指实施高等学历教育的普通高等学校、成人高等学校应届毕业的学生；毕业年度是指毕业所在自然年，即1月1日至12月31日。

三、境外已纳税额抵免的规定

《个人所得税法》第7条规定：纳税义务人从中国境外取得的所得，准予其在应纳税额中扣除已在境外缴纳的个人所得税税额。但扣除额不得超过该纳税义务人境外所得依照本法规定计算的应纳税额。

※ 任务指导 ※

一、利用捐赠扣除筹划

为了鼓励高收入者对公益、教育事业作贡献，我国个人所得税法规定了公益性捐赠扣除的税收优惠。这就是说，在个人捐赠时，只要其捐赠方式、捐赠款投向、捐赠额度符合法律的规定，就可以使这部分捐赠款免缴个人所得税。该政策实际上是允许纳税人将自己对外捐赠的一部分改为由税收来负担。该条款的立法宗旨很明确，就是要引导纳税人的捐赠方向，将其引入公益、救济性质，从而为社会和国家减轻负担。对于个人来说，则可以通过公益、救济性捐赠将一部分收入从应纳税所得额中扣除，从而达到抵免一部分税收的目的。

（一）捐赠时期的纳税筹划

纳税人对外捐赠是出于自愿，捐多少，何时捐，都是由纳税人自己决定。允许按应纳税所得额的一定比例进行税前扣除，其前提必须是取得一定的收入，也就是说，如果纳税人本期未取得收入，而是用自己过去的积蓄进行捐赠，则不能得到税收退还。由此可见，选择适当的捐赠时期对纳税人来说，是非常重要的。

（二）捐赠数额的纳税筹划

纳税人打算对外捐多少，应当取决于本期取得的收入，如果本期取得的应税收入较多，则可以多捐；反之，若本期取得的应税收入较少，则可先捐赠一部分，剩余捐赠额可安排在下期。

（三）用于捐赠的所得项目的纳税筹划

如果纳税人本期取得收入属于不同的应税项目，例如工资薪金收入、稿酬收入、偶然收入、财产租赁收入等，那么，允许扣除多少就看纳税人如何对捐赠额进行划分。由于我国现行个人所得税实行的是分项和综合征收相结合的混合所得税制，而且不同的应税项目的纳税期限也是不同的，因此，在计算捐赠扣除时，属于哪项所得捐赠的，就应从哪项应纳税所得额中扣除捐赠款项，然后按适用税率计算缴纳个人所得税。在纳税人取得两种以上不同应税项目收入，并从中取出一部分收入对外捐赠的情况下，无法分清楚是从哪项收入中取出的，更分不清哪项收入中取出的各是多少。因此，在计算捐赠扣除额时，纳税人应当对捐赠额进行适当的划分，即将捐赠额分散在各个应税所得项目之中，其目的是最大限度地享受税前扣除。

（四）捐赠方向的纳税筹划

《个人所得税法》规定的允许税前扣除的捐赠必须是公益、救济性质的捐赠，按照其捐赠对象和捐赠渠道的不同，捐赠分为不能扣除、限额扣除和全额扣除。对非公益性捐赠，税法规定不允许在个人所得税税前扣除；对于一般的公益性、救济性捐赠，税法规定限额扣除率为30%；对于税法特别规定的捐赠对象才允许全额扣除。纳税人在对外捐赠时，通过对捐赠方向的筹划也可以减轻税负，把善事做好、做巧。

二、境外已纳税额抵免筹划

《个人所得税法》《个人所得税法实施条例》以及“财政部、税务总局公告 2020 年第 3 号”规定，纳税义务人从中国境外取得的所得，准予其在应纳税额中扣除已在境外缴纳的个人所得税税额。但扣除额不得超过该纳税人境外所得依照本法规定计算的应纳税额。已在境外缴纳的个人所得税税款，是指纳税人从中国境外取得的所得，依照该所得来源国家或者地区的法律应当缴纳并且实际已经缴纳的税款。

依照税法规定计算的应纳税额，是指纳税人从中国境外取得的所得，区别不同国家或者地区和不同应税项目，依照税法规定的费用减除标准和适用税率计算的应纳税额；同一国家或地区内不同应税项目的应纳税额之和，为该国家或者地区的扣除限额。

纳税人在中国境外一个国家或者地区实际已经缴纳的个人所得税税额，低于该国家或者地区扣除限额的，应当在中国缴纳差额部分的税额；超过该国家或者地区扣除限额的，其超过部分不得在本纳税年度的应纳税额中扣除，但是，可以在以后纳税年度的该国家或者地区扣除限额的余额中补扣，补扣期限最长不得超过五年。

※ 任务操作 ※

【承接案例 5.4.1】

筹划分析

方案 1：全部用特许权使用费向希望工程捐赠 6 000 元，则洪先生纳税情况如下：

1 月工资薪金所得预缴个人所得税额＝12 500×3％－0＝375（元）

2 月工资薪金所得预缴税额＝12 500×2×3％－375＝375（元）

2 月稿酬所得预缴税额＝(4 000－800)×20％×(1－30％)＝448（元）

2 月特许权使用费所得税前允许扣除捐赠限额＝10 000×(1－20％)×30％
＝2 400（元）

特许权使用费所得预缴税额＝[10 000×(1－20％)－2 400]×20％
＝1 120（元）

另外 3 600（＝6 000－2 400）元的捐赠不能在个人所得税税前扣除。

2 月合计应纳税额＝375＋448＋1 120＝1 943（元）

税后净收入＝12 500＋10 000＋4 000－1 943－6 000＝18 557（元）

方案 2：根据税法相关规定，各项捐赠扣除限额计算如下：

工资薪金所得扣除限额＝12 500×30％＝3 750（元）

特许权使用费所得扣除限额＝2 400（元）

稿酬所得扣除限额＝(4 000－800)×30％＝960（元）

扣除限额合计为 7 110 元。

洪先生应对 6 000 元捐赠款进行精心筹划，根据各项应税所得的扣除限额分别按税率高低从三项所得中拿出相应数额进行捐赠。即特许权使用费所得捐赠 2 400 元，稿酬所得捐赠 960 元，剩余 2 640 元从工资薪金所得捐赠，那么 2 月纳税情况如下：

工资薪金所得预缴税额=(12 500×2—2 640)×3%—0—375=295.8（元）
特许权使用费所得预缴税额=[10 000×(1—20%)—2 400)]×20%
=1 120（元）
稿酬所得预缴税额=(4 000—800—960)×20%×(1—30%)=313.6（元）
2月预缴税额合计=295.8+1 120+313.6=1 729.4（元）
税后净收入=12 500+10 000+4 000—1 729.4—6 000=18 770.6（元）
方案2节税额=1 943—1 729.4=213.6（元）

[风控重点] 一是要取得捐赠票据，二是注意捐赠数额的划分。

※ 任务小结和风险提示 ※

（1）捐赠扣除分为限额扣除和全额扣除，捐赠者应该有所选择。全额扣除是纳税人的首选目标，限额扣除要区别对待。

（2）对于单一所得，根据捐赠限额的多少，分次安排捐赠数额；对于多项所得，先用税率高的应税所得进行捐赠。

（3）对于境外已纳税额抵免筹划，进行筹划的关键是如何才能让“超过扣除限额的部分”在五年内获得扣除，以充分削减在我国境外缴纳的超过抵扣限额的高税负。

【课程思政】

“激励机制”中的涉税黑洞

某公司为了贯彻激励机制，同时也为了减轻按高工资基数交社保的压力和减少个人所得税，以纳税筹划为名，采用“底薪+提成”薪金结构方式发放员工工资，即每月给员工低底薪，提成则以让员工找发票报销的方式进行领取。公司仅就其低底薪部分代扣代缴个人所得税，员工社保等也仅按低底薪计缴。由于让员工找大量发票替代工资费用，因此账上工资费用极低，而某些费用极高。后来因为某项费用严重超出同行平均水平而被税务机关稽查，责成补税并处罚款。

思政启示

企业通过给员工报销发票的形式来发放奖金和薪酬，并不是合法合理的纳税筹划。而且报销发票对员工来说是把“双刃剑”，表面上看省了个税，弄得不好就会吃大亏。例如：员工一旦出现工伤，在理赔时是必须依据个人完税证明来核定赔偿金额的。如果平时省了个税，那么完税证明上显示的员工的收入就会比实际情况少很多，相应的赔偿也会减少。还有，一旦出现劳资纠纷，需要仲裁或者打官司时，完税证明也是很重要的凭证，若证明显示“收入低”就会吃亏。

税法依据

（1）《中华人民共和国个人所得税法实施条例》第6条规定：工资、薪金所得，是指个人因任职或者受雇取得的工资、薪金、奖金、年终加薪、劳动分红、津贴、补贴以及与任职或者受雇有关的其他所得。

(2)《中华人民共和国税收征收管理法》第63条规定：纳税人伪造、变造、隐匿、擅自销毁账簿、记账凭证，或者在账簿上多列支出或者不列、少列收入，或者经税务机关通知申报而拒不申报或者进行虚假的纳税申报，不缴或者少缴应纳税款的，是偷税。对纳税人偷税的，由税务机关追缴其不缴或者少缴的税款、滞纳金，并处不缴或者少缴的税款50%以上5倍以下的罚款；构成犯罪的，依法追究刑事责任。

扣缴义务人采取前款所列手段，不缴或者少缴已扣、已收税款，由税务机关追缴其不缴或者少缴的税款、滞纳金，并处不缴或者少缴的税款50%以上5倍以下的罚款；构成犯罪的，依法追究刑事责任。

【项目小结】

个人所得税是针对个人（自然人）取得的各项应税所得征收的一种税。其社会涉及面极为广泛，涉及项目比较多，而且直接涉及个人的切身利益，因此也是纳税人普遍关心的筹划项目。针对我国个人所得税税制的特点，其纳税筹划主要从以下几个方面考虑。

(1) 纳税人的筹划。一般而言，通过纳税人筹划减轻税负的主要方法有：利用税制对临时离境的规定，恰当安排离境时间，使自己成为非居民纳税人以减轻税负；通过对纳税人身份的选择，例如企业所得税纳税人与个人所得税纳税人的选择筹划，尽可能选择有利于纳税人节税的方案。

(2) 计税依据和税率的筹划。自2019年1月1日起，我国个人所得税实行分项和综合征收相结合的混合课征制度，计税依据与税率的筹划一般交叉在一起。纳税人可利用这一特点，通过恰当的时间安排、均衡分摊或分解收入、应税项目间的转换，增加扣除次数，充分享受税前扣除政策，降低应纳税所得额，实现节税收益。

(3) 税收优惠政策的筹划。针对税制对不同应税项目给予的不同程度的优惠政策，如捐赠政策、抵免政策，实现节税收益。

【课后练习】

一、单项选择题

1. 下列各项中，关于个人独资企业的表述正确的是（　　）。

A. 一个人投资，不限制投资额

B. 没有注册资本，不具备法律风险

C. 企业名称不可以用“有限公司”“有限责任公司”字样

D. 在税务方面，如果是生产企业，只能申请小规模纳税人

2. 下列关于“一人有限公司”的表述不正确的是（　　）。

A. 需要注册资本

B. 企业名称后缀是“有限公司”字样

C. 一人有限公司只能认定为一般纳税人

D. 具备公司章程

3. 下列关于个体工商户的说法正确的是（　　）。

A. 属于自然人投资

B. 个体工商户的所得税税负一定重于“一人有限公司”

C. 只能申请小规模纳税人

D. 属于法人投资

4. 非居民个人的工资薪金适用的税率为（　　）。

A. 3%～45%的超额累进税率　　B. 5%～35%的超额累进税率

C. 3%～45%的预扣预缴税率　　D. 20%的比例税率

5. 个人按市场价格出租居民住房，其应纳个人所得税减按（　　）征税。

A. 20%　　B. 15%　　C. 10%　　D. 5%

6. 下列各项中，可以作为合法和有效的纳税筹划方法的是（　　）。

A. 用发票冲抵费用　　B. 以多人名义分领劳务报酬

C. 尽量采用现金交易　　D. 充分利用费用扣除规定

7. 企业在业务宣传、广告等活动中，随机向本单位以外的个人发放网络红包，对取得红包的个人应按（　　）项目征收个人所得税。

A. 工资、薪金所得　　B. 经营所得

C. 偶然所得　　D. 红利所得

8. 自（　　）1月1日起，居民个人取得全年一次性奖金，应并入当年综合所得计算缴纳个人所得税。

A. 2022年　　B. 2021年　　C. 2020年　　D. 2019年

9. 居民个人的判断标准之一是无住所个人在我国境内居住累计满（　　）天。

A. 90　　B. 180　　C. 365　　D. 183

10. 对个人所得税的纳税人进行纳税筹划正确方法是（　　）。

A. 居民个人与非居民个人的转换

B. 通过人员的境内住所（居住地）变动降低税收负担

C. 通过人员流动降低税收负担

D. 个体工商户与个人独资企业的转换

二、多项选择题

1. 按照现行个人所得税法规定，下列各项中居民个人采用分项计征的是（　　）。

A. 工资、薪金所得　　B. 财产转让所得

C. 财产租赁所得　　D. 稿酬所得

2. 工资、薪金是个人所得税最主要的征税项目，其纳税筹划方法有（　　）。

A. 充分利用税前扣除　　B. 均匀分摊法

C. 纳税项目选择法　　D. 发放方式筹划法

3. 下列各项中属于居民个人综合所得的是（　　）。

A. 工资、薪金所得　　B. 劳务报酬所得

C. 特许权使用费所得　　D. 稿酬所得

4. 下列各项中能减轻个人所得税负的方法有（　　）。

A. 提高职工福利生活水平，减少名义工资收入

B. 在限额内允许提取的职工福利费一定要全部提取

C. 将超过20%税率的员工高额年终奖金变为员工红利

D. 创造条件，争取成为实行工效挂钩的企业

5. 下列（　　）筹划方法属于“项目选择筹划法”。

A. 增加支付次数　　B. 股息转化为工资薪金
C. 工资、薪金转化为劳务报酬　　D. 平均分摊年薪

6. 下列（　　）做法能使个体工商户节税。
A. 尽可能地把一些收入转换成费用开支
B. 给家庭人员支付工资
C. 如果使用自己的房产进行经营，采用收取租金的方法
D. 不给家庭人员支付工资

7. 利用捐赠扣除筹划的方法可从（　　）进行筹划。
A. 捐赠时期　　B. 捐赠方向
C. 用于捐赠的所得项目　　D. 捐赠数额

8. 利息、股息、红利所得的纳税筹划方法有（　　）。
A. 增加费用成本　　B. 公积金转增资本
C. 股息转化为工资　　D. “削山头”筹划法

9. 财产租赁所得筹划方法的一般思路是（　　）。
A. 分次取得收入　　B. 尽量使发生的费用能全部扣除
C. 提高租金收入　　D. 尽可能一次性取得租金

10. 下列各项中，属于居民个人综合所得需要年终汇算清缴的是（　　）。
A. 工资、薪金所得　　B. 劳务报酬所得
C. 稿酬所得　　D. 特许权使用费所得

三、判断题

1. 个人出租房产的，在房屋租赁期间进行维修与在房屋租赁前进行维修相比，可以少纳个人所得税。（　　）

2. 对于适用于累进税率的纳税项目，应纳税的计税依据在各期分布越不平均，越有利于节省纳税支出。（　　）

3. 把纳税人现金性工资转为提供福利，既可以增加其消费满足感，又可以少缴个人所得税。（　　）

4. 企业赠送的具有价格折扣或折让性质的消费券、代金券、抵用券、优惠券等礼品要按照偶然所得计征个人所得税。（　　）

5. 企业在向个人销售商品（产品）和提供服务的同时给予赠品，如通信企业对个人购买手机赠话费、入网费，或者购话费赠手机等不征收个人所得税。（　　）

6. 企业在业务宣传、广告等活动中，随机向本单位以外的个人赠送礼品，对个人取得的礼品所得，按照“偶然所得”项目，全额适用20%的税率缴纳个人所得税。（　　）

7. 现行个人所得税对年终奖计征时先除以12再确定适用税率，然后扣除12个月的速算扣除数。（　　）

8. “一人有限公司”的税负必定重于个人独资企业。（　　）

9. 合伙企业实行“先税后分”。（　　）

10. 在我国，居民个人与非居民个人的个人所得税纳税义务是同等的。（　　）

四、案例分析题

1. 2021年，外籍公民杰克应聘到中国的一家公司任高级管理人员，在中国境内居住满6

年。聘用合同注明：月薪 6 万元人民币，每月专项扣除和专项附加扣除共计 1 万元，每年报销两次探亲费约 2 万元，公司不再承担其他任何费用。经过纳税筹划，合同改为每月以非现金形式或实报实销形式报销住房补贴、伙食补贴、搬迁费、洗衣费、子女教育费等 1 万元人民币，同时将月薪改为 6 万元人民币，公司支出不变。请问经纳税筹划后，杰克能否节约个人所得税支出？

2. 王同学决定大学毕业后创办一家自己的餐饮店，并已选好营业地址。据王同学近几个月的市场调查，预计正常经营后，餐饮店年不含税销售收入可以达到 260 万元，各项成本费用 180 万元，扣除自己工资前的利润总额为 15.7 万元。假设王同学给自己开的工资每月为 1 万元，每月专项扣除为 1 000 元。根据国家关于大学生创业的有关政策，现在王同学注册创办一家什么组织形式的餐饮店更有利于节税？

3. 某专家 2021 年 3 月取得劳务报酬 30 000 元，该专家计划对外捐赠 20 000 元。现有两个方案：方案一是将 10 000 元通过民政部门捐赠给灾区，将 10 000 元直接捐赠给受灾者个人；方案二是将 10 000 元通过民政部门捐赠给灾区，通过省教育厅将 10 000 元捐赠农村义务教育事业。请问该专家选择哪个方案可以节税？

4. 某居民个人预计全年工薪收入 30 万元，现有以下几种支付方式：方案一，平均每月发放工资 2.5 万元。方案二，平时每月发工资 5 000 元，其余以年终奖一次性发放。方案三，按季发放工资，每季发 7.5 万元。方案四，平时每月发 2 000 元，其余以年终奖一次性发放。请分析上述四个方案，并选择税负最轻的方案。

项目六

其他税种的纳税筹划

关税、资源税、房产税、土地增值税、城镇土地使用税、印花税、车船税是我们日常生活中经常接触的税种，对这些税种进行纳税筹划也能为纳税人带来税收利益。本项目旨在对以上税种的纳税筹划方法进行简单的介绍。

【教学目标】

通过本项目的学习，使学生能正确计算关税、资源税、房产税、土地增值税、城镇土地使用税、印花税、车船税的税额，能掌握以上税种的纳税筹划的基本原理和方法，能进行简单的纳税筹划。

【工作任务】

1. 认识关税、资源税、房产税、土地增值税、城镇土地使用税、印花税、车船税。

2. 对关税、资源税、房产税、土地增值税、城镇土地使用税、印花税、车船税进行纳税筹划。

任务1

关税的纳税筹划

任务1.1 认识关税

※ 任务导入 ※

【案例6.1.1】某轿车生产企业为增值税一般纳税人，预计2021年10月进口原材料一批，支付价款200万元、包装材料费10万元，到达我国海关以前的运输装卸费4万元、保险费15万元，从海关运往企业所在地支付运输费8万元。该企业进口原材料的关税税率为10%。该企业应该如何进行纳税筹划？

※ 相关知识 ※

关税是海关依法对进出境货物、物品征收的一种税。

一、关税的纳税义务人

进口货物的收货人、出口货物的发货人、进出境物品的所有人，是关税的纳税义务人。

二、关税的征税对象

关税的征税对象是准许进出境的货物和物品。

三、关税的税率

进出口税则是一国政府根据国家关税政策和经济政策，通过一定的立法程序制定公布实施的进出口货物和物品应税的关税税率表。现在，我国使用以《商品名称及编码协调制度》（HS）为基础的进出口税则。我国关税税率涉及进口关税税率和出口关税税率两部分。

四、关税的计税依据

关税是以货物的完税价格作为计税依据的。

（一）进口货物的完税价格

进口货物的完税价格包括货物的货价、货物运抵我国境内输入地点起卸前的运输及其相关费用、保险费。货物的货价以成交价格为基础。进口货物的成交价格是指买方为购买该货物，并按完税价格办法有关规定调整后的实付或应付价格。

下列费用或者价值未包括在进口货物的实付或者应付价格中，应当计入完税价格：

（1）由买方负担的除购货佣金以外的佣金和经纪费。“购货佣金”是指买方为购买进口货物向自己的采购代理人支付的劳务费用。“经纪费”是指买方为购买进口货物向代表买卖双方利益的经纪人支付的劳务费用。

（2）由买方负担的与该货物视为一体的容器费用。

（3）由买方负担的包装材料和包装劳务费用。

（4）与该货物的生产和向中华人民共和国境内销售有关的，由买方以免费或者以低于成本的方式提供并可以按适当比例分摊的料件、工具、模具、消耗材料及类似货物的价款，以及在境外开发、设计等相关服务的费用。

（5）与该货物有关并作为卖方向我国销售该货物的一项条件，应当由买方直接或间接支付的特许权使用费。“特许权使用费”是指买方为获得与进口货物相关的、受著作权保护的作品、专利、商标、专有技术和其他权利的使用许可而支付的费用；但是在估定完税价格时，进口货物在境内的复制权费不得计入该货物的实付或应付价格之中。

（6）卖方直接或间接从买方对该货物进口后转售、处置或使用所得中获得的收益。

下列费用，如能与该货物实付或者应付价格区分，不得计入完税价格：

（1）厂房、机械、设备等货物进口后的基建、安装、装配、维修和技术服务的费用。

（2）货物运抵境内输入地点之后的运输费用、保险费和其他相关费用。

（3）进口关税及其他国内税收。

（二）出口货物的完税价格

出口货物的完税价格，由海关以该货物向境外销售的成交价格为基础审查确定，并应包括货物运至我国境内输出地点装载前的运输及其相关费用、保险费。但其中包含的出口关税税额，应当扣除。出口货物的成交价格，是指该货物出口销售到我国境外时买方向卖方实付或应付的价格。出口货物的成交价格中含有支付给境外的佣金的，如果单独列明，应当扣除。

另外，陆运、空运和海运进口货物的运费和保险费，应当按照实际支付的费用计算。如果进口货物的运费无法确定或未实际发生，海关应当按照该货物进口同期运输行业公布的运费率（额）计算运费；按照“货价加运费”两者总额的3‰计算保险费。

五、关税应纳税额的计算

（一）从价税应纳税额的计算

关税税额＝应税进(出)口货物数量×单位完税价格×税率

（二）从量税应纳税额的计算

关税税额＝应税进(出)口货物数量×单位货物税额

（三）复合税应纳税额的计算

我国目前实行的复合税都是先计征从量税，再计征从价税。

关税税额＝应税进（出）口货物数量×单位货物税额＋应税进（出）口货物数量×单位完税价格×税率

（四）滑准税应纳税额的计算

关税税额＝应税进（出）口货物数量×单位完税价格×滑准税税率

六、关税的征收管理

进口货物自运输工具申报进境之日起14日内，出口货物在货物运抵海关监管区后装货的24小时以前，应由进出口货物的纳税义务人向货物进（出）境地海关申报，海关根据税则归类和完税价格计算应缴纳的关税和进口环节代征税，并填具税款缴款书。纳税义务人应当自海关填发税款缴款书之日起15日内，向指定银行缴纳税款。

关税纳税义务人因不可抗力或者在国家税收政策调整的情形下，不能按期缴纳税款的，经海关总署批准，可以延期缴纳税款，但最长不得超过6个月。

※ 任务指导 ※

《中华人民共和国海关法》第55条规定：进出口货物的完税价格，由海关以该货物的成交价格为基础审查确定。成交价格不能确定时，完税价格由海关依法估定。

进口货物的完税价格包括货物的货价、货物运抵中华人民共和国境内输入地点起卸前的运输及其相关费用、保险费；出口货物的完税价格包括货物的货价、货物运至中华人民共和国境内输出地点装载前的运输及其相关费用、保险费，但是其中包含的出口关税税额，应当予以扣除。

《中华人民共和国进出口关税条例》第19条规定：完税价格中还应包括由买方负担的包装材料费用和包装劳务费用。

※ 任务操作 ※

【承接案例6.1.1】关税完税价格应包括货物的买价、买方负担的包装材料费、到达我国海关以前的运输装卸费及保险费，则：

应纳关税＝(200＋10＋4＋15)×10%＝22.9（万元）

※ 任务小结和风险提示 ※

（1）全面认识关税，能正确计算关税，保证企业不多缴或者少缴税是最基本的纳税筹划原则；

（2）熟练掌握关税的各项法律规定，并灵活运用，是进行关税纳税筹划的基础；

（3）时刻关注关税税收政策的变化，为适时进行纳税筹划方案调整、减少纳税筹划风险打下基础。

任务 1.2　完税价格的纳税筹划

※ 任务导入 ※

【案例 6.1.2】 欧利外贸公司预计于 2021 年 6 月进口 8 辆排量为 3.0 升的小汽车自用，消费税税率为 12%，关税税率为 15%，完税价格为 50 万元/辆（含随同报关的工具和零部件 8 万元）。欧利外贸公司要如何进行纳税筹划?

※ 税收法律依据 ※

《中华人民共和国海关法》第 55 条规定：进出口货物的完税价格，由海关以该货物的成交价格为基础审查确定。成交价格不能确定时，完税价格由海关依法估定。

进口货物的完税价格包括货物的货价、货物运抵中华人民共和国境内输入地点起卸前的运输及其相关费用、保险费；出口货物的完税价格包括货物的货价、货物运至中华人民共和国境内输出地点装载前的运输及其相关费用、保险费，但是其中包含的出口关税税额，应当予以扣除。

※ 任务指导 ※

关税的完税价格是关税的计税依据，因此在税率一定的情况下，完税价格的高低直接决定关税税负的高低。合理控制关税完税价格是进行纳税筹划的关键。我国关税的征收以进口关税为主。一般情况下，进口货物的关税完税价格包括货物的货价、货物运抵我国境内输入地点起卸前的运输及其相关费用、保险费。在实际操作中，纳税人可以选择成交价格、运输保险费较低的货物进口或者将同批货物中税率不同而税率低的货物单独开具发票，以达到降低完税价格的目的。

※ 任务操作 ※

【承接案例 6.1.2】 如果纳税人按 50 万元/辆的完税价格进行纳税申报，则：

应纳关税＝50×8×15%＝60（万元）

应纳消费税＝(50×8＋60)÷(1－12%)×12%＝62.73（万元）

应纳增值税＝(50×8＋60)÷(1－12%)×13%＝67.96（万元）

购买小汽车实际支付的款项＝50×8＋60＋62.73＋67.96＝590.69（万元）

如果纳税人在报关前，将每辆车的工具和零部件 8 万元另开发票，单独报关进口，则工具和零部件可以按其自己的税率 8%缴纳关税，进口环节的消费税不用缴纳。

应纳关税＝(50－8)×8×15%＋8×8×8%＝50.4＋5.12＝55.52（万元）

应纳消费税＝(42×8＋50.4)÷(1－12%)×12%＝52.69（万元）

应纳增值税＝(42×8＋50.4)÷(1－12%)×13%＋(8×8＋5.12)×13%
＝66.07（万元）

购买小汽车实际支付的款项＝50×8＋55.52＋52.69＋66.07
＝574.28（万元）

因此，选择后一种方案，企业可以少支付 16.41=(590.69－574.28) 万元。

[风控重点] 注意利用申报进口货物的关税税率的差异性。

※ 任务小结和风险提示 ※

关税的完税价格还可能是海关估价。进口货物的价格不符合成交价格条件或者成交价格不能确定的，以海关估计作为完税价格。如果海关估价低于货物的实际价格，则纳税人以海关估计作为完税价格可以获取税收利益，此时只需要在报关时，提供不完整的相关单证就能实现。

任务 1.3　原产地的纳税筹划

※ 任务导入 ※

【案例 6.1.3】 远达汽车公司是一家跨国经营的汽车生产商，由多个设在不同国家和地区的子公司提供生产零配件，并且其销售业务已经遍布全球。该公司在东南亚等地区设有多家子公司，新加坡的子公司生产仪表，日本的子公司生产汽车轴承和发动机，菲律宾的子公司生产阀门，马来西亚的子公司生产轮胎，越南的子公司供应玻璃。我国市场日益扩大的汽车需求使得这家汽车生产商准备开拓中国市场，但要进入中国市场，就不得不面对高额的汽车进口关税，高额的关税会使该汽车公司的汽车在质优价廉的丰田、大众汽车面前毫无竞争优势可言。请问：该汽车生产商应该如何进行纳税筹划？

※ 税收法律依据 ※

我国原产地规定基本上采用了“全部产地生产标准”“实质性加工标准”两种国际上通用的原产地标准。

全部产地生产标准是指进口货物完全在一个国家内生产或制造，生产或制造国即为该货物的原产国。

实质性加工标准适用于确定有两个或两个以上国家参与生产的产品的原产国的标准，其基本含义是：经过几个国家加工、制造的进口货物，以最后一个对货物进行经济上可以视为实质性加工的国家作为有关货物的原产国。“实质性加工”是指产品加工后，在进出口税则中四位数税号一级的税则归类已经发生改变，或者加工增值部分所占新产品总值的比例已超过 30%及以上。

对机器、仪器、器材或车辆所用零件、部件、配件、备件及工具，如与主件同时进口且数量合理的，其原产地按主件的原产地确定，分别进口的则按各自的原产地确定。

原产于共同适用最惠国待遇条款的世界贸易组织成员的进口货物，原产于与中华人民共和国签订含有相互给予最惠国待遇条款的双边贸易协定的国家或者地区的进口货物，以及原产于中华人民共和国境内的进口货物，适用最惠国税率。

《中华人民共和国进出口关税条例》第 10 条规定：原产于与中华人民共和国签订含有关税优惠条款的区域性贸易协定的国家或者地区的进口货物，适用协定税率。

原产于与中华人民共和国签订含有特殊关税优惠条款的贸易协定的国家或者地区的进口货物，适用特惠税率。

原产于本条第 1 款、第 2 款和第 3 款所列以外国家或者地区的进口货物，以及原产地不明的进口货物，适用普通税率。

※ 任务指导 ※

由以上法律规定可知，不同的原产地，适用的关税税率是不同的。因此，进行纳税筹划的关键就在于尽量避免普通税率，争取获得优惠税率。第一，纳税人应选择与我国签订关税互惠协定的国家的产品，从而享受较低的关税税率；第二，纳税人可以利用实质性加工标准来实现筹划。要成为实质性加工只需满足两个条件中的任一个即可。

※ 任务操作 ※

【承接案例 6.1.3】本案例中，要对原产地进行纳税筹划，全部产地标准不合适，因此只能利用实质性加工标准进行纳税筹划。

纳税筹划方案为：在新加坡组建一个总装配厂，将各国子公司提供的原配件在新加坡组装后销往中国。因为我国与新加坡有关税互惠协定，产品在新加坡经过实质性加工后可以在进口时享受优惠关税。这一方案使产品进口符合实质性加工的第一个条件，因此可以确认原产地在新加坡，从而获得税收收益。

此外，企业也可以利用实质性加工标准的第二个条件进行纳税筹划。企业可以选择一个有利于节税的国家或地区设立总装配厂，如果总装配厂的加工增值部分在技术和价值含量上占产品总值达到 30%的标准，纳税筹划就能顺利实现。

※ 任务小结和风险提示 ※

利用此法进行纳税筹划一定要选择从有优惠税率的国家进口货物，并且要创造条件满足原产地标准。

任务 2
资源税的纳税筹划

任务 2.1　认识资源税

※ 任务导入 ※

【案例 6.2.1】某油田预计 202×年 10 月生产原油 5 400 吨，当月采取分期收款方式销售 5 000 吨，每吨不含税单价为 5 100 元，购销合同约定，本月应收取 1/3 的价款，但实际只收取不含税价款800万元；5吨用于赠送给甲企业，另外3吨在采油过程中用于加热、修井。原油税率为6%。纳税人应该如何计算应纳资源税额？

※ 相关知识 ※

资源税是以各种应税自然资源为课税对象，为了调节资源级差收入并体现国有资源有偿使用而征收的一种税。我国现行资源税主要法律规范为2019年8月26日颁布《中华人民共和国资源税法》（以下简称《资源税法》），自2020年9月1日起施行，以及自2018年7月1日起施行的《资源税征收管理规程》等。

一、资源税的纳税义务人

在中华人民共和国领域和中华人民共和国管辖的其他海域开发应税资源的单位和个人，为资源税的纳税人。

中外合作开采陆上、海上石油资源的企业依法缴纳资源税。

2011年11月1日前已依法订立中外合作开采陆上、海上石油资源合同的，在该合同有效期内，继续依照国家有关规定缴纳矿区使用费，不缴纳资源税；合同期满后，依法缴纳资源税。

二、资源税的征税对象和计税依据

资源税的计税依据为应税产品的销售额或销售量，各税目的征税对象按照《资源税法》所附《资源税税目税率表》相关规定执行。《资源税税目税率表》中规定可以选择实行从价计征或者从量计征的，具体计征方式由省、自治区、直辖市人民政府提出，报同级人民代表大会常务委员会决定，并报全国人民代表大会常务委员会和国务院备案。

实行从价计征的，应纳税额按照应税资源产品（以下称应税产品）的销售额乘以具体适用税率计算。实行从量计征的，应纳税额按照应税产品的销售数量乘以具体适用税率计算。

纳税人开采或者生产应税产品自用的，应当依照本法规定缴纳资源税；但是，自用于连续生产应税产品的，不缴纳资源税。

（一）关于销售额的认定

销售额是指纳税人销售应税产品向购买方收取的全部价款和价外费用，不包括增值税销项税额和运杂费用。

运杂费用是指应税产品从坑口或洗选（加工）地到车站、码头或购买方指定地点的运输费用、建设基金以及随运销产生的装卸、仓储、港杂费用。运杂费用应与销售额分别核算，凡未取得相应凭据（即增值税发票或者其他合法有效凭据）或不能与销售额分别核算的，应当一并计征资源税。

纳税人申报的应税产品销售额明显偏低且无正当理由的，或者有自用应税产品行为而无销售额的，主管税务机关可以按下列方法和顺序确定其应税产品销售额：

（1）按纳税人最近时期同类产品的平均销售价格确定。

（2）按其他纳税人最近时期同类产品的平均销售价格确定。

（3）按后续加工非应税产品销售价格，减去后续加工环节的成本利润后确定。

（4）按应税产品组成计税价格确定。

组成计税价格＝成本×（1＋成本利润率）÷（1－资源税税率）

上述公式中的成本利润率由省、自治区、直辖市税务机关确定。

（5）按其他合理方法确定。

（二）关于原矿销售额与精矿销售额的换算或折算

为公平原矿与精矿之间的税负，对同一种应税产品，征税对象为精矿的，纳税人销售原矿时，应将原矿销售额换算为精矿销售额缴纳资源税；征税对象为原矿的，纳税人销售自采原矿加工的精矿，应将精矿销售额折算为原矿销售额缴纳资源税。换算比或折算率原则上应通过原矿售价、精矿售价和选矿比计算，也可通过原矿销售额、加工环节平均成本和利润计算。

金矿以标准金锭为征税对象，纳税人销售金原矿、金精矿的，应比照上述规定将其销售额换算为金锭销售额缴纳资源税。

换算比或折算率应按简便可行、公平合理的原则，由省级财税部门确定，并报财政部、国家税务总局备案。

（三）销售数量的确定

纳税人开采或者生产应税产品销售的，以销售数量为课税数量；纳税人开采或者生产应税产品自用的，以自用数量为课税数量。

（四）外购应税产品的购进金额或者购进数量的扣减

纳税人外购应税产品与自采应税产品混合销售或者混合加工为应税产品销售的，在计算应税产品销售额或者销售数量时，准予扣减外购应税产品的购进金额或者购进数量；当期不足扣减的，可结转下期扣减。纳税人应当准确核算外购应税产品的购进金额或者购进数量，未准确核算的，一并计算缴纳资源税。

纳税人核算并扣减当期外购应税产品购进金额、购进数量，应当依据外购应税产品的增值税发票、海关进口增值税专用缴款书或者其他合法有效凭据。

三、资源税的税目税率

资源税的税目、税率，依照《资源税税目税率表》执行。

《资源税税目税率表》中规定实行幅度税率的，其具体适用税率由省、自治区、直辖市人民政府统筹考虑该应税资源的品位、开采条件以及对生态环境的影响等情况，在《资源税税目税率表》规定的税率幅度内提出，报同级人民代表大会常务委员会决定，并报全国人民代表大会常务委员会和国务院备案。《资源税税目税率表》中规定征税对象为原矿或者选矿的，应当分别确定具体适用税率。

应税产品为矿产品的，包括原矿和选矿产品。

纳税人开采或者生产不同税目应税产品的，应当分别核算不同税目应税产品的销售额或者销售数量；未分别核算或者不能准确提供不同税目应税产品的销售额或者销售数量的，从高适用税率。资源税税目税率幅度如表6-1所示。

表6-1 资源税税目税率表

税目			征税对象	税率
能源矿产	原油		原矿	6%
	天然气、页岩气、天然气水合物		原矿	6%
	煤		原矿或者选矿	2%～10%
	煤成（层）气		原矿	1%～2%
	铀、钍		原矿	4%
	油页岩、油砂、天然沥青、石煤		原矿或者选矿	1%～4%
	地热		原矿	1%～20%或者每立方米1～30元
金属矿产	黑色金属	铁、锰、铬、钒、钛	原矿或者选矿	1%～9%
	有色金属	铜、铅、锌、锡、镍、锑、镁、钴、铋、汞	原矿或者选矿	2%～10%
		铝土矿	原矿或者选矿	2%～9%
		钨	选矿	6.5%
		钼	选矿	8%
		金、银	原矿或者选矿	2%～6%
		铂、钯、钌、锇、铱、铑	原矿或者选矿	5%～10%
		轻稀土	选矿	7%～12%
		中重稀土	选矿	20%
		铍、锂、锆、锶、铷、铯、铌、钽、锗、镓、铟、铊、铪、铼、镉、硒、碲	原矿或者选矿	2%～10%
非金属矿	矿物类	高岭土	原矿或者选矿	1%～6%
		石灰岩	原矿或者选矿	1%～6%或者每吨（或者每立方米）1～10元
		磷	原矿或者选矿	3%～8%
		石墨	原矿或者选矿	3%～12%
		萤石、硫铁矿、自然硫	原矿或者选矿	1%～8%
		天然石英砂、脉石英、粉石英、水晶、工业用金刚石、冰洲石、蓝晶石、硅线石（矽线石）、长石、滑石、刚玉、菱镁矿、颜料矿物、天然碱、芒硝、钠硝石、明矾石、砷、硼、碘、溴、膨润土、硅藻土、陶瓷土、耐火粘土、铁矾土、凹凸棒石粘土、海泡石粘土、伊利石粘土、累托石粘土	原矿或者选矿	1%～12%
		叶蜡石、硅灰石、透辉石、珍珠岩、云母、沸石、重晶石、毒重石、方解石、蛭石、透闪石、工业用电气石、白垩、石棉、蓝石棉、红柱石、石榴子石、石膏	原矿或者选矿	2%～12%

续前表

税目			征税对象	税率
非金属矿	矿物类	其他粘土（铸型用粘土、砖瓦用粘土、陶粒用粘土、水泥配料用粘土、水泥配料用红土、水泥配料用黄土、水泥配料用泥岩、保温材料用粘土）	原矿或者选矿	1%～5%或者每吨（或者每立方米）0.1～5元
	岩石类	大理岩、花岗岩、白云岩、石英岩、砂岩、辉绿岩、安山岩、闪长岩、板岩、玄武岩、片麻岩、角闪岩、页岩、浮石、凝灰岩、黑曜岩、霞石正长岩、蛇纹岩、麦饭石、泥灰岩、含钾岩石、含钾砂页岩、天然油石、橄榄岩、松脂岩、粗面岩、辉长岩、辉石岩、正长岩、火山灰、火山渣、泥炭	原矿或者选矿	1%～10%
		砂石	原矿或者选矿	1%～5%或者每吨（或者每立方米）0.1～5元
	宝玉石类	宝石、玉石、宝石级金刚石、玛瑙、黄玉、碧玺	原矿或者选矿	4%～20%
水汽矿产	二氧化碳气、硫化氢气、氦气、氡气		原矿	2%～5%
	矿泉水		原矿	1%～20%或者每吨（或者每立方米）1～30元
盐	钠盐、钾盐、煤盐、锂盐		选矿	3%～15%
	天然卤水		原矿	3%～15%或者每吨（或者每立方米）1～10元
	海盐			2%～5%

注：本表源自2019年8月26日颁布的《中华人民共和国资源税法》。

四、资源税应纳税额的计算

资源税的应纳税额，按照从价定率或者从量定额的办法计算。

（一）从价计征

应纳税额＝销售额×比例税率

（二）从量计征

应纳税额＝销售数量×定额税率

五、资源税的税收优惠

（一）法定免税

有下列情形之一的，免征资源税：

（1）开采原油以及在油田范围内运输原油过程中用于加热的原油、天然气；

（2）煤炭开采企业因安全生产需要抽采的煤成（层）气。

（二）法定减税

有下列情形之一的，减征资源税：

（1）从低丰度油气田开采的原油、天然气，减征20%资源税；

（2）高含硫天然气、三次采油和从深水油气田开采的原油、天然气，减征30%资源税；

（3）稠油、高凝油减征40%资源税；

（4）从衰竭期矿山开采的矿产品，减征30%资源税。

根据国民经济和社会发展需要，国务院对有利于促进资源节约集约利用、保护环境等情形可以规定免征或者减征资源税，报全国人民代表大会常务委员会备案。

（三）地方政府决定的减免税

有下列情形之一的，省、自治区、直辖市可以决定免征或者减征资源税：

（1）纳税人开采或者生产应税产品过程中，因意外事故或者自然灾害等原因遭受重大损失；

（2）纳税人开采共伴生矿、低品位矿、尾矿。

前款规定的免征或者减征资源税的具体办法，由省、自治区、直辖市人民政府提出，报同级人民代表大会常务委员会决定，并报全国人民代表大会常务委员会和国务院备案。

纳税人的免税、减税项目，应当单独核算销售额或者销售数量；未单独核算或者不能准确提供销售额或者销售数量的，不予免税或者减税。

六、资源税的纳税环节

资源税在应税产品的销售或自用环节计算缴纳。纳税人开采或者生产应税产品自用的，应当依照本法规定缴纳资源税；但是，自用于连续生产应税产品的，不缴纳资源税。

纳税人自用应税产品应当缴纳资源税的情形，包括纳税人以应税产品用于非货币性资产交换、捐赠、偿债、赞助、集资、投资、广告、样品、职工福利、利润分配或者连续生产非应税产品等。

七、资源税的征收管理

（一）纳税义务发生时间

纳税人销售应税产品，纳税义务发生时间为收讫销售款或者取得索取销售款凭据的当日；自用应税产品的，纳税义务发生时间为移送应税产品的当日。

（1）纳税人销售应税产品，其纳税义务发生时间如下：

1）纳税人采取分期收款结算方式的，其纳税义务发生时间，为销售合同规定的收款日期的当天；

2）纳税人采取预收货款结算方式的，其纳税义务发生时间，为发出应税产品的当天；

3）纳税人采取其他结算方式的，其纳税义务发生时间，为收讫销售款或者取得索取销售款凭据的当天。

(2) 纳税人自产自用应税产品的纳税义务发生时间，为移送使用应税产品的当天。

(3) 扣缴义务人代扣代缴税款的纳税义务发生时间，为支付货款的当天。

(二) 纳税期限

资源税按月或者按季申报缴纳；不能按固定期限计算缴纳的，可以按次申报缴纳。

纳税人按月或者按季申报缴纳的，应当自月度或者季度终了之日起十五日内，向税务机关办理纳税申报并缴纳税款；按次申报缴纳的，应当自纳税义务发生之日起十五日内，向税务机关办理纳税申报并缴纳税款。

(三) 纳税地点

纳税人应当向应税产品开采地或者生产地的税务机关申报缴纳资源税。

※ 任务操作 ※

【承接案例 6.2.1】 原油实行从价计征，销售 5 000 吨原油采取的是分期收款方式，应该以合同约定的时间确认纳税义务发生时间，销售额也按合同约定确定；纳税人生产的原油用于其他方面的需要视同销售缴纳资源税，用于赠送的 5 吨原油也要正常纳税；3 吨在采油过程中用于加热、修井的原油免税，因此应纳资源税额的计算如下：

应纳资源税额＝（5 000×5 100×1÷3＋5×5 100）×6%＝511 530（万元）

※ 任务小结和风险提示 ※

(1) 全面认识资源税，能正确计算资源税，保证企业不多缴或者少缴税是最基本的纳税筹划原则；

(2) 熟练掌握资源税的各项法律规定，并灵活运用，是进行资源税纳税筹划的基础；

(3) 时刻关注资源税税收政策的变化，为适时进行纳税筹划方案调整、减少纳税筹划风险打下基础。

任务 2.2 分开核算的纳税筹划

※ 任务导入 ※

【案例 6.2.2】 湖北省某铜业开发有限公司是一家以自采原矿铜为原料加工成精矿铜产品对外销售的大型矿产企业，在原矿铜开采过程中有钼、铼、金等伴生矿产品。预计 2021 年 9 月，该公司销售额共计 7 600 万元，其中包含铜矿精矿销售额 5 000 万元、钴销售额 500 万元、铼销售额 800 万元、金销售额 1 100 万元、运杂费 200 万元。当地铜矿资源税税率为 6%。请为该公司筹划资源税节税方案。

※ 税收法律依据 ※

(1) “财政部、税务总局公告 2020 年第 34 号”第 1 条规定：资源税应税产品（以下简称应税产品）的销售额，按照纳税人销售应税产品向购买方收取的全部价款确定，不包括增值税税款。

计入销售额中的相关运杂费用，凡取得增值税发票或者其他合法有效凭据的，准予从销售额中扣除。相关运杂费用是指应税产品从坑口或者洗选（加工）地到车站、码头或者购买方指定地点的运输费用、建设基金以及随运销产生的装卸、仓储、港杂费用。

（2）《中华人民共和国资源税法》第7条规定：有下列情形之一的，省、自治区、直辖市可以决定免征或者减征资源税：

1）纳税人开采或者生产应税产品过程中，因意外事故或者自然灾害等原因遭受重大损失；

2）纳税人开采共伴生矿、低品位矿、尾矿。

（3）《湖北省人民代表大会常务委员会关于资源税具体适用税率标准、计征方式及免征减征办法的决定》第3条第2款规定：自2020年9月1日起，符合资源税法第7条规定情形的，按照下列办法免征或者减征资源税：纳税人开采共伴生矿，共伴生矿与主矿产品销售额分开核算的，对共伴生矿暂不计征资源税。纳税人开采尾矿，免征资源税。

（4）《湖北省资源税税目税率表》：铜适用税率为原矿8%、选矿6%；钴适用税率为原矿3%、选矿2%；铼适用税率为原矿3%、选矿2%；金的原矿和选矿适用税率均为6%。

※ 任务指导 ※

矿产企业对外销售结算方式一般有两种：一种是按坑口或洗选（加工）地价格结算，货物销售发票金额为原矿产品坑口价；另一种是按到场站价格结算，运输费用包含在货物销售发票中，即一票结算。按照一票结算方式结算时，企业出具销售结算单时需要分销售坑口价和从坑口到场站的运输费用。账务处理时需要分别核算坑口销售额和从坑口到场站的运输费用。如不分开核算会增加多缴纳资源税的风险。

由以上法律规定可知，纳税人在开采或者生产中应该将伴生矿产品与主要矿产品分开核算，充分享受共伴生矿产的征免税政策。否则要按主要矿产品的适用税率征税，增加了税收负担。

按照《资源税税目税率表》，铜矿以原矿或选矿为征税对象，实行从价计征。

※ 任务操作 ※

【承接案例6.2.2】 方案1：如果纳税人不分别核算，则全部按照铜矿对应的税率缴纳资源税，则：

应纳资源税额＝7 600×6%＝456（万元）

方案2：如果纳税人将钴、铼、金等伴生矿产品从主要矿产品中分离出来，分别核算，则就铜矿缴纳资源税，其他伴生矿不缴纳资源税。同时，索取运杂费增值税发票，将运杂费从计税依据中分离出来。则：

应纳资源税额＝(7 600－500－800－1 100－200)×6%＝300（万元）

因此该公司应选择分开核算，节税额＝456－300＝156（万元）。

［风控重点］在会计核算中，要将伴生矿产品与主要矿产品分别记账，分别核算。

※ 任务小结和风险提示 ※

资源税实行从价计征改革后，纳税人应按照不同的征税对象准确核算计税依据，在税率不同或有减免税项目的情况下，应该分开核算，才能减轻税负。

任务3

房产税的纳税筹划

任务3.1 认识房产税

※ 任务导入 ※

【案例6.3.1】某企业拥有房屋10栋，6栋用于生产经营，房产原值共计2 500万元；两栋用于出租，房产原值为1 000万元，房租每月8万元；1栋用于职工医院，房产原值800万元；1栋用于企业幼儿园，房产原值为400万元。当地规定房产税的扣除比例为30%。该企业如何计算房产税应纳税额?

※ 相关知识 ※

房产税是以房屋为征税对象，以房屋的计税余值或租金收入为计税依据，向房屋产权所有人征收的一种财产税。

一、房产税的纳税义务人

房产税以在征税范围内的房屋产权所有人为纳税人。其中，产权属于全民所有的，由经营管理的单位缴纳；产权出典的，由承典人缴纳；产权所有人、承典人不在房产所在地的，或者产权未确定及租典纠纷未解决的，由房产代管人或者使用人缴纳。

二、房产税的征税范围和征税对象

房产税在城市、县城、建制镇和工矿区征收，征税范围不包括农村。

房产税以房产作为征税对象。房产是指有屋面和围护结构（有墙或两边有柱），能够遮风避雨，可供人们在其中生产、学习、工作、娱乐、居住或贮藏物资的场所。

三、房产税的计税依据

房产税以房产余值与租金收入作为计税依据，分为从价计征和从租计征两种计算方法。

（一）从价计征

从价计征是以房产余值作为计征的依据。房产税依照房产原值一次减除10%～30%后的余值计算缴纳。各地扣除比例由当地省、自治区、直辖市人民政府确定。从2009年1月1日起，对依照房产原值计税的房产，不论是否记载在会计账簿固定资产科目中，均应按照房屋原价计算缴纳房产税。房屋原价应根据国家有关会计制度的规定进行核算。对纳税人未按国家会计制度规定核算并记载的，应按规定予以调整或重新评估。

（二）从租计征

房产出租的，以房产租金收入为房产税的计税依据。根据《关于营改增后契税、房产税、土地增值税、个人所得税计税依据问题的通知》（财税〔2016〕43号）第2条的规定："房产出租的，计征房产税的租金收入不含增值税。"

四、房产税的税率

房产税采用比例税率。依照房产余值计算缴纳的，税率为1.2%；依照房产租金收入计算缴纳的，税率为12%。根据"财税〔2008〕24号"的规定，对个人出租住房，不区分用途，按4%的税率征收房产税，免征城镇土地使用税。对企事业单位、社会团体以及其他组织按市场价格向个人出租用于居住的住房，减按4%的税率征收房产税。

五、房产税的应纳税额的计算

从价计征的房产税的计算方式为：

应纳税额＝应税房产原值×(1－扣除比例)×1.2%

从租计征的房产税的计算公式为：

应纳税额＝租金收入×12%(或4%)

六、房产税的税收优惠

法律规定，下列房产免纳房产税：

（1）国家机关、人民团体、军队自用的房产；

（2）由国家财政部门拨付事业经费的单位自用的房产；

（3）宗教寺庙、公园、名胜古迹自用的房产；

（4）个人所有非营业用的房产；

（5）经财政部批准免税的其他房产。

七、房产税的征收管理

（一）纳税义务发生时间

（1）纳税人将原有房产用于生产经营，从生产经营之月起缴纳房产税。

（2）纳税人自行新建房屋用于生产经营，从建成之次月起缴纳房产税。

（3）纳税人委托施工企业建设的房屋，从办理验收手续之次月起缴纳房产税。

（4）纳税人购置新建商品房，自房屋交付使用之次月起缴纳房产税。

（5）纳税人购置存量房，自办理房屋权属转移、变更登记手续，房地产权属登记机关签发房屋权属证书之次月起，缴纳房产税。

（6）纳税人出租、出借房产，自交付出租、出借房产之次月起，缴纳房产税。

（7）房地产开发企业自用、出租、出借本企业建造的商品房，自房屋使用或交付之次月起，缴纳房产税。

（8）自2009年1月1日起，纳税人因房产的实物或权利状态发生变化而依法终止房产税纳税义务的，其应纳税款的计算应截止到房产的实物或权利状态发生变化的当月末。

（二）纳税期限

房产税实行按年计算、分期缴纳的征收方法，具体纳税期限由省、自治区、直辖市人民政府确定。

（三）纳税地点

房产税在房产所在地缴纳。房产不在同一地方的纳税人，应按房产的坐落地点分别向房产所在地的税务机关纳税。

※ 任务指导 ※

《中华人民共和国房产税暂行条例》（以下简称《房产税暂行条例》）第3条规定：房产税依照房产原值一次减除10%至30%后的余值计算缴纳。具体减除幅度，由省、自治区、直辖市人民政府规定。没有房产原值作为依据的，由房产所在地税务机关参考同类房产核定。房产出租的，以房产租金收入为房产税的计税依据。

第4条规定：房产税的税率，依照房产余值计算缴纳的，税率为1.2%；依照房产租金收入计算缴纳的，税率为12%。

《财政部、税务总局关于房产税若干具体问题的解释和暂行规定》（财税地字〔1986〕8号）规定：企业办的各类学校、医院、托儿所、幼儿园自用的房产，可以比照由国家财政部门拨付事业经费的单位自用的房产，免征房产税。

※ 任务操作 ※

【承接案例6.3.1】经营用房从价征收房产税，以房产余值为计税依据；出租的房产从租计征房产税，以租金收入为计税依据；企业职工医院和幼儿园自用的房产免税，则：

应纳房产税额＝2 500×(1－30％)×1.2％＋8×12×12％＝32.52（万元）

※ 任务小结和风险提示 ※

（1）全面认识房产税，能正确计算房产税，保证企业不多缴或者少缴税是最基本的纳税筹划原则；

（2）熟练掌握房产税的各项法律规定，并灵活运用，是进行房产税纳税筹划的基础；

（3）时刻关注房产税税收政策的变化，为适时进行纳税筹划方案调整、减少纳税筹划风险打下基础。

任务3.2 计税依据的纳税筹划

※ 任务导入 ※

【案例6.3.2】 宁化公司在郊区建设了新工厂，一共耗资5 000万元，新工厂有厂房、办公楼、围墙、停车场、凉亭、水塔、变电塔等建筑物。已知厂房、办公楼需要2 500万元。已知当地房产税扣除比例为30％。该公司应如何进行纳税筹划？

※ 税收法律依据 ※

（1）《财政部、国家税务总局关于房产税和车船使用税几个业务问题的解释与规定》（财税地〔1987〕3号）第1条指出："房产"是以房屋形态表现的财产。房屋是指有屋面和围护结构（有墙或两边有柱），能够遮风避雨，可供人们在其中生产、工作、学习、娱乐、居住或储藏物资的场所。

独立于房屋之外的建筑物，如围墙、烟囱、水塔、变电塔、油池油柜、酒窖菜窖、酒精池、糖蜜池、室外游泳池、玻璃暖房、砖瓦石灰窑以及各种油气罐等，不属于房产。

（2）我国《房产税暂行条例》第3条规定：房产出租的，以房产租金收入为房产税的计税依据。

（3）"财税〔2016〕43号"第2条规定：房产出租的，计征房产税的租金收入不含增值税。

※ 任务指导 ※

（1）从价计征的房产税是以房产余值作为计税依据，房产余值是按房产原值一次性减除扣除比例后的余值计算，扣除比例由当地省、自治区、直辖市人民政府确定。由此可知，从价计征的房产税进行纳税筹划的关键在于如何降低房产原值。纳税人可以利用房产的定义，合理界定房产的范围，如将某些建筑独立于房屋之外，减少计入房产的原值，自然降低房产税。

（2）从租计征的房产税是以租金收入作为计税依据，依12％的税率计算缴纳房产税，总的来说，税率还是比较高的，因此控制租金收入才能减轻纳税人的税收负担。纳税人应该合理核算租金收入，不能将代收的不属于自己租金收入的部分以租金的形式收取，否则会增加税基，增加税负。此时，将真正意义上的租金与其他项目分开收取或者核算就非常重要了。

※ 任务操作 ※

【承接案例 6.3.2】 纳税筹划前，企业将全部建筑物的原值一并核算，则：

应纳房产税额＝5 000×(1－30%)×1.2%＝42（万元）

筹划过程：企业可以将除厂房、办公楼以外的建筑物建成露天的，并且把独立的建筑物的造价与厂房、办公楼分开，则：

应纳房产税额＝2 500×(1－30%)×1.2%＝21（万元）

节税额＝42－21＝21（万元）

[风控重点] 一是在会计核算上，要将独立于房屋之外的建筑物，与厂房、办公楼分别记账、分别核算。二是要将原值计税的房产与从租计征的房产分别记账、分别核算。

技能强化

【案例 6.3.3】 华威公司在市区有一幢写字楼（2016 年 4 月 30 日前取得）用于出租，由于地段好，租金收入可观，年租金收入为 8 322 万元。该公司选择简易计税方法，按照 5%征收率缴纳增值税。华威公司收取的租金由以下几个组成部分：第一是归公司所有的租金收入，共计 6 762 万元；二是代为收取的水电费 800 万元、宽带费 60 万元、物业管理费 700 万元，这些费用均需要收取后缴纳给相关单位。华威公司的税收负担如何？要如何进行纳税筹划？

筹划分析

纳税筹划前，企业的全部租金收入均需要缴纳房产税，则：

应纳房产税额＝8 322÷(1＋5%)×12%＝951.09（万元）

应纳增值税额＝8 322÷(1＋5%)×5%＝396.29（万元）

应纳城建税和教育费附加＝396.29×(7%＋3%)＝39.63（万元）

应纳税额合计＝951.09＋396.29＋39.63＝1 387.01（万元）

筹划过程：企业与租户的租赁合同约定租金收入为 6 762 万元，代收的费用不约定在租赁合同中，物业管理费签订单独的物业公司的合同，水电费和宽带费按实际发生数代收代缴，此时房产税只需按照 6 762 万元缴纳，增值税的计税依据也会降低。

应纳房产税额＝6 762÷(1＋5%)×12%＝772.8（万元）

应纳增值税额＝6 762÷(1＋5%)×5%＝322（万元）

应纳城建税和教育费附加＝322×(7%＋3%)＝32.2（万元）

应纳税额合计＝772.8＋322＋32.2＝1 127（万元）

节税额＝1 387.01－1 127＝260.01（万元）

[风控重点] 合同设计尽可能避免增加计税依据，如代收费用不要约定在租赁合同中。

※ 任务小结和风险提示 ※

(1) 案例 6.3.2 筹划时，一定要注意税法中对房产定义的理解，对于独立于房屋之外的建筑物也要注意独立核算。

(2) 案例 6.3.3 筹划时，一定要注意合理分解租赁合同中的代收款项。此外，要正确理解“营改增”后的税收政策对房产税的影响。

任务3.3　利用选址的纳税筹划

※ 任务导入 ※

【案例6.3.4】远华公司要新建厂房，可选择的地点有两处，分别位于市郊和农村，占地70 000平方米，厂房造价共计5 000万元。假设企业当期销售货物需要缴纳增值税500万元，当地的房产税减除比例为20%，城镇土地使用税为10元/平方米，请问：该公司要如何选择？

※ 税收法律依据 ※

我国《房产税暂行条例》第1条规定：房产税在城市、县城、建制镇和工矿区征收。

《财政部、税务总局关于房产税若干具体问题的解释和暂行规定》（财税地字〔1986〕8号）指出：第一，关于城市、县城、建制镇、工矿区的解释：城市是指经国务院批准设立的市；县城是指未设立建制镇的县人民政府所在地；建制镇是指经省、自治区、直辖市人民政府批准设立的建制镇；工矿区是指工商业比较发达，人口比较集中，符合国务院规定的建制镇标准，但尚未设立建制镇的大中型工矿企业所在地。开征房产税的工矿区须经省、自治区、直辖市人民政府批准。第二，关于城市、建制镇征税范围的解释：城市的征税范围为市区、郊区和市辖县县城，不包括农村；建制镇的征税范围为镇人民政府所在地，不包括所辖的行政村。

※ 任务指导 ※

由以上法律规定可知，房产税的征税范围是不包括农村的，换言之，农村的房产是不需要缴纳房产税的。因此企业在选择房产的时候，可以考虑此点。

※ 任务操作 ※

【承接案例6.3.4】如果将厂房建在市郊，则需要缴纳房产税、城镇土地使用税、城建税和教育费附加，市郊的城建税税率为7%，则：

应纳房产税额＝5 000×(1－20%)×1.2%＝48（万元）

应纳城镇土地使用税额＝70 000×10÷10 000＝70（万元）

应纳城建税和教育费附加＝500×(7%＋3%)＝50（万元）

应纳税额合计＝48＋70＋50＝168（万元）

如果选择在农村，则房产税和城镇土地使用税不要缴纳，城建税的税率为1%，则：

应纳城建税和教育费附加＝500×(1%＋3%)＝20（万元）

节税额＝168－20＝148（万元）

[风控重点] 厂房的选址还应综合考虑其他经营成本，如运输费、员工上下班的交通成本等。

※ 任务小结和风险提示 ※

运用选址进行纳税筹划能够为企业带来一定的税收收益，但是选择农村建厂，可能会导致运费增加，因此企业要综合考虑问题进行选择。

任务 3.4　利用税收优惠的纳税筹划

※ 任务导入 ※

【案例 6.3.5】云栖酒店有一幢使用很久的破旧房屋，已经无法使用了，但是出于资金问题，暂时没有重建的打算，对于这幢房屋，请问房产税如何节税？

※ 税收法律依据 ※

《财政部、税务总局关于房产税若干具体问题的解释和暂行规定》(财税地字〔1986〕8 号）第 16 条规定：经有关部门鉴定，对毁损不堪居住的房屋和危险房屋，在停止使用后，可免征房产税。

※ 任务指导 ※

由以上规定可知，要享受免征房产税的优惠政策，要满足几个条件：(1）要经有关部门鉴定，确认房屋的情况；(2）房屋存在毁损不堪居住或危险停止使用后才能享受免税政策；(3）满足此项政策条件的企业需要去税务机关备案才能享受优惠政策。

※ 任务操作 ※

【承接案例 6.3.5】云栖酒店应去相关部门进行房屋毁损鉴定，然后将相关资料整理之后按照当地税务机关的要求进行减免税备案，税务机关受理后方可不缴纳房产税。

※ 任务小结和风险提示 ※

房产税相关规定中存在不少税收优惠政策，纳税人在进行纳税筹划时，可以在条件允许的情况下，尽可能使自身的情况满足税收优惠条件，从而享受税收优惠政策给自身带来的税收收益。但是一定要注意按照税务机关的要求办理相应的手续。

任务 4
土地增值税的纳税筹划

任务 4.1　认识土地增值税

※ 任务导入 ※

【案例 6.4.1】欣欣公司为一家商贸公司，属于增值税一般纳税人。2020 年 10 月出售一幢2020年4月30日前取得的写字楼，取得不含税收入15 000万元。写字楼的相关支出如下：地价款及各种费用2 000万元，房地产开发成本4 000万元，财务费用中的利息支出为600万元（可按转让项目计算分摊并提供金融机构证明），转让环节缴纳的有关税费共计825万元，该单位所在地政府规定的其他房地产开发费用计算扣除比例为5%。

公司会计小王按要求计算出土地增值税税额，确定扣除项目包括取得土地使用权所支付的金额，开发土地的成本、费用，新建房及配套设施的成本、费用，与转让房地产有关的税金，财政部规定的其他扣除项目这5个项目。但是却被税务机关告知公司存在少缴税的情况。请问：该公司应该如何进行土地增值税纳税筹划？

※ 相关知识 ※

土地增值税是对有偿转让国有土地使用权及地上建筑物和其他附着物产权，取得增值收入的单位和个人征收的一种税。

一、土地增值税的纳税义务人

土地增值税的纳税义务人为转让国有土地使用权、地上建筑物及其附着物并取得收入的单位和个人。单位包括各类企业、事业单位、国家机关和社会团体及其他组织。个人包括个体经营者。

二、土地增值税的征税范围

判断经济业务是否需要缴纳土地增值税，主要有三个要点：

（1）土地增值税是对转让国有土地使用权及其地上建筑物和附着物的行为征税；

（2）土地增值税是对国有土地使用权及其地上的建筑物和附着物的转让行为征税；

（3）土地增值税是对转让房地产并取得收入的行为征税。

三、土地增值税的税率

土地增值税实行四级超率累进税率，具体如表6-2所示。

表6-2　土地增值税四级超率累进税率

级数	增值额与扣除项目金额的比率	税率（%）	速算扣除系数（%）
1	不超过50%的部分	30	0
2	超过50%至100%的部分	40	5
3	超过100%至200%的部分	50	15
4	超过200%的部分	60	35

四、土地增值税增值额的确认

土地增值税是对增值额进行征税，增值额是由纳税人转让房地产所取得的收入减除扣除项目得到的。

（一）应税收入的确认

根据《中华人民共和国土地增值税暂行条例》（以下简称《土地增值税暂行条例》）及其实施细则的规定，纳税人转让房地产取得的应税收入，应包括转让房地产的全部价款及有关的经济收益。从收入的形式来看，包括货币收入、实物收入和其他收入。

“财税〔2016〕43号”第3条规定：土地增值税纳税人转让房地产取得的收入为不含增值税收入。

（二）扣除项目的确定

对于新房转让，土地增值税的扣除项目有以下五项。

1. 取得土地使用权所支付的金额

取得土地使用权所支付的金额包括纳税人为取得土地使用权所支付的地价款和按国家统一规定缴纳的有关费用。

2. 开发土地的成本、费用

开发土地和新建房及配套设施的成本，是指纳税人房地产开发项目实际发生的成本，包括土地征用及拆迁补偿费、前期工程费、建筑安装工程费、基础设施费、公共配套设施费、开发间接费用。

3. 新建房及配套设施的成本、费用

开发土地和新建房及配套设施的费用，是指与房地产开发项目有关的销售费用、管理费用、财务费用。

4. 与转让房地产有关的税金

与转让房地产有关的税金，是指在转让房地产时缴纳的增值税、城市维护建设税、印花税。因转让房地产缴纳的教育费附加，也可视同税金予以扣除。

5. 财政部规定的其他扣除项目

对从事房地产开发的纳税人可按以上第1、第2点规定计算的金额之和，加计20%的扣除。

对于存量房地产转让，土地增值税的扣除项目包括以下三项。

（1）房屋及建筑物的评估价格。计算公式为：

评估价格＝重置成本价×成新度折扣率

（2）取得土地使用权所支付的地价款和按国家统一规定缴纳的有关费用。

（3）转让环节缴纳的税金。

“财税〔2016〕43号”第3条规定：《土地增值税暂行条例》等规定的土地增值税扣除项目涉及的增值税进项税额，允许在销项税额中计算抵扣的，不计入扣除项目，不允许在销项税额中计算抵扣的，可以计入扣除项目。

五、土地增值税应纳税额的计算

土地增值税的应纳税额可按增值额乘以适用的税率减去扣除项目金额乘以速算扣除系数

的简便方法计算，具体公式如下：

土地增值税应纳税额＝增值额×税率－扣除项目金额×速算扣除系数

六、土地增值税的税收优惠

依据法律规定，土地增值税包括以下税收优惠政策。

（1）建造普通标准住宅的税收优惠。纳税人建造普通标准住宅出售，增值额未超过扣除项目金额20％的，免征土地增值税。

（2）国家征用收回的房地产的税收优惠。因国家建设需要依法征用、收回的房地产，免征土地增值税。

（3）个人转让房地产的税收优惠。个人因工作调动或改善居住条件而转让原自用住房，经向税务机关申报核准，凡居住满五年或五年以上自用的非普通住房，免予征收土地增值税；居住满三年未满五年的非普通住房，减半征收土地增值税；居住未满三年的非普通住房，按规定计征土地增值税。对居民个人拥有的普通住宅，在其转让时暂免征收土地增值税。

七、土地增值税的征收管理

纳税人应当自转让房地产合同签订之日起七日内向房地产所在地主管税务机关办理纳税申报，并在税务机关核定的期限内缴纳土地增值税。房地产所在地，是指房地产的坐落地。纳税人转让的房地产坐落在两个或两个以上地区的，应按房地产所在地分别申报纳税。

纳税人因经常发生房地产转让而难以在每次转让后申报的，经税务机关审核同意后，可以定期进行纳税申报，具体期限由税务机关根据情况确定。

※ 任务指导 ※

（1）《土地增值税暂行条例》第6条规定，计算增值额的扣除项目包括：

1）取得土地使用权所支付的金额；

2）开发土地的成本、费用；

3）新建房及配套设施的成本、费用，或者旧房及建筑物的评估价格；

4）与转让房地产有关的税金；

5）财政部规定的其他扣除项目。

（2）《土地增值税暂行条例实施细则》第7条第6款规定：根据《土地增值税暂行条例》第6条的规定，对从事房地产开发的纳税人可按本条第1款、第2款规定计算的金额之和，加计20％的扣除。

由此可知，在不同情况下，土地增值税的扣除项目是不一样的。对于财政部规定的其他扣除项目只适用于房地产开发企业，对于非房地产开发企业是不能进行此项扣除的。

※ 任务操作 ※

【承接案例6.4.1】

取得土地使用权支付的地价款及有关费用＝2 000（万元）

房地产开发成本＝4 000（万元）

房地产开发费用＝600＋[(2 000＋4 000)×5%]＝900（万元）

允许扣除的税费＝825（万元）

允许扣除的项目金额合计＝2 000＋4 000＋900＋825＝7 725（万元）

增值额＝15 000－7 725＝7 275（万元）

增值率＝7 275÷7 725×100%＝94.17%

应纳税额＝7 275×40%－7 725×5%＝2 523.75（万元）

由上述正确的计算可知，由于会计小王在原计算中误用了房地产企业的“财政部规定的其他扣除项目”的规定，多列了“其他扣除项目”，因此被主管税务机关“告知少缴税”。

［风控重点］正确理解税收政策。

※ 任务小结和风险提示 ※

（1）全面认识土地增值税，能正确计算土地增值税，保证纳税人不多缴或者少缴税是最基本的纳税筹划原则；

（2）熟练掌握土地增值税的各项法律规定，并进行灵活运用，是进行土地增值税纳税筹划的基础；

（3）时刻关注土地增值税税收政策的变化，为适时进行纳税筹划方案调整、减少纳税筹划风险打下基础。

任务 4.2　分散收入的纳税筹划

※ 任务导入 ※

【案例 6.4.2】某市宏发技术开发公司为增值税一般纳税人。2021 年 4 月，因业务发展需要迁移，需将现用的一处房产出售，该房产为 2015 年以 3 000 万元购买取得，现房产的市场评估价为 5 000 万元，其中包括于 2015 年购进的价值为 800 万元的办公设备。假定旧房的重置成本为 3 500 万元，成新度折扣率为 80%，各种设备的原价为 1 100 万元，已提折旧 300 万元。该公司选择简易计税方法计算销售不动产增值税。问题：该公司要如何签订合同才可以获得税收收益?

※ 税收法律依据 ※

（1）《土地增值税暂行条例》第 3 条规定：土地增值税按照纳税人转让房地产所取得的增值额和本条例第 7 条规定的税率计算征收。

（2）第 4 条规定：纳税人转让房地产所取得的收入减除本条例第 6 条规定扣除项目金额后的余额，为增值额。

（3）第 5 条规定：纳税人转让房地产所取得的收入，包括货币收入、实物收入和其他收入。

（4）2016 年 5 月 1 日起实施全面“营改增”后，按照“财税〔2016〕43 号”第 3 条规定：土地增值税纳税人转让房地产取得的收入为不含增值税收入。

《土地增值税暂行条例》等规定的土地增值税扣除项目涉及的增值税进项税额，允许在销项税额中计算抵扣的，不计入扣除项目；不允许在销项税额中计算抵扣的，可以计入扣除项目。

（5）“财税〔2016〕36号”附件2规定：一般纳税人销售其2016年4月30日前取得（不含自建）的不动产，可以选择适用简易计税方法，以取得的全部价款和价外费用减去该项不动产购置原价或者取得不动产时的作价后的余额为销售额，按照5%的征收率计算应纳税额。

※ 任务指导 ※

土地增值税实行的是四级超率累进税率，税率为30%～60%，因此税收负担相对不轻。土地增值税税率由增值额的大小决定。在扣除项目金额一定的情况下，收入越低，增值额越小，土地增值税税率就越低，税负就越轻。因此，纳税筹划可以从分散收入角度着手，将能分解的部分从整个房地产中分离出来，以降低增值额。房地产开发企业按照与购房者签订的毛坯房合同所记载的收入缴纳土地增值税，此外对于装修、中央空调安装等事项签订另外的合同，此部分劳务提供不缴纳土地增值税，税负自然减轻。

※ 任务操作 ※

【承接案例6.4.2】

方案1：如果将全部价款一并记入一份合同中，则全部金额一并缴纳土地增值税，则：

销售不动产应纳增值税额＝（5 000－3 000）÷(1＋5%)×5%

＝95.24（万元）

扣除项目金额＝3 500×80%＋95.24×(7%＋3%)＝2 809.524（万元）

增值额＝5 000÷(1＋5%)－2 809.524＝1 952.38（万元）

增值率＝1 952.38÷2 809.524×100%

＝69.5%（适用40%的税率，速算扣除系数为5%）

应纳土地增值税额＝1 952.38×40%－2 809.524×5%＝640.47（万元）

合计税额＝95.24×(1＋7%＋3%)＋640.47＝745.24（万元）

方案2：如果让宏发技术开发公司和购买者签订房屋转让合同时，在合同上注明4 200万元的房地产转让价格，同时签订一份800万元办公设备购销合同，则办公设备款项缴纳增值税。

销售不动产应纳增值税额＝（4 200－3 000）÷(1＋5%)×5%

＝57.14（万元）

销售设备增值税销项税额＝800÷(1＋13%)×13%＝92.04（万元）

扣除项目金额＝3 500×80%＋(57.14＋92.04)×(7%＋3%)

＝2 814.92（万元）

增值额＝4 200÷(1＋5%)－2 814.92＝1 185.08（万元）

增值率＝1 185.08÷2 814.92×100%＝42.1%（适用30%的税率）

应纳土地增值税额＝1 185.08×30%＝355.52（万元）

合计税额＝（57.14＋92.04）×(1＋7%＋3%)＋355.52

＝519.62（万元）

合计节税额＝745.24－519.62＝225.62（万元）

※ 任务小结和风险提示 ※

分散收入的方法应用非常广泛，操作的时候要注意，一定要将可独立项目分开签订合同，不要混在房地产开发项目中，如建筑、安装、装修、设备购置等。

任务 4.3　费用扣除的纳税筹划

※ 任务导入 ※

【案例 6.4.3】欣宏房地产公司开发了一个楼盘，为取得土地使用权所支付的金额为 2 000 万元，房地产开发成本为 7 500 万元，财务费用中的利息支出为 900 万元（该利息支出未超过商业银行同类同期贷款利率）。请问：利息如何扣除对房地产公司有利？

※ 税收法律依据 ※

《土地增值税暂行条例实施细则》第 7 条第 3 款规定：财务费用中的利息支出，凡能够按转让房地产项目计算分摊并提供金融机构证明的，允许据实扣除，但最高不能超过按商业银行同类同期贷款利率计算的金额。其他房地产开发费用，按本条第 1 款、第 2 款规定计算的金额之和的 5%以内计算扣除。

凡不能按转让房地产项目计算分摊利息支出或不能提供金融机构证明的，房地产开发费用按本条第 1 款、第 2 款规定计算的金额之和的 10%以内计算扣除。

上述计算扣除的具体比例，由各省、自治区、直辖市人民政府规定。

※ 任务指导 ※

根据以上法律规定可知，纳税人能够按转让房地产项目计算分摊利息支出，并能提供金融机构的贷款证明的：

扣除的房地产开发费用＝利息＋(取得土地使用权所支付的金额＋房地产开发成本)×5%以内

（注：利息最高不能超过按商业银行同类同期贷款利率计算的金额）

纳税人不能按转让房地产项目计算分摊利息支出或不能提供金融机构贷款证明的：

扣除的房地产开发费用＝(取得土地使用权所支付的金额＋房地产开发成本)×10%

因此，纳税人可以通过是否按转让房地产项目计算分摊利息支出或者是否提供金融机构的贷款证明这两种途径，实现两种不同计算方法的转变。

※ 任务操作 ※

【承接案例 6.4.3】

方案 1：如果欣宏房地产公司能够按转让房地产项目计算分摊利息支出，并能提供金融机构的贷款证明，则：

扣除的房地产开发费用＝900＋(2 000＋7 500)×5%＝1 375（万元）

方案2：如果欣宏房地产公司不能按转让房地产项目计算分摊利息支出或不能提供金融机构贷款证明，则：

扣除的房地产开发费用＝(2 000＋7 500)×10%＝950（万元）

由此可见，纳税人选择方案1扣除的费用较多，从而能降低增值额，降低土地增值税税收负担。

※ 任务小结和风险提示 ※

此法在使用时一定要注意，利息虽然能全额扣除，但是最高不能超过按商业银行同类同期贷款利率计算的金额。

任务 4.4　税收优惠的纳税筹划

※ 任务导入 ※

【案例 6.4.4】 远达房地产开发企业当年商品房销售额为1.5亿元，其中普通住宅的销售额为1亿元，豪华住宅的销售额为0.5亿元。税法规定的可扣除项目金额为1.1亿元，其中普通住宅的可扣除项目金额为0.8亿元，豪华住宅的可扣除项目金额为0.3亿元。企业将如何进行纳税筹划?

※ 税收法律依据 ※

《土地增值税暂行条例》第8条规定：纳税人建造普通标准住宅出售，增值额未超过扣除项目金额20%的，免征土地增值税。

《土地增值税暂行条例实施细则》第11条规定：条例第8条第1款所称的普通标准住宅，是指按所在地一般民用住宅标准建造的居住用住宅。高级公寓、别墅、度假村等不属于普通标准住宅。普通标准住宅与其他住宅的具体划分界限由各省、自治区、直辖市人民政府规定。

纳税人建造普通标准住宅出售，增值额未超过本细则第7条第1款、第2款、第3款、第5款、第6款扣除项目金额之和20%的，免征土地增值税；增值额超过扣除项目金额之和20%的，应就其全部增值额按规定计税。

《财政部、国家税务总局关于土地增值税若干问题的通知》（财税〔2006〕21号）规定：纳税人既建造普通住宅，又建造其他商品房的，应分别核算土地增值额。

《财政部、国家税务总局关于土地增值税一些具体问题规定的通知》（财税字〔1995〕48号）第13条规定：对纳税人既建造普通标准住宅又搞其他房地产开发的，应分别核算增值额。不分别核算增值额或不能准确核算增值额的，其建造的普通标准住宅不能适用条例第8条第1款的免税规定。

※ 任务指导 ※

由以上法律条文可得到以下两个关键点：第一，纳税人既建造普通住宅，又建造其他商品房的，应分别核算土地增值额。第二，纳税人建造普通标准住宅出售，增值额未超过扣除项目金额 20%的，免征土地增值税。因此，纳税人在进行纳税筹划时，可以充分利用 20%这个临界点，在建造普通住宅时，将普通住宅和其他商品房分开核算，并且使增值率在 20%或者以下，此时普通标准住宅就可以享受免税的待遇。

※ 任务操作 ※

【承接案例 6.4.4】纳税筹划前：普通住宅与豪华住宅应分开核算。

普通住宅应纳土地增值税为：

增值率＝（10 000－8 000）÷8 000×100%＝25%<50%

土地增值税额＝（10 000－8 000）×30%＝600（万元）

豪华住宅应纳土地增值税为：

增值率＝（5 000－3 000）÷3 000×100%＝66.67%>50%

土地增值税额＝（5 000－3 000）×40%－3 000×5%＝650（万元）

税额合计＝600＋650＝1 250（万元）

筹划过程：企业想法使增值率降低到 20%即可。企业的纳税筹划可以从两个方面进行。

（1）降低房价。企业将普通标准住宅的价格降低到 9 600 万元即可，此时，普通住宅应纳土地增值税为：

增值率＝（9 600－8 000）÷8 000×100%＝20%

则免征土地增值税。

豪华住宅应纳土地增值税为：

增值率＝（5 000－3 000）÷3 000×100%＝66.67%>50%

土地增值税额＝（5 000－3 000）×40%－3 000×5%＝650（万元）

税额合计＝650（万元）

节税额＝600（万元）

（2）房价不变，增加扣除项目。企业可以从各项扣除项目着手，使其金额达到 8 334 万元，则：

增值率＝（10 000－8 334）÷8 334×100%＝20%

即免征土地增值税。

※ 任务小结和风险提示 ※

此法使用时要注意以下几个问题：第一，此免税优惠只对普通标准住宅适用；第二，普通标准住宅一定要与其他收入分开核算；第三，普通标准住宅的增值率应接近 20%。因为如果增值率远大于 20%，企业要通过降低房价或者增加费用扣除的方法降低增值率难度会大很多，可能得不偿失。

任务5

城镇土地使用税的纳税筹划

任务5.1 认识城镇土地使用税

※ 任务导入 ※

【案例6.5.1】莱宝有限公司拥有房屋8栋，其中6栋用于生产经营，占地20 000平方米；2栋用于出租，占地1 500平方米。城镇土地使用税税率为年3元/平方米。如何计算城镇土地使用税应纳税额？

※ 相关知识 ※

城镇土地使用税是以城镇土地为征税对象，对拥有土地使用权的单位和个人征收的一种税。

一、城镇土地使用税的纳税义务人

在城市、县城、建制镇、工矿区范围内使用土地的单位和个人，为城镇土地使用税的纳税义务人。所称单位，包括国有企业、集体企业、私营企业、股份制企业、外商投资企业、外国企业以及其他企业和事业单位、社会团体、国家机关、军队以及其他单位；所称个人，包括个体工商户以及其他个人。

二、城镇土地使用税的征税范围

城镇土地使用税的征税范围，包括在城市、县城、建制镇和工矿区内的国家所有和集体所有的土地。征税范围不包括农村。

三、城镇土地使用税的税率

城镇土地使用税使用的是定额税率。

四、城镇土地使用税的计税依据

城镇土地使用税以纳税人实际占用的土地面积为计税依据。纳税人实际占用的土地面积按下列办法确定：

（1）由省、自治区、直辖市人民政府确定的单位组织测定土地面积的，以测定的面积为准；

（2）尚未组织测量，但纳税人持有政府部门核发的土地使用证书的，以证书确认的土地面积为准；

（3）尚未核发土地使用证书的，应由纳税人申报土地面积，据以纳税，待核发土地使用证以后再作调整。

五、城镇土地使用税应纳税额的计算

城镇土地使用税的应纳税额可以通过纳税人实际占用的土地面积乘以该土地所在地段的适用税额求得。计算公式为：

全年应纳税额＝实际占用应税土地面积(平方米)×适用税率

六、城镇土地使用税的税收优惠

依据法律规定，下列土地免缴城镇土地使用税：

（1）国家机关、人民团体、军队自用的土地；

（2）由国家财政部门拨付事业经费的单位自用的土地；

（3）宗教寺庙、公园、名胜古迹自用的土地；

（4）市政街道、广场、绿化地带等公共用地；

（5）直接用于农、林、牧、渔业的生产用地；

（6）经批准开山填海整治的土地和改造的废弃土地，从使用的月份起免缴土地使用税 5 年至 10 年；

（7）由财政部另行规定免税的能源、交通、水利设施用地和其他用地。

七、城镇土地使用税的征收管理

（一）纳税期限

城镇土地使用税实行按年计算、分期缴纳的征收方法，具体纳税期限由省、自治区、直辖市人民政府确定。

（二）纳税义务发生时间

（1）纳税人购置新建商品房，自房屋交付使用之次月起，缴纳城镇土地使用税。

（2）纳税人购置存量房，自办理房屋权属转移、变更登记手续，房地产权属登记机关签发房屋权属证书之次月起，缴纳城镇土地使用税。

（3）纳税人出租、出借房产，自交付出租、出借房产之次月起缴纳城镇土地使用税。

（4）以出让或转让方式有偿取得土地使用权的，应由受让方从合同约定交付时间的次月起缴纳城镇土地使用税；合同未约定交付时间的，由受让方从合同签订的次月起缴纳城镇土地使用税。

（5）纳税人新征用的耕地，自批准征用之日起满1年时开始缴纳土地使用税。

（6）纳税人新征用的非耕地，自批准征用次月起缴纳土地使用税。

（7）自2009年1月1日起，纳税人因土地的权利发生变化而依法终止城镇土地使用税纳税义务的，其应纳税款的计算应截止到土地权利发生变化的当月末。

（三）纳税地点

城镇土地使用税在土地所在地缴纳。

※ 任务指导 ※

依照法律规定，城镇土地使用税的应纳税额可以通过纳税人实际占用的土地面积乘以该土地所在地段的适用税率求得。

※ 任务操作 ※

【承接案例6.5.1】

企业应纳城镇土地使用税额＝(20 000＋1 500)×3＝64 500（元）

※ 任务小结和风险提示 ※

（1）全面认识城镇土地使用税，能正确计算城镇土地使用税，保证纳税人不多缴或者少缴税是最基本的纳税筹划原则；

（2）熟练掌握城镇土地使用税的各项法律规定，并灵活运用，是进行城镇土地使用税纳税筹划的基础；

（3）时刻关注城镇土地使用税税收政策的变化，为适时进行纳税筹划方案调整、减少纳税筹划风险打下基础。

任务5.2　利用选址的纳税筹划

※ 任务导入 ※

【案例6.5.2】莲花超市需要新建一个仓库，占地4 000平方米。选址有两块区域，两块区域的运输距离差别不大。第一块区域占用的土地属于一等用地，城镇土地使用税税率为25元/平方米；第二块区域占用的土地属于三等用地，城镇土地使用税税率为10元/平方米。该超市该如何选择？

※ 税收法律依据 ※

《中华人民共和国城镇土地使用税暂行条例》（以下简称《城镇土地使用税暂行条例》）第2条规定：在城市、县城、建制镇、工矿区范围内使用土地的单位和个人，为城镇土地使用税（以下简称土地使用税）的纳税人，应当依照本条例的规定缴纳土地使用税。

第4条规定：土地使用税每平方米年税额如下：大城市1.5元至30元；中等城市1.2元

至 24 元；小城市 0.9 元至 18 元；县城、建制镇、工矿区 0.6 元至 12 元。

第 5 条规定：省、自治区、直辖市人民政府，应当在本条例第 4 条规定的税额幅度内，根据市政建设状况、经济繁荣程度等条件，确定所辖地区的适用税额幅度。

市、县人民政府应当根据实际情况，将本地区土地划分为若干等级，在省、自治区、直辖市人民政府确定的税额幅度内，制定相应的适用税额标准，报省、自治区、直辖市人民政府批准执行。

经省、自治区、直辖市人民政府批准，经济落后地区土地使用税的适用税额标准可以适当降低，但降低额不得超过本条例第 4 条规定最低税额的 30%。经济发达地区土地使用税的适用税额标准可以适当提高，但须报经财政部批准。

※ 任务指导 ※

由以上法律规定可知，城镇土地使用税的征税范围不涉及农村，其税率因区域不同而不同，即使是同一区域，因地段不同，税率也存在差异。因此，纳税人可以利用税率和征税范围上的差异进行纳税筹划。第一，纳税人可以将选址定在农村，获得免税的税收待遇；第二，纳税人可以在大中小城市以及县城、建制镇、工矿区进行选择；第三，纳税人可以在同一区域的不同等级的区块进行选择；第四，选择经济落后地区。

※ 任务操作 ※

【承接案例 6.5.2】选择第一块区域，则：

城镇土地使用税应纳税额＝4 000×25＝100 000（元）

选择第二块区域，则：

城镇土地使用税应纳税额＝4 000×10＝40 000（元）

莲花超市应选择第二块区域，可节税 100 000－40 000＝60 000 元。

※ 任务小结和风险提示 ※

运用选址进行纳税筹划能够为企业带来一定的税收收益，但是纳税人在选择时一定要综合考虑多方面的因素，如交通便利程度、运费成本等。

任务 5.3　税收优惠的纳税筹划

※ 任务导入 ※

【案例 6.5.3】玉华集团总占地面积为 18 000 平方米，其中厂房占地 9 000 平方米，其中 90%自用，10%对外出租；职工医院、幼儿园、超市各一个，占地面积分别为1 200平方米、800 平方米、2 000 平方米；企业内部的绿化带占地 5 000 平方米。当地城镇土地使用税税率为 5 元/平方米。请问：企业应该如何进行城镇土地使用税纳税筹划？

※ 税收法律依据 ※

《国家税务局关于检发〈关于土地使用税若干具体问题的解释和暂行规定〉的通知》第

17条规定：企业办的学校、医院、托儿所、幼儿园，其用地能与企业其他用地明确区分的，可以比照由国家财政部门拨付事业经费的单位自用的土地，免征土地使用税。

※ 任务指导 ※

由以上法律规定可知，纳税人只要做到对于以上提及的用地与企业其他用地分开核算，明确区分，即可享受税收优惠。

※ 任务操作 ※

【承接案例6.5.3】如果各种用地未作明确区分，未分别核算，则全部用地一并纳税：

城镇土地使用税应纳税额＝18 000×5＝90 000（元）

如果各种用地作明确区分，分别核算，则用于职工医院和幼儿园的占地免税：

城镇土地使用税应纳税额＝(18 000－1 200－800 元)×5＝80 000（元）

节税额＝90 000－80 000＝10 000（元）

※ 任务小结和风险提示 ※

纳税人可以充分利用城镇土地使用税的其他税收优惠政策进行纳税筹划。

任务6

印花税的纳税筹划

任务6.1 认识印花税

※ 任务导入 ※

【案例6.6.1】当年3月，甲公司与乙公司签订了一份以货易货合同，甲以价值75万元的钢材换取乙价值65万元的小汽车，甲公司取得差价10万元。甲公司会计小张对此笔业务按照750 000×0.3‰＝225元申报并缴纳了印花税。但是在随后的纳税评估中，被税务机关告知此笔业务存在问题，需要补税、接受罚款和缴纳滞纳金。小张对此笔业务的处理有什么问题？

※ 相关知识 ※

印花税是以经济活动和经济交往中，书立、领受应税凭证的行为为征收对象征收的一种税。

一、印花税的纳税义务人

在中华人民共和国境内书立、领受、使用印花税法所列举凭证的单位和个人，都是印花税的纳税义务人。

二、印花税的税目税率

印花税的税目税率如表 6-3 所示。

三、印花税的计税依据

（一）计税依据的一般规定

印花税的计税依据为各种应税凭证上所记载的计税金额。具体规定为：

（1）购销合同的计税依据为合同记载的购销金额。

（2）加工承揽合同的计税依据是加工或承揽收入的金额。具体规定：

1）对于由受托方提供原材料的加工、定做合同，凡在合同中分别记载加工费金额和原材料金额的，应分别按“加工承揽合同”“购销合同”计税，两项税额相加数，即为合同应贴印花；若合同中未分别记载，则应就全部金额依照加工承揽合同计税贴花。

2）对于由委托方提供主要材料或原料，受托方只提供辅助材料的加工合同，无论加工费和辅助材料金额是否分别记载，均以辅助材料与加工费的合计数，依照加工承揽合同计税贴花。对委托方提供的主要材料或原料金额不计税贴花。

（3）建设工程勘察设计合同的计税依据为收取的费用。

（4）建筑安装工程承包合同的计税依据为承包金额。

（5）财产租赁合同的计税依据为租赁金额；经计算，税额不足 1 元的，按 1 元贴花。

（6）货物运输合同的计税依据为取得的运输费金额（即运费收入），不包括所运货物的金额、装卸费和保险费等。

（7）仓储保管合同的计税依据为收取的仓储、保管费用。

表 6-3　印花税税目税率表

税目	范围	税率	纳税人	说明
1. 购销合同	包括供应、预购、采购、购销结合及协作、调剂、补偿、易货等合同	按购销金额 0.3‰贴花	立合同人	
2. 加工承揽合同	包括加工、定做、修缮、修理、印刷、广告、测绘、测试等合同	按加工或承揽收入 0.5‰贴花	立合同人	
3. 建设工程勘察设计合同	包括勘察、设计合同	按收取费用 0.5‰贴花	立合同人	

续前表

税目	范围	税率	纳税人	说明
4. 建筑安装工程承包合同	包括建筑、安装工程承包合同	按承包金额0.3‰贴花	立合同人	
5. 财产租赁合同	包括租赁房屋、船舶、飞机、机动车辆、机械、器具、设备等合同	按租赁金额1‰贴花，税额不足1元按1元贴花	立合同人	
6. 货物运输合同	包括民用航空运输、铁路运输、海上运输、内河运输、公路运输和联运合同	按运输费用0.5‰贴花	立合同人	单据作为合同使用的，按合同贴花
7. 仓储保管合同	包括仓储、保管合同	按仓储保管费用1‰贴花	立合同人	仓单或栈单作为合同使用的，按合同贴花
8. 借款合同	银行及其他金融组织和借款人（不包括银行同业拆借）所签订的借款合同	按借款金额0.05‰贴花	立合同人	单据作为合同使用的，按合同贴花
9. 财产保险合同	包括财产、责任、保证、信用等保险合同	按收取的保险费收入1‰贴花	立合同人	单据作为合同使用的，按合同贴花
10. 技术合同	包括技术开发、转让、咨询、服务等合同	按所载金额0.3‰贴花	立合同人	
11. 产权转移书据	包括财产所有权和版权、商标专用权、专利权、专有技术使用权等转移书据，土地使用权出让合同、土地使用权转让合同、商品房销售合同	按所载金额0.5‰贴花	立据人	
12. 营业账簿	生产、经营用账册	记载资金的账簿，按实收资本和资本公积的合计金额0.5‰贴花，其他账簿按件贴花5元	立账簿人	自2018年5月1日起，对按0.5‰税率贴花的资金账簿减半征收印花税，对按件贴花5元的其他账簿免征印花税
13. 权利、许可证照	包括政府部门发给的房屋产权证、工商营业执照、商标注册证、专利证、土地使用证	按件贴花5元	领受人	

（8）借款合同的计税依据为借款金额。针对实际借贷活动中不同的借款形式，税法规定了不同的计税方法：

1）凡是一项信贷业务既签订借款合同，又一次或分次填开借据的，只以借款合同所载金额为计税依据计税贴花；凡是只填开借据并作为合同使用的，应以借据所载金额为计税依据计税贴花。

2）借贷双方签订的流动资金周转性借款合同，一般按年（期）签订，规定最高限额，借款人在规定的期限和最高限额内随借随还。为避免加重借贷双方的负担，对这类合同只以其规定的最高限额为计税依据，在签订时贴花一次，在限额内随借随还不签订新合同的，不再另贴印花。

3）对借款方以财产作抵押，从贷款方取得一定数量抵押贷款的合同，应按借款合同贴花；在借款方因无力偿还借款而将抵押财产转移给贷款方时，应再就双方书立的产权书据，按产权转移书据的有关规定计税贴花。

4）对银行及其他金融组织的融资租赁业务签订的融资租赁合同，应按合同所载租金总额，暂按借款合同计税。

5）在贷款业务中，如果贷方系由若干银行组成的银团，银团各方均承担一定的贷款数额。借款合同由借款方与银团各方共同书立，各执一份合同正本。对这类合同借款方与贷款银团各方应分别在所执的合同正本上，按各自的借款金额计税贴花。

6）在基本建设贷款中，如果按年度用款计划分年签订借款合同，在最后一年按总概算签订借款总合同，且总合同的借款金额包括各个分合同的借款金额的，对这类基建借款合同，应按分合同分别贴花，最后签订的总合同，只就借款总额扣除分合同借款金额后的余额计税贴花。

（9）财产保险合同的计税依据为支付（收取）的保险费，不包括所保财产的金额。

（10）技术合同的计税依据为合同所载的价款、报酬或使用费。为了鼓励技术研究开发，对技术开发合同，只就合同所载的报酬金额计税，研究开发经费不作为计税依据。单对合同约定按研究开发经费一定比例作为报酬的，应按一定比例的报酬金额贴花。

（11）产权转移书据的计税依据为所载金额。

（12）营业账簿税目中记载资金的账簿的计税依据为实收资本与资本公积两项的合计金额。

其他账簿的计税依据为应税凭证件数。

（13）权利、许可证照的计税依据为应税凭证件数。

（二）计税依据的特殊规定

（1）同一凭证，载有两个或两个以上经济事项而适用不同税目税率，如分别记载金额的，应分别计算应纳税额，相加后按合计税额贴花；如未分别记载金额的，按税率高的计税贴花。

（2）应税凭证所载金额为外国货币的，应按照凭证书立当日国家外汇管理局公布的外汇牌价折合成人民币，然后计算应纳税额。

（3）应纳税额不足 1 角的，免纳印花税；1 角以上的，其税额尾数不满 5 分的不计，满 5 分的按 1 角计算。

（4）有些合同，在签订时无法确定计税金额，如技术转让合同中的转让收入，是按销售收入的一定比例收取或是按实现利润分成的；财产租赁合同中只是规定了月（天）租金标准而无租赁期限的。对这类合同，可在签订时先按定额 5 元贴花，以后结算时再按实际金额计税，补贴印花。

（5）应税合同在签订时纳税义务即已产生，应计算应纳税额并贴花。所以，不论合同是否兑现或是否按期兑现，均应贴花。

对已履行并贴花的合同，所载金额与合同履行后实际结算金额不一致的，只要双方未修改合同金额，一般不再办理完税手续。

（6）对有经营收入的事业单位，凡属由国家财政拨付事业经费，实行差额预算管理的单位，其记载经营业务的账簿，按其他账簿定额贴花，不记载经营业务的账簿不贴花；凡属经费来源实行自收自支的单位，其营业账簿，应对记载资金的账簿和其他账簿分别计算应纳税额。

（7）商品购销活动中，采用以货换货方式进行商品交易签订的合同，是反映既购又销双重经济行为的合同。对此，应按合同所载的购、销合计金额计税贴花。合同未列明金额的，应按合同所载购、销数量依照国家牌价或者市场价格计算应纳税额。

（8）施工单位将自己承包的建设项目，分包或者转包给其他施工单位所签订的分包合同或者转包合同，应按新的分包合同或转包合同所载金额计算应纳税额。这是因为印花税是一种具有行为税性质的凭证税，尽管总承包合同已依法计税贴花，但新的分包或转包合同是一种新的凭证，又发生了新的纳税义务。

（9）对股票交易征收印花税，始于深圳和上海两地证券交易的不断发展。现行印花税法规定，股份制试点企业向社会公开发行的股票，因购买、继承、赠与所书立的股权转让书据，均依书立时证券市场当日实际成交价格计算的金额，由立据双方当事人分别按1‰的税率缴纳印花税。

（10）对国内各种形式的货物联运，凡在起运地统一结算全程运费的，应以全程运费作为计税依据，由起运地运费结算双方缴纳印花税；凡分程结算运费的，应以分程的运费作为计税依据，分别由办理运费结算的各方缴纳印花税。

四、印花税应纳税额的计算

纳税人的应纳税额，根据应纳税凭证的性质，分别按比例税率或者定额税率计算，其计算公式为：

应纳税额＝应税凭证计税金额（或应税凭证件数）×适用税率

五、印花税的税收优惠

《中华人民共和国印花税暂行条例》规定，下列凭证免纳印花税：

（1）已缴纳印花税的凭证的副本或者抄本；

（2）财产所有人将财产赠给政府、社会福利单位、学校所立的书据；

（3）经财政部批准免税的其他凭证。

（4）自2018年5月1日起，对按0.5‰税率贴花的资金账簿减半征收印花税，对按件贴花5元的其他账簿免征印花税。

六、印花税的征收管理

印花税实行由纳税人根据规定自行计算应纳税额，购买并一次贴足印花税票（以下简称贴花）的缴纳办法。此外，还有汇贴或汇缴、委托代征的缴纳方式。

印花税应当在书立或领受时贴花。

印花税一般实行就地纳税。

※ 任务指导 ※

《国家税务局关于印花税若干具体问题的解释和规定的通知》（国税发〔1991〕155 号）规定：商品购销活动中，采用以货换货方式进行商品交易签订的合同，是反映既购又销双重经济行为的合同。对此，应按合同所载的购、销合计金额计税贴花。合同未列明金额的，应按合同所载购、销数量依照国家牌价或市场价格计算应纳税金额。

※ 任务操作 ※

【承接案例 6.6.1】甲公司此笔业务应缴纳的印花税，应以购销合计数为计税依据计算，则：

应纳印花税额＝(750 000＋650 000)×0.3‰＝420（元）

※ 任务小结和风险提示 ※

（1）全面认识印花税，能正确计算印花税，保证企业不多缴或者少缴税是最基本的纳税筹划原则；

（2）熟练掌握印花税的各项法律规定，并灵活运用，是进行印花税纳税筹划的基础；

（3）时刻关注印花税税收政策的变化，为适时进行纳税筹划方案调整、减少纳税筹划风险打下基础。

任务 6.2　巧妙签订合同的纳税筹划

※ 任务导入 ※

【案例 6.6.2】甲酒厂受托为乙酒厂加工一批白酒，加工所需的材料由甲提供，整个业务总金额为 600 万元，其中加工所需原材料为 450 万元，加工费为 150 万元。这份合同要如何签订才能少缴印花税？

※ 税收法律依据 ※

（1）《中华人民共和国印花税暂行条例施行细则》第 17 条规定：同一凭证，因载有两个或者两个以上经济事项而适用不同税目税率，如分别记载金额的，应分别计算应纳税额，相加后按合计税额贴花；如未分别记载金额的，按税率高的计税贴花。

（2）《国家税务局关于印花税若干具体问题的规定》（国税地字〔1988〕25 号）规定：由受托方提供原材料的加工、定作合同，凡在合同中分别记载加工费金额与原材料金额的，应分别按“加工承揽合同”“购销合同”计税，两项税额相加数，即为合同应贴印花；合同中不划分加工费金额与原材料金额的，应按全部金额，依照“加工承揽合同”计税贴花。

凡修改合同增加金额的，应就增加部分补贴印花。依照《印花税暂行条例》规定，纳税人应在合同签订时按合同所载金额计税贴花。因此，对已履行并贴花的合同，发现实际结算金额与合同所载金额不一致的，一般不再补贴印花。有些合同在签订时无法确定计税金额，如技术转让合同中的转让收入，是按销售收入的一定比例收取或是按实现利润分成的；财产租赁合同，只是规定了月（天）租金标准而无租赁期限的。对这类合同，可在签订时先按定额5元贴花，以后结算时再按实际金额计税，补贴印花。

※ 任务指导 ※

（1）很多经济事项的发生都需要签订合同，同时需要缴纳印花税，合同的签订方式不同，约定的经济事项不同都会对印花税造成很大的影响。巧妙签订合同进行纳税筹划也是纳税筹划常用的方法之一，这种方法的适用性在印花税中体现得淋漓尽致。

（2）由以上法律规定可知，同一份合同中如果涉及税率不同的两个事项，此时要选择在合同中分别记载不同事项的金额，或者分别签订合同，这样不同事项才能按照各自的税率纳税，否则从高适用税率会导致税负的增加。

（3）由以上法律规定可知，纳税人在确定合同金额时应该慎重，可以先确定比较保守的合同金额，获得税收收益。

（4）合同在签订时无法确定计税金额时，法律允许先按5元贴花，等结算时再按实际金额补税。因此纳税人可以利用这项法律规定，在保障双方利益的情况下通过签订金额不确定的合同，从而使纳税时间递延到结算时再缴纳，因而获得资金的时间价值。

※ 任务操作 ※

【承接案例6.6.2】 如果合同对原材料款项和加工费不分别记载，则：

应纳印花税额＝600×0.5‰＝0.3（万元）

如果合同上记载原材料款项450万元，加工费150万元，或者对这两项签订两份合同，则：

应纳印花税额＝450×0.3‰＋150×0.5‰＝0.21（万元）

因此，选择第二种方案可以节税0.09（＝0.3－0.21）万元。

技能强化

【案例6.6.3】 甲、乙双方需签订一份租赁合同，合同涉及计税金额为300万元。合同的签订有两个方案。方案1：约定合同金额为300万元。方案2：约定合同金额为200万元，实际履行中如果合同金额增加再补缴税款。应该如何选择？

筹划分析

方案1：

应纳印花税额＝300×0.5‰＝0.15（万元）

方案2：

应纳印花税额＝200×0.5‰＝0.1（万元）

因此，选择第二种方案可以节税0.05（＝0.15－0.1）万元。

【案例6.6.4】 百祥公司将一层写字楼出租给祥龙服饰公司，共1 000平方米，每平方米

200 元，租期 3 年，年租金收入为 240 万元，每年年初支付，合同约定的租金总额为 720 万元。请问：合同如何签订，百祥公司能获得税收利益？

筹划分析

如果合同约定租期，则租金总额为 720 万元，需在合同签订时一次性缴清，则：

应纳印花税额＝720×1‰＝0.72（万元）

如果合同不约定租期，只约定租金于每年年初预付当年租金，同时双方决定是否继续本合同，则合同签订时只需按 5 元贴花，待每年结算租金时再补缴，则：

第一年应补缴印花税额＝240×1‰－0.000 5＝0.239 5（万元）

第二年、第三年分别缴纳印花税额＝240×1‰＝0.24（万元）

通过纳税筹划，本来该在合同签订时一次性缴纳的 0.72 万元税金分 3 年缴纳，获得了资金的时间价值。

※ 任务小结和风险提示 ※

（1）案例 6.6.2 的筹划方法是通过在合同中分开记载经济事项而实现的。

（2）案例 6.6.3 的筹划方法是通过合理压缩合同记载金额而实现的。此法操作时要注意合同金额的确定一定不能损害对方的利益。

（3）案例 6.6.4 的筹划方法是通过签订不定额合同而实现的。

使用以上方法存在一定风险，如果一方违约，另一方将会有损失，因此适合与信用度高的企业或个人合作时使用。

任务 7

车船税的纳税筹划

任务 7.1　认识车船税

※ 任务导入 ※

【案例 6.7.1】 顺发小型运输公司拥有并使用以下车辆：货车 8 辆，整备质量为 10 吨；客车 6 辆，整备质量为 5 吨；挂车 3 辆，整备质量为 3 吨。当地政府规定，货车整备质量为每吨 110 元，客车车船税税率为每辆 600 元。该公司该如何做好纳税筹划？

※ 相关知识 ※

车船税是对中华人民共和国境内的车辆和船舶的所有人或管理人征收的一种税。2011 年 2 月 25 日我国颁布了《中华人民共和国车船税法》，自 2012 年 1 月 1 日起施行。

一、车船税的纳税义务人

在中华人民共和国境内属于法律规定的车辆、船舶（以下简称车船）的所有人或者管理人，为车船税的纳税人。

二、车船税的征税对象及范围

车船税的征税对象是车辆、船舶。

车船税的征税范围是依照《中华人民共和国车船税法》所附《车船税税目税额表》规定的车辆、船舶。包括依法应当在车船登记管理部门登记的机动车辆和船舶以及依法不需要在车船登记管理部门登记的在单位内部场所行驶或者作业的机动车辆和船舶。

三、车船税的税目税额

车船税使用的是定额税率，税目税额如表6-4所示。

表6-4　车船税税目税额表

税　目		计税单位	年基准税额	备　注
乘用车［按发动机汽缸容量（排气量）分档］	1.0升（含）以下的	每辆	60元至360元	核定载客人数9人（含）以下
	1.0升以上至1.6升（含）的		300元至540元	
	1.6升以上至2.0升（含）的		360元至660元	
	2.0升以上至2.5升（含）的		660元至1 200元	
	2.5升以上至3.0升（含）的		1 200元至2 400元	
	3.0升以上至4.0升（含）的		2 400元至3 600元	
	4.0升以上的		3 600元至5 400元	
商用车	客车	每辆	480元至1 440元	核定载客人数9人以上，包括电车
	货车	整备质量每吨	16元至120元	包括半挂牵引车、三轮汽车和低速载货汽车等
挂车		整备质量每吨	按照货车税额的50%计算	
其他车辆	专用作业车	整备质量每吨	16元至120元	不包括拖拉机
	轮式专用机械车			
摩托车		每辆	36元至180元	
船舶	机动船舶	净吨位每吨	3元至6元	拖船、非机动驳船分别按照机动船舶税额的50%计算
	游艇	艇身长度每米	600元至2 000元	

四、车船税的计税依据

车船税法和条例所涉及的排气量、整备质量、核定载客人数、净吨位、千瓦、艇身长度，以车船登记管理部门核发的车船登记证书或者行驶证所载数据为准。

依法不需要办理登记的车船和依法应当登记而未办理登记或者不能提供车船登记证书、行驶证的车船，以车船出厂合格证明或者进口凭证标注的技术参数、数据为准；不能提供车船出厂合格证明或者进口凭证的，由主管税务机关参照国家相关标准核定，没有国家相关标准的参照同类车船核定。

无法准确获得自重数值或自重数值明显不合理的载货汽车、三轮汽车、低速货车、专用作业车和轮式专用机械车，由主管税务机关根据车辆自身状况并参照同类车辆核定计税依据。对能够获得总质量和核定载质量的，可按照车辆的总质量和核定载质量的差额作为车辆的自重；无法获得核定载质量的专项作业车和轮式专用机械车，可按照车辆的总质量确定自重。

五、车船税应纳税额的计算

（1）购置的新车船，购置当年的应纳税额自纳税义务发生的当月起按月计算，计算公式为：

应纳税额＝年应纳税额÷12×应纳税月份数

（2）乘用车、商用车中的客车、摩托车。

应纳税额＝辆数×适用年税额

（3）商用车中的货车包括半挂牵引车、三轮汽车、低速载货汽车、挂车、专项作业车以及轮式专用机械车。

应纳税额＝整备质量每吨×适用年税额

（4）机动船舶。

应纳税额＝净吨位每吨×适用年税额

（5）游艇。

应纳税额＝艇身长度每米×适用年税额

六、车船税的税收优惠

依据法律规定，下列车船免征车船税：（1）捕捞、养殖渔船；（2）军队、武装警察部队专用的车船；（3）警用车船；（4）依照法律规定应当予以免税的外国驻华使领馆、国际组织驻华代表机构及其有关人员的车船。

此外，对节约能源、使用新能源的车船可以免征或者减半征收车船税。免征或者减半征收车船税的车船的范围，由国务院财政、税务主管部门商国务院有关部门制定，报国务院批准。

对受地震、洪涝等严重自然灾害影响纳税困难以及其他特殊原因确需减免税的车船，可以在一定期限内减征或者免征车船税。具体减免期限和数额由省、自治区、直辖市人民政府确定，报国务院备案。

七、车船税的征收管理

（一）纳税期限

车船税按年申报，分月计算，一次性缴纳。具体申报纳税期限由省、自治区、直辖市人民政府规定。

（二）纳税义务发生时间

车船税的纳税义务发生时间为取得车船所有权或者管理权的当月。

（三）纳税地点

车船税的纳税地点为车船的登记地或者车船税扣缴义务人所在地。依法不需要办理登记的车船，车船税的纳税地点为车船的所有人或者管理人所在地。

※ 任务指导 ※

案例6.7.1涉及征税的车有挂车、货车和客车。根据法律规定，挂车按照货车税额的50%计算，与货车一样以整备质量每吨乘以适用年税额计算税额，客车以辆数乘以适用年税额计算税额。

※ 任务操作 ※

【承接案例6.7.1】

企业应纳车船税额＝3×3×110×50%＋8×10×110＋6×600＝12 895（元）

※ 任务小结和风险提示 ※

（1）全面认识车船税，能正确计算车船税，保证企业不多缴或者少缴税是最基本的纳税筹划原则；

（2）熟练掌握车船税的各项法律规定，并灵活运用，是进行车船税纳税筹划的基础；

（3）时刻关注车船税税收政策的变化，为适时进行纳税筹划方案调整、减少纳税筹划风险打下基础。

任务7.2　临界点的纳税筹划

※ 任务导入 ※

【案例6.7.2】某远洋打捞公司想购买一艘船，有两种净吨位的船舶可供选择：一艘净吨位为10 000吨，另一艘净吨位为10 005吨。请问：该公司应如何进行纳税筹划？

※ 税收法律依据 ※

《中华人民共和国车船税法实施条例》第 4 条规定，机动船舶具体适用税额为：

（1）净吨位不超过 200 吨的，每吨 3 元；

（2）净吨位超过 200 吨但不超过 2 000 吨的，每吨 4 元；

（3）净吨位超过 2 000 吨但不超过 10 000 吨的，每吨 5 元；

（4）净吨位超过 10 000 吨的，每吨 6 元。

※ 任务指导 ※

车船税中对于船舶的税率实质上是一种全额累进的定额税率，也就是说，只要船舶的吨位达到标准，则全额征税。对于全额累进税率来说，临界点的税负跳跃性是非常大的，因此纳税人应避免购买稍高于临界点处的船只以避免税负的大幅度增加。

※ 任务操作 ※

【承接案例 6.7.2】如果企业选择净吨位 10 000 吨的船只，此时车船税税额为每吨 5 元，则：

应纳车船税额＝10 000×5＝50 000（元）

如果企业选择净吨位 10 005 吨的船只，此时车船税税额为每吨 6 元，则：

应纳车船税额＝10 005×6＝60 030（元）

因此，应该选择购买第一艘船，可节税 10 030（＝60 030－50 000）元。

※ 任务小结和风险提示 ※

对于全额累进税率来说，临界点是关键。如果选择错误，会造成吨位增加一点、税额增加若干倍的结果。因此关注临界点，合理进行选择是纳税筹划的重点。

任务 7.3 税收优惠的纳税筹划

※ 任务导入 ※

【案例 6.7.3】某远洋打捞公司想购买一艘船，有两种船只可供选择：一种是普通的船只，另一种是利用新能源的船只。该公司应如何进行纳税筹划？

※ 税收法律依据 ※

《中华人民共和国车船税法实施条例》第 10 条规定：节约能源、使用新能源的车船可以免征或者减半征收车船税。免征或者减半征收车船税的车船的范围，由国务院财政、税务主管部门商国务院有关部门制定，报国务院批准。

※ 任务指导 ※

法律规定中对于节约能源、使用新能源的车船有减免税规定，企业可以在条件允许的情况下尽可能选择购买满足条件的车船。

※ 任务操作 ※

【承接案例6.7.3】 如果企业选择购买普通船只，则需要按照法律规定缴纳车船税。如果企业选择利用新能源的船只，企业可以获得免税或者减半征收车船税的税收优惠。因此纳税人应选择购买利用新能源的船只。

※ 任务小结和风险提示 ※

利用税收优惠政策进行纳税筹划是纳税筹划常用的方法，因此纳税人应尽可能地创造条件使自身符合享受税收优惠政策的条件，从而获得税收收益。

【课程思政】

绿色税制更精准有力

2020年9月1日起施行的资源税法规定，从低丰度油气田开采的原油、天然气，减征20%资源税。中海石油（中国）有限公司湛江分公司充分享受了这一税收优惠政策，同时公司将税收优惠后省下来的钱投入技术攻关中，加大马力探索海上深层低渗油田增产的有效技术，增强了企业发展后劲。

思政启示

开采低丰度油田，难度大、技术要求高，有些甚至被形容为“干毛巾里挤水”。怎样才能调动企业积极性，把这部分资源“吃干榨净”？资源税的这一优惠政策不仅极大地调动了企业的积极性，纳税人充分利用这一税收优惠进行纳税筹划，不仅可以减轻自身的资源税负担，而且也使国家资源得到集约有效利用，有利于保护环境和绿色经济的发展。资源税只是我国绿色税收体系的一部分。中央经济工作会议强调：“要加强污染防治，不断改善生态环境质量。”绿色税制正是保护生态的重要利器。

税法依据

《中华人民共和国资源税法》第6条规定：有下列情形之一的，减征资源税：从低丰度油气田开采的原油、天然气，减征20%资源税。

【项目小结】

其他税种的纳税筹划涉及的税种比较多，综合起来，因为税种本身的计算比较简单，日常生活中时常见到，对纳税人的影响也是比较大的，具体的纳税筹划方法主要集中在：第一，选择合适的核算方法，也就是在分开核算与合并核算上进行选择；第二，利用税收优惠进行纳税筹划，几乎每个税种都有自己的税收优惠政策，充分利用税收优惠政策是进行纳税筹划的基本方法。此外，全面实施“营改增”后，要注意相关税种与增值税的关系和影响，准确计算应纳税额和进行纳税筹划。

【课后练习】

一、单项选择题

1. 对关税完税价格进行纳税筹划的思路主要是（　　）。

A. 增加扣除项目　　B. 选择成交价格较低的货物进口

C. 减少货物的进口数量　　D. 选择有税收优惠的货物进口

2. 以下关于房产税纳税筹划分析错误的是（　　）。

A. 房产税的计税依据为房产原值与租金收入

B. 纳税人可以从房产的范围下手进行纳税筹划

C. 纳税人应尽可能将租金收入中的代收款项单独出来以获得税收收益

D. 独立于房屋之外的建筑物，不属于房产

3. 以下属于房产税税收优惠纳税筹划的法律依据的是（　　）。

A. 国家机关、人民团体、军队自用的房产免征房产税

B. 个人所有非营业用的房产免征房产税

C. 由国家财政部门拨付事业经费的单位所有的房产免征房产税

D. 宗教寺庙、公园、名胜古迹自用的房产免征房产税

4. 以下关于土地增值税纳税筹划说法正确的是（　　）。

A. 土地增值税使用的是超额累进税率，因此要控制计税依据

B. 土地增值税的计税依据是应税收入，因此要想办法减少应税收入

C. 土地增值税的纳税筹划可以从扣除项目上下手

D. 纳税人建造普通标准住宅出售，可以免缴土地增值税

5. 以下关于土地增值税费用扣除的纳税筹划说法错误的是（　　）。

A. 财务费用中的利息支出，凡能够按转让房地产项目计算分摊并提供金融机构证明的，允许据实扣除，但最高不能超过按商业银行同类同期贷款利率计算的金额

B. 财务费用中的利息支出，凡能够按转让房地产项目计算分摊并提供金融机构证明的，其他房地产开发费用按取得土地使用权所支付的金额和房地产开发成本金额之和的5%以内计算扣除

C. 财务费用中的利息支出，凡不能按转让房地产项目计算分摊利息支出或不能提供金融机构证明的，房地产开发费用按取得土地使用权所支付的金额和房地产开发成本金额之和的8%以内计算扣除

D. 费用扣除的纳税筹划可以通过是否按转让房地产项目计算分摊利息支出或者是否提供金融机构的贷款证明两种途径实现

6. 以下关于城镇土地使用税的纳税筹划的法律依据说法错误的是（　　）。

A. 市政街道、广场、绿化地带等公共用地免征城镇土地使用税

B. 宗教寺庙、公园、名胜古迹的全部土地免征城镇土地使用税

C. 直接用于农、林、牧、渔业的生产用地免征城镇土地使用税

D. 经批准开山填海整治的土地和改造的废弃土地，从使用的月份起免缴土地使用税，5年至10年免征城镇土地使用税

7. 以下关于印花税纳税筹划说法正确的是（　　）。

A. 同一凭证，因载有两个或者两个以上经济事项而适用不同税目税率，无论是否分别

记载金额的，均应从高适用税率
B. 由受托方提供原材料的加工、定作合同，凡在合同中分别记载加工费金额与原材料金额的，应按全部金额，依照“加工承揽合同”计税贴花
C. 合同中分开记载经济事项可以避免从高适用税率而避免高税负
D. 由受托方提供原材料的加工、定作合同，合同中不划分加工费金额与原材料金额的，先按5元贴花，待金额确定后再按实际税额纳税
8. 以下关于车船税纳税筹划说法正确的是（　　）。
A. 车船税对于船舶的税率是超额累进税率，因此要注意防范计税依据的过快增加
B. 节约能源、使用新能源的车船可以减半征收车船税，纳税人可以利用这一税收优惠进行纳税筹划
C. 军队、武装警察部队专用的车船是需要纳税的，纳税筹划时应重点关注
D. 车船税对于船舶征税的纳税筹划落脚点在于利用税率临界点进行纳税筹划

二、多项选择题

1. 对于关税原产地纳税筹划思路说法正确的是（　　）。
A. 通过满足全部产地生产标准，享受优惠税率
B. 通过使加工增值部分所占新产品总值的比例超过30%，享受优惠税率
C. 通过使加工增值部分所占新产品总值的比例超过10%，享受优惠税率
D. 通过满足部分产地生产标准，享受优惠税率
2. 以下对于资源税纳税筹划说法正确的是（　　）。
A. 可以利用分开核算的方法，使应税项目按照各自的税率缴税，从而避免高税负
B. 可以利用税率的差异，通过调整销售价格从而使应税货物按低税率缴税
C. 资源税从价计征后，通过降低计税依据进行纳税筹划
D. 可以利用税收优惠政策进行纳税筹划
3. 以下对于房产税利用选址的纳税筹划思路说法正确的是（　　）。
A. 根据税法规定，农村的房产是不需要缴纳房产税的，这是选址筹划的法律依据
B. 选址在农村的好处是房产不需要承担房产税、城镇土地使用税，城建税的税率也是按最低档计算纳税
C. 选址在农村可能受到运输条件、交通便利程度的限制
D. 房产税在城市、县城、建制镇和工矿区征收
4. 以下关于土地增值税分散收入的纳税筹划说法正确的是（　　）。
A. 纳税人转让房地产所取得的收入，包括货币收入、实物收入和其他收入
B. 纳税人应将能分解的部分从整个房地产中分离出来
C. 纳税人可以通过合同的约定事项实现分散收入的纳税筹划
D. 分散收入的目的是降低增值额
5. 以下关于土地增值税费用扣除的纳税筹划说法正确的是（　　）。
A. 取得土地使用权所支付的金额包括纳税人为取得土地使用权所支付的地价款和按国家统一规定缴纳的有关费用
B. 开发土地和新建房及配套设施的成本，是指纳税人房地产开发项目实际发生的成本
C. 开发土地和新建房及配套设施的费用，是指与房地产开发项目有关的销售费用、管

理费用、财务费用

D. 与转让房地产有关的税金，是指在转让房地产时缴纳的增值税、城市维护建设税、印花税

6. 以下属于印花税纳税筹划思路的是（　　）。

A. 选择优惠税率　　B. 在合同中分开记载经济事项

C. 合理压缩合同记载金额　　D. 签订不定额合同

三、判断题

1. 关税的纳税筹划包括进口和出口两个方面。（　　）

2. 纳税人开采销售共伴生矿，共伴生矿与主矿产品销售额分开核算的，对共伴生矿暂不计征资源税；没有分开核算的，共伴生矿按主矿产品的税目和适用税率计征资源税。（　　）

3. 独立于房屋之外的建筑物，如围墙、烟囱等，不属于房产，不需要缴纳房产税，因此纳税筹划时只需将建筑物建于房屋之外，会计核算上不需要做任何处理。（　　）

4. 租金收入中的代收款项也需要缴纳房产税。（　　）

5. 对于房地产开发企业来说，土地增值税的扣除项目相比较于非房地产企业要多一些。（　　）

6. 土地增值税的费用扣除中，利息虽然能全额扣除，但是最高不得超过按商业银行同类同期贷款利率计算的金额。（　　）

7. 法律规定，企业办的学校、医院、托儿所、幼儿园一律免征土地使用税，因此纳税人可以以此为依据进行纳税筹划。（　　）

8. 营业账簿中记载资金账簿的计税依据为实收资本与资本公积两项的合计金额。（　　）

四、案例分析题

1. 某房地产开发企业 2019 年商品房销售收入为 1.5 亿元，其中普通住宅的销售额为 1 亿元，豪华住宅的销售额为 0.5 亿元。税法规定的可扣除项目金额为 1.1 亿元，其中，普通住宅的可扣除项目金额为 0.8 亿元，豪华住宅的可扣除项目金额为 0.3 亿元。企业将如何进行纳税筹划?

2. 某企业当月需要进口 5 辆排量为 3.5 升的小汽车自用，消费税税率为 15%，企业有两套方案可供选择：

方案 1：按照海关审定的完税价格 60 万元/辆（含随同报关的零部件 3 万元/辆）；

方案 2：将零部件单独开发票，小汽车和零部件分别报关进口。

进口小汽车的关税税率为 25%，零部件的关税税率为 5%。企业该选择哪个方案?

3. 兴达公司准备兴建一个占地面积为 15 000 平方米、房产原值为 2 570 万元，年应纳增值税额 1 300 万元、消费税额 500 万元的新工厂。在选址时有两个地方可供选择，在省城和毗邻省城的农村均可。请从房产税、城镇土地使用税以及城建税的角度进行纳税筹划。当地房产税的扣除比例为 30%，城镇土地使用税税率为 5 元/平方米。

4. 甲公司与乙公司需签订一份运输仓储合同，合同约定的运输费和保管费共计 850 万元，其中运输费为 650 万元、保险费为 200 万元。合同要如何签订才能使纳税人获得税收收益?

项目七

企业运营过程中的纳税筹划

在市场经济条件下，实现价值最大化是企业的根本目标，它贯穿于企业的创设、成长、衰退的全过程，涉及筹资、投资、经营、分配等主要环节，存在于企业的供、产、销等各项活动中。由于税法的调整对象涉及社会活动的各个方面，这些活动无不受到税收因素的影响。如何从纳税筹划的角度出发，在符合税法规定的前提下，减轻企业运营过程中相关业务的税负，正是本项目要解决的主要问题。

【教学目标】

通过本项目的学习，使学生能计算企业设立、购销活动、投融资决策、资产重组等应税业务中的各税种应纳税额，掌握企业运营过程中的企业设立、购销活动、投融资决策、资产重组等纳税筹划的基本原理。

【工作任务】

1. 明确企业设立的纳税筹划。
2. 掌握企业购销活动中的纳税筹划。
3. 掌握企业投融资决策中的纳税筹划。
4. 理解企业资产重组的纳税筹划。

任务1

企业设立的纳税筹划

任务1.1 企业组织形式的纳税筹划

※ 任务导入 ※

【案例7.1.1】 A公司是总部和实际管理机构设在德国的一家跨国汽车公司，主要业务为汽车制造和销售，产品销往世界多个国家，适用企业所得税税率为33%。通过战略考虑，A公司的管理层决定在中国开辟市场。通过市场调查，A公司发现公司正好有一批为另一国家研制的汽车很适合销往中国市场，但由于金融危机刚过，A公司没有资金在中国建立公司。所以公司拟在中国寻找代理公司代替公司签订合同，并在中国设立汽车展示厅和货物存储仓库。如果你是该公司的税务顾问，请给出纳税筹划建议。

※ 相关知识 ※

一、企业组织形式的含义

企业组织形式是指企业财产及其社会化大生产的组织状态，它表明了一个企业的财产构成、内部分工协作与外部社会经济联系的方式。

在现代市场经济条件下，企业的组织形式日益多样化。依据财产组织形式和法律责任权限，通常把企业组织形式分为三类，即独资企业、合伙企业和公司制企业。独资企业是指由一个自然人单独出资，亲自或雇人经营，具有一定规模，出资人对企业财产和盈利享有全部支配权，并单独对企业债务负无限清偿责任的企业组织形式；合伙企业是指依照法律设立的由各合伙人订立合伙协议，共同出资、合伙经营、共享收益、共担风险，并对合伙企业债务承担有限或无限连带责任的营利性组织；公司制企业是依据公司法组建并登记的，以营利为目的的企业法人，在我国主要是指在我国境内设立的有限责任公司和股份有限公司。从法律角度讲，合伙企业和独资企业属于自然人企业，出资人需要承担无限责任；公司制企业属于法人企业，出资者以其出资额为限承担有限责任。

二、企业组织形式的纳税筹划

（一）企业外部组织形式的纳税筹划

各国的税法往往对不同组织形式的企业实行不同的征税办法，这种差别的存在为企业设立时进行纳税筹划提供了空间。投资者对企业组织形式的不同选择，其投资净收益也将产生差别。

1. 公司制企业与合伙企业、个人独资企业的纳税比较

公司制企业与合伙企业、个人独资企业在纳税政策上的区别主要在于：公司制企业的营业利润要缴纳企业所得税，税后利润以股息形式分配给投资者后，投资者还要缴纳一道个人所得税；个人独资企业则按个体工商户生产经营所得缴纳个人所得税；合伙企业实行“先分后税”，国家对各个合伙人分得的收益征收所得税，其中对自然人征收个人所得税，对企业法人征收企业所得税。

由此可见，如不考虑其他因素，个人独资企业和合伙企业因不存在重复征税，承担的税负一般要低于公司制企业，从而提高了投资者的实际获利。因此，从这个意义上来说，设立个人独资企业和合伙企业比设立公司制企业更有利。但当考虑投资者工薪扣除问题，以及当个人所得税适用税率大于企业所得税税率时，则要重新选择了。详见本教材项目四和项目五。

需要注意的是，在选择企业的组织形式时，除了考虑税收利益因素外，还应综合考虑企业的经营目标、经营风险、经营规模、管理水平及筹资金额等各方面的因素。

2. 居民企业与非居民企业的纳税比较

在我国企业所得税纳税人的分类中，企业又分为居民企业和非居民企业。居民企业和对于在中国境内设立机构、场所且所得与机构、场所有关联的非居民企业，缴纳企业所得税的适用税率为25%；对在中国境内未设立机构、场所，或者虽设立机构、场所但取得的所得与其所设机构、场所没有实际联系的非居民企业，缴纳企业所得税的适用税率为20%，减按10%的税率计征。

由此可见，居民企业和非居民企业之间也存在纳税筹划空间。其立足点在于避免成为居民纳税人和避免在我国构成常设机构，以及对常设机构的利润归属进行筹划。

（二）公司制企业内部组织形式的纳税筹划

为拓展业务、扩大规模，公司制企业经常进行对外投资，增设分支机构。这就面临分支机构的组织形式的选择：分公司和子公司。两者的区别详见本教材表4-4。

由于子公司和分公司的税收待遇各有不同，因此设立子公司和分公司各有利弊。在进行纳税筹划时，需要综合考虑分支机构的经营情况和总机构与分支机构所享受的税收待遇差异情况。详见本教材项目四。

总体来说，设立子公司与设立分公司的节税收益孰高孰低并不是绝对的，它受到国家税制、纳税人经营状况及企业内部利润分配政策等多重因素的影响，这是投资者在进行企业内部组织形式选择时必须考虑的。

※ 税收法律依据 ※

(1)《中华人民共和国和德意志联邦共和国对所得和财产避免双重征税的协定》(以下简称“旧协定”)“常设机构”第六款规定：缔约国一方企业仅通过按常规经营本身业务的经纪人、一般佣金代理人或者任何其他独立代理人在缔约国另一方进行营业活动，不应认为在该

缔约国另一方设有常设机构。

（2）《中华人民共和国和德意志联邦共和国对所得和财产避免双重征税和防止偷漏税的协定》（以下简称“新协定”）第五条关于“常设机构”第六款规定：缔约国一方企业仅通过按常规经营本身业务的经纪人、一般佣金代理人或者任何其他独立地位代理人在缔约国另一方进行营业，不应认为在该缔约国另一方设有常设机构。但如果该代理人的活动全部或几乎全部代表该企业，且企业和代理人之间的商业和财务关系不同于非关联企业之间应有的关系，则不应认为是本款所指的独立地位代理人。

※ 任务指导 ※

从上述税收法律依据可知，中德税收协定的两个版本，无论是 1985 年的旧协定，还是 2014 年 3 月新签署的新协定（该协定于 2016 年 4 月 6 日生效，于 2017 年 1 月 1 日起执行），相同条款的表述形式虽然并不完全相同，作为对 1985 年旧协定修订的新协定表述更为严谨，但表达的意思相同。目前，国际上最重要、影响力最大的两个国际税收协定范本——《OECD 协定范本》和《UN 协定范本》都规定，独立代理人不构成常设机构。由此所设立的汽车展示厅和货物存储仓库按照该税收协定第五条第 4 款的规定也不构成常设机构。

※ 任务操作 ※

【承接案例 7.1.1】税务顾问的筹划方案：

方案 1：如果 A 公司在中国寻找代理公司代替本公司签订合同，并在中国设立汽车展示厅和货物存储仓库，则需要按照 25%的税率缴纳中国的企业所得税。

方案 2：（1）不在中国寻找代理公司签订这批汽车销售合同，而是所有合同都在德国签订。（2）将实际管理机构设在国外。在中国，实际管理机构一般以股东大会的场所、董事会的场所以及行使指挥、监督权力的场所等因素来综合判断。因此可以将股东大会召开地点、董事会办公场所等设在国外。（3）尽量在事前筹划，将在中国的劳务时间由 12 个月内缩短至 6 个月（“新协定”为 183 天）以内。这样，根据中国与德国的税收协定，A 公司此次在中国的销售项目在中国将不构成常设机构，这样就可以为 A 公司大大节约税收成本。

技能强化

【案例 7.1.2】续上例。在经济全球化大热潮下，经过长时间的战略考虑，A 公司管理层决定在中国开辟新的市场，但是在选择建立分公司还是子公司时却不知如何是好。根据 A 公司的预测，该分支机构第一年即可获得盈利 1 000 000 美元。中国的企业所得税适用税率为 25%。请为 A 公司进行纳税筹划。

筹划分析

方案 1：建立分公司。根据《公司法》，第一年所得利润 1 000 000 美元需要汇回德国，德国总公司需要缴纳所得税 330 000（=1 000 000×33%）美元，除去抵免的 250 000（=1 000 000×25%）美元，还应补缴 80 000 美元。A 公司实际税负为 330 000 美元。

方案 2：建立子公司。该子公司在中国缴纳所得税 250 000（=1 000 000×25%）美元，剩余利润以股息形式汇回，A 公司作为中国非居民企业只应缴纳 10%的预提所得税。建立子公司税负为 325 000 [=250 000+(1 000 000−250 000)×10%] 美元。

方案 2 比方案 1 节约税额=330 000−325 000=5 000（美元）

所以，从所得税角度来说，建立子公司更有税收优势，另外，分公司已经取得利润，在同一纳税年度就要将利润汇回，无法获得延期纳税的好处，假如子公司将利润用于再投资，该筹划效果更加明显。但是，一般来说，建立子公司的设立成本大于建立分公司。因此，在进行比较时还要考虑设立成本的因素。当节税收益大于设立成本时，可以选择子公司；反之，则应设立分公司。

※ 任务小结和风险提示 ※

（1）在选择企业的组织形式时，除了考虑税收利益因素外，还应考虑税务管理的难易、企业的经营目标、经营风险、经营规模、管理水平及筹资金额等各方面因素。

（2）从总体税负的角度考虑，个人独资企业和合伙企业一般要低于公司制企业。但在现行税收政策下，由于投资者的工资因素的影响，还要进行具体的计算分析。

（3）由于子公司和分公司的税收待遇各有不同，因此设立子公司和分公司各有利弊。在进行纳税筹划时，需要综合考虑分支机构的经营情况和总机构与分支机构所享受的税收待遇差异情况、设立成本大小等因素。

任务 1.2　企业注册地点的纳税筹划

※ 任务导入 ※

【案例 7.1.3】 天成公司是设立在天津的一家制造企业，已被认定为高新技术企业，公司的主要客户群在厦门，公司年应税所得平均为 5 000 万元。请对该公司进行纳税筹划。

※ 相关知识 ※

国与国之间以及每个国家不同地区之间的经济发展是有差异的，作为经济杠杆的税收政策也会有地区差异。税收政策的这种地区差异，为纳税人通过不同注册地点进行纳税筹划提供了筹划空间。

一、利用国内的地区差异进行纳税筹划

从一国范围来讲，企业可以选择税率相对较低的地区进行注册，以谋求税收利益的最大化。

（一）利用地区税收优惠政策进行纳税筹划

政府根据国家经济的宏观发展需要，经常会制定一些地区的税收优惠政策，以鼓励该地区的经济发展。这对于纳税人，特别是投资规模较大、投资期限较长、应纳税所得额较大的企业有着较大的影响。因此，对投资注册地区的选择应给予足够重视。目前我国地区性的税收优惠政策主要包括经济特区和西部大开发地区。

（二）利用同一税种在不同地区的税负差异进行纳税筹划

税法对同一税种在不同地区的征收规定也是不同的。例如：对于城市维护建设税的规定，纳税人所在地在市区的，税率为7%；纳税人所在地在县城或镇的，税率为5%；纳税人所在地不在市区、县城或镇的，税率为1%。再如：对于房产税、城镇土地使用税的规定，位于城市、县城、建制镇和工矿区的房屋、土地属于两税的征收范围；农村地区的房屋、土地则不属于两税的范围。因此，企业在选择投资注册地时要尽量注意选择税率低及免税的地区。

二、利用国际的地区差异进行纳税筹划

随着经济全球化和“走出去”战略的实施，我国正在从一个资本输入国向资本输出国转变，我国企业的跨国发展不可避免。在国际税收立场上，我国从着重强调来源国的税收利益逐渐转变到关注居民国的税收利益。从全球范围来讲，跨国纳税企业可以选择国际避税港或税负相对较低的国家进行公司注册，以谋求最大的税收利益。

详见本教材项目四任务2.2企业所得税纳税人避税地（注册地）的纳税筹划。

※ 税收法律依据 ※

（1）《中华人民共和国企业所得税法》第28条规定：国家需要重点扶持的高新技术企业，减按15%的税率征收企业所得税。

（2）“国发〔2007〕40号”规定：法律设置的发展对外经济合作和技术交流的特定地区，是指深圳、珠海、汕头、厦门和海南经济特区；国务院已规定执行上述地区特殊政策的地区是指上海浦东新区。具体政策是：对经济特区和上海浦东新区内在2008年1月1日（含）之后完成登记注册的国家需要重点扶持的高新技术企业，在经济特区和上海浦东新区内取得的所得，自取得第一笔生产经营收入所属纳税年度起，第一年至第二年免征企业所得税，第三年至第五年按照25%的法定税率减半征收企业所得税。

※ 任务指导 ※

根据上述法律法规的规定，虽然该公司位于天津，也能享受高新技术企业减按15%缴纳企业所得税的税收优惠，但由于该公司的主要客户群在厦门经济特区，假设其他条件不变，如果在厦门注册，就能享受经济特区“两免三减半”的税收优惠政策。

※ 任务操作 ※

【承接案例7.1.3】 筹划：可以考虑将公司注册地点改到厦门经济特区，一方面可以大大节约运输成本，另一方面可以充分享受厦门经济特区的“两免三减半”的税收优惠政策。

筹划前：

该公司5年应纳企业所得税额＝5 000×15%×5＝3 750（万元）

筹划后：该公司第一年、第二年免税。

该公司后3年应纳企业所得税额＝5 000×25％×50％×3＝1 875（万元）

筹划后5年合计应纳企业所得税额＝1 875万元

筹划后5年合计可节约税额＝3 750－1 875＝1 875（万元）

由此可见，该公司筹划前后所得税税负发生了明显变化，取得了较好的税收利益。

※ 任务小结和风险提示 ※

企业在利用区域税收优惠政策选择注册地点时，除考虑税收因素外，还需考虑企业自身的特点，如投资地点的基础设施、原料供应、金融环境、技术和劳动力供应等诸多因素，并依据自身条件进行筹划。

任务2

企业购销活动的纳税筹划

任务2.1　企业销售环节的纳税筹划

※ 任务导入 ※

【案例7.2.1】一般纳税人A汽车钢圈厂（非小微企业）生产轿车钢圈卖给B汽车制造厂配套使用。经预测，从2020年开始后的10年内，销路好时，每年可销售8万只钢圈，可能性是0.4；销路差时，则每年只销售4万只钢圈，可能性是0.6。B汽车制造厂希望A汽车钢圈厂供给配套钢圈。洽谈协议为：

（1）如果保证供应，则汽车制造厂在10年内不再购置其他厂的钢圈，每只钢圈价格为150元。

（2）如果钢圈厂每年只能供应4万只钢圈，则售价降低3％。

（3）如果每年固定供应8万只钢圈，则售价降低5％，超过4万只，不足8万只，也按此价收购。

钢圈厂根据上述协议，分析了本厂的情况：

（1）如果要达到4万只的年产量，需改建成型车间，投资50万元，由企业自有资金解决。2020年年初改建，年底可完工。

（2）如果要达到8万只的年产量，需扩建成型车间，投资800万元，除了自有资金50万元外，其余资金由贷款解决，年利率为6％，也可于2020年年初开工，年底完工。

（3）钢圈厂现有生产轿车钢圈的固定资产为1 000万元，年折旧率为20％，每年分摊管理费为10万元，车间改建后每只钢圈的变动成本为75元，扩建后可下降8％。

（4）经市场预测，2020年后的10年内，其他汽车制造厂也需要这种钢圈，预计每年需求量最大可达3.2万只，概率是0.6，需求量小也要0.2万只，概率是0.4，每只售价为150元。另外，增值税适用税率为13%，预测需缴纳的流转税约为销售额的5%，企业所得税适用税率为25%，无其他纳税调整事项。

请给出最佳纳税筹划方案。

※ 相关知识 ※

一、产销规模的纳税筹划

市场竞争的日益激烈，使得各个企业都努力扩大自己的产销规模，从而在整个市场这块大蛋糕中分得较大的一块。产销规模是不是越大越好呢？其实不然。在企业的生产经营过程中，企业的产销规模并非越大越好，产销规模的过度扩张不但不能增强企业的竞争力，反而会削弱企业的实力。

经济学知识告诉我们：一般来说，在企业的规模从很小开始逐步扩大的过程中，会依次呈现规模报酬递增、不变和递减这样三个阶段。在产销量增长的过程中，至少会出现两个盈亏分界点：随着产销量的增长，企业首先将由亏转盈；当产销量超过一定的限度，则又由盈转亏。在两个临界点之间，产销量的增长会导致企业利润的增长；在两个临界点之外，产销量的增长并不会增加企业的利润。企业存在一个最佳规模或适度规模，此时企业单位生产成本最小，利润最大。但是，最佳规模并不一定是最大规模。

从税收角度来说，产销规模会影响企业的税负，反过来企业的税负同样也会影响产销规模。在税款的计征过程中，由于计税依据是企业账面记载的应税收益额及税款征收额，因而企业所取得的现金流入量并不能影响税款的征收，即不会因为现金流入量的减少而使得税收减少。如果企业无限制地扩大产销规模，大量进行固定资产投资，购买原材料，过度挤占资金，可能就会导致税款的征收与企业现金的脱节，产生延迟纳税、资金周转不灵等现象。所以企业在扩大产销规模时，一定要考虑到期要缴纳的税款。除此以外，企业在进行盈亏临界点分析时，也要将税收的因素考虑进去。

因此，企业要合理安排产销规模，使现金流量能够满足刚性的纳税需求，以承担应纳税款。

二、产销结构的纳税筹划

产销规模理论模型并非能完全变为现实。因为利用理论，产销规模模型的测算不仅抽象，而且忽略了许多具体的条件，而现实经济活动是复杂多样的。由于市场、价格、原料等种种原因，企业或者生产规模达不到，或者生产出来的产品不能完全销售出去，这些都会给企业带来不利影响。因此，在具体的生产经营过程中，企业还必须结合自身的实际情况，确定适当的产销结构。

三、产品销售价格的纳税筹划

与纳税筹划有关的定价策略有两种表现形式：一种是企业与关联方之间合作定价，即转让定价；一种是单个企业某项销售中的合理定价。

（一）转让定价

1. 转让定价和关联方的含义

转让定价又称转移定价，是指在经济活动中，有经济联系的企业各方（可以为两方或多方）为均摊利润或转移利润而在产品交换或买卖过程中，不依照市场买卖规则和市场价格进行交易，而是根据其共同利益或最大限度地维护其收益进行的产品或非产品转让。在这种转让中，产品的转让价格根据双方的意愿，可高于或低于市场上由供求关系决定的价格，达到少纳税甚至不纳税的目的。

转让定价一般发生在企业及其关联方之间。对于关联方的界定，《企业所得税法实施条例》规定，关联方是指与企业有下列关联关系之一的企业、其他组织或者个人：

（1）在资金、经营、购销等方面存在直接或者间接的控制关系；

（2）直接或者间接地同为第三者控制；

（3）在利益上具有相关联的其他关系。

国家税务总局下发的《特别纳税调整实施办法（试行）》（国税发〔2009〕2 号）规定：关联关系主要是指企业与其他企业、组织或个人具有下列之一关系：

（1）一方直接或间接持有另一方的股份总和达到 25%以上，或者双方直接或间接同为第三方所持有的股份达到 25%以上。若一方通过中间方对另一方间接持有股份，只要一方对中间方持股比例达到 25%以上，则一方对另一方的持股比例按照中间方对另一方的持股比例计算。

（2）一方与另一方（独立金融机构除外）之间借贷资金占一方实收资本 50%以上，或者一方借贷资金总额的 10%以上是由另一方（独立金融机构除外）担保。

（3）一方半数以上的高级管理人员（包括董事会成员和经理）或至少一名可以控制董事会的董事会高级成员是由另一方委派，或者双方半数以上的高级管理人员（包括董事会成员和经理）或至少一名可以控制董事会的董事会高级成员同为第三方委派。

（4）一方半数以上的高级管理人员（包括董事会成员和经理）同时担任另一方的高级管理人员（包括董事会成员和经理），或者一方至少一名可以控制董事会的董事会高级成员同时担任另一方的董事会高级成员。

（5）一方的生产经营活动必须由另一方提供的工业产权、专有技术等特许权才能正常进行。

（6）一方的购买或销售活动主要由另一方控制。

（7）一方接受或提供劳务主要由另一方控制。

（8）一方对另一方的生产经营、交易具有实质控制，或者双方在利益上具有相关联的其他关系，包括虽未达到本条第（1）项持股比例，但一方与另一方的主要持股方享受基本相同的经济利益，以及家族、亲属关系等。

2. 转让定价的合理方法

企业发生关联交易以及税务机关审核、评估关联交易均应遵循独立交易原则，选用合理的转让定价方法。选用合理的转让定价方法应进行可比性分析。可比性分析因素主要包括交易资产或劳务特性、交易各方功能和风险、合同条款、经济环境、经营策略五个方面。

我国税法规定，转让定价方法包括可比非受控价格法、再销售价格法、成本加成法、交易净利润法、利润分割法和其他符合独立交易原则的方法。

（1）可比非受控价格法是以非关联方之间进行的与关联交易相同或类似业务活动所收取的价格作为关联交易的公平成交价格。

可比非受控价格法适用于所有类型的关联交易。

（2）再销售价格法是以关联方购进商品再销售给非关联方的价格减去可比非关联交易毛利后的金额作为关联方购进商品的公平成交价格。其计算公式如下：

公平成交价格＝再销售给非关联方的价格×（1－可比非关联交易毛利率）

可比非关联交易毛利率＝可比非关联交易毛利÷可比非关联交易收入净额×100％

再销售价格法通常适用于再销售者未对商品进行改变外形、性能、结构或更换商标等实质性增值加工的简单加工或单纯购销业务。

（3）成本加成法是以关联交易发生的合理成本加上可比非关联交易毛利作为关联交易的公平成交价格。其计算公式如下：

公平成交价格＝关联交易的合理成本×（1＋可比非关联交易成本加成率）

可比非关联交易成本加成率＝可比非关联交易毛利÷可比非关联交易成本×100％

成本加成法通常适用于有形资产的购销、转让和使用，劳务提供或资金融通的关联交易。

（4）交易净利润法是以可比非关联交易的利润率指标确定关联交易的净利润。利润率指标包括资产收益率、销售利润率、完全成本加成率、贝里比率等。

交易净利润法通常适用于有形资产的购销、转让和使用，无形资产的转让和使用以及劳务提供等关联交易。

（5）利润分割法是根据企业与其关联方对关联交易合并利润的贡献计算各自应该分配的利润额。利润分割法分为一般利润分割法和剩余利润分割法。一般利润分割法根据关联交易各参与方所执行的功能、承担的风险以及使用的资产，确定各自应取得的利润。剩余利润分割法将关联交易各参与方的合并利润减去分配给各方的常规利润的余额作为剩余利润，再根据各方对剩余利润的贡献程度进行分配。

利润分割法通常适用于各参与方关联交易高度整合且难以单独评估各方交易结果的情况。

3．转让定价的运用

转让定价之所以能够实现整体税负的降低在于双方利益的关联性和税率或者税收政策的差异性，这种差异性包括：不同国家之间税率的差异；同一国家不同地区之间税率的差异；不同产业缴纳不同税种产生的差异；生产经营的不同环节缴纳不同税种产生的差异。

转让定价的操作方法是：A、B两企业为关联企业，当A企业所得税税率高于B企业时，低价销售，高价采购，使得B企业实现较多利润，而且适用较低税率；当A企业所得税税率低于B企业时，其转让定价操作方法则恰好相反。

需要注意的是，税法规定：企业与其关联方之间的业务往来，不符合独立交易原则而减少企业或者其关联方应纳税收入或者所得额的，税务机关有权按照合理方法调整。因此，通过这种方法进行纳税筹划，转让定价需要在商品价格波动的合理范围内进行，并且有充足的理由。企业应充分利用税务机关认同的正常价格幅度，在这个幅度之内选择价格的下限来进行定价，降低销售价款。只有在合理范围内进行价格调整，才能达到减轻税负的目的。

（二）合理定价

企业在制定价格的过程中，应该特别注意价格的高低对税负造成的影响。表面上看，在其他条件不变的情况下，产品的销售价格越高越好，其实不然。首先，在现实生活中，产品的销售价格提高，会导致销量的减少，因此总收入不一定提高。只有当售价与销售量之积所构成的销售收入最大时，才是价格的最优点。其次，价格过高可能会导致税负大幅增加。由于税法存在一些特殊的规定，如价格在某一标准以下便能获得税收优惠，或存在一个起征点，在起征点之下不予征税，超过起征点全额征税等，因此，在定价时要考虑税收征管中的临界点因素。

企业应根据自身经营状况并结合相关税收政策合理确定或调整商品的售价，这是企业进行销售价格筹划的重要方式。

四、销售结算方式的纳税筹划

（一）结算方式分类

销售结算方式通常有直接收款、委托收款、托收承付、赊销或分期收款、预收款销售、委托代销等。不同的销售方式，其纳税义务发生的时间是不相同的。销售结算方式的纳税筹划就是在税法允许的范围内，尽量推迟纳税时间，获得纳税期的递延。

（二）不同结算方式的纳税时间

根据税法的规定，企业所得税的收入确认时间为：

（1）以分期收款方式销售货物的，按照合同约定的收款日期确认收入的实现。

（2）企业受托加工制造大型机械设备、船舶、飞机，以及从事建筑、安装、装配工程业务或者提供其他劳务等，持续时间超过 12 个月的，按照纳税年度内完工进度或者完成的工作量确认收入的实现。

（3）采取产品分成方式取得收入的，按照企业分得产品的日期确认收入的实现，其收入额按照产品的公允价值确定。

（4）采取下列商品销售方式的，应按以下规定确认收入实现时间：1）销售商品采用托收承付方式的，在办妥托收手续时确认收入。2）销售商品采取预收款方式的，在发出商品时确认收入。3）销售商品需要安装和检验的，在购买方接受商品以及安装和检验完毕时确认收入。如果安装程序比较简单，可在发出商品时确认收入。4）销售商品采用支付手续费方式委托代销的，在收到代销清单时确认收入。

《增值税暂行条例》及其实施细则对销售货物或者应税劳务的增值税纳税义务发生时间也有具体规定，详见项目二任务 1。

（三）销售结算方式的筹划

企业在进行销售结算方式的纳税筹划时，总的指导思想是：让法定收入时间与实际收入时间一致或晚于实际收入时间，这样，企业就能有较为充裕的现金缴纳税款并赢得了资金的时间价值。

在具体筹划中，可采取以下方式：

（1）根据企业的销售战略，采取有利于企业的结算方式。例如：未收到货款不开发票；尽量避免采用托收承付与委托收款的结算方式，防止垫付税款；在赊销方式或分期收款结算方式中，避免垫付税款；尽可能采用支票、银行本票和汇兑结算方式销售产品；多用折扣销售刺激市场，少用销售折扣刺激市场。

（2）尽量延后纳税的时间或使现金流入的时间与纳税时间相匹配，以取得资金的时间价值。例如：预收款销售时推后发货时间；赊销或分期收款销售货物时慎重选定收款日期；委托代销货物时，要求代销清单的寄出时间与代销商资金的支付一致或推后寄出；托收承付和委托收款时，要尽量缩短收款时间。

五、销售方式的分类和纳税筹划

（一）销售方式的分类

销售方式是指企业以何种形式将产品销售出去。产品的销售方式多种多样，而且随着经济的发展，其形式也越来越多。目前，除了普通的销售方式外，还有许多新型的销售方式如邮寄销售、网上销售等。这里所说的销售方式是指根据税法，有不同计征增值税规定的几种销售方式，如折扣销售（包括商业折扣、现金折扣、销售折让等）、以旧换新、还本销售、以物易物等。详见本教材项目二。

（二）销售方式的纳税筹划

在产品销售过程中，企业对销售方式有自主选择权，这为利用不同销售方式进行纳税筹划提供了可能。不同的销售方式，往往适用不同的税收政策，销售者取得的销售额的大小和时间也不同，承担的税负也有较大的差异。例如：同样条件下的不同折扣方式的销售，就存在差别。在商业折扣方式下，折扣是在实现销售的同时发生的，若销售额和折扣额在同一张发票上体现，那么可以以销售额扣除折扣额后的余额为计税金额，若销售额和折扣额不在同一张发票上体现，则不得将折扣额从销售额中扣除；在现金折扣方式下，由于销售折扣发生在销货之后，是一种融资性质的理财费用，现金折扣额不得从销售额中扣除；在销售折让方式下，销售折让也是在货物销售后发生的，其实质是销售额的减少，销售折让可以折让后的货款为销售额。从企业税收负担的角度考虑，商业折扣方式优于现金折扣方式。

因此，企业要了解不同销售方式的税收待遇差别，结合企业的实际情况，通过合理筹划，采用最优的销售方式，以实现企业的最大化利益。详见本教材项目二。

※ 税收法律依据 ※

（1）《中华人民共和国企业所得税法》（2018年12月第二次修订）。

（2）《中华人民共和国企业所得税法实施条例》（2019年4月修订）。

（3）《中华人民共和国增值税暂行条例》（2017年11月第二次修订）。

（4）《中华人民共和国增值税暂行条例实施细则》（2011年10月第二次修订）。

（5）《国家税务总局关于确认企业所得税收入若干问题的通知》（国税函〔2008〕875

号）。

（6）《国家税务总局关于印发〈特别纳税调整实施办法（试行）〉的通知》（国税发〔2009〕2号）。

（7）《财政部、国家税务总局关于全面推开营业税改征增值税试点的通知》（财税〔2016〕36号）。

※ 任务指导 ※

企业经营决策的任务之一就是正确预测分析市场需求的类型及发展趋势，据此，结合自身的生产能力、资金运转速度和税负轻重等因素，计划企业的生产量和销售方式，以期取得最大利润。

由于企业管理决策涉及诸多因素，因此正确运用决策和科学进行量化分析，是管理者应掌握的基本技能之一，也是节税增效的关键。

※ 任务操作 ※

【承接案例 7.2.1】该厂财务部门根据掌握的材料，对市场销售和购买者的要求，以及本厂的具体情况作了全面的分析，提出了三个可行性方案供该厂管理层选择。

方案 1：用自有资金投资 50 万元改建车间，生产 4 万只钢圈，全部卖给汽车制造厂。

产品单价＝150×(1－3%) ＝145.5（元）

年销售额＝145.5×4＝582（万元）

年固定费用＝(年固定资产＋新增投资)×折旧率＋年应摊管理费

＝(1 000＋50)×20%＋10＝220（万元）

年变动成本总额＝75×4＝300（万元）

年总费用＝固定费用＋变动成本总额＝220＋300＝520（万元）

年销售利润＝销售收入－销售总成本－流转税＝582－520－582×5%

＝32.9（万元）

年应纳所得税额＝年销售利润×25%＝32.9×25%＝8.225（万元）

年税后利润＝年销售利润－年应纳所得税额＝32.9－8.225＝24.675（万元）

投资回收期＝投资额÷年税后利润＝50÷24.675＝2.03（年）

方案 2：贷款 750 万元，自有资金 50 万元，总投资 800 万元扩建车间，生产 8 万只钢圈，全部卖给汽车制造厂，则：

产品单价＝150×(1－5%)＝142.5（元）

年销售额＝142.5×8＝1 140（万元）

年固定费用＝ (1 000＋800)×20%＋10＝370（万元）

年变动成本总额＝75×(1－8%)×8＝552（万元）

年总费用＝370＋552＝922（万元）

年销售利润＝1 140－922－1 140×5%＝161（万元）

年应纳所得税额＝161×25%＝40.25（万元）

年税后利润＝161－40.25＝120.75（万元）

投资回收期＝800÷120.75＝6.63（年）

方案3：扩建成型车间，达到8万只钢圈的生产能力，一部分产品供应汽车制造厂，一部分卖给其他厂。

每年供应汽车制造厂钢圈数量＝4×0.6＋8×0.4＝5.6（万只）

销售额＝150×(1－5%)×5.6＝798（万元）

每年供应给其他厂数量＝3.2×0.6＋0.2×0.4＝2（万只）

销售额＝150×2＝300（万元）

年总销量＝5.6＋2＝7.6（万只）

年总销售额＝798＋300＝1 098（万元）

年销售利润＝1 098－922－1 098×5%＝121.1（万元）

年应纳所得税额＝121.1×25%＝30.275（万元）

年税后利润＝121.1－30.275＝90.825（万元）

投资回收期＝800÷90.825＝8.81（年）

下面，我们比较分析10年内三种方案的优劣，从中选择最佳方案，如表7-1所示。

表7-1　三种可选方案比较表

比较项目	单位	方案1	方案2	方案3
产量	万只	4	8	8
投资	万元	50	800	800
其中：贷款	万元	—	750	750
销售额	万元	582	1 140	1 098
总费用	万元	520	922	922
销售税金	万元	29.1	57	54.9
销售利润	万元	32.9	161	121.1
企业所得税	万元	8.225	40.25	30.275
税后利润	万元	24.675	120.75	90.825
投资回收期	年	2.03	6.63	8.81

从表中可以知道，从税后利润分析，方案2最高，其次是方案3，最低是方案1；从投资回收期分析，方案1最短，其次是方案2，最长的是方案3。所以，总体分析，方案2为最佳方案。即扩建成型车间，达到8万只钢圈的生产能力，全部产品供应汽车制造厂，规避卖给其他厂家所带来的销售波动的风险，这样的产销结构是最优选择。

※ 任务小结和风险提示 ※

（1）从税收角度来说，产销规模会影响企业税负，反过来企业的税负同样也会影响产销规模。所以企业在扩大产销规模时，一定要考虑到期要缴纳的税款。

（2）企业及其关联方转让定价需要在商品价格波动的合理范围内进行，并且有充足的理由。企业应充分利用税务机关认同的正常价格幅度，在这个幅度之内选择价格的下限来定价，以降低销售价款。

（3）企业在进行销售结算方式的纳税筹划时，总的指导思想是：让法定收入时间与实际收入时间一致或晚于实际收入时间，这样，企业就能有较为充裕的现金缴纳税款并赢得了资金的时间价值。

（4）不同的销售方式，往往适用不同的税收政策，销售者取得的销售额的大小和时间也不同，承担的税负也有较大的差异。

任务 2.2　企业购进活动的纳税筹划

※ 任务导入 ※

【案例 7.2.2】某企业根据生产能力和销售能力，预计当期销售产品可达到1 000万元（不含税，以下同），其所用原材料成本为600万元，假定企业当期库存为零，企业适用所得税税率和增值税税率分别为25%和13%。对于原材料的购进，现有三个方案。方案1：购进600万元的原材料。方案2：购进1 000万元的原材料。方案3：购进1 200万元的原材料。请比较不同采购规模对企业税款及现金流出的影响。

※ 相关知识 ※

一、企业采购规模的纳税筹划

企业采购活动是为产销活动准备生产材料、生产工具和劳动力的过程。采购活动和产销活动紧密相连。市场需求决定了企业的产销规模，而产销规模又制约着企业的采购规模。同产销规模一样，采购规模也存在一个大小合理与否的问题。从资金占用角度来说，采购的货物数量大于生产经营所需，占用了过多的资金，影响企业运营效率。从税收角度来说，企业购进货物，需要承担增值税，如果采购的货物数量大于生产经营所需，数量越多，企业负担的增值税税款就越多，而且，超出当期抵扣额的部分需要留待下期抵扣，则还会占用一部分税款。

所以为了减轻税负，有效利用资产，企业应该依据市场需求及自身的生产营运能力，结合采购时间、库存管理等实际情况，确定一个适当的采购规模。

需要注意的是，虽然企业多购进货物可以增加进项税额，多抵扣当期销项税额，减少当期缴纳的增值税，但是，在企业产销量不变的情况下，企业为多抵扣销项税款而扩大采购规模、多购进货物的行为是不可行的。因为多购进货物会造成企业现金的流出增多，而且并不会增加企业的税后收益。

二、企业购货渠道的纳税筹划

按照规定，增值税纳税人分为一般纳税人和小规模纳税人。企业所需的货物既可以从一般纳税人处采购，也可以从小规模纳税人处采购，但是从不同的供货方采购货物，企业的负担是不一样的。如果从一般纳税人处购入，取得增值税专用发票，可以按购买价的13%抵扣进项税；而如果从小规模纳税人处购入，则不能抵扣进项税，即便税务机关能够开票，也只能按购买价的3%抵扣进项税。不同的扣税额度，会影响企业的税负，最终会影响企业的净利润及现金净流量。因此，企业在采购过程中，应根据自身的情况进行筹划，选择合适的供货方，以便最大限度地减轻税负。在筹划中，要从供货方纳税人身份、货物的价格等方面进行考虑，最终选择使得企业净利润或现金净流量最大的方案。

（一）一般纳税人的购货渠道选择

1. 价格相同时的选择

对于一般纳税人来说，作为采购方，选择供应商时，首选当然是一般纳税人。这是因为，向一般纳税人采购，可以取得增值税专用发票，其购进货物所包含的进项税额就能从销项税额中扣除。而向小规模纳税人采购，显然是不合算的，因为小规模纳税人不能提供增值税专用发票，购进货物所包含的进项税额不能从销项税额中扣除。

2. 价格不同时的选择

如果供货方提供相同的货物，而货物的价格不同（通常情况是小规模纳税人的售价低于一般纳税人的售价），企业就要通过价格折让临界点来进行分析，作出合理选择。详见本教材项目二增值税的纳税筹划。

（二）小规模纳税人的购货渠道选择

对于小规模纳税人来说，选择供应商时比较容易，只要直接比较进货价格，选择价格较低者即可。因为小规模纳税人获得的增值税专用发票不能用于抵扣，如果向一般纳税人采购，其进货中所含的税额较高，就会影响企业的实际收益。一般来说，小规模纳税人向小规模纳税人采购较为合算。但任何事情都不是绝对的，利弊应根据采购过程中的实际情况（如供货方的信誉、供货时间、售后服务的保证等）进行分析比较。详见本教材项目二任务3.2。

三、企业购货时间的纳税筹划

企业在采购阶段，作为买方，往往成为负税人，或者承担部分税负。企业在不影响正常生产和经营的情况下，合理选择恰当的购货时间，有利于转嫁和降低税负。企业在购货时间上进行筹划一般有两条途径：

一是利用市场供求关系。根据市场供求规律，当供给量大于需求量时，商品的价格就会下降；当供给量小于需求量时，商品的价格就会上升。企业应做好市场的分析预测，充分利用市场供求关系为自身谋利。在所需货物供给过剩时进货，可以大幅度压低价格，使企业实现税负向后转嫁（是指纳税人通过压低购进商品或劳务的价格，将其缴纳的税款冲抵价格的一部分，逆着价格运动方向，向后转移给销售者负担），将税负转嫁给供应商。而如果在供应不足的情况下进货，则往往成为供应商转嫁税负的对象。

二是利用税制的变化。国家的税制具有稳定性，但绝不是固定不变的，税制在不断地改革。为使税制的改革能顺利、平衡地进行，改革往往有一定的过渡期。而利用税制改革的过渡期，是纳税筹划的重要手段。企业应及时掌握税制的变化，在进货时间上做好安排，从而达到节税避税的目的。

四、企业采购结算方式的纳税筹划

采购产品大致可分为两种结算方式：一是赊购，二是现金采购。一般来说，销售结算方式由销售方自主决定，采购结算方式的选择权则取决于采购方和销售方两者间的谈判。如果产品供应量充足甚至过剩，且采购方信用度高、实力强，在结算方式的博弈中，采购方往往可以占据主动地位，作出更有利于自己的决定。

对结算方式的筹划，实际上是利用增值税购进扣税法，以各种方式延缓纳税。这尽管不会降低企业应税产品的总体税负，但却可使企业通过各种方式延缓纳税，并利用时间价值因素，为相对降低税负创造条件。

在实际操作中企业应注意：货款未付，先取得对方开具的发票；使供货方接受托收承付与委托收款结算方式，尽量让对方先垫付税款；采取赊销和分期付款方式，使对方垫付税款，而自身获得足够的资金调度时间；尽可能少用现金支付等。总之，采购结算方式纳税筹划中要以延期付款为筹划核心。

以上的筹划原则，实际上和供货方销售结算方式的筹划原则是相辅相成的。销售方和购货方谁能从中获利，就看谁的筹划水平更高一些。

五、企业购货合同的纳税筹划

购货合同的筹划应该是企业整个采购筹划的落脚点，因为采购规模、采购单位、采购时间、结算方式等最后都会反映在购货合同上。合同一旦签订，就意味着其他筹划和活动的结束。从这个意义上来说，企业购货合同的筹划是企业采购筹划的终结。如果合同出错，意味着前面筹划的失败。

在进行购货合同筹划时应注意以下几个问题：一是了解合同的性质，清楚其是属于商业性合同还是其他类型的合同。二是对合同的任何环节都应分析清楚，使筹划的内容能够对号入座。例如：签订合同时，要明确价格是含税价格还是不含税价格。三是要文字规范，用词准确，避免词义不当、表达含糊。四是充分利用合同保障自身的权益。

在合同筹划中要注意防范税收陷阱。例如：一般企业在进行货物采购时总喜欢在合同上使用这样的条款“付完全款，对方开出发票”。但在实际中，由于供货方产品质量、标准等方面的原因，购货方在最后往往不能支付完全款，而要根据实际情况扣除部分款项。而根据合同供货方可以不开具发票，使得购货方无法进行增值税抵扣，从而影响税负。其实，企业在购货时，只需将条款改为“根据实际付款金额由对方开具发票”，问题便迎刃而解了。

鉴于购货合同筹划的重要性，在签订购货合同前，应就合同内容进行咨询。在合同签订后，要加强合同管理，确保合同的履行，规避违约风险。

※ 任务指导 ※

企业购进原材料时，涉及的税种主要有增值税、关税（进口货物），另外，企业当期销售的货物所用原材料成本，可以在缴纳企业所得税时，从应纳税所得额中扣除，减少企业所得税。

购进环节支付的增值税可作为进项税额从销项税额中扣除，抵扣的销项税额越多，当期缴纳的增值税越少。但是如果企业购进原材料大于当期生产所需原材料，则数量越大，企业负担的增值税税款越多，同时超出部分不能抵扣应税所得。

此外，由于购进原材料是企业现金流出的主要活动，因此在进行采购规模筹划时要结合现金流出量的大小来综合考虑。

※ 任务操作 ※

【承接案例7.2.2】

方案1：

当期应纳增值税额=1 000×13%-600×13%=52（万元）

当期应纳企业所得税额=(1 000-600)×25%=100（万元）

税后收益=1 000-600-100=300（万元）

当期企业现金流出量=600+600×13%+100+52=830（万元）

方案2：

当期应纳增值税额=1 000×13%-1 000×13%=0（万元）

当期应纳企业所得税额=(1 000-600)×25%=100（万元）

税后收益=1 000-600-100=300（万元）

当期企业现金流出量=1 000+1 000×13%+100+0=1 230（万元）

方案3：

当期应纳增值税额=1 000×13%-1 200×13%=-26（万元）

26万元留待下期抵扣。

当期应纳企业所得税额=(1 000-600)×25%=100（万元）

税后收益=1 000-600-100=300（万元）

当期企业现金流出量=1 200+1 200×13%+100+0=1 456（万元）

可见，方案2比方案1多流出的现金为400（=1 230-830）万元，正好与多购进的原材料价款（不含税）400（=1 000-600）万元相等，方案3比方案1多流出的现金为626(=1 456-830)万元，而多付出的原材料价款为600万元（不含税），即在价款之外又多流出26万元，这26万元则正是企业由于多购进原材料，超过当期销项税额而留待下期抵扣的税款。

从内部结构来看，采用方案1，在采购时需付出增值税税款78（=600×13%）万元，期末付出增值税税款52万元。采用方案2，在采购时需付出增值税税款130（=1 000×13%）万元，期末付出增值税税款0万元。可见，在方案1中，该企业获得了52万元税款一个月的时间价值（假设该企业纳税期限为1个月）。

※ 任务小结和风险提示 ※

（1）企业在采购过程中，应根据自身的情况进行筹划，选择合适的供货方，以便最大限度地减轻税负。在筹划中，要从供货方纳税人身份、货物的价格等方面考虑，最终选择使得企业净利润或现金净流量最大的方案。

（2）企业在不影响正常生产和经营的情况下，利用市场供求关系和税制的变化，合理选择恰当的购货时间，有利于转嫁和降低税负。

（3）采购结算方式纳税筹划中要以延期付款为筹划核心。

任务3

企业投融资决策中的纳税筹划

任务3.1　企业融资决策中的纳税筹划

※ 任务导入 ※

【案例7.3.1】 A企业需筹集1 000万元资金，现有两种融资方案：方案1是通过权益性融资方式筹集全部资金；方案2是通过权益性融资方式筹集500万元资金，通过负债性融资方式筹集500万元资金，债务利息率为6%（假设银行同期同类贷款利率为6%）。假设在这两种筹资方式下，企业的息税前收益（企业在支付利息、缴纳所得税前的利润额）为120万元，企业所得税税率为25%。结果如表7-2所示。

表7-2　A企业融资方案　　单位：万元

项目	方案1	方案2
筹资总额	1 000	1 000
其中：权益融资	1 000	500
负债融资	0	500
息税前收益	120	120
利息支出	0	30
计税收益	120	90
企业所得税	30	22.5
税后收益	90	67.5
权益收益率	9%	13.5%

请对以上方案进行分析。

※ 相关知识 ※

一、融资概述

（一）融资的定义和作用

融资是指企业根据生产经营、对内外投资和调整资本结构的需要，通过各种渠道和方式经济有效地筹措资金的行为。

融资在企业生产经营中占据着非常重要的地位，是企业生产经营活动的前提条件，也是决定企业资金规模和生产经营规模的基本因素。融资决策的优劣直接影响企业生产经营的业绩。

（二）融资的方式

根据企业资本所有权的归属，融资分为权益性融资和负债性融资两类。根据企业资金的来源，融资又可以分为内部融资和外部融资。

一般而言，企业的融资方式主要有：企业利润留存、向金融机构贷款、向非金融机构或企业借款、企业内部集资、发行股票或债券、融资租赁等。

不同的筹资方式形成了不同的资本结构。资本结构是企业长期负债资本与权益资本之间的构成及其比例关系。

二、融资决策中的纳税筹划

从纳税角度来看，企业融资渠道产生的税收效果有很大的差异，不同的筹资方式形成不同的税前、税后成本，这便为企业在融资决策中进行纳税筹划提供了空间。等额的资金采取不同的筹资方式，会影响企业各年度的净利润和所得税。

（一）融资结构的纳税筹划

融资结构是指对于各种融资方式的选择和组合，以及每种方式下所筹资金的数量搭配。总体上讲，就是权益性融资方式与负债性融资方式占企业融资总量的比重。

权益性融资包括发行股票融资、利用留存收益融资；负债性融资包括发行债券融资、企业间拆借融资、银行借款融资、企业内部集资、融资租赁等。

权益性融资和负债性融资在税法上有着不同的待遇。企业通过增加资本金方式的权益性融资所支付的股息或者红利是不能在税前扣除的。通过负债融资的成本——借款利息可以在税前扣除，从而减轻了企业的税收负担。《企业所得税法实施条例》规定：纳税人在生产经营期间，向金融机构借款的利息支出，按照实际发生数扣除，向非金融机构借款的利息支出，不高于按照金融机构同类、同期贷款利率计算的数额以内部分，准予扣除。因此，从节税角度来讲，负债性融资方式比权益性融资方式更优。

但是，是否在任何情况下，无论企业投资前的息税前利润是多少，都是负债比例越大越好呢？

答案是否定的。因为只要企业息税前投资收益率高于负债成本率，增加负债额度，提高负债比重，就会带来权益资本收益率提高的效应。但是随着负债比率的提高，权益资本收益率提高的效应会被企业的财务风险及融资的风险成本的逐渐加大所抵消，当二者达到一个大体的平衡时，也就是达到了负债比例的最高额。超过这个限额，财务风险和融资风险成本就会超过权益资本收益率提高的收益，权益资本收益率也就降低。因此，并不是在任何情况下都是负债比例越大越好。

需要注意的是，尽管进行股权融资的形式不能获得税收上的好处，并且融资成本也比较高，但是通过发行股票筹集的资金不需要偿还，可以被企业长期无偿占用，因此，实际中越来越多的企业愿意选择这种融资方式。

此外，在实际中，不同方式的融资还会涉及不同的融资成本，有着大小不同的融资费用，因此，不能仅仅从税收负担的角度来考虑各种融资成本的优劣，还要注意企业收益提高所带来的风险，要充分考虑自身的特点（如企业的盈利能力和发展前景、企业所处行业的竞争程度、企业的资产结构和资本结构）以及风险承受能力。总之，企业选择何种融资方式，构成怎样的资本结构，限定多高的债务比率，是一种风险与利润的权衡取舍。

（二）借款利息的纳税筹划

借款是企业融资的重要手段，借款融资主要包括向金融机构借款、非金融机构借款、关联企业借款、企业内部集资等，其成本主要是利息。符合税法规定的借款利息可以在税前列支，从而减少了企业的应税所得额。

借款融资筹划中应注意的问题：

（1）企业在生产经营活动中发生的合理的不需要资本化的借款费用，准予扣除。企业为购置、建造固定资产、无形资产和经过 12 个月以上的建造才能达到预定可销售状态的存货发生借款的，在有关资产购置、建造期间发生的合理的借款费用，应当作为资本性支出计入有关资产的成本，并依照《企业所得税法实施条例》的规定扣除。

（2）关联方贷款利息。在计算应纳税所得额时，企业实际支付给关联方的利息支出，不超过规定比例和税法及其实施条例有关规定计算的部分，准予扣除，超过的部分不得在发生当期和以后年度扣除。

（3）自然人借款的利息。企业向股东或其他与企业有关联关系的自然人以外的内部职工或其他人员借款的利息支出，其利息支出在不超过按照金融企业同期同类贷款利率计算的数额的部分，根据《企业所得税法》第 8 条和《企业所得税法实施条例》第 27 条的规定，准予扣除。

（4）关于企业投资者投资未到位而发生的利息。凡企业投资者在规定期限内未缴足其应缴资本额的，该企业对外借款所发生的利息，相当于投资者实缴资本额与在规定期限内应缴资本额的差额应计付的利息，其不属于企业合理的支出，应由企业投资者负担，不得在计算企业应纳税所得额时扣除。

（三）租赁融资的纳税筹划

1. 租赁融资的一般分析

租赁作为一种特殊的筹集资金方式，与其他融资方式相比，其融资特点在于融资和融物为一体，在实际中应用广泛。在现行的税法中涉及的租赁形式有经营租赁和融资租赁。

（1）租赁方式的划分。根据财政部《企业会计准则第 21 号——租赁》（财会〔2006〕3 号）的规定，经营租赁是指除融资租赁以外的其他租赁。而融资租赁是指实质上转移了与资产所有权有关的全部风险和报酬的租赁，所有权有可能转移，也有可能不转移。

符合下列一项或数项标准的，应当认定为融资租赁：第一，在租赁期届满时，租赁资产的所有权转移给承租人。第二，承租人有购买租赁资产的选择权，所订立的购买价款预计将远低于行使选择权时租赁资产的公允价值，因而在租赁开始日就可以合理确定承租人将会行使这种选择权。第三，即使资产的所有权不转移，但租赁期占租赁资产使用寿命的大部分。其中“大部分”，通常掌握在租赁期占租赁资产使用寿命的 75%及其以上。第四，承租人在租赁开始日的最低租赁付款额现值，几乎相当于租赁开始日租赁资产公允价值；出租人在租赁开始日的最低租赁收款额现值，几乎相当于租赁开始日租赁资产公允价值。其中“几乎相当于”，通常掌握在90%及其以上。第五，租赁资产性质特殊，如果不作较大改造，只有承租人才能使用。

(2) 租赁中承租人的税务处理。经营租赁中承租人税务处理。根据《企业所得税法实施条例》第47条的规定，企业以经营租赁方式租入固定资产发生的租赁费支出，按照租赁期限均匀扣除。根据《企业所得税法》第11条的规定，以经营租赁方式租入的固定资产，在计算应纳税所得额时，企业不得计算折旧扣除。根据《企业所得税法》第13条第2款的规定，租入固定资产的改建支出，作为长期待摊费用，按照规定在计算应纳税所得额时扣除。

融资租赁中承租人的税务处理。根据《企业所得税法实施条例》第58条第3款的规定，融资租入的固定资产，以租赁合同约定的付款总额和承租人在签订租赁合同过程中发生的相关费用为计税基础；租赁合同未约定付款总额的，以该资产的公允价值和承租人在签订租赁合同过程中发生的相关费用为计税基础。根据《企业所得税法实施条例》第47条的规定，以融资租赁方式租入固定资产发生的租赁费支出，按照规定构成融资租入固定资产价值的部分应当提取折旧费用，分期扣除。折旧方法和折旧年限按税法规定执行。

对于承租人来说，利用租赁方式可获得以下好处：一是可以避免因长期拥有机器设备而承担的资金占用和经营风险；二是可以在经营活动中以支付租金的方式冲减企业利润，减少税基，从而减少应纳税额。经营租赁租入固定资产其租金可在税前扣除；融资租赁租入固定资产可以计提折旧，计入成本费用，都能达到减少企业利润、减轻税负的目的。

2. 经营租赁和融资租赁选择的筹划

通常情况下，融资租赁的税收抵免作用更为明显，避税效果更好。但具体的租赁方式是选择经营租赁还是融资租赁，企业还要根据具体状况而定。一般来说，应主要考虑两方面的因素：一方面，看纳税人资金的充裕程度，如果资金比较充裕，而且租赁仅仅是为解决临时性生产需要，可以采用经营租赁的方式，反之则应采用融资租赁的方式；另一方面，要看租入货物的性质和使用时间。如果属于更新快而且使用时间短的货物，宜采用经营租赁方式，反之则应采用融资租赁方式。另外，还要根据投资期限、利率水平等因素，结合税收利益及自身特点，从现金流量、货币时间价值、资金成本、风险价值等方面着手，进行定性和定量分析，以作出最有利于企业的选择。

3. 购置与租赁固定资产的纳税筹划

对于承租方来说，企业获得生产经营用设备，既可以从银行贷款直接购买设备，也可以用租赁的方式获得设备。这几种不同的获得生产经营用设备的方式在税务上处理是有差异的。企业应将这几种获得设备的方式所要承担的税收进行比较，考虑资金的时间价值，选择对企业最有利的方式。

根据“〔财税2016〕36号”的规定，按照标的物不同，将租赁服务区分为“有形动产租赁服务”和“不动产租赁服务”，分别按照现行税率13%和9%进行征税。按照融资租赁的不同性质，又将融资性售后回租业务定性为金融业务，按照6%的税率缴纳增值税。由此可见，融资租赁方式不同，其税收负担也各不相同。这就给经营融资租赁业务的企业进行纳税筹划提供了契机。

4. 关联企业内部固定资产租赁的纳税筹划

当出租人和承租人属于关联企业时：

（1）在关联双方所得税税率相同的情况下，若一方盈利较高，而另一方盈利较少或亏损，盈利较少或亏损方可以利用租赁形式把某些设备租赁给盈利方，通过收取租赁费或租赁期满后由盈利方以较高的价格购入的方式使利润流向亏损方，从而获得税收上的好处。最终使该集团所享受的税收待遇最为优惠，税负最低。

（2）在关联双方所得税税率不同的情况下，税率高的企业可将设备租赁给税率低的企业，使利润从税率高的企业流向税率低的企业，从而获得节税利益。

※ 税收法律依据 ※

（1）《中华人民共和国企业所得税法》（2018 年 12 月第二次修订）。

（2）《中华人民共和国企业所得税法实施条例》（2019 年 4 月修订）。

（3）《财政部、国家税务总局关于企业关联方利息支出税前扣除标准有关税收政策问题的通知》（财税〔2008〕121 号）。

（4）《国家税务总局关于企业向自然人借款的利息支出企业所得税税前扣除问题的通知》（国税函〔2009〕777 号）。

（5）《国家税务总局关于企业投资者投资未到位而发生的利息支出企业所得税前扣除问题的批复》（国税函〔2009〕312 号）。

（6）《财政部、国家税务总局关于全面推开营业税改征增值税试点的通知》（财税〔2016〕36 号）。

※ 任务指导 ※

由于利息可在税前扣除，因此负债性融资方式有税收屏蔽作用。如果企业利用资金的效率高于债务的利息率，则企业通过负债经营可提高股东的权益收益率。但这里需要强调的是，企业在负债经营时，只有企业利用资金的效率高于债务的利息率，才能提高股东的权益收益率，而负债经营会增加企业的财务风险。企业应该根据自身的实际情况，谨慎地选择合理的融资方式，通过设计合理的资本结构，达到既降低企业税负、提高股东收益率，又使企业的财务风险控制在可以承受的范围之内的目的。

※ 任务操作 ※

【承接案例 7.3.1】根据上面的分析，从表 7－2 中可以看到，两种方案的息税前收益相同。但由于方案 2 通过债务方式筹集了 500 万元资金，企业需要在税前支付 30 万元的利息，因此方案 2 与方案 1 相比，企业少缴纳了 7.5（＝30×25%）万元的企业所得税，所以应选择方案 2。

※ 任务小结和风险提示 ※

（1）权益性融资和负债性融资在税法上有着不同的待遇。权益性融资所支付的股息或者红利是不能在税前扣除的。通过负债融资的借款利息可以在税前扣除，从而减轻了企业的税收负担。

（2）符合税法规定的借款利息可以在税前列支，从而减少企业的应税所得额。因此，从节税角度来讲，负债性融资方式比权益性融资方式更优。但是，如果负债的利息率高于息税前的投资收益率，权益资本的收益会随着债务的增加而呈现下降趋势。

（3）通过举债方式筹集资金，可以获得节税利益。只要企业息税前投资收益率高于负债成本率，增加负债额度，提高负债比重，就会带来权益资本收益水平提高的效应。

（4）选择经营租赁还是融资租赁，企业还是要根据具体状况而定。一般来说，应主要考虑两方面因素：一方面要看纳税人资金的充裕程度；另一方面要看租入货物的性质和使用时间。另外，还要考虑投资期限、利率水平等因素。

任务3.2 企业投资决策中的纳税筹划

※ 任务导入 ※

【案例7.3.2】 某企业有A、B两个项目可投资。假设这两个项目的企业所得税税率没有差别，且预计两个项目投产以后，年含税销售收入均为200万元，外购各种含税支出为180万元。已知A项目产品征收13%的增值税，B项目征收6%的增值税。该企业选择哪一个项目收益更大呢？

※ 相关知识 ※

一、投资的含义

投资是指投资主体以获得未来预期收益为目的，而将货币资金、物流、土地、劳动力、技术及其他生产要素投入社会再生产过程，进而形成为生产、经营各种营利性和非营利性事业的经济活动或交易行为。

企业的投资方式按照不同的标准有着不同的分类。按照投资者是否参与被投资方的生产经营，可以分为直接投资和间接投资；按照投资物的内容不同，可以分为货币资金投资、有形资产投资和无形资产投资。

不同的投资方式带来的收益不同、风险不同，企业应综合考虑投资回报率、风险程度，税收负担只是其中的考虑因素之一。

二、投资决策中的纳税筹划

（一）投资地点的纳税筹划

企业在进行投资时，投资地点选择的正确与否，将直接影响企业投资成本的高低、效益的好坏。税收法规中的区域优惠政策，是投资地点筹划的考虑对象。由于国家税收政策在不同区域内有不同的优惠规定，因此企业在投资时，应选择低税负地区进行投资。

投资地点的筹划思路在本项目的“企业注册地点的纳税筹划”中已进行了说明，此处不再赘述。

（二）投资方向的纳税筹划

投资方向是指国家允许企业生产和经营的商品类别、品种和服务项目，反映企业业务活动的内容和生产经营方向，是企业经营活动范围的法律界限。

企业的投资方向体现在注册企业登记时的投资项目中。国家对重点扶持和鼓励发展的产业和项目，给予税收优惠。因此，企业在投资时要充分了解这些优惠政策及优惠政策的差别，利用好税收优惠政策，做好投资方向的纳税筹划，谋取企业的最大化利益。

各税种的税收优惠政策详见本教材项目二至项目六。

（三）投资方式的纳税筹划

1. 直接投资和间接投资的选择

直接投资是指企业将货币资金、物流、土地、劳动力、技术及其他生产要素直接投入投资项目中，直接进行经营管理，并形成实物资产的经济活动的投资，如建立分公司、子公司。间接投资是企业不直接开厂设店进行生产建设经营，而是为了其收益，用其货币资金购买债券和股票等有价证券，以期从债券和股票的持有与转让中获取投资收益和转让增值的投资行为，如股票投资、债券投资和基金投资。

直接投资考虑的税收因素较多，涉及各种流转税、所得税、财产税和行为税等，其中最为重要的是要考虑企业所得税的税收优惠待遇。我国《企业所得税法》从税率优惠、税额扣除等方面制定了较多的优惠政策。投资者应该在综合考虑目标投资项目的各种税收优惠待遇的基础上，进行项目评估和选择，以期获得最大的投资税后收益。间接投资考虑的税收因素相对较少，一般只涉及股息或利息的所得税和进行证券交易征收的印花税。

不同投资方式的税收因素不同，投资收益、投资风险、投资的变现能力等各种因素也不同，有的投资方式尽管可以少纳税，但因投资收益差，或投资风险大，或投资的变现能力弱，也是不可取的。因此，在进行纳税筹划时，必须全面考虑投资收益、投资风险和投资的变现能力。

2. 货币资金投资、有形资产投资和无形资产投资的选择

从被投资企业的角度来看，选择有形资产投资和无形资产投资要优于选择货币资金投资。其原因在于：首先，有形资产投资方式中的设备投资折旧费及无形资产摊销额可在税前扣除，从而达到削减所得税税基的节税效果。其次，在变动有形资产和无形资产产权时，必须进行资产评估，由于评估方法选择的不同会导致高估资产价值，对投资企业而言，可节省投资成本。对被投资企业而言，则能通过多列折旧费用及摊销额缩小所得税税基，达到减轻税负的目的。

但从投资企业的角度考虑，选择有形资产和无形资产投资方式要承担更多的税收负担。具体可能包括企业所得税、增值税等。

（1）企业所得税。企业应在投资交易发生时，将该项交易分解为按公允价值销售有形资产或无形资产和投资两项业务进行所得税处理，并按规定计算确定资产转让所得和损失。如果发生资产转让所得，且数额较大，在一个纳税年度缴纳企业所得税确有困难，报经税务机关批准，可作为递延所得，在投资交易发生当期及随后不超过 5 个纳税年度内平均摊转到各个年度的应税所得中。

（2）增值税。自2016年5月1日起，我国实施全面“营改增”，但增值税征税范围不同，适用税率也不同。这就为纳税筹划提供了筹划空间。

1）如果企业以存货等属于增值税应税范围的有形资产对外投资，根据增值税的有关规定，企业应按视同销售货物缴纳增值税。

2）以货币资金投资收取的固定利润或者保底利润，按照贷款服务缴纳增值税。

3）企业将无形资产、不动产投资入股换取被投资企业的股权行为属于有偿取得“其他经济利益”，应按有偿销售不动产、无形资产行为征收增值税。

企业投资时应综合考虑投资双方的税收负担情况，选择适当的投资方式。即使同样是有形资产投资，企业也可以通过对投资方式的选择，达到最大限度地减轻企业税负的目的。

（四）投资规模的纳税筹划

投资规模是指投资主体在一定时期内投入的资源总量。在投资资源、投资目标既定的条件下，企业可以通过对投资规模的控制，确定最佳投资规模，并通过各种努力，实现投资规模的最优化。对于企业的生产经营而言，投资规模过大或过小，都不利于企业的发展。投资规模扩大，是企业发展壮大的标志，往往可以带来规模效益，但若不顾具体情况而过度膨胀，就会导致资源的浪费。投资规模小，一般可以使企业具有灵活运行的优点，但企业规模太小，就没有规模效益，也不具有较强竞争力。因此，确定企业投资的合理水平是企业投资决策的重要内容。

影响企业投资规模的因素有很多，如市场需求、专业化分工水平、可筹集到资金数量的外部协作配套条件等，其中税收也是影响项目规模的重要因素之一。在项目投资过程中，会涉及许多税收问题。项目建成投产后，企业要缴纳增值税、资源税、城市维护建设税和企业所得税等诸多税种。项目规模的大小直接影响企业生产经营规模及生产经营过程中的纳税水平。反过来，企业的税负水平也制约着投资规模的确定。

1. 投资规模的大小决定纳税人纳税身份的界定

众所周知，增值税是我国的主体税种，具有普遍征收、税不重征的特点。我国现行的增值税税法将纳税人分为一般纳税人和小规模纳税人，并实行差别征收。如果投资者在投资决策中确定的投资规模，使项目建成投产后企业适合小规模纳税人标准，则按小规模纳税人身份纳税，否则便以一般纳税人身份纳税。因此投资者可以在分析、比较小规模纳税人和一般纳税人的税负水平后，对拟定的投资规模进行调整，使其能够按照低税负纳税人的身份纳税。

详见本教材项目二任务2。

2. 投资规模影响企业纳税的绝对水平

一般情况下，规模大，企业的获利能力强，纳税的绝对额负担也大；规模小，获利能力弱，纳税的绝对额负担也小。投资者在确定投资规模时，必须充分考虑纳税现金支付的刚性约束，即合理确定纳税目标约束下的投资规模。避免因规模最大化导致税前账面收益极大化，由此发生纳税现金需求超过企业现金供给，给企业带来诸如声誉受损等不利影响。

（五）投资结构的纳税筹划

从分散风险的角度出发，企业不可能、也不应该把资金全部投资于某个地区、某个行业，或全部用于某种用途、某类投资项目。因此，这就涉及投资结构的优化组合问题。

投资结构是指企业投资的构成及各种构成之间的相互关系。同等数量的资金，投资结构不同，所承担的税负也不同，所以企业投资时，必须对现有投资结构精心筹划，选择能使企业股东价值最大化的结构。

投资结构决定企业应税收益的构成，从而最终影响企业的纳税负担。投资结构对企业税负以及税后利润的影响主要体现在三个方面：税基宽窄、税率轻重、纳税成本高低。

因此，对企业投资结构进行纳税筹划应重点从以下方面考虑：

（1）企业在安排投资结构时，应比较不同征税对象实际税基比重的大小，谋求应税负担相对于应税收益差额最大、比重最低的地区、行业、项目等。

（2）企业在安排投资结构时，应比较在实际税基比例相等的情况下实际税率的大小，或不同征税对象的税率的高低，力求投资收益来源于税率最低的地区、行业、项目等。

（3）企业在选择投资结构时，除了考虑税基的宽窄、税率的高低，还应考虑涉税风险带来的潜在的机会成本以及办理涉税事宜过程中发生的各项成本费用支出。涉税风险是指纳税使企业产生或加重投资扭曲风险、经营损失风险和纳税支付有效现金不足的风险。

※ 税收法律依据 ※

（1）《中华人民共和国企业所得税法》（2018 年 12 月第二次修订）。

（2）《中华人民共和国企业所得税法实施条例》（2019 年 4 月修订）。

（3）《中华人民共和国增值税暂行条例》（2017 年 11 月修订）。

（4）《中华人民共和国增值税暂行条例实施细则》（2011 年 10 月修订）。

（5）《财政部、国家税务总局关于全面推开营业税改征增值税试点的通知》（财税〔2016〕36 号）。

※ 任务操作 ※

【承接案例 7.3.2】根据上面的分析，考虑税后销售收入净值：

A 项目年应纳增值税额＝(200－180)÷(1＋13%)×13%＝2.301（万元）

A 项目税后销售净收入＝(200－180)÷(1＋13%)＝17.699（万元）

B 项目年应纳增值税额＝(200－180)÷(1＋6%)×6%＝1.132（万元）

B 项目税后销售净收入＝(200－180)÷(1＋6%)＝18.868（万元）

B 项目销售净收入差额＝18.868－17.699＝1.169（万元）

B 项目增值税节税额＝2.301－1.132＝1.169（万元）

通过以上比较可知，由于两个项目的应征税种和税率存在差异，在其他条件一致的情况下，B 项目将为投资者带来更多的盈利，故应该选择 B 项目。

※ 任务小结和风险提示 ※

（1）国家对于不同产业、不同区域的税收优惠政策是不同的，因此，选择适合的产业和区域，是投资决策中进行纳税筹划重要的方法之一。

（2）不同投资方式的税收因素不同，投资收益、投资风险、投资的变现能力等各种因素也不同。因此，在纳税筹划时，必须全面考虑各项影响因素，选择适当的投资方式。

（3）确定企业的合理投资规模是企业投资决策的重要内容。对于企业的生产经营而言，投资规模过大或过小，都不利于企业的发展。

（4）企业在选择投资结构时，要考虑税基的宽窄、税率的高低，涉税风险带来的潜在的机会成本以及办理涉税事宜过程中发生的各项成本费用支出。

任务4

企业资产重组的纳税筹划

任务4.1　企业合并行为的纳税筹划

※ 任务导入 ※

【案例7.4.1】某股份有限公司A，当年2月准备兼并某亏损企业B，B企业合并时账面净资产为600万元（假设计税基础也为600万元），去年亏损为100万元（以前年度无亏损），评估确认的公允价值为660万元。A公司合并后股票市价5.2元/股，A公司共有已发行的股票2 000万股（面值为1元/股）。经双方协商，A公司可以用两种方案合并B企业。方案1：A公司以130万股和10万元人民币购买B企业（A公司股票市价为5元/股）。方案2：A公司以100万股和160万元人民币购买B企业。

假设合并后被合并企业中所占的股份以后年度不发生变化，合并企业每年未弥补亏损前的应纳税所得额为1 000万元，增值后的资产平均折旧年限为5年，行业平均利润率为10%，企业所得税税率为25%，最长期限国债利率为10%，假定公司第二年的评估确认价值还是660万元。请选择最合适的筹划方案。

※ 相关知识 ※

一、企业合并的含义

企业合并是指两个或两个以上的企业，依据法律规定或合同的约定，合并为一个企业的法律行为。我国《公司法》规定，公司合并可以采用吸收合并与新设合并两种形式。吸收合并是指接纳一个或一个以上的企业加入本公司，加入方解散并取消法人资格，接纳方存续，也就是企业兼并。新设合并是指两个或两个以上的企业合并成一个新企业，原合并各方解散，取消法人资格。

由于新设合并企业的原生产经营过程的连续状态已被终止，新设合并企业的纳税筹划则是基本同于一般新设企业的纳税筹划方法，因此吸收合并的纳税筹划成为企业合并筹划研究的主要对象。

二、企业合并的纳税筹划

企业合并中发生的税负不仅涉及所得税，而且涉及流转税及其他税种。企业合并的纳税筹划要坚持两个原则：一是合法性原则，即必须以国家法律为准绳，在政策允许的范围内从事纳税筹划活动；二是总体利益最大化原则，即设计筹划方案时必须从整体利益出发，追求整体效益最大化，综合各个税种的税负影响，通过测算分析选择能使总体税负最低的最佳纳税方案，而不是将企业效益得失押在个别税种上。

（一）企业合并中企业所得税的纳税筹划

1.. 企业合并的税务处理

《财政部、国家税务总局关于企业重组业务企业所得税处理若干问题的通知》（财税〔2009〕59 号）中规定了企业合并的税务处理区分不同条件，分别适用一般性税务处理规定和特殊性税务处理规定。

（1）一般性税务处理规定。企业合并，当事各方应按下列规定处理：1）合并企业应按公允价值确定接受被合并企业各项资产和负债的计税基础。2）被合并企业及其股东都应按清算进行所得税处理。3）被合并企业的亏损不得在合并企业结转弥补。

（2）特殊性税务处理规定。企业合并，企业股东在该企业合并发生时取得的股权支付金额不低于其交易支付总额的 85%，以及同一控制下且不需要支付对价的企业合并，可以选择按以下规定处理：1）合并企业接受被合并企业资产和负债的计税基础，以被合并企业的原有计税基础确定。2）被合并企业合并前的相关所得税事项由合并企业承继。3）可由合并企业弥补的被合并企业亏损的限额＝被合并企业净资产公允价值×截至合并业务发生当年年末国家发行的最长期限的国债利率。4）被合并企业股东取得合并企业股权的计税基础，以其原持有的被合并企业股权的计税基础确定。

财税〔2009〕59 号文件还规定了适用特殊性税务处理规定的条件。

企业重组同时符合下列条件的，适用特殊性税务处理规定：（1）具有合理的商业目的，且不以减少、免除或者推迟缴纳税款为主要目的。（2）被收购、合并或分立部分的资产或股权比例符合本通知规定的比例。（3）企业重组后的连续 12 个月内不改变重组资产原来的实质性经营活动。（4）重组交易对价中涉及股权支付金额符合本通知规定比例。（5）企业重组中取得股权支付的原主要股东，在重组后连续 12 个月内，不得转让所取得的股权。

2. 企业合并的纳税筹划

为了减少因合并而增加的税收负担，企业合并的纳税筹划应特别注意以下一些问题：

（1）合并后是否可以承继税收优惠。《财政部、国家税务总局关于企业重组业务企业所得税处理若干问题的通知》（财税〔2009〕59 号）中规定，在企业吸收合并中，合并后的存续企业性质及适用税收优惠的条件未发生改变的，可以继续享受合并前该企业剩余期限的税收优惠，其优惠金额按存续企业合并前一年的应纳税所得额（亏损计为零）计算。

国家税务总局《关于发布〈企业重组业务企业所得税管理办法〉的公告》（国家税务总局公告 2010 年第 4 号）第 15 条规定：企业合并或分立，合并各方企业或分立企业涉及享受

《税法》第57条规定中就企业整体（即全部生产经营所得）享受的税收优惠过渡政策尚未期满的，仅就存续企业未享受完的税收优惠，按照《通知》第9条的规定执行；注销的被合并或被分立企业未享受完的税收优惠，不再由存续企业承继；合并或分立而新设的企业不得再承继或重新享受上述优惠。合并或分立各方企业按照《税法》的税收优惠规定和税收优惠过渡政策中就企业有关生产经营项目的所得享受的税收优惠承继问题，按照《实施条例》第89条规定执行。

（2）原被合并企业的亏损是否可以承继结转。公司亏损的向后期结转是指如果一个公司在第一年中出现亏损，该公司不但可以免缴当年的企业所得税，它的亏损还可以向后期结转，冲抵以后若干年的所得，直到公司亏损全部冲抵完的年度，公司才开始就冲抵亏损后的所得缴纳企业所得税。公司合并后的亏损承继结转是指两个或两个以上的公司合并后，存续公司或新设公司可以承继被兼并公司或原各公司的亏损，结转冲抵以后若干年度的所得，直至亏损全部冲抵完才开始缴纳企业所得税。

按照现行税收法律的规定，在企业合并的一般性税务处理中，被合并企业的亏损不得在合并企业结转弥补；但在企业合并的特殊性税务处理中，被合并企业合并前的相关所得税事项由合并企业承继，而且可由合并企业对被合并企业亏损进行限额弥补。这样，如果合并企业有高额利润，而被合并企业存在以前年度亏损，且未超过弥补期限，就可以利用被合并企业的累积亏损冲减合并企业的利润，减少纳税。可见，适用特殊性税务处理规定，是企业合并取得节税利益的必由之路。

（3）原被合并企业是否存在债务重组的可能性。税法规定，在企业合并的特殊性税务处理中，合并企业承继的被合并企业以前年度亏损按下列公式计算：

$$\begin{matrix}\text{可由合并企业弥补的}\\\text{被合并企业亏损的限额}\end{matrix}=\begin{matrix}\text{被合并企业净}\\\text{资产公允价值}\end{matrix}\times\begin{matrix}\text{截至合并业务发生当年年末}\\\text{国家发行的最长期限的国债利率}\end{matrix}$$

这就使得企业合并对被合并企业净资产公允价值应予以关注。在企业并购实务中，往往合并方的业绩较好，而被合并方正相反。当被合并企业净资产公允价值为零或为负数时，如果符合规定条件选择“免税合并”，合并企业按照上述公式将无法获得补亏指标。为充分而合理地利用被合并企业的亏损，可采用的纳税筹划方法首先是寻求并购前“债务重组”的可能性，以尽可能使得被合并企业的净资产大于零。

（4）合并支付方式的纳税筹划。企业合并中的价款支付方式主要有三种：股权支付、非股权支付和二者的结合支付。不同的支付方式，税法有着不同的规定，有的是应税交易，有的是免税交易，因而对于支付方式的筹划也可以带来一定的税收效果。

1）股权支付方式。股权支付方式就是企业合并中合并方以本企业或其控股企业的股权、股份作为支付价款的形式。在这种支付方式下，合并方以本企业的股权按一定比率换取被合并公司的股权，被合并方未收到合并方的现金，是一种免税合并。在此情况下，股权转换不视为资产转让。股权支付方式对被合并方的股东而言，可以得到推迟纳税和减轻税负的优惠；而对合并方而言，可以在不纳资本所得税的情况下，实现资产的流动和转移，企业所有者可以实现追加投资和资产多样化的目的。因此，从纳税筹划角度来讲，这是纳税人应该首先选择的支付方式。

2）非股权支付方式。非股权支付方式是指企业合并中合并方以本企业的现金、银行存款、应收款项、本企业或其控股企业股权和股份以外的有价证券、存货、固定资产、其他资产以及承担债务等作为支付价款的形式。从税法角度来讲，按照权责发生制原则，被合并公司因为股权转让而取得了收入，其产生的资本利得（即转让股权获得的净利润），应缴纳所得税。因此，这种支付方式被视为一种应税合并，被合并企业承担着一定的纳税义务，不利于进行纳税筹划。

3）股权和非股权相结合的支付方式。股权和非股权相结合的支付方式就是指企业合并中合并方将上述两种支付方式结合起来使用的方式，即股权和非股权共同支付价款。在这种支付方式下，被合并公司股东换取合并公司的股权被视为免税交易，而收到合并公司的现金等非股权资产则被视为处置其部分股票的收入，要计算其部分处置利得，并就利得缴纳所得税。

（二）企业合并中流转税的纳税筹划

流转税是在生产、流通或者服务领域中，按照纳税人取得销售收入、营业收入或者进出口货物的价格（数量）征收的，包括增值税、消费税和关税。通过企业合并，可以实现关联企业或上下游企业的流通环节的减少，合理规避或减少流转税。

1. 通过合并减少增值税

虽然增值税是价外税，从理论上讲，无论企业各期缴纳多少增值税，其总体税负是不变的。但考虑到货币时间价值，如果能使企业纳税时间推迟，就意味着企业获得了节税利益。合并对企业应纳增值税的影响主要有两个方面：一是合并过程涉及的存货处理。如果被合并企业有大量期初存货可以用于抵扣，则合并企业在合并当年的应纳增值税额就会减少。二是根据增值税法的规定，设有两个机构并实行统一核算的纳税人，将货物从一个机构移送到其他机构用于销售的行为，视同销售货物，但相关机构设在同一县、市的除外。如果合并企业和被合并企业在同一县市，合并前需缴纳增值税的业务在合并后则被视为双方移送货物用于销售，不会被视同销售，无须缴纳增值税。

2. 通过合并减少消费税

合并会使原来企业间的购销环节转变为企业内部的原材料转让环节。如果合并双方存在原材料供应关系，则在合并前，这种原材料的转让关系为购销关系，应该按照正常的购销价格缴纳消费税。而在合并后，合并企业之间的原材料供应关系转变为企业内部的原材料转让关系，则无须缴纳消费税。这笔税款递延到以后的环节，即销售环节缴纳，使企业获得递延纳税的好处。而且，因为前一环节应缴纳的税款延迟到后面的环节缴纳，如果后面环节适用的消费税税率较低，则合并前企业的销售额在合并后可以使用较低的税率，直接减轻了企业的税收负担。

企业在进行合并的纳税筹划中，还可以考虑其他一些税种，如契税、印花税等。但无论是所得税、流转税，还是契税、印花税，都不是影响企业合并决策的唯一因素。企业在合并过程中，不仅要进行税收负担能力的分析，而且要综合考虑其他因素，综合分析企业合并的成本与收益，在此基础上进行合理决策。

※ 税收法律依据 ※

（1）《国家税务总局关于纳税人资产重组有关增值税问题的公告》（国家税务总局公告2011年第13号）规定：纳税人在资产重组过程中，通过合并、分立、出售、置换等方式，将全部或者部分实物资产以及与其相关联的债权、负债和劳动力一并转让给其他单位和个人，不属于增值税的征税范围，其中涉及的货物转让，不征收增值税。

（2）《企业所得税法实施条例》第89条的规定。

（3）《财政部、国家税务总局关于企业重组业务企业所得税处理若干问题的通知》（财税〔2009〕59号）以及《国家税务总局关于发布〈企业重组业务企业所得税管理办法〉的公告》（国家税务总局公告2010年第4号）。

（4）《财政部、国家税务总局关于全面推开营业税改征增值税试点的通知》（财税〔2016〕36号）附件2第1条第2款关于"不征收增值税项目"的规定：在资产重组过程中，通过合并、分立、出售、置换等方式，将全部或者部分实物资产以及与其相关联的债权、负债和劳动力一并转让给其他单位和个人，其中涉及的不动产、土地使用权转让行为。

※ 任务指导 ※

按照《财政部、国家税务总局关于企业重组业务企业所得税处理若干问题的通知》（财税〔2009〕59号）规定，企业合并，企业股东在该企业合并发生时取得的股权支付金额不低于其交易支付总额的85%，以及同一控制下且不需要支付对价的企业合并，可以选择免税处理，即无须就转让所得缴纳所得税。

按照企业所得税法的有关规定，纳税人发生年度亏损的，可以用下一纳税年度的所得弥补；下一纳税年度的所得不足弥补的，可以逐年延续弥补，但是延续弥补期最长不得超过5年。因此，A公司和B企业合并后的存续企业可以承续合并前的相关所得税事项，在5年内可以弥补合并前的亏损，有利于减轻税负。

※ 任务操作 ※

【承接案例7.4.1】

方案1：因为股权支付额（130万股×5元/股＝650万元）不低于其交易支付总额的85%（650÷660＝98.5%），所以A公司无须就转让所得缴纳所得税。

B企业股东应就非股权所得部分上缴所得税，则：

（660—600）×10÷660×25%＝0.23（万元）

合并后，B企业不存在，这部分所得税实际上由合并企业A公司承担。A公司接受B企业资产时，须以B企业原账面净值为基础作为资产的计税成本。A公司在连续5年内每年可弥补B企业的亏损额。

合并后第一年可弥补B企业的亏损额：

660×10%＝66（万元）

第一年的税后利润：

1 000×(1—25%)＋66×25%＝766.5（万元）

第一年可供分配的股利：

766.5×(1—10%－5%－10%)＝574.875（万元）

（注：其中的10%为法定盈余公积、5%为公益金、10%为任意盈余公积。）

支付给B企业股东的股利折现值：

130÷2 000×574.875×0.909 1＝33.970 2（万元）

（注：0.909 1 为 10%利润率的 1 年期复利现值系数。）

A 公司以后年度支付给 B 企业股东的股利按利润率 10%计算，则：

折现值＝130÷2 000×1 000×(1－25%)×(1－25%)÷10%×0.909 1
＝332.389 7（万元）

所以，方案 1 中 A 公司合并 B 企业所需的现金流出折现值合计 376.589 9（＝10＋0.23＋33.970 2＋332.389 7）万元。

方案 2：因为股权支付额（100 万股×5 元/股＝550 万元）低于其交易支付总额的 85%（550÷660＝83.3%），所以，被合并企业 B 应就转让所得缴纳所得税，应缴纳的所得税为 15［(＝100×5＋160－600）×25%］万元。B 企业去年的亏损不能由 A 公司弥补。因为 A 公司可按增值后的资产价值作为计税基础，增值部分在折旧年限内每年可减少所得税为（660－600）÷5×25%＝3 万元。

A 公司第一年的税后利润：

1 000×(1－25%)＋3－15＝738（万元）

A 公司第一年支付 B 企业股东股利折现值：

738×(1－25%)×100÷2 000×0.909 1＝25.159 3（万元）

A 公司第二年至第五年可供分配的股利：

[1 000×(1－25%)＋3]×(1－25%)＝564.75（万元）

第二年至第五年支付给 B 企业股东股利折现值：

564.75×100÷2 000×3.169 9×0.909 1＝81.373 6（万元）

（注：3.169 9 为 10%利润率的 4 年期年金现值系数。）

A 公司以后年度每年可供分配的股份：

1 000×(1－25%)×(1－25%)＝562.5（万元）

支付 B 企业股东股利折现值：

100÷2 000×562.5÷10%×0.620 9＝174.628 1（万元）

（注：0.620 9 为 10%利润率的 5 年期复利现值系数。）

所以，方案 2 中 A 公司合并 B 企业所需现金流出折现值为：456.161（＝15＋160＋25.159 3＋81.373 6＋174.628 1）万元。

比较以上两种方案，由于方案 1 现金流出较小，因此 A 公司应选用方案 1。

［风控重点］A 公司合并 B 企业，不仅要考虑 A 公司在合并时支付给 B 企业的股东现金价款，而且要考虑由于 B 企业股东还拥有 A 公司的股权，A 公司每年均要向 B 企业股东支付股利。当然合并后，A 公司收益情况的预测直接关系到纳税筹划结果的准确性。只有充分考虑上述因素，纳税筹划才能得到预期的效果，如果这些因素发生变化，选择方案 2 有可能也是合算的。也就是说，并非在任何情况下，采取股权支付额不低于所支付的交易总额 85%的合并方式都合算，要考虑可弥补亏损数额的大小、行业利润率的高低等因素，并且要考虑资金的时间价值。

※ 任务小结和风险提示 ※

（1）企业合并中发生的税负不仅涉及所得税，而且涉及流转税及其他税种。企业合并的纳税筹划主要包括以下两个方面：一是合并中产权交换支付方式选择的纳税筹划；二是合并后存续公司的整体税负的筹划。

(2) 企业合并中价款支付方式主要有三种：股权支付、非股权支付和二者的结合支付。从纳税筹划角度来讲，股权支付方式是纳税人应该首先选择的支付方式。

任务4.2 企业分立行为的纳税筹划

※ 任务导入 ※

【案例7.4.2】 甲公司将其一家分公司（其公允价值为8 000万元）分立出去，成为独立的乙公司。甲公司的股东取得乙公司100%的股权，同时取得2 000万元现金。在该交易中，甲公司和乙公司应当如何纳税？该交易如何进行纳税筹划（不考虑印花税等影响）？

※ 相关知识 ※

一、企业分立

分立是指一家企业（称为被分立企业）将部分或全部资产分离转让给现存或新设的企业（称为分立企业），被分立企业股东换取分立企业的股权或非股权支付，实现企业的依法分立。

分立按被分立公司是否存续，可分为存续分立与新设分立。存续分立是指被分立企业存续，而其一部分分出设立为一个或数个新的企业。新设分立是指被分立企业解散，分立出的各方分别设立为新的企业。

企业分立的动因很多，包括：适应经营环境变化，调整经营战略；提高管理效率，谋求管理激励；提高资源利用效率；突出企业的主营业务等。企业分立也可能是弥补合并决策失误或成为合并决策的一部分。从税收角度来讲，获取税收方面的利益也是企业分立的一个动因。分立后，企业从本质上并没有消失，只是同原有企业相比，有了新的变化，也正是这种实质上的存续，为纳税筹划提供了可能。企业分立是企业产权重组的一种重要类型。

二、企业分立的税务处理

财税〔2009〕59号中规定了企业分立的税务处理区分不同条件，分别适用一般性税务处理规定和特殊性税务处理规定。

（一）一般性税务处理规定

企业分立，当事各方应按下列规定处理：(1) 被分立企业对分立出去资产应按公允价值确认资产转让所得或损失。(2) 分立企业应按公允价值确认接受资产的计税基础。(3) 被分立企业继续存在时，其股东取得的对价应视同被分立企业分配进行处理。(4) 被分立企业不再继续存在时，被分立企业及其股东都应按清算进行所得税处理。(5) 企业分立相关企业的亏损不得相互结转弥补。

（二）特殊性税务处理规定

企业分立，被分立企业所有股东按原持股比例取得分立企业的股权，分立企业和被分立企业均不改变原来的实质经营活动，且被分立企业股东在该企业分立发生时取得的股权支付金额不低于其交易支付总额的85%，可以选择按以下规定处理：(1) 分立企业接受被分立企业资产和负债的计税基础，以被分立企业的原有计税基础确定。(2) 被分立企业已分立出去资产相应的所得税事项由分立企业承继。(3) 被分立企业未超过法定弥补期限的亏损额可按分立资产占全部资产的比例进行分配，由分立企业继续弥补。(4) 被分立企业的股东取得分立企业的股权（简称“新股”），如需部分或全部放弃原持有的被分立企业的股权（简称“旧股”），“新股”的计税基础应以放弃“旧股”的计税基础确定。如不需放弃“旧股”，则其取得“新股”的计税基础可从以下两种方法中选择确定：直接将“新股”的计税基础确定为零；或者以被分立企业分立出去的净资产占被分立企业全部净资产的比例先调减原持有的“旧股”的计税基础，再将调减的计税基础平均分配到“新股”上。

三、企业分立的纳税筹划

企业分立的纳税筹划思路有两方面：一是减少企业所得税。在累进税率条件下，通过分立使原本适用高税率的一个企业，分解成两个甚至更多个新企业，单个新企业应纳税所得额大大减少，于是所适用的税率也就相对较低，从而使成立企业的总体税收负担低于分立前的企业。二是减少流转税。将特定的产品生产归于单独的生产企业，避免因模糊核算从而适用高税率，这样就使得企业的税负减少。

（一）企业分立的所得税筹划

1. 不同税率的筹划

目前，我国《企业所得税法》规定，符合条件的小型微利企业，减按20%的税率征收企业所得税；国家需要重点扶持的高新技术企业，减按15%的税率征收企业所得税。

企业可以利用这一税收优惠政策，进行纳税筹划：一是通过分立的新设企业享受税收优惠。将原本适用于高税率的企业分化成两个或两个以上适用于低税率的企业，从而使总体税负得以减轻。二是通过分立特定部门享受税收优惠。将原企业中高新技术项目设立为高新技术企业，享受国家高新技术企业的税收优惠政策，从而减低所得税税负。

但是这种纳税筹划方法必须充分考虑整体成本和收益。如果企业分立的税收成本大于因分立而带来的降低税收负担的好处，其分立就不是企业经营的最佳选择。

2. 不同支付方式的筹划

依照支付方式的不同，企业分立的税务处理方式也不同，从而对分立企业的所得税税负也会产生不同的影响。所以企业分立时应依据相关政策规定，结合实际情况选择适当的支付方式，以实现利益的最大化。

(1) 从是否确认财产转让所得或损失来看，当被分立企业分立出的资产经评估后评估值高于账面价值时，应选择被分立企业股东在该企业分立发生时取得的股权支付金额不低于其交易支付总额的85%的支付方式。因为这种方式可以不确认被分立企业的分离资产的转让所得，不用缴纳资产转让所得税，从而减低被分立企业的所得税税负。

当被分立企业分立出的资产经评估后评估值低于账面价值时，应选择被分立企业股东在该企业分立发生时取得的股权支付金额低于其交易支付总额的85%的支付方式。因为这种方式可以确认被分立企业的分离资产的转让损失，并入被分立企业的利润总额，从而减低被分立企业的所得税税负。

（2）从资产计价的税收处理来看，当被分立企业分立出的资产经评估后评估值高于账面价值时，应选择被分立企业股东在该企业分立发生时取得的股权支付金额不低于其交易支付总额的85%的支付方式。因为在这种方式下，分立企业可以按所接受资产的原账面净值确定结转计税成本，从而减低分立企业的所得税税负。

当被分立企业分立出的资产经评估后评估值低于账面价值时，要选择哪种支付方式，需要考虑其他方面的因素。因为不论采用哪种支付方式，分立企业都可按其所接受的资产的评估价值确定结转计税成本。

（3）从弥补亏损的处理来看，如果被分立企业尚有未超过法定弥补期限的亏损额时，应选择被分立企业股东在该企业分立发生时取得的股权支付金额不低于其交易支付总额的85%的支付方式。因为在这种方式下，被分立企业的未弥补亏损额可由接受分离资产的分立企业承续，从而减低分立企业的所得税税负。

是否选择股权支付金额低于其交易支付总额的85%的支付方式，还必须看企业采用的是存续分立还是新设分立。

从上面的分析可以看出，企业分立时不同的支付方式的选择，对分立企业和被分立企业有着不同的影响，所以，企业分立时，在选择支付方式方面要综合考虑，以企业的最大化收益为最终目标。

（二）企业分立的流转税筹划

1. 通过企业分立减少增值税

我国税法中有一条常用原则，即在税率适用界线模糊时，一般都是从高适用税率，这样就会造成对低税环节征收高税。如果将这些特定产品的生产部门分立为独立的企业，就可能会获得增值税免税或税负降低的好处。

（1）分立兼营项目进行纳税筹划。增值税纳税人除经营免税项目外，还可能兼营非免税项目。一方面，从销售额来说，《增值税暂行条例》第16条规定，纳税人兼营免税、减税项目的，应当分别核算免税、减税项目的销售额；未分别核算销售额的，不得免税、减税。另一方面，从进项税来说，免税项目的进项税额越大，其全部可抵扣的进项税额越小，对合并经营者越不利。“财税〔2016〕36号”附件1规定，适用一般计税方法的纳税人，兼营简易计税方法计税项目、免征增值税项目而无法划分不得抵扣的进项税额，按照下列公式计算不得抵扣的进项税额：

不得抵扣的进项税额＝当期无法划分的全部进项税额×（当期简易计税方法计税项目销售额＋免征增值税项目销售额）÷当期全部销售额

因此，分立兼营项目可以减轻税负。详见本教材项目二。

（2）分立混合销售项目进行纳税筹划。全面“营改增”后，税法对混合销售进行了重新定义。“财税〔2016〕36号”附件2规定：一项销售行为如果既涉及货物又涉及服务，为混合销售。从事货物的生产、批发或者零售的单位和个体工商户的混合销售行为，按照销售货物缴纳增值税；其他单位和个体工商户的混合销售行为，按照销售服务缴纳增值税。因此，企业为了将应税项目由适用较高税率改为适用较低税率，达到少缴税的目的，可将运输业、建筑安装业、服务业等部门从销售货物中分立出来，设为一个独立核算的子公司，以减轻税负。详见本教材项目二。

2. 通过企业分立减少消费税

对于消费税的筹划和增值税一样，也应该将兼营的减免税产品或低税率产品的生产分立出来，成立单独的生产企业，避免因统一核算而从高适用税率。

我国税法规定，除金银首饰外，消费税一般在生产、委托加工和进口环节征收，在批发和零售环节不再征收。因此，企业可以通过设立一家专门的独立核算的批发企业，将应税消费品以较低价格销售给批发企业，再由批发企业按正常市场销售价格销售。这样可以减少企业的消费税的计税基数，降低应纳消费税额。而独立核算的批发企业，由于只缴纳增值税，不用缴纳消费税，从而使企业的整体消费税税负减低。详见本教材项目三。

需要注意的是，为降低流转税而进行企业分立，成立新的企业，会增加相应的成本费用，如企业注册费用、管理费用等。因此，企业分立应综合各种因素进行分析和决策。

※ 任务指导 ※

（1）按照财税〔2009〕59 号规定，企业分立，被分立企业所有股东按原持股比例取得分立企业的股权，分立企业和被分立企业均不改变原来的实质经营活动，且被分立企业股东在该企业分立发生时取得的股权支付金额不低于其交易支付总额的 85%，为免税分立。否则为应税分立。

（2）根据增值税税法的规定，避孕药品免缴增值税。但该企业由于未能准确划分应税和免税项目的进项税额，使得该企业本来应免税的部分一并缴纳了增值税。免税产品的进项税额越大，其全部可抵扣的进项税额越小，对合并经营者越不利。

因此可以考虑，先计算出该企业免征税负的临界点，再将避孕药品的进项税额与之相对比，以确定该企业的分立与否。

※ 任务操作 ※

【承接案例 7.4.2】在该交易中，股权支付额占整个交易的比例为 75%(＝8 000－2 000)÷8 000，不符合免税企业分立的条件。甲公司分立出去的资产按公允价值确认转让所得，则应缴纳企业所得税为 500（＝2 000×25%）万元。

如果甲公司的股东取得乙公司的全部股权，同时将取得的现金减低到 1 000 万元。在此交易中，股权支付额占整个交易的比例为（8 000－1 000）÷8 000＝87.5%，符合免税企业分立的条件。如果甲公司的股东仅需缴纳企业所得税为1 000×25%＝250 万元，此时，甲公司取得乙公司股权的计税基础相对变小，但甲公司的股东因此取得了延迟纳税的利益。

技能强化

【案例 7.4.3】某公司是一家制药企业，为增值税一般纳税人，该公司除了生产常规抗菌药品外，还生产避孕药品。预计202×年度，该公司抗菌药品的销售收入为1 600万元，避孕药品的销售收入为400万元。全年购进货物的增值税进项税额为240万元。上述金额均为不含税，增值税税率为13%。该公司为了减轻税收负担该怎样进行纳税筹划？

筹划分析

方案1：该企业因为财务管理和生产工艺原因，未能准确划分应税和免税项目的进项税额。则：

应纳增值税额=(1 600+400)×13%−240×[1−400÷(1 600+400)]
=68（万元）

方案2：完善财务管理，将免税产品分别核算，则：

应纳增值税额=1 600 ×13%−240×[1−400÷(1 600+400)]
=16（万元）

方案3：企业常规药品和免税药品分开经营，即将免税药品分设出去，设立子公司，则应纳增值税额同方案2，但还要增加子公司的设立成本和经营管理成本。

所以，从上述分析可知，方案2为最佳，既享受了减免税优惠，减轻了增值税税负，又不需要增加经营和管理成本，可以使企业收益最大化。只有在方案2无法实现的情况下，再考虑方案3。

[风控重点] 在会计核算上分别核算常规药品和免税药品。

※ 任务小结和风险提示 ※

(1) 企业分立的纳税筹划思路有两个：一是减少企业所得税，二是减少流转税。

(2) 依照支付方式的不同，企业分立的税务处理方式也不同，从而对分立企业的所得税税负也会产生不同的影响。所以企业分立时应依据相关政策规定，结合实际情况选择适当的支付方式，以实现利益的最大化。

任务4.3　企业债务重组的纳税筹划

※ 任务导入 ※

【案例7.4.4】 甲公司欠乙公司8 000万元债务，甲公司和乙公司准备签署一项债务重组协议：甲公司用计税基础为7 000万元、公允价值为8 000万元的不动产抵偿乙公司的债务。在该交易中，甲公司和乙公司应当分别缴纳多少税款？应当如何进行纳税筹划（暂不考虑印花税影响)？

※ 相关知识 ※

一、债务重组的含义

债务重组是指在债务人发生财务困难的情况下，债权人按照其与债务人达成的书面协议或者法院裁定书，就其债务人的债务作出让步的事项。

企业债务重组方式一般有以下几种：以低于债务账面价值的现金清偿债务；以存货、短期投资、固定资产、长期投资、无形资产等非现金资产清偿债务；债务转为资本；修改其他债务条件，如延长债务偿还期限并加收利息、延长债务偿还期限并减免债务本金或债务利息。有时还需要两种或者两种以上方式的组合进行债务重组。

二、债务重组的税务处理

“财税〔2009〕59 号”中规定了企业债务重组的税务处理区分不同条件，分别适用一般性税务处理规定和特殊性税务处理规定。

（一）一般性税务处理规定

企业债务重组，相关交易应按以下规定处理：

（1）以非货币资产清偿债务，应当分解为转让相关非货币性资产、按非货币性资产公允价值清偿债务两项业务，确认相关资产的所得或损失。

（2）发生债权转股权的，应当分解为债务清偿和股权投资两项业务，确认有关债务清偿所得或损失。

（3）债务人应当按照支付的债务清偿额低于债务计税基础的差额，确认债务重组所得；债权人应当按照收到的债务清偿额低于债权计税基础的差额，确认债务重组损失。

（4）债务人的相关所得税纳税事项原则上保持不变。

（二）特殊性税务处理规定

企业债务重组确认的应纳税所得额占该企业当年应纳税所得额50%以上，可以在5个纳税年度的期间内，均匀计入各年度的应纳税所得额。

企业发生债权转股权业务，对债务清偿和股权投资两项业务暂不确认有关债务清偿所得或损失，股权投资的计税基础以原债权的计税基础确定。企业的其他相关所得税事项保持不变。

三、债务重组对企业应纳税额的影响

企业进行债务重组时，一般只涉及企业所得税和流转税，包括债权人企业和债务人企业。

（一）债务重组对债权人企业应纳税额的影响

对于债权人企业来说，债务重组主要对其所得税产生较大影响，而对于流转税影响不大。根据税法规定，债权人企业的重组损失可以税前扣除，从而可以冲减企业应纳所得额，但是债权人的重组收益一般不直接予以确认。

1. 债权人企业重组损失的确认

在以低于债务计税成本的现金清偿债务和以非现金资产清偿债务这两种方式下，债权企业的重组损失是指重组债权的计税成本与收到现金或者非现金资产的公允价值之间的差额。

在以修改其他债务条件进行债务重组的方式下，债权企业的重组损失是指重组债权的计税成本和将来应收金额之间的差额；修改后的债务条款中涉及或有应收金额的，根据《企业会计准则》的谨慎性原则要求债权企业在计算将来应收金额时不应将或有收益包括在内，应于实际发生时计入当期损益。

2. 债权人企业重组收益的确认

债权企业重组收益来源于两种情况：第一，债权企业受让的非货币资产的公允价值超过了债券企业放弃债权的账面价值。在这种情况下，税法上要求债权企业按受让的非货币资产的公允价值确定其计税成本，据此计算可以在企业所得税前扣除的固定资产折旧费用、无形资产摊销费用或者结转商品的销售成本等。第二，当以修改其他债务条件的偿债方式重组时，债权企业将来应收金额大于重组债权的账面价值。这种情况下的收益不论是在会计上还是在税法上，都不符合实现原则，因此，不予确认，也不予处理。当债权人企业实际收到时，会计上计入当期损益，税法上要相应调整应纳税所得。

（二）债务重组对债务人企业应纳税额的影响

对于债务人企业来说，债务重组不仅影响所得税，而且影响流转税。税法规定，债务人企业的重组收益计入当期应纳税所得，但是重组损失不能在所得税前扣除。

1. 债务人企业重组收益的确认

在以低于债务计税成本的现金清偿债务和以非现金资产清偿债务这两种方式下，债务人企业的重组收益是指重组债权的计税成本大于支付的现金金额或者非现金资产的公允价值的差额。这种重组收益在会计上要求计入当期损益，税法上则要求计入当期应纳税所得额。

需注意的是，在以非现金资产清偿债务的方式下，债务人企业除了债务重组收益计入当期应纳税所得额之外，还应当把转让的非现金资产的公允价值与账面价值之间的差额确认为资产转让收益（或损失）并将这笔资产转让收益（或损失）计入当期应纳税所得额。

如以修改其他债务条件进行债务重组，债务人企业的重组收益是指重组债务的计税成本与债务人企业将来应付金额之间的差额。

2. 债务人企业重组损失的确认

在以现金清偿债务和以非现金资产清偿债务这两种方式下，重组债务的计税成本小于债务人企业支付的现金金额或者非现金资产的公允价值（包括与转让非现金资产相关的税费）的差额就是一种债务人企业的重组损失。不过，一般情况下，债务人企业发生重组损失的情况较少见。

债务重组对债务人企业流转税的影响主要表现在以非现金资产清偿债务的方式下。按税法规定，债务人用来抵债的非现金资产应视同销售，需缴纳有关的增值税和消费税。

综上所述，税法规定，对债权人企业的重组损失可在税前扣除，冲减该企业的应纳税所得额；债权人企业的重组收益一般不予直接确认。对债务人而言，债务人企业的重组收益应当计入当期应纳税所得，重组损失则不能在所得税前扣除，因此，债务重组一方面可能会导致债权人企业本期应纳税所得额的减少，另一方面会导致债务人企业本期应纳税所得额的增加。

四、债务重组的纳税筹划

企业债务重组的纳税筹划就是围绕着降低企业税负，合理选择最佳重组方式。一般来说，在企业条件允许的情况下，应该尽可能采取债券转股权的方式进行债务重组，因为这种方式可以减少企业的纳税额，能使企业获得相对较大的税收利益。

但应注意的是，企业进行债务重组时，税负只是决策分析中的一个考虑因素，在实际操作中，应根据双方的实际情况，进行综合分析筹划，以找出一个令双方双赢的最优方案。

※ 任务指导 ※

"财税〔2009〕59号"对免税债务重组作出了如下规定：企业债务重组确认的应纳税所得额占该企业当年应纳税所得额50%以上，可以在5个纳税年度的期间内，均匀计入各年度的应纳税所得额。企业发生债权转股权业务，对债务清偿和股权投资两项业务暂不确认有关债务清偿所得或损失，股权投资的计税基础以原债权的计税基础确定。企业的其他相关所得税事项保持不变。

※ 任务操作 ※

【承接案例 7.4.4】在该交易中，

甲公司应缴纳增值税及其附加=8 000×6%×（1+7%+3%）=528（万元）

甲公司应缴纳企业所得税=（8 000 − 7 000 − 48）×25%=238（万元）

乙公司应缴纳契税=8 000×3%=240（万元）

两个公司合计纳税额=528+238+240=1 006（万元）

如果乙公司将其债权转化为股权并且遵守特殊债务重组的其他条件，则甲公司和乙公司不需要缴纳任何税款，即使将来乙公司再将该股权转让给甲公司或者其他企业，也只需要缴纳企业所得税，不需要缴纳增值税和契税。

※ 任务小结和风险提示 ※

（1）企业进行债务重组时，税负只是决策分析中的一个考虑因素，在实际操作中，应根据双方的实际情况，进行综合分析筹划，以找出一个令双方双赢的最优方案。

（2）一般来说，在企业条件允许的情况下，应该尽可能采取债券转股权的方式进行债务重组，因为这种方式可以减少企业的纳税额，能使企业获得相对较大的税收利益。

任务 4.4　企业清算的纳税筹划

※ 任务导入 ※

【案例 7.4.5】A公司董事会于2020年8月18日向股东大会提交了解散公司的申请书，股东会于8月20日通过决议，决定于8月31日宣告公司解散，并于9月1日开始正常的企业清算。假设清算所得为亏损70万元。

A公司在成立清算组前进行的内部清算中发现，2020年1月至8月公司预计盈利100万元，所得税税率为25%。于是在尚未公告和进行纳税申报的前提下，股东会再次通过决议，将A公司的解散日期推迟至9月25日，并于9月26日开始清算。A公司在9月1日至9月25日期间共发生费用160万元。清算日期变更后，假设A公司的清算所得为90万元。该公司改变清算日期可为企业减轻多少税负？

※ 相关知识 ※

一、企业清算的含义

企业清算是指企业宣告终止经营后，除合并或分立事由外，取消其法人资格的法律行为。

我国税法规定，企业清算包括两种情况：一是按《公司法》《企业破产法》等规定需要进行清算的企业，包括企业解散、企业破产、其他原因清算。其他原因清算是指：企业因自然灾害、战争等不可抗力遭受损失，无法经营下去，应进行清算；企业因违法经营、造成环境污染或危害社会公众利益，被停业、撤销，应当进行清算。二是企业重组中需要按清算处理的企业。按照“财税〔2009〕59号”的规定，企业由法人转变为个人独资企业、合伙企业等非法人组织，或将登记注册地转移至中华人民共和国境外（包括港澳台地区），应进行企业所得税清算；不适用特殊性税务处理的企业合并或分立中，被合并或被分立的企业及其股东都应按清算进行所得税处理。

二、企业清算过程中企业所得税的筹划

（一）企业清算的税务处理规定

税法规定，企业将剩余财产分配给股东前要就清算所得缴纳企业所得税。清算所得是指清算时企业的全部资产可变现价值或交易价格，减除资产的计税基础、清算费用、相关税费，加上债务清偿损益等后的余额。

清算所得＝全部资产的可变现价值或交易价格－各项资产的计税基础
－清算费用－相关税费＋债务清偿损益

清算所得应纳所得税额＝清算所得×基本税率（25%）

剩余财产＝全部资产的可变现价值或交易价格－清算费用－职工的工资、社会保险费用和法定补偿金－清算前未缴税费－相关税费
－清算所得应纳所得税额－所欠其他公司债务

被清算企业的股东分得的剩余资产的金额，其中相当于被清算企业累计未分配利润和累计盈余公积中按该股东所占股份比例计算的部分，应确认为股息所得；剩余资产减除股息所得后的余额，超过或低于股东投资成本的部分，应确认为股东的投资转让所得或损失。

被清算企业的股东从被清算企业分得的资产应按可变现价值或实际交易价格确定计税基础。

（二）企业清算日期选择的纳税筹划

按照相关规定，企业在清算年度，应划分为两个纳税年度，从1月1日到清算开始日为一个生产经营纳税年度，从清算开始日到清算结束日的清算期间为一个清算纳税年度。清算日期的选择，往往会影响两个纳税年度的计税所得，从而影响企业的所得税税负。因此，可以通过推迟或提前企业清算开始日期，合理调整清算所得和正常经营所得，减轻企业整体税负。

※ 税收法律依据 ※

（1）《中华人民共和国企业所得税法》（2018年12月修订）。

（2）《中华人民共和国企业所得税法实施条例》（2019年4月修订）。

（3）《财政部、国家税务总局关于企业清算业务企业所得税处理若干问题的通知》（财税〔2009〕60号）的规定。

※ 任务指导 ※

根据我国税法规定，企业应将整个清算期作为一个独立的纳税年度计算清算所得，无论清算期间实际是长于12个月还是短于12个月都要视为一个纳税年度，以该期间为基准计算确定企业应纳税所得额。企业如果在年度中间终止经营，该年度终止经营前属于正常生产经营年度，此后则属于清算年度。清算所得应依法缴纳所得税。企业的清算所得可按下列公式计算：

清算所得＝全部资产的可变现价值或交易价格－各项资产的计税基础
　　　　－清算费用－相关税费＋债务清偿损益

清算所得应纳所得税额＝清算所得×基本税率（25%）

A公司在9月1日至9月25日期间共发生费用160万元。按照我国税法的规定，企业清算期间应单独作为一个纳税年度，则这160万元费用本应属于清算期间的费用，但是因为清算日期的改变，A公司在这一纳税年度反而由盈利100万元变为亏损60万元。

※ 任务操作 ※

【承接案例7.4.5】其筹划前后的纳税情况如下：

筹划前：清算开始日9月1日，应缴所得税100×25%＝25万元，清算所得为亏损70万元，清算期间不缴所得税。

筹划后：清算开始日9月26日，1月至9月亏损60万元，不缴所得税，清算所得90万元，弥补亏损60万元后，则：

应缴所得税＝30×25%＝7.5（万元）

筹划后减税＝25－7.5＝17.5（万元）

※ 任务小结和风险提示 ※

企业清算时，应将整个清算期作为一个独立的纳税年度计算清算所得。因此，可以通过延迟或提前企业清算开始日期，合理调整清算所得和正常经营所得，减轻企业整体税负。

【课程思政】

“两张皮”的筹划存在涉税风险

T公司是一家在新加坡上市的企业，财务人员为了减轻税负，计划将上市前剥离出来的非经营性资产注入上市公司。该非经营性资产12亿元，其主要构成为土地使用权和房产，净资产2.5亿元。若将这笔非经营性资产注入T上市公司，则属于资产转让行为，需要缴纳一大笔增值税。该公司的财务人员想通过纳税筹划来规避纳税：先以该非经营性资产中的部分资金注册成立一家资产管理公司，然后再由T上市公司将该管理公司的100%股权收购，但土地使用权没有实际过户。

该公司的“策划”被当地主管税务机关揭开了“盖头”，不仅补缴了应当缴纳的税款和滞纳金，还被处以1 000多万元的罚款。

思政启示

这个失败的纳税筹划案例主要存在两个问题：一是没有掌握好纳税筹划的度，操作方案以“逃避纳税”为目的表现得非常明显。二是操作细节不到位。在具体的操作过程中，策划方案设计得“有道理”，却在重要细节上疏忽了，土地使用权没有实际过户，从而使资产重组筹划失去了“合法性”基础。

资产重组筹划业务是一项系统工程，需要考虑的相关因素很多，操作系统性筹划业务，单单懂财会、税收不行，即所谓“一着不慎，全盘皆输”。因此，不熟悉企业业务流程不能做策划。现实中，部分财务人员自认为掌握了纳税筹划原理，于是就进行大胆“筹划”。但是，他们往往忽视有关企业的生产经营特点和相关业务流程，从而使两方面的操作成为“两张皮”，无法结合起来，最终导致税收风险。

税法依据

“财税〔2016〕36号”“附件2：营业税改征增值税试点有关事项的规定”第一条第（二）项不征收增值税项目第5条规定：在资产重组过程中，通过合并、分立、出售、置换等方式，将全部或者部分实物资产以及与其相关联的债权、负债和劳动力一并转让给其他单位和个人，其中涉及的不动产、土地使用权转让行为。

【项目小结】

本项目按照企业运营生命周期的几个环节作为纳税的主线，不同于前述按照现行税种为主线进行纳税筹划的角度。

（1）企业设立的纳税筹划，主要从税法本身存在的对于纳税主体、纳税地区以及部门行业的区别对待，因此在企业设立时应选择合适的企业组织形式、注册地点、投资行业等进行纳税筹划。作为企业的纳税筹划人，不仅应考虑企业最初设立时的纳税筹划问题，而且要考虑在企业规模扩大后如何进行纳税筹划的问题。

（2）企业购销活动的纳税筹划，从企业供、产、销三个阶段的涉税问题，充分利用现行的税收政策进行纳税筹划。

(3) 企业投融资决策中的纳税筹划，企业投融资方式的不同会适用不同的税收政策，也会产生不同的税负差异，企业应尽可能在投融资决策中考虑税负影响，进行纳税筹划。

(4) 企业资产重组的纳税筹划，企业分立、合并乃至清算并非容易之事，但在具体涉及这些业务时，也应考虑税负影响和节税收益。

【课后练习】

一、单项选择题

1. 我国《企业所得税法》规定，国家需要重点扶持的高新技术企业，减按(　　)的税率征收企业所得税。

A. 10%　　B. 15%　　C. 18%　　D. 20%

2. 企业清算时纳税筹划的内容是(　　)。

A. 收入不入账，降低清算所得

B. 增加清算费用，以调整清算所得

C. 少计经营所得，多计清算费用

D. 可以通过推迟或提前企业清算开始日期，合理调整清算所得和正常经营所得，减轻企业整体税负

3. 以下(　　)筹资方式，企业的税负最重。

A. 企业之间互相拆借　　B. 向银行贷款

C. 企业内部集资　　D. 企业利润留存

4. 新企业所得税法税收优惠的特点是(　　)。

A. 区域优惠为主　　B. 外资优惠为主

C. 产业优惠为主，地区倾斜为辅　　D. 高新技术优惠为主

5. 具有财务杠杆效应的筹资方式是(　　)。

A. 发行股票　　B. 吸收直接投资

C. 留存收益　　D. 发行债券

6. 下列不属于间接投资的对象的是(　　)。

A. 股票投资　　B. 债券投资

C. 其他金融资产的投资　　D. 对经营资产的投资

7. 利息费用随着负债比例的提高而增加，在所得税税率一定的情况下，企业的所得税额减少，企业的权益资本收益率最初随着负债比例的提高而提高，但超过临界点后，就会呈相反方向变动。那么负债筹资的上限是(　　)。

A. $(B+\Delta K)/S \geqslant (EBIT-B\times I-S\times J+B\times J)/(S\times J)$

B. $(B+\Delta K)/S \leqslant (EBIT-B\times I-S\times J+B\times J)/(S\times J)$

C. $(B+\Delta K)/S \geqslant [S\times(Q'-R)+B\times(I-J)]/[S\times(R-J)]$

D. $(B+\Delta K)/S \leqslant [S\times(Q'-R)+B\times(I-J)]/[S\times(R-J)]$

8. 按现行财务制度规定，企业筹资的利息支出，凡在筹建期间发生的，计入开办费，自企业投产营业起，按照不短于(　　)的期限分期摊销。

A. 3 年　　B. 5 年　　C. 7 年　　D. 10 年

9. 某股份制企业共有普通股 100 万股，每股 10 元，没有负债。由于产品市场行情看好，准备扩大经营规模，假设企业下一年度的资金预期盈利为 200 万元，企业所得税税率为

25%，计划发行新股20万股（每股10元），发行债券300万元（债券年利率为6%），则下年的每股净利为(　　)元。

A. 1.14　　B. 1.37　　C. 1.29　　D. 1.25

10. 现行企业所得税制度中取消的存货计价方法是(　　)。

A. 先进先出法　　B. 后进先出法

C. 加权平均法　　D. 个别计价法

二、多项选择题

1. 依据财产组织形式和法律责任权限，通常把企业组织形式分为(　　)三类。

A. 公司企业　　B. 合伙企业

C. 独资企业　　D. 合营企业

2. 按现行的《企业所得税法》规定，目前地区性的税收政策优惠主要包括(　　)。

A. 经济特区　　B. 西部地区

C. 沿海开放城市　　D. 保税区

3. 负债性融资方式的优点主要表现在(　　)

A. 可提高股东的权益收益率　　B. 提高毛利率

C. 推迟缴纳企业所得税　　D. 有税收屏蔽作用

4. 第一年至第三年免征企业所得税，第四年至第六年减半征收企业所得税的项目有(　　)。

A. 国家重点扶持的公共基础设施项目的税收优惠

B. 农、林、牧、渔业项目

C. 关于环境保护、节能节水、资源综合利用、安全生产的税收优惠

D. 关于促进技术创新和科技进步的税收优惠

5. 下列说法正确的有(　　)。

A. 子公司与母公司汇总缴纳企业所得税

B. 分公司与母公司汇总缴纳企业所得税

C. 子公司单独缴纳企业所得税

D. 分公司单独缴纳企业所得税

6. 直接投资的纳税筹划需要考虑的税种包括(　　)。

A. 增值税　　B. 企业所得税

C. 消费税　　D. 财产税

7. 在销售方式的纳税筹划中，以下陈述正确的是(　　)。

A. 未收到货款不开发票

B. 尽量采用委托收款结算方式

C. 尽量采用支票、银行本票和汇兑结算方式

D. 多用商业折扣、少用现金折扣

8. 在对企业采购结算方式进行筹划时，下列陈述正确的是(　　)。

A. 尽可能说服销售方采用委托收款结算方式

B. 尽可能采用银行本票结算方式

C. 尽可能说服销售方接受托收承付结算方式

D. 采用分期付款方式

9. 可以发挥抵税效应的筹资方式有(　　)。

A. 长期借款　　B. 发行债券

C. 融资租赁　　D. 发行股票

10. 关联企业转移定价有助于实现(　　)税种的纳税筹划。

A. 增值税　　B. 消费税

C. 个人所得税　　D. 企业所得税

三、判断题

1. 从纳税筹划角度来讲，企业在设立分支机构时，如果预计分支机构在开始运营的一段时间内会发生亏损，而且在短期内无法扭转这一局面，不能享受在5年内弥补亏损的税收政策，此时企业应该设立子公司。(　　)

2. 企业的税负不受企业产销规模的影响。(　　)

3. 合伙企业比公司企业税负低，所以无论什么情况，企业都应优先选择成立合伙企业。(　　)

4. 关联方企业利用转让定价进行纳税筹划时，转让定价需要在商品价格波动的合理范围内进行，并且有充足的理由。否则税务机关可不予认同并对其进行调整。(　　)

5. 增值税一般纳税人选择从一般纳税人企业购进货物一定对企业节税有利，因为其可以抵扣进项税额。(　　)

6. 以经营租赁方式租入的固定资产，在计算应纳税所得额时，企业不得计算折旧扣除。(　　)

7. 企业自主进行的净利润分配，不会对企业本身的所得税税负产生影响。因此企业税收筹划应侧重于使投资者（股东）分回的利润应补缴的税款减少，即最大限度地避免投资者（股东）分回利润的再纳税。(　　)

8. 企业筹建期间以及固定资产购建期间所发生的汇兑损益应当予以资本化，把其作为原始成本的一部分计入相关的资本账户；而生产经营期间发生的汇兑损益则直接计入当期损益。(　　)

9. 从企业采购角度分析，采用委托收款方式更有利于采购者节税。(　　)

10. 按照现行税法规定，私营企业不属于企业所得税纳税人。(　　)

四、案例分析题

1. A企业为新设企业，下设一个生产厂和一个门市两个独立核算的法人单位，生产厂申请为一般纳税人资格，门市为小规模纳税人。工厂生产出产品后转移给门市销售（假设该交易符合独立交易原则）。预计2021年度工厂销售给门市的不含税收入为137.5万元，门市将该批产品售出后实现不含税收入165万元，工厂购进材料的不含税价格为110万元，2021年工厂亏损178.19万元，门市实现盈利17.54万元，在不考虑其他因素的条件下，请从企业组织形式上作出纳税筹划（假设企业当期的会计利润即为应纳税所得额）。

2. 某企业有一笔资金可用于投资A、B、C三个项目，假设这三个项目的企业所得税税率没有差别。且预计A、B两个项目投产以后，年含税销售收入均为500万元，外购各种材料含税支出为300万元，A项目产品征收13%的增值税，B项目征收6%的增值税。如果两个项目的生产寿命相同，外购材料的进项税额可以扣除，在不考虑城建税及教育费附加的情况下，请从税后销售收入净额的指标分析，该企业应该选择哪一个项目进行投资。

3. 科宏集团是一家大型企业，由上海的母公司和北京的A子公司与天津的B子公司组成，今年上海的母公司实现利润为500万元，A子公司实现利润为280万元，B子公司亏损250万元，企业所得税税率为25%，请对其进行纳税筹划。

4. 某大型商场为增值税一般纳税人，企业所得税实行查账征收方式。假定每销售100元商品，其平均商品成本为60元。年末商场决定开展促销活动，拟定“满100送20”，即每销售100元商品，送出20元的优惠。具体方案有如下几种选择：

方案1：购物满100元，商场给予8折商业折扣的优惠。

方案2：购物满100元，商场赠送折扣券20元（不可兑换现金，下次购物可代币结算，购物时折扣券占商品总价值不高于40%）。

方案3：购物满100元，商场另赠送价值20元礼品（采购成本为12元，为含税价）。

方案4：购物满100元，商场返还现金20元。

方案5：购物满100元，商场送加量，顾客可再选购价值20元商品，实行捆绑式销售，总价格不变。

假设商品增值税税率为13%，企业所得税税率为25%，该商场销售毛利率为40%。请分析哪种方案最佳（不考虑城建税和教育费附加等附加税费）。

5. 甲公司为增值税一般纳税人，适用增值税税率为13%，购买原材料时，有几种方案可供选择：一是从一般纳税人A公司购买，每吨含税价格为1.1万元，A公司适用增值税税率为13%；二是从小规模纳税人B公司购买，则可取得由税务机关代开的征收率为3%的专用发票，每吨含税价格为1万元；三是从小规模纳税人C公司购买，只能取得普通发票，每吨含税价格为0.9万元。甲公司用此原材料生产的产品每吨不含税销售额为2万元，其他相关费用0.3万元。从企业综合税负考虑，请对甲公司的购货对象选择进行纳税筹划。

参考文献

[1] 中华人民共和国财政部网站，http://www.mof.gov.cn/index.htm.

[2] 国家税务总局网站法规库，http://www.chinatax.gov.cn.

[3] 中国税务报，2015.12—2021.1 各期.

[4] 中华会计网校，http://www.chinaacc.com.

[5] 中国注册会计师协会编．税法［M］．北京：中国财政经济出版社，2020.

[6] 盖地．税务筹划：理论·实务·案例·习题［M］．5 版．北京：首都经济贸易大学出版社，2019.

[7] 查方能．纳税筹划［M］．4 版．大连：东北财经大学出版社，2015.

[8] 毛夏鸾，刘钰．纳税筹划教程［M］．2 版．北京：机械工业出版社，2012.

[9] 胡阳，黄礼丹，孙健慧．注册在“避税天堂”的公司确实能避税吗？［J］．审计与经济研究，2018（5）.

[10] 闫俊．浅议建筑业“营改增”后合同的签订技巧［J］．新经济，2016（6）.

[11] 余永静，葛长银．“营改增”企业有形动产处置的纳税筹划［J］．财务与会计，2016（3）.

[12] 张冀民，孟昱煜．销售方式再造的税收筹划——SM 公司的合理避税实践［J］．经营与管理，2016（2）.

[13] 侯慧慧．“营改增”后现代服务业税收筹划案例分析［J］．商场现代化，2015（6）.

[14] 赵文静．企业并购所得税筹划案例研究——基于并购方式与支付方式的选择［J］．财会通讯，2015（5）.

[15] 张曾莲，吴晓娟．非居民企业纳税筹划：框架设计与案例分析［J］．北京科技大学学报（社会科学版），2012（12）.

[16] 夏仕平．增值税纳税人身份筹划误区及指正［J］．当代经济，2010（4）.

[17] 姒建英．白酒生产企业设立销售公司的纳税筹划新探［J］．商业会计，2010（1）.

[18] 姒建英．对融资租赁业增值税纳税筹划的新探索［J］．中国经贸导刊，2013（10）.

[19] 姒建英．当前纳税筹划中存在的误区及辨析［J］．财会通讯，2003（11）.

[20] 姒建英．全面“营改增”后增值税纳税人身份筹划方法的修正［J］．中国经贸导刊（理论版），2016（12）.

信息反馈表

尊敬的老师:

您好！为了更好地为您的教学、科研服务，我们希望通过这张反馈表来获取您更多的建议和意见，以进一步完善我们的工作。

请您填好下表后以电子邮件、信件或传真的形式反馈给我们，十分感谢！

一、您使用的我社教材情况

您使用的我社教材名称			
您所讲授的课程		学生人数	
您希望获得哪些相关教学资源			
您对本书有哪些建议			

二、您目前使用的教材及计划编写的教材

您目前使用的教材	书名	作者	出版社
您计划编写的教材	书名	预计交稿时间	本校开课学生数量

三、请留下您的联系方式，以便我们为您赠送样书（限1本）

您的通信地址			
您的姓名		联系电话	
电子邮箱（必填）			

我们的联系方式:

地　址: 苏州工业园区仁爱路158号中国人民大学苏州校区修远楼

电　话: 0512-68839320　　传　真: 0512-68839316

网　址: www.crup.com.cn　　邮　编: 215123